HUBEI RURAL STATISTICAL YEARBOOK 2020

湖北农村统计年鉴

《湖北农村统计年鉴》编辑委员会 编

中国统计出版社
China Statistics Press

©中国统计出版社有限公司 2020
版权所有。未经许可，本书的任何部分不得以任何方式在世界任何地区以任何文字翻印、拷贝、仿制或转载。

©2020 China Statistics Press Co.,Ltd.
All rights reserved. No part of the publication may be reproduced or transmitted in any form or by any means, electronic or mechanical, including photocopying, recording, or any information storage and retrieval system, without written permission from the publisher.

图书在版编目（C I P）数据

湖北农村统计年鉴. 2020 = Hubei Rural Statistical Yearbook 2020 / 《湖北农村统计年鉴》编辑委员会编. -- 北京 : 中国统计出版社, 2020.11
ISBN 978-7-5037-9327-1

Ⅰ. ①湖… Ⅱ. ①湖… Ⅲ. ①农业统计－统计资料－湖北－2020－年鉴 Ⅳ. ①F327.63-66

中国版本图书馆 CIP 数据核字(2020)第 197823 号

湖北农村统计年鉴-2020

作　　者/ 《湖北农村统计年鉴》编辑委员会
责任编辑/ 钟　钰
责任校对/ 蔡先锋
装帧设计/ 吴　茗
出版发行/ 中国统计出版社有限公司
地　　址/ 北京市丰台区西三环南路甲 6 号
邮政编码/ 100073
电　　话/ 邮购（010）63376909　书店（010）68783171
网　　址/ http://www.zgtjcbs.com
印　　刷/ 武汉盛卯阳印刷有限公司
经　　销/ 新华书店
开　　本/ 890mm×1240mm　1/16
字　　数/ 13.7 千字
印　　张/ 21 印张
版　　别/ 2020 年 11 月第 1 版
版　　次/ 2020 年 11 月第 1 次印刷
定　　价/ 260.00 元

如有印装差错，由本社发行部调换。

《湖北农村统计年鉴-2020》编辑委员会

主　　任：朱　慧

副 主 任：叶福生　刘　凡　刘长华　李　静　沈学军　熊义柏
　　　　　夏志成　王建南

委　　员：（以姓氏比划为序）
　　　　　朱利明　伍育清　李宗友　汪　玫　汪明阳　陈汉秋
　　　　　周雁峰　倪群峰　倪钦亮　涂美忠　程国银　蔡俊松

编　　辑：（以姓氏比划为序）
　　　　　丁　可　付德耀　冯　鑫　刘　晨　巩继伟　李邦志
　　　　　李　鹏　李子郴　李清伟　周　真　庞风敏　徐华艳
　　　　　焉　潮　黄淑芬　雷　迪　熊　蕾　蔡先锋

责任编辑：钟　钰

编 辑 说 明

一、《湖北农村统计年鉴-2020》由湖北省统计局、国家统计局湖北调查总队、湖北省农业农村厅、湖北省水利厅、湖北省自然资源厅、湖北省农业事业发展中心、湖北省林业局、湖北省监狱管理局等部门共同编辑。

二、本年鉴农业技术推广及应用资料、农垦统计资料由省农业农村厅提供；水利建设资料由省水利厅提供；耕地情况由省自然资源厅提供；农业机械化、畜禽规模养殖及畜产品加工企业和渔业统计等资料由省农业事业发展中心提供；林业统计资料由省林业局提供；监狱系统农场资料由省监狱管理局提供；粮食、畜牧和主要农产品产量等资料由国家统计局湖北调查总队提供；其余资料由省统计局提供。

三、《湖北农村统计年鉴-2020》收录了2019年湖北省农业农村统计资料及省级部分历史年份资料。其中，2007-2017年农业产值增加值、粮食作物、经济作物、畜牧业、渔业等统计数据依据第三次全国农业普查结果进行了修订；本年鉴耕地情况因第三次国土调查正在实施，相关数据为上年数据。

四、2020年湖北农村统计年鉴文字资料主要反映2019年湖北省及各市州农业农村经济发展、乡村振兴战略实施的情况。

五、本年鉴由于组稿、资料整理和编辑时间紧迫，难免有失误之处，敬请广大读者谅解并欢迎指正。

目 录

一、文字篇

二、数据篇

1.农村基本情况

2.农业产值

3.种植业

4.林业及土特产

5.畜牧业

6.渔业

7.农业机械化

8.农村主要能源及物资消耗

9.农业技术推广及应用

10.水利建设

11.农垦及监狱系统农场

一、文字篇

湖北：持续推进产业发展　促进实施乡村振兴

党的十九大报告提出实施乡村振兴战略，明确了“产业兴旺、生态宜居、乡风文明、治理有效、生活富裕”的总要求，并将其作为进入新时代“三农”工作的总抓手。2019年湖北通过实施系列政策“穿针引线”，在推进绿色兴农、品牌强农和加快农业一二三产业融合发展等方面，取得实质性成效，乡村振兴战略开局良好。全省实现农林牧渔及服务业总产值6681.85亿元，增长3.5%，农村居民人均可支配收入16391元，增长9.4%。全省在强力推进“五大振兴”的同时，战略实施中也存在一些短板、弱项需要补齐补强。

一、科技引领资金扶持，农业产业发展稳步向好

2019年全省各地通过建立农业科技示范样板，推广应用了水稻集中育秧、双低油菜直播控密增角高产高效栽培，加快实验示范步伐，技术成果转化到位率达85%。全年全省种植业产值达到3257.85亿元，增长3.9%，对农业总产值增幅贡献达到61%。水稻生产综合机械化水平达78%，油菜生产综合机械化水平突破40%，位居全国前列。全省农业科技贡献率超过59.0%，农业科技对促进农业增效和农民增收发挥了重要作用。

2019年全省加大“三农”政策资金扶持力度，提升农业生产综合实力。全年湖北农发行投放支农贷款172亿元，增长10.6%。全省粮、油、肉、蛋、渔、菜等主要农产品供给能力持续增强。粮食总产量达2724.98万吨，连续7年稳定在500亿斤以上；油料314万吨，增长3.8%；肉类和蛋产量分别达到349万吨、179万吨；蔬菜产量达到4087万吨，增长3.1%；水产品470万吨，增长2.6%。主要农产品均居全国前列，产品供应充足，满足了人们品质生活消费需求，为经济社会稳定发展提供了有力支撑。

二、产业融合模式创新，农业产业链延伸增强

2019年全省农村通过发展电商体系，搭建新型销售平台，持续拓展农产品销售渠道，相关乡村物流、产品包装、文旅餐饮等相关产业也方兴未艾。据全省村级社会经济基本情况表汇总数据显示，全年全省开展网上销售农产品的户数3.13万户，增长32.5%，开展休闲农业和乡村旅游的户数2.26万户，增长50%以上。开展农产品加工或初加工企业户数0.83万户，增长10.3%。通过实施“互联网+农村”行动，打通农村电子商务“最后一公里”，实现电子商务与传统产业有机结合，2019年全省通宽带互联网的村民小组19.77万个，增长3%。

2019年全省新增国家级农业产业化重点龙头企业1家，省级龙头企业8家。一、二产业融合快速发展，全年规模以上农产品加工企业4930个，平均用工人数114人，实现营业收入1.15亿元，增长2.1%；一、三产业融合势头正劲，休闲农业与乡村旅游蓬勃发展。全年开展休闲农业和乡村旅游的户数达2.26万户。全年全省承包地流转面积达到2239万亩，流转率达到49%。通过全省各地积极发展休闲农业、创意农业、乡村旅游等新领域，促进了农业与二三产业融合发展，农业产业不断链延伸增强。

三、生态宜居乡风文明，“三乡工程”促进农民增收

美丽乡村数量不断增加。2019年全省新增省级美丽乡村建设示范村339个，乡镇社会经济基本情况表汇总数据显示，全省生活垃圾全部集中处理的村1.73万个，增长14.4%，生活污水全部集中处理的村4479个，增长32%。通过民居改造、垃圾处理、污水治理、卫生改厕、村庄绿化、村道硬化等项目建设，建成近1千个生态宜居乡村，其中最美宜居乡村21个。乡风文明氛围不断增强。全年创建省级文明镇195个，省级文明村457个。通过评选“十星级文明户”活动，95%的村修订完善了村规民约，99%的村建成综合文化服务中心，实现了镇、村基本全覆盖。

“领头雁”带领农民增收。我省实施“三乡工程”三年行动计划及“双回双创”以来，共创新实施“三乡工程”的行政村4600多个，建设共享农庄1.2万户，吸纳社会资金1200亿元，实现农民增收约120亿元。实施“新型职业农民培训计划”，两年培育新型职业农民6万人以上，有效改善了乡村治理人才队伍的人员素质结构。推进乡村“三变”，资源变资产、资金变股金、农民变股东的进程不断加快。农村居民收入增长连续2年快于城镇居民收入增长。

四、基础薄弱融合不够，短板弱项仍需加快补齐

农村基础设施薄弱，发展后劲有待提升。农业基础设施薄弱、抗灾能力差仍是我省农业发展的最大短板。特别是农田水利基础设施建设滞后，抗旱排涝设施年久失修老化，不能正常运转，抗旱引水“最后一公里”的问题还需得到有效解决。受水产养殖三区划定、环保污染治理等影响，全省水产养殖面积逐步缩减，产量将呈现逐步下降趋势。

三产业融合深度不够，带动能力不强。农业产业体系不完善，产业间互联互通性差，融合程度较低。农产品精深加工不足，附加值低。2019年全省规模以上农副食品加工业增加值增长7.1%，增幅比全省规模以上工业低0.6个百分点，比上年同期低1.5个百分点。农业与旅游、文化、康养、体育等新业态深度融合不足，内容较为单一，线路短缺，品味档次不高，品质特色不明显，品牌意识有待加强，休闲功能体现不充分，特别是交通、通讯、吃住旅游休闲配套设施比较薄弱，制约了乡村旅游的健康发展。

农村用工难、用工贵问题日益突出，农业比较效益偏低，影响农民种粮积极性。据典型调查，平常年份种植水稻亩均收益1400元，而各项成本合计1000元左右，一亩纯利润约400元左右，如果是流转土地，减去流转费用后利润所剩无几甚至亏损，遇上灾情将更不容乐观。

五、精心谋划抓实抓细，助力乡村振兴再上新台阶

党的十九届五中全会提出：“优先发展农业农村，全面推进乡村振兴”，为促进农业全面升级、农村全面进步、农民全面发展提供了重要遵循。

一要围绕乡村振兴做好产业发展规划。各县市区要根据各自区位优势、资源禀赋、产业现状，以县域为基本单元统筹做好产业规划布局，形成“一县一规划，一乡一特色，一村一品”的整体布局，同时聚焦农村基础设施和基本公共服务上的突出短板和弱项，以规划编制、道路建设、垃圾治理、厕所改造、污水治理等为突破口，补齐公共基础设施和基本公共服务短板，为乡村振兴奠定坚实基础。

二要加快产业融合力度，提升质效。各地要适应农村一二三产业融合发展新趋势，培育新产业新业态。大力发展农产品加工业，推进现代农业产业园、科技园、企业园等平台建设。在发展现代农业产业园区方面，要以规模化和基地为基础，聚集现代农业生产要素，建设“生产+加工+科技”的现代农业产业园，农产品加工流通园，农业综合贸易合作试验区等，发挥技术集成、产业融合、创业平台核心辐射等功能作用。促进休闲农业、乡村旅游、农村电商等新产业新业态加快发展。

三要大力推进农业农村绿色发展。贯彻习总书记绿水青山就是金山银山的理念，推动建立农业生产力布局，农业资源环境保护利用管控、农业绿色循环低碳生产和贫困地区农业绿色开发等制度机制。要切实改变过去大水大肥大药的粗放经营方式，着力探索“绿色+”特色产业、休闲农业、乡村旅游、产业扶贫等发展模式，把农业资源利用强度降下来，把农业面源污染降下来，让美丽田园、青山绿水、生态环保成为现代农业的鲜明标志，让农产品成为居民餐桌上的放心食品。

撰稿：李邦志

武汉：壮大特色农业　积极助推乡村振兴

产业兴旺是乡村振兴的重要基础，是解决农村一切问题的前提。种养业是乡村产业的重要支柱，是保障城市“菜篮子”供给的基础。国务院印发的《关于促进乡村产业振兴的指导意见》明确提出，要突出优势特色，培育壮大乡村产业，做强现代种养业。《武汉市乡村振兴战略规划（2018－2022年）》将壮大蔬菜、水产、畜禽、花卉苗木等四大优势特色产业，作为推动我市现代都市农业高质量发展的重要举措。本文通过分析我市优势特色种养业发展现状和问题以及面临的新形势，提出壮大优势特色种养业的建议。

一、优势特色种养业发展现状

近年来，全市蔬菜、水产、畜禽、花卉苗木等四大优势特色种养业不断发展壮大，2019年四大优势特色种养业实现产值529.39亿元，占全市农林牧渔业总产值的81.0%。蔬菜和水产品产量多年来一直位列全国大中城市前列。

蔬菜：2019年，全市蔬菜播种面积169.91千公顷，总产量779.87万吨，分别比上年增长3.5%和1.7%。蔬菜及食用菌（含菜用瓜）产值274.19亿元，占农业产值的2/3，占农林牧渔业总产值的42.0%。在蔬菜品种中，叶菜类播种面积33.95千公顷，产量144.70万吨，分别占蔬菜播种面积和产量的20.0%和18.6%，叶菜总量基本能够做到自给。温室、大棚和中小棚等设施蔬菜播种28.95千公顷，产量122万吨，占蔬菜总产量的15.6%。

水产：2019年，全市渔业产值103.10亿元，占农业总产值的比重为15.8%。水产养殖面积42.89千公顷，水产品总产量44.19万吨，其中养殖产量与上年基本持平，捕捞产量减少，导致水产品总产量比上年减少1270吨。水产品养殖产量40.12万吨，其中虾蟹类4.79万吨，占养殖产量的11.9%，比上年提高1.2个百分点。

畜禽：2019年，全市牧业产值73.98亿元，占农业总产值的比重为11.3%。生猪出栏168.61万头，家禽出笼4088.50万只，猪肉产量10.6万吨，禽肉产量4.08万吨，禽蛋产量9.33万吨，牛奶产量10421吨，蜂蜜产量932吨。2019年末生猪存栏91.19万头，活家禽存笼1887.49万只。

花卉苗木：2019年，全市花卉园艺及林木培育种植产值为78.12亿元，占农业总产值的12.0%。花卉种植面积923.4公顷，盆栽观赏植物325.9万盆，观赏苗木产量3780万株。

二、存在的主要问题

近年来，我市四大优势特色种养业发展壮大取得进展，但还存在一些问题。一是抗风险能力不强，包括自然灾害风险和市场风险；二是种养业龙头企业带头作用不强，小规模分散种养经营比重大，产业集中度不高；三是知名种养业品牌不够多不够强；四是农产品精深加工龙头企业少，优势特色种养业生产、加工、流通一体化产业链未完全形成。

三、优势特色种养业发展面临的新形势

（一）绿色发展的新要求。水产业、畜禽业发展可促进农业增产、农民增收，但传统种养业也给生态环境保护带来巨大压力。2016－2017年，我市启动了畜禽养殖的禁止养殖区、限制养殖区和适宜养殖区划定及禁、限养区退养工作，以及湖泊渔业“三网”（围网、拦网、网箱）拆除工作。超大城市市郊传统粗放型种养业面临更大环境承载压力，转型升级更加紧迫。生猪出栏量由2015年的280万头左右下降到2019年的不足170万头，水产品产量近5年来始终在44万吨左右徘徊，家禽出笼量2015－2018年徘徊在3700－3800万只左右。

（二）消费升级的新需求。随着经济快速发展，人民群众生活水平越来越高，对绿色优势安全农产品的消费需求越来越大，对农产品生态绿色无公害等要求越来越高。而我市的蔬菜、禽禽和水产品等优势特色农产品是“菜篮子”必需品，直接面临消费升级的新需求。绿色原生态蔬菜、生态猪、优质水产品需求增长较快。

同时随着市民对居住环境改善的需求，对花卉苗木的需求不断增加，带动花卉苗木产业大发展。

（三）产业融合的新趋势。随着市民生活需求升级，对农旅结合的要求，体验消费、休闲垂钓、种植认养、委托种养、科普观赏、生态观光等消费趋势明显增加。优势特色种养业面临融合发展新机遇。

四、壮大优势特色种养业的建议

培育壮大蔬菜、水产、畜禽、花卉苗木等四大优势特色产业，除了考虑新时期面临的新形势外，还要充分考虑武汉作为超大城市的实际及其资源禀赋。武汉有1100多万常住人口的巨大“菜篮子”消费需求，特别是本市生鲜蔬菜、活鱼等农产品供给的不可替代性；二是武汉作为“百湖之市“，水产资源丰富、养殖历史悠久，渔业养殖及休闲渔业优势明显。

（一）持续发展蔬菜业。以品种引领、品质提升、品牌打造为主攻方向，建设重点蔬菜基地。引导地产蔬菜优化品种结构，提升设施栽培比例和水平，建设集约化专业育供苗中心。开展蔬菜标准园创建，推广绿色防控技术、清洁生产技术和农业资源循环利用模式。加强蔬菜采后商品后处理，开发蔬菜精深加工产品，加快发展净菜上市、定制配送等蔬菜流通新业态。

（二）做精做优水产业。划定以工厂化养殖为主体的现代设施渔业区、以精养鱼池为主体的健康循环养殖区和以湖泊、水库为主体的生态渔业保护区。对规模连片精养鱼池进行提档升级和标准化改造，打造一批现代都市渔业健康养殖示范园。打造稻田综合种养示范区。支持推动优势特色鱼类产业链建设，实现渔业加工和流通产业突破性发展。大力发展休闲渔业，提升渔业综合效益。

（三）转型升级畜禽产业。通过“退养关停一批、升级改造一批、规划新建一批、合作共建一批”生猪养殖场，提高生猪标准化养殖水平。制定落实生猪产业绿色发展方案，促进生猪产业绿色发展。培育畜禽养殖现代化示范场，推进种养循环生态养殖小区建设。突破性加快发展肉类、蛋类、禽类等精深加工，延长产业链，提高抗市场风险能力。

（四）做大做强花卉苗木产业。以武湖花卉科技示范园和江夏花博园为核心，打造全国有影响的花卉交易市场和花卉苗木电子交易中心。依托全市有一定规模的花卉苗木产业园，构建花卉苗木产业基地群。提档升级全市花卉苗木基地，建设融赏花、休闲、体验、郊游于一体的郊野公园。

撰稿：武汉市统计局农业处

黄石：改革创新引领　统筹推进乡村振兴

2019年，市委、市政府按照党中央、国务院和省委、省政府决策部署，以实施乡村振兴战略为总抓手，以发展镇域经济为龙头，以构建“三纵一横”乡村区域发展布局为引领，以改革创新为动力，协调推动乡村产业振兴、人才振兴、文化振兴、生态振兴、组织振兴，努力走出一条遵循中央精神、符合省委要求、具有黄石特色的乡村振兴之路。从2019年度实绩考核指标来看，黄石市实施乡村振兴战略已初见成效。

一、产业兴旺情况

2019年全市完成农业总产值177.91亿元，同比增长3.7%；完成农产品加工业总产值261.86亿元，同比增长6.3%，与农业总产值之比为1.47: 1 。2019年,因种植结构调整和持续干旱气候影响，全年粮食播种面积131.76万亩，较上年下降3.7%，粮食总产53.83万吨，较上年下降6.0%。

（一）现代农业加快发展。依托农业产业发展协会，组建稻虾共作、油茶产业、柑桔产业、蔬菜产业、畜牧产业、农旅产业、涉农电商和茶叶等“八大产业联盟”，形成了“联盟+产业+农户+基地”的产业发展新模式。全市新增绿色食品农产品10个，使用“三品”标识农业企业33家，产品总数88个。推进“双十工程”实施，大冶市金牛镇和阳新县枫林镇先后入选全国农业产业强镇示范镇。全年开工新建各类水利工程90处，累计完成各类投资9亿元，新增、改善灌溉面积9.5万亩，新增节水灌溉面积1.1万亩，有效补齐了农业生产短板。

（二）大力发展乡村产业（林业产业）及产业扶贫。初步形成了多种产业齐头并进的发展格局。2019年，全市发展油茶、白茶、杉木、湿地松等林业产业基地3万多亩，促进了农村产业结构调整和林农致富增收。同时，加大林业产业化龙头企业发展，扶持林业龙头企业做大做强，建成省级林业产业化龙头企15家。林业产业逐渐成为农村的主导产业之一。2019年林业产值91.74亿元，增长18.8%，超过全省林业产值增长率11个百分点。

（三）乡村旅游不断发展。大力实施“三乡”工程，推进农业、林业与旅游、文化等产业深度融合发展。先后培育了“瑞晟模式”、“富农模式”、“鑫东模式”，积极引导镇村组织开展“年货节、桃花节、玫瑰花节、龙虾节、香李节、荷花节”等节会活动，带活乡村旅游。全市有1个国家级休闲农业示范点、2个全国休闲农业与乡村旅游四星级单位、6家省级休闲农业示范点，1个湖北旅游名镇、2个湖北旅游名村、48家星级农家乐、623家休闲农业经营点。

（四）培育农业新型经营主体。坚持三产融合，大力发展镇域经济。以镇域经济为龙头，按照“一镇一业、一村一品”的思路，握紧“拳头”打造专业镇、特色镇，大力培育主导产业，推进农业产业联盟发展，提升产业竞争力。完善农业经营体系，延伸农业产业链条，推动农业产业链由简单种养向高附加值“两端”延伸，着力打造特色品牌。完善农业社会化服务体系。建立健全“产业联盟+龙头企业+合作社+农户”的产业带动模式，促进产业串成线、连成片，实现小农户与现代农业有机衔接。

二、生态宜居情况

（一）村庄绿化。2019年全市实际完成营造林任务19.23万亩，占计划任务的111.8%，其中人工造林8.33万亩（含退化林修复）、封山育林2.33万亩、森林抚育8.55万亩。创建国家森林乡村8个、湖北省森林城镇1个、湖北省绿色乡村3个，农村生态环境和人居环境显著改善。2019年林地面积20.41万公顷，占《湖北省林地保护利用规划》（2010－2020）黄石市林地保有量目标值的117.7%。

（二）“三污”治理完成率。2019年全市生活垃圾无害化49.84万吨，其中黄金山生活垃圾焚烧发电厂焚烧处理生活垃圾40.02万吨，城乡生活垃圾无害化处理率为100%。现有32座乡镇垃圾转运站，补齐短板加快推进乡镇垃圾转运站建设，确保一个乡镇覆盖一座；2019年共完成农村户厕2.94万座、农村公厕267座的建改或提升任务；加快乡镇生活污水处理厂建设，新建改建21座乡镇生活污水处理厂，累计铺设污水管网672公里，110个村超过1.5万户农户受益，镇区周边农村污水做到能收尽收。

（三）美丽乡村建设情况。2019年，全市共完成农村户厕2.94万座、农村公厕267座的建改或提升任务。建成26座乡镇垃圾转运站，建成生活垃圾终端无害化处理设施3座，共配备农村卫生保洁员5212名，配备大中型环卫专用车辆222台，建立健全“户分类、组保洁、村收集、镇转运、市（县）处理”为主的保洁模式。加快乡镇生活污水处理厂建设，新建改建21座乡镇生活污水处理厂，累计铺设污水管网672公里，110个村超过1.5万户农户受益，镇区周边农村污水做到能收尽收。大力推进农业面源污染治理，规模畜禽养殖场废弃物资源化利用率达到80%以上，秸秆资源化利用率达到95%以上。

（四）农村互联网普及。2019年7302个自然村（20户以上）已实现光纤通达，自然村光纤覆盖率达到99.9%，百兆占比达到80%，4G网络覆盖率达到100%。

三、文明乡风情况

（一）乡镇村综合文化服务中心建设。2019年乡（镇）村综合文化服务中心建设已全面完成。村综合文化服务中心按“一屋一室”的标准，建筑面积不少于150平方米，均配套建设标准化文体广场。

（二）文明村镇建设。2019年共创建各级文明村镇共385个，其中全国文明村镇11个，省级文明村镇22个，县级及以上文明村镇达到49%。

（三）农村教育发展。实施扩增容量项目建设，推进公益普惠学前教育发展。2019年已完成投资5590.74万元,改扩建幼儿园6所，增加学位2000余个；设备采购项目已完成70%。

（四）实施消除化解义务教育和高中学校大班额计划，推进城乡教育一体化均衡发展。投资2.64亿元，实施建设和设备购置类项目242个，力争通过2年时间的努力，全力消除大班额，补齐两类学校办学短板，集中解决义务教育有保障中的薄弱环节，通过整合、新建、改扩建一批学校等措施，优化资源配置，实施教育项目攻坚，增加学位供给。

四、乡村治理情况

（一）农村基层党组织建设质量提高。信访事项及时受理率100%；信访事项按期答复率99.97%；信访部门群众满意率98.2%。2019年下半年全市群众安全感、公正执法满意度、矛盾纠纷调处有效率、扫黑除恶行动成效评价分别为96.30、90.57、63.57、91.17分，在全省17个地市州分别排第9位、第11位、第6位、第11位。

（二）平安乡村建设。2019年，累计投入4150余万元，为农村派出所优先配备防护装备53套、执法记录仪66台，办案区一体化采集仪2套，农村警务保障全面得到加强。

（三）法治乡村建设。法治乡村建设列入“七五”普法规划。扎实开展“法律六进”，深入推进乡村学法用法。文化引领，以点带面，深入推进乡村法治文化阵地建设。乡村法律顾问实现全覆盖，为维护乡村社会和谐稳定发挥重要作用。

（四）村民自治组织能力建设。严肃换届纪律，圆满完成村委会换届任务，村民参选率高达98.2%，从组织机构、运行管理、监督内容三大方面打牢村务监督根基，发挥好村委会的作用。

五、生活富裕情况

（一）农村居民人均可支配收入。2019年农村常住居民人均可支配收入16516元，增长9.2%，增速比上年快0.9个百分点。完成年度贫困人口减贫793人任务，减贫完成率达100%，实现了所有贫困村全部出列。

（二）农村特殊群体关爱服务体系建设，完成社会救助年度调标工作。2019年累计共发放农村特困供养资金8353万元，清退不符合条件低保对象3031户5382人。2019年民政部门累计开展关爱服务活动2.83万人次。

（三）城乡居民基本养老保险适龄参保人员缴费率。2019年完成征缴人数54.18万人，征缴金额2.4亿元，较上年征缴人数扩面6.25万人，征收率为113.0%，超过全省平均征收率18个百分点。全市城乡居民基本养老保险参保人数达到90.43万人，人均待遇每月127元。全市农村低保和五保供养实现了动态管理下的应保尽保。

撰稿：肖武

十堰：加快产业融合　优先实施乡村振兴

市委、市政府深入贯彻落实中央、省委实施乡村振兴战略决策部署，坚持农业农村优先发展，紧紧围绕“产业兴旺、生态宜居、乡风文明、治理有效、生活富裕”总要求，咬定目标，扎实工作，齐心协力，攻坚克难，乡村振兴战略实施取得新成效。

一、产业兴旺，新型农业主体发展壮大

（一）粮食产量保持稳定。2019年全市耕地面积358.98万亩，划定永久基本农田面积245.2万亩，耕地灌溉面积89.28万亩，占24.9%。建设高标准农田126.9万亩，耕地质量连续19年稳中有升。全年粮食播种面积314.7万亩，粮食产量16.24亿斤。

（二）乡村产业发展态势强劲。2019年全市新建特色产业基地12万亩，总面积达600多万亩。强力推进产业扶贫，新发展扶贫车间（作坊）3481个，直接带动2.84万贫困户就业增收。实施品牌强农战略，新认证“三品一标”农业品牌31个，“武当道茶”被列入全国农业品牌目录，房县香菇进入全省农业区域公用品牌20强。2019年，全市实现农林牧渔业及服务业总产值299.73亿元、增加值175.03亿元，同比均增长3.6%；完成规上农产品加工产值296亿元；规上农产品加工产值与农林牧渔业总产值之比接近1:1，带动全市1.7万多贫困户就业增收。

（三）新型农业经营主体发展壮大。坚持把培育新型农业经营主体作为农业产业化建设的“牛鼻子”，鼓励支持工商企业和返乡创业人士参与农业产业开发。2019年累计培育省级龙头企业45家，在经管部门备案农民专业合作社2922家、家庭农场279家，专业大户5982家，8家农民专业合作社获全国500强称号，6家农民专业合作社被评为“国家级示范社”。推进农村电商全覆盖，郧阳区、丹江口市、房县入选全省“村播试点县”，农村电商交易额突破100亿元。

（四）乡村旅游发展步伐加快。全市9个乡村进入全省荆楚乡村文化旅游百强村，10条乡村旅游线路纳入全省精品线路。2019年乡村旅游接待游客约3100万人次，占旅游接待总人次的47%，增长27%；乡村旅游综合收入230亿元，占全市旅游总收入的30%，增长13%。

二、生态宜居，美丽乡村建设持续推进

（一）基础设施建设不断加强。2019年新改建农村公路4801公里，完成农村公路安防3252公里、危桥改造33座，所有行政村实现通达水泥（沥青）路，通客车率保持100%。加强农业科技创新平台建设，全市共培育农业领域国家高新技术企业31家、国家级星创天地6家、省级新创天地17家、省重点实验室2家、省工程技术中心6个、省校企共建研发中心17个。

（二）美丽乡村建设深入推进。2019年启动建设省级美丽乡村示范村79个、整治村321个，创建“生态宜居家园”示范村56个、累计268个。全年改建农村户厕9.5万座，公厕934座，均超额完成年度目标任务，整村推进“厕所革命”行政村达1172个，占64.9%。

（三）农村生态环境显著改善。2019年全市97座乡镇污水处理厂投入运营，乡镇污水处理实现全覆盖。建成38座城乡垃圾填埋场、178座垃圾中转站，市县乡村四级垃圾分类处理站点稳步推进，生活垃圾无害化处理率达到82%，行政村生活垃圾治理覆盖率达到99%。实施“精准灭荒”，推进荒山绿化、庭院绿化和道路绿化，完成营造林面积40.25万亩、村庄绿化4.13万亩，建成国家森林城镇1个（郧西县观音镇）、绿色示范村8个，竹溪县被评为“全国生态建设突出贡献先进集体”，房县成功创建湖北省森林城市。

三、乡风文明，农村教育水平不断提高

（一）农村公共文化服务水平明显提升。加强新时代文明实践中心建设和县级融媒体中心建设，成立10个新时代文明实践中心、66个实践所、603个实践站，建成1个市级志愿服务孵化基地，8个县级融媒体中心全部挂牌。全市创建全国文明村7个、省级34个、市级220个，创建全国文明乡镇6个、省级19个、市级60个。

（二）农村教育事业健康发展。2019年全市共建有79个贫困村托儿所、村办园，招收幼儿588名，确保边远山区特别是深度贫困村适龄儿童幼有所育。持续优化农村教师队伍结构，招录教师984人，培训农村教师1.38万人，2名教师入选“乡村优秀青年教师培养奖励计划”，桂花小学荣获“全省优秀教师集体”荣誉称号。

四、乡村治理，基础组织建设坚强有力

（一）农村党组织建设坚强有力。实施强基固本工程，选优配强村党组织书记，推进村书记、主任“一肩挑”和“两委”班子成员交叉任职，落实村党组织书记县级备案管理制度，选派356名干部到村任党组织书记，调整村党组织书记89名，排查整顿软弱涣散农村基层党组织141个。

（二）农村集体经济发展能力明显增强。2019年全市村集体经济年收益超过10万的村868个，村集体经济总收入达到14.07亿元，增长23.1%。深入推进农村集体产权制度改革，全面完成“两清”任务，顺利通过省级考核验收，核实农村集体资产109.64亿元，确认集体经济组织成员231.17万人。

（三）乡村自治有效提能。严格执行“四议两公开”制度，村务公开率达100%。制定《关于做好村规民约和居民公约工作的实施意见》，指导各地开展以村规民约为主要内容的积分制试点，把移风易俗内容融入村规民约。

（四）平安法治乡村建设深入推进。落实农村“一区一警”“一村一辅”“一镇一队”警务模式等七大方面重点建设，实现新时代农村警务规范化、信息化、科学化。健全城乡公共法律服务体系，建成公共法律服务中心9个、工作站118个、服务点（室）1712个，基本实现市县乡村四级公共法律服务全覆盖，群众安全感持续提升。

五、生活富裕，农村社会保障体系不断健全

（一）脱贫攻坚成效明显。紧盯“两不愁三保障”，脱贫攻坚取得明显成效。2019年，全市完成16.9万人脱贫、110个贫困村出列、5个贫困县退出任务，存量贫困人口降至1646户3841人，综合贫困发生率降至0.17%。农村居民人均可支配收入11378元，增幅10.5%、连续三年稳居全省前茅。

（二）基层医疗卫生水平不断提升。县级医疗卫生机构建设全面达标，乡村医疗卫生机构建设全面提档升级，1819个村卫生室完成整体建设，其中855个村卫生室达到省级“五化”标准。扎实开展健康扶贫，建立了农村贫困人口基本医保、大病保险、医疗救助、补充保险制度四位一体保障制度，贫困人口住院就医报销比例达87.9%。

（三）农村社会保障体系不断健全。2019年累计征收城乡居民养老保险99.28万人次、2.28亿元，超出全省平均缴费比例1.7%。加强基层儿童工作队伍建设，配备1974个村级儿童福利主任、135个乡镇级督导员，开展定期走访、常态摸排和关爱服务。动态完善农村留守儿童和困境儿童档案信息台账，建成农村寄宿制学习和留守儿童校外托管机构116所，安幼养老服务中心52个，为留守儿童提供生活、学习、心理等服务。

撰稿：杨静波

荆州：抢抓振兴机遇　打造“荆州样板”

实施乡村振兴战略，是党的十九大作出的重大战略部署，是新时代中国特色社会主义伟大事业的重要组成部分，为“三农”工作指明了方向，为未来农业农村发展描绘出蓝图。为全面部署荆州市乡村振兴战略，市政府于2018年出台《荆州市实施乡村振兴战略三年行动计划》，明确了年度任务，把实施乡村振兴战略作为新时代做好“三农”工作的总抓手，力争建设好江汉平原乡村振兴示范区，全市乡村振兴取得明显成效。

一、乡村振兴战略实施情况

（一）现代农业体系显雏形，绿色农业发展全面推进。全力发展现代农业产业体系、生产体系、经营体系，新建高标准农田40万亩以上。新增农村土地流转面积32万亩，达到458万亩。农民专业合作社、家庭农场总量达到1.9万家。新增“三品一标”产品21个。荆州是湖北省粮油大市，近年来，市政府持续推进粮食安全生产，稳定粮食产量。粮食产能连续5年保持在90亿斤以上，居湖北第二位，油菜籽长期保持全省第一的地位。生猪年出栏量维持在420万头以上，在全省名列前茅。（2019年受“非洲猪瘟”疫情影响，生猪出栏297.77万头，出现了较大降幅。）2019年，水产品产量达到111.95万吨，是“中国淡水渔业第一市”，“双水双绿”创建初见成效，虾稻综合种养面积发展到251万亩，小龙虾产量达40万吨、位居全国市州第一。

（二）保障农民增收，人民生活水平明显提升。全市始终坚持把农民增收作为“三农”工作的核心任务，全力拓宽农民增收渠道。全面推进复工复产，农村居民就业增收逐渐好转。2019年全市农村居民人均可支配收入18893元。脱贫攻坚成果巩固得力，共92个贫困村、2.52万户、7.02万人脱贫出列，贫困发生率下降至0.3%。2019年全市新型农业经营主体达到4.5万个，带动农户90万户。“村淘计划”全面实施，建成6个县级服务中心，701个村级服务站，带动农村人口就业创业2453人。

（三）现代乡村治理体系初步构建，农村人居环境生态明显提升。近年来，全市加快推进“421工程”，重点打造引江济汉运河、环长湖、环洪湖、长江沿线等10条百里长廊。2019年，新建、改扩建和延伸管网16处，解决了2.13万贫困人口的饮水问题。农村电网改造升级全部竣工，惠及695个中心村。“四好农村路”建设全面展开，完成县乡道改造116公里，通村公路672公里，行政村通达客车率达到100%。农村电网改造投资5.9亿元，提前一年实现新一轮农网改造升级。农户无害化厕所改建12.6万户、农村公厕改建925座，84.4%的行政村实现生活垃圾无害化处理。启动“三清一改”村庄清洁行动，打造83个省级生态宜居美丽乡村示范村；推进四湖流域综合治理，开展河湖“清四乱”专项行动，完成洪湖退垸还湖10万亩。

（四）倡导文明新风，农村精神文明风尚明显提升。积极争取倡导文明新风，促进乡村善治。坚持物质文明与精神文明两手抓，深化文明村镇创建，推进移风易俗，深耕乡村文化，大力实施乡村文明提升工程。持续推进县级文化中心、乡镇文化服务中心、村级文化活动室、农家书屋、农民体育健身、广播电视户户通惠民工程建设，培育民间社团，丰富群众生活。推出了一批讲好荆州故事、体现荆州风情、展现荆州气派的乡村文化精品。

（五）推进人才振兴，农村基本公共服务水平明显提升。加强农村工作干部队伍的培养、配备、管理、使用，选派优秀干部到县乡挂职任职，到村担任第一书记，把到农村一线工作锻炼、干事创业作为培养干部的重要途径，注重提拔使用实绩优秀的农村工作干部。加强农业科技人才、技术推广、经营管理、动物防疫队伍建设，大力培育农村实用人才，2019年完成新型职业农民培训2000人以上。加强乡村教师队伍建设，全面推行义务教育阶段教师“县管校聘”改革。加大乡村文化设施建设力度，建好用好乡村综合文化服务中心。以“庆丰收、迎小康”为主题办好农民丰收节。

二、存在的主要问题

（一）乡村产业依然不旺。荆州地处江汉平原腹地，农业资源的开发已见成效，但“一家一户”小生产的传统农业仍占主流，“望天收”格局没有根本性改变。第一，产业结构失衡，侧重于种植业与养殖业；第二，农产品产业链短，产业融合比例低，农产品精深加工能力不强，农业的产业化、规模化、品牌化水平有待提高。

（二）乡村基础设施和公共服务体系有待完善。农村环境面貌有了较大变化，但整体还不美，农村污水治理问题还没有彻底解决，环境卫生难以保持。在公共服务领域，农村相比城市差距较大。农民对养老、医疗、教育满意较低；农村信息服务缺乏，通信条件差、网络普及率低、信息获取滞后，易导致农民产生错误决策。

（三）人才储备依然不足。缺人才是制约农业农村发展的重要因素。从农村产业发展看，新型职业农民数量偏少，复合型人才更少。从农村技术支持看，农技推广队伍多年没有新人补充，服务能力弱化，面临断层的困境。从农村有效管理看，大部分村（居）干部知识结构不合理，懂经营、善管理的年轻干部较少。

三、对策建议

（一）以培育优势产业为重点，推动城乡融合发展。立足城乡融合发展，以城带乡，加快形成农村产业优势。培育一批运行质态好、带动能力强、管理规范的农业龙头企业、农民专业合作社、家庭农场，促进小农户和现代农业发展有效衔接。推动产业融合发展，大力发展休闲体验、旅游观光、养生养老等业态，让农民群众过上幸福美好的日子。深入实施乡村“互联网+”工程，加强农业电商平台建设，推进线上线下产销整合发展。

（二）以促进农民增收为重点，切实落实增收举措。强化一产增收的动力源。持续抓好“米袋子”、“菜篮子”等农业农村重点任务，增加农民的经营性收入。充分发挥电商优势，利用各种线上交易模式，依托各县区优势产业，大力发展直播经济，带动农民增收。精准实施援企稳岗和就业优先政策，拓宽农民就业渠道，有效增加农民的工资性收入。积极做好农业农村领域重大项目建设，建立和扶持农民工创业园，制定优惠政策，引导创业农民进园区发展，推动集群创业，以创业带增收。

（三）以强化保障投入为重点，全面优化服务提升。一是大力推进基础设施建设。统筹推进农村道路、农田水利、供水供电、通讯网络、污水处理等设施建设，进一步优化农村教育、卫生等资源，切实增强农民群众获得感、幸福感。二是健全投入机制。把乡村振兴作为财政优先保障领域，完善财政支农投入稳定增长机制。引导金融资金、工商资本、社会资本投入乡村振兴。三是注重人才培养。进一步调整优化农村基层干部结构，建立激励机制，提高工资待遇，让村干部“在职有奔头、工作有劲头”。

（四）以人才振兴为重点，全面加强乡村振兴的人才支撑。农民依然是农村的主体，新型职业农民的培育是农村人才的重要支撑。一是要突出“新”。不能停留在过去的知识结构层面，更不能简单地借鉴以往的经验技术，要不断地了解学习新技术、新管理、新运营、新产品，以保持持续的竞争力；二是突出“返”。后疫情时代，把返乡下乡人员创业创新作为战略任务来抓，搭建现代农业产业园区等创业创新的公共平台，促进农村创业创新。

撰稿：梅丽华

宜昌：统筹谋划推进　全面实施乡村振兴

党的十九大报告提出实施乡村振兴战略，市委市政府按照乡村振兴总要求，突出农业农村优先发展，围绕“争当全省乡村振兴排头兵”的目标，加快产业、生态、人才、组织、文化振兴，扎实推进乡村振兴战略。结合全省“乡村振兴”考核指标体系，宜昌市统计局深入分析相关统计指标，对乡村振兴进行监测，形成《宜昌市2019年乡村振兴监测报告》。

一、“乡村振兴”总体评价

“乡村振兴”考核指标体系从产业兴旺、生态宜居、乡风文明、治理有效、生活富裕、组织保障6个方面，设置6个一级指标，40个二级指标。监测显示，农业经济实现高质量发展，农村环境明显改善，乡风文明、社会治理和基层民主满意度大幅提升，组织保障坚强有力。但农村很多问题都有其历史性和复杂性，需要统筹谋划，系统推进，不断巩固乡村全面振兴成果。

二、“乡村振兴”发展特点

（一）农业经济实现高质量发展。

加快农业供给侧结构性改革，大力发展特色农业、绿色农业、品牌农业，推进农业高质量发展。2019年全市农林牧渔业增加值达438.14亿元，按可比价计算增长3.6%。完成柑橘、茶叶品改11.2万亩，涉农电商主体超过4600家，休闲农业营业收入达22亿元，夷陵区成为第一批国家农业绿色发展先行区。2019年规模以上农产品加工企业358家，实现营业收入985.29亿元，同比增长16.2%。据市农口部门统计，全市农民合作社总数为8213家，家庭农场总数3065家，其中“六有”家庭农场数为1179家。发挥文化旅游资源优势和综合带动作用，2019年乡村旅游接待人数4205万人次，实现乡村旅游经济收入398.85亿元。各地共举办乡村旅游节庆活动276场次，接待游客640万人次。

（二）生态环境治理进展顺利。

深入开展农村人居环境整治，建设“绿净齐富厚和”美丽宜居乡村。2019年，累计建改农村户厕23.14万座、农村公厕1205座，农村生活垃圾处理率90%以上，生活垃圾无害化处理率100%。2019年，建改农村公路3068公里、创建农村公路美丽宜道197公里，完成农村危桥改造计划11座、农村公路安全生命防护工程建设计划4941公里。农村固定宽带入户46.2万户，固定宽带普及率为43.2%，高于全省平均值36.8%。移动电话用户438.6万户，移动宽带普及率为84.9%，高于全省平均值81.3%。

（三）乡风文明水平大幅提升。

大力推进文化阵地建设，推动立村规、唱村歌、展村史，厚植文化底蕴，引领淳化民风，共创建全国文明村镇13个，宜都市被列为全国新时代文明实践中心和县级融媒体中心建设试点，远安村民罗必炎家庭被评为“全国文明家庭”，秭归屈原村村规民约入选“全国百优”。2019年，全市建成110个乡镇（街道）综合文化服务中心，1633个村（社区）全部建有综合文化服务中心。共创建全国文明村镇13个、省级文明村镇44个、市级文明村镇212个、县级文明村镇824个。全面落实农村教育三年整改任务。创建农村现代化先进学校（幼儿园）332所，学前教育三年毛入园率达93%。

（四）基层组织建设规范有序。

推进乡村治理制度化，加快农村“三治融合”，深化“三在工程”，持续推进“四双行动”，推广“党员公约”、“三亮四美”等经验做法。深化村民自治实践，秭归县“村落自治”被评为全国乡村治理典型案例，10个村（社区）被评为全国民主法治示范村（社区）。积极推进“雪亮工程”进农村，深入开展农村法律服务，建立乡镇法务指导中心109个、村（社区）法务工作站1601个、法务网格11757个。

（五）实施综合成效初步显现。

坚持补齐民生短板，增强群众获得感幸福感安全感。2019年，全市农村居民可支配收入

18134元，增速9.81%。城乡居民基本养老保险适龄参保人员缴费率为92.8%，高于全省平均水平11.7个百分点。积极推进卫生乡镇（村）创建工作，全市累计创建国家卫生乡镇19个，创建省级卫生村807个。全市每个乡镇都设立了1所乡镇卫生院，每个行政村都设有1个村卫生室，全市9个县市区共组建11个县域医共体,在全省率先实现县域医共体建设全覆盖。

（六）组织保障坚强有力。

市委市政府主要领导先后6次召开会议研究部署贯彻落实工作，全年开展与乡村振兴有关的调研近60余次。2019年全市农林水支出预算执行数为68.5亿元，同比增加3.08亿元，增幅为4.7%。金融机构增加支农信贷投入，扩大惠及面。2019年涉农贷款余额1385亿元，较年初增加168亿元，同比增加60亿元；涉农贷款较年初增长13.8%，高于全省2.8个百分点。

三、加快实现乡村振兴的对策建议

全市乡村振兴工作虽然取得了明显成效，但仍然存在不少差距和短板，要从“四大建设”着手，统筹谋划，系统推进，加快实现乡村全面振兴。

（一）以产业建设推进乡村振兴。目前农业经营效益仍然不高，乡村新产业新业态还有很大发展潜力。支持农产品加工业提升装备水平和创新能力，延伸产业链，提高附加值，培育一批龙头企业和名牌产品，实现产业转型升级。着力建设现代农业产业园，促进土地、资金、技术、人才等生产要素聚集，提高农业规模化和标准化水平，带动观光、休闲和旅游业，激发农业发展新动能。

（二）以宜居建设支撑乡村振兴。受基础条件差、群众卫生意识不强等因素影响，农村人居环境仍然存在不少困难和问题。一是坚持科学规划。高起点、高标准、高质量制定村庄布局规划，因村施策，分类指导，突出特色。二是加大资金投入。强化财政资金的导向作用和激励作用，建立起政府主导、社会参与、群众自筹的多元化投融资机制。三是创新管理机制。鼓励有条件的村庄探索建立污水处理农户付费制度，完善财政补贴和农户付费合理分担机制。加强长效管护，实现农村人居环境整治工作常态化。

（三）以文明建设支持乡村振兴。农村还存在一些封建陋习，文化生活单调匮乏，传统美德有待强化。一是倡导良好乡风民俗。深化文明村镇、文明家庭创建，广泛开展“好婆婆”“好媳妇”创评和“乡村贤达榜”“善行义举榜”“孝道红黑榜”评选等群众性活动，大力培育与社会主义核心价值观相契合的优良家风、淳朴民风和文明乡风。二是丰富精神文化生活。深入开展“送戏”“送电影”“送图书”等文化下乡活动，编演群众喜闻乐见的文艺节目；充分利用“村村通”等广播电视、街头标语、墙体彩绘等形式，广泛宣传传统文化，传播社会主义核心价值观。

（四）以基层建设引领乡村振兴。针对部分农村基层组织软弱涣散等问题，探索深化村党组织书记选配改革，激发农村干部干事创业热情，打造一支担当作为的高素质“头雁”队伍。一是严格择优选配。拓宽选拔渠道，通过组织选派、摸排考察、公开考选等方式在机关干部、退役军人、致富能手、回乡创业人员中选出政治素质好、群众威信高、组织能力强的优秀人才。二是强化监管考核。明确岗位职责，将考核事项分解量化。三是实施正向激励。提高基层组织经济待遇；工作实绩突出的，优先提拔使用。

撰稿：吴华蓉

襄阳：战略实施显效　所期所盼仍需关注

党的十九大报告提出实施乡村振兴战略，强调坚持农业农村优先发展，并明确提出了“产业兴旺、生态宜居、乡风文明、治理有效、生活富裕”的乡村发展总体要求，将其提升到战略高度写入党章，为农业农村改革发展指出了航向。近几年来，在实施乡村振兴战略工作中作了许多有益探索，取得了显著成就，为进一步了解乡村振兴战略实施情况及存在的“瓶颈”问题，襄阳市统计局就全市实施乡村振兴战略工作情况进行了调研，现将调研情况报告如下。

一、实施乡村振兴战略工作取得成效

（一）高度重视深入推进，乡村振兴战略开局良好

1.市委、市政府高度重视乡村振兴战略工作。在中央、省委的坚强领导下，襄阳市高度重视，周密部署乡村振兴工作，出台了《襄阳市乡村振兴战略实施纲要（2018—2022年）》，打造了一批乡村振兴引领头雁，形成了实施乡村振兴战略强大气场，乡村振兴战略实施取得了突出成绩，实现了良好开局。

2.调查对象对乡村振兴战略充满信心。“小康不小康,关键看老乡”。全市上下正按照产业兴旺、生态宜居、乡风文明、治理有效、生活富裕的总要求，深入实施乡村振兴战略。调查显示，98.5%的调查对象“知道十九大提出的乡村振兴战略”。座谈过程中，村民对党中央实施乡村振兴战略和市委、市政府出台的关于推动乡村振兴战略的各项措施表现出极大热情和肯定，表示乡村振兴是农村人的福音，愿意大力支持配合乡村振兴工作，把家乡建设得更好。

（二）农业生产方式转变，减量化增长成效显现

1.特色优质高效农业发展势头良好。襄茶产业质效齐升，产业提质扩能。2019年全市茶园面积27.6万亩，新增市级以上茶业龙头企业11家，各类市场主体新增92家，茶农增产丰收。2019年农产品加工业产值达到1652.3亿元。稻田综合种养突飞猛进，注册小龙虾及虾稻米商标10件，成立小龙虾专业合作社或家庭农场110家，引进培育小龙虾龙头企业30多家，成为农业增效、农民脱贫增收的“新引擎”。

2.有机产业取得长足发展。“中国有机谷”建设加快推进。2019年全市新获有机认证（转换认证）20个，新增认证面积3.8万亩，认证“三品一标”农产品239个，中国有机谷LOGO商标在国家商标局注册成功。建成有机水稻生产基地2.8万亩、有机食用菌基地350万袋，制订标准化生产技术规程15个。

3.新型农业经营水平持续提升。全市加快培育新型农业经营主体，从各乡镇上报汇总情况看，2019年家庭农场3067个，农民合作社5730家，市级以上示范社540个，市级以上示范家庭农场522个，市级以上农业产业化龙头企业379个。新型农业经营主体数量快速增长、规模日益扩大、领域不断拓宽、实力逐渐增强，主导产业优势明显，成为推动实施乡村振兴战略的重要力量。

（三）公共服务体系进一步完善，农民幸福感增强

1.农村道路硬化得到巩固。2019年，全市所有村进村主要道路实现硬化，其中，11.7%的村进村主要道路路面是柏油，88.3%的村进村主要道路路面是水泥。村内主要道路路面状况进一步改观，2.4%的村村内主要道路路面是柏油，96.7%的村村内主要道路路面是水泥。

2.教育卫生服务水平提升。坚持优先发展农村教育事业，扎实落实统一城乡义务教育经费保障机制政策，全面改善乡村学校基本办学条件。2019年全市小学校473所，小学在校学生379314人，适龄儿童全部实现集中教育管理，全市九年义务教育普及率达到100%。乡镇医疗卫生机构共2876个，增长1.2%，普及率达100%，95.3%的村有卫生室，各村共有执业助

理医师2833人，增长4.3%，医疗卫生条件大幅改观。

3.垃圾粪污处理进一步加强。2019年全市有97.3%的村实现生活垃圾全部或部分集中处理，比上年提升5.2个百分点，41.7%的村实现生活污水全部或部分集中处理，比上年提升14.8个百分点，污水治理推进成效显著。使用卫生厕所的户数达82.1万户，占全部常住户数的69.8%，比重比上年提升9.2个百分点，厕所革命持续稳步推进。

二、群众对乡村振兴的所思所想所盼

为了解乡村振兴战略实施过程中，广大群众的所思所想所盼，市统计局组织樊城区、谷城县、保康县、老河口市、宜城市等5个县（市、区）对辖区内164个村进行了调研，调查对象涉及乡镇领导、乡村干部、产业能手、村干部以及村民等各类人员，共发放调查问卷204份，收回204份，对群众所期所盼及对策建议进行了梳理和汇总。

期盼一："主人翁""领头羊"发挥作用不强，盼带领

一方面，村民在乡村振兴中主人翁意识不强。调研中发现，相当一部分村民认为实施乡村振兴战略是国家的事、政府的事，自己不知道如何参与到家乡治理和发展中来，希望有人能带领自己往前走。另一方面，干部主动服务意识不够。在与乡镇干部座谈中了解到，在基层高强度的工作压力之下，村干部主动带领村民发展致富能力显得捉襟见肘。

期盼二：经济收入成为制约乡村振兴的关键点，盼资金

乡村振兴离不开农村产业经济的支撑，离不开集体经济的壮大。2019年，全市1.9%的村集体没有收入，其中36.4%的村没有经营收入。那些有经营性收入的村收入也并不高，村集体经营收入在10000元以下村占42.0%，村集体经营收入在10000元-100000元之间的村占42.5%，经营收入入不敷出，能投入乡村振兴的资金更是有限，村级资金压力大。调查对象认为实施乡村振兴战略最期望提供资金扶持。

期盼三：农村厕所改造配套管护缺位，盼维护

2019年底，全市新建改建农村厕所20.3万座，成为推进农村人居环境整治、实现乡村生态振兴的有力抓手。但调查显示，大部分村仅仅完成了改造，后期配套建设的农村排污管网、污水处理设施还有所欠缺，对于新建改建公共厕所、私人厕所的管护和粪污收运、利用等后续工作严重缺失，粪污多由村民自行清掏后作为农家肥使用。村民希望后期维护得到保障。

期盼四：基层指导效果不明显，盼培训

一直以来，全市高度重视"三农"工作，各部门对农民技术、服务等各方面的培训力度越来越大，取得的成果有目共睹，得到群众充分认可。但在调研座谈中了解到，尽管各县、大部分乡镇都有相应的农民培训计划，但在实施培训过程中，培训项目不能做到因地而异，培训项目与村里经济发展结合不够密切，培训内容与农民需求存在偏差。

期盼五：农村陈规陋习时有抬头，盼新风

调研发现，由于历史思想根深蒂固，一些陈规陋习时有抬头，仍有6.7%的调查对象认为家里每年负担最重的是请客送礼，让许多家庭不堪重负。调查中一个农户介绍，每年腊月一个月就参加各种酒席10余次，送出礼金7000余元，"人情宴"演变成"人情债"，希望早日摆脱这种陋习。

三、实施乡村振兴的对策建议

（一）党建引领，筑牢乡村振兴之基。"给钱给物，不如帮建个好支部"，实施乡村振兴战略，党建是基础更是引领，要充分发挥基层党组织的核心领导作用，做好政策宣传和解读工作，将党中央最高指挥实施到基层"最后一公里"，充分发挥党员在老百姓中的引领作用，让基层党组织成为乡村振兴的坚强战斗堡垒。

（二）科学谋划，打通产业发展之路。实施乡村振兴战略，产业是基础，各地要以规划为指导，因地制宜谋划好乡村产业布局和振兴发展。现阶段，可探索发展"集体+电商、集体+旅游、集体+物业"模式，充分发挥襄阳全国性综合交通枢纽作用。要切实提高财政资金的使用效益，把产业兴旺作为乡村振兴的关键环节，

紧盯产业发展这一“造血工程”，加快建设现代农业产业体系，实现“一镇一业”“一村一品”。

（三）建管并重，画好乡村规划之图。乡村振兴是攻坚战也是持久战，乡村治理工程不能浮于面子，要深入里子。各地要将农村厕所改造与完善农村基础配套设施结合起来，要完善后续管护配套服务，减少二次污染。通过提供财政补贴等方式，鼓励农民参与到厕所后期维护工作中来，实行政府引导与农民参与相结合的农村厕所后期管护机制，提升农村厕所长效管护能力。

（四）精准服务，树直乡村发展之旗。实施乡村振兴战略，人才是关键。农业、人社部门要充分发挥致富带头人的示范作用。鼓励开展“乡村致富带头人”评选活动，通过村村通、微信、广播电视等方式，加大对致富带头人的宣传，树立引导作用，根据实际情况可对乡村致富带头人给予合理补贴，激发农民争当致富带头人、排头兵。要不断提高培训的实用性和有效性，按需精准开展培训。

（五）文化浸润，刷新乡村文明之风。各地要尽快督促还未建立的村完成村规民约建立工作，已经建立的村要根据实际情况进一步完善和改进，真正把规矩立起来，让风气正起来。要紧盯基层党员干部特别是领导干部这个“关键少数”，引导广大党员干部树新风，争做文明新风的传播者，带动村风民俗向上向善。丰富村民业余文化生活，开展各类健康向上的文化活动，讲好襄阳故事，推动全市移风易俗工作上台阶、上水平。

撰稿：方言

鄂州：强动力补短板　大力实施乡村振兴

实施乡村振兴战略，是党的十九大作出的重大决策部署，是新时代“三农”工作的总抓手，为充分了解我市乡村振兴战略开展情况，市统计局组织力量对全市乡村振兴情况进行了调研。全市乡村变化明显，乡村振兴取得一定成效，但也反映出产业发展不足、乡村基础设施不完善、人才缺乏等相关问题，须引起各级政府高度重视。

一、乡村振兴基本情况

（一）产业发展不断壮大。

1. 聚力打造乡村特色产业。按照生态农业、全域旅游、融入武汉定位，主攻精致苗木、精细果蔬、精品水产三大产业，大力培育组百村千镇万高标准“花果菜渔”特色产业基地，逐步形成了一区一特、一镇一业、一村一品的农业产业格局。2019年，全市建成水产特色养殖标准化示范基地10. 8 万亩；发展“虾稻共作、稻渔种养”10.3万亩，增长17.5％。

2. 着力创响特色农产品品牌。2019年，全市新增认证“三品一标”农产品10个，总数达196个；建成“三品一标”农产品数据库和生产经营业主追溯管理信息平台。南蹟湖牌生态大米、兴达三红蜜柚等11个农产品荣获第16届农博会农产品金奖。

3. 大力培育新型农业经营主体。全市持续开展家庭农场、农民专业合作社、龙头企业示范创建活动，培育省级以上示范场23个、示范社44个、龙头企业8个，培育产值过亿元的龙头企业4家。

（二）生活环境不断改善。

1. 村容村貌改善明显。全域开展村庄清洁行动，清理建筑杂物、残垣断壁，清理农业投入品包装物、废旧农膜等农业废弃物。2019年通自来水的村达到310个，增长2.3%。清理垃圾4.8万吨、沟渠3400条，疏通污水管网1.38万米。拆除废弃猪圈3100所，消除露天粪坑和牛栏2300个。完成453户存量危房改造。

2. 农村生活垃圾治理取得长足进步。将垃圾集中处理纳入市、区、乡三级财政预算，市区两级每年给予每个村10万元村级补助资金、每个乡镇30万元乡镇垃圾清运补贴。全市投入2500万元支持垃圾集中处理，保障垃圾收运处理的正常运转。

3. 农村生活污水治理全域推进。2019年共建设农村污水处理站点424处，乡镇污水处理厂16座，其中15座正在试运行。配套污水干支管建设基本完成，共计400余公里，入户管网覆盖率达到85%以上,达到了全省乡镇污水处理“369”节点规定的时序进度。

4. 厕所革命建设进度高于全省平均水平。完成农户厕所改造5.25万座，提前15个月完成省政府下达的3年内改造农户厕所5.14万座工作任务。农村户厕改造完成率比全省平均水平快11个百分点，在全省处于领先地位。农村公厕、集镇公厕、旅游厕所、交通公厕、城市公厕年度建设目标均全部完成。

（三）乡风文明建设不断发展。

加强精神文明建设。以社会主义核心价值观为引领，深入推进文明创建，形成健康向上的精神风貌。传承优秀乡土文化。2019年村级综合性文化服务中心较上年增长21.5%。每年“送戏下乡”300多场次，举办群众性广场文艺活动200 多场次。持续创建市级移风易俗试点村，讲好家风故事。

（四）乡村治理水平不断提高。

在农业农村部公布的全国乡村治理示范村镇候选名单中，鄂城区峒山村、华容区武圣村两村分别入选全国乡村治理示范村候选名单，通过示范创建活动，推动健全党组织领导的自治、法治、德治相结合的乡村治理体系，培育和树立一批乡村治理典型，发挥其引领示范和辐射带动作用，进一步促进乡村治理体系和治理能力现代化。

（五）农民生活水平不断提高

通过大力发展农村新产业、支持返乡农民创业、提高农民财产性收入、精准扶贫等各项措施大力提高农民收入水平。2019年，全市农村居民人均纯收入19313元，增长9.7%。

二、存在的问题

（一）农业产业发展动力不足。农村地区劳动力和人才大量外流，水利、电力、机械等农业基础设施建设进展缓慢，传统生产方式和春播秋收的传统经营模式普遍存在。实施农业农村一二三产业融合，农村产业兴旺发展还任重道远。

（二）农村环境整治任务艰巨。近几年来，农村的水、电、路、讯、房和环保等基础设施整体上有了很大改善，但仍有薄弱地方亟待改进。重点应将水、电问题摆在首位加以解决。在用水问题上：部分农村还存在因夏季或春节期间用水高峰期供水不足、饮用水质不达标等问题。

（三）缺乏人才支撑。农村人口老龄化程度深且劳动力受教育水平低，务农人员文化程度一般以初中及以下文化程度为主。农业新技术新产业新模式推广难。乡村振兴需要人才来支撑，但是优秀人才不愿回乡、不能回乡，使得乡村发展缺少活力和后劲。

三、几点建议

（一）培育乡村发展新动能。一是大力发展农产品加工业。培育农业产业化龙头企业和联合体，深入推进现代农业产业园建设。二是加快发展新产业新业态。深入挖掘拓展“农业+”功能，支持发展休闲旅游、餐饮民宿、文化体验、健康养老等休闲康旅服务业。三是加强农业品牌建设。推进区域农产品公用品牌建设，把“两品一标”产品优势转化为品牌优势。四是大力开展招商引资。紧密围绕城乡高质量融合发展，着力引进生态旅游、生态农业、文化创意和康养医疗等领域项目，不断提升产业的含金量、含新量、含绿量和引领力。

（二）补齐基础设施建设短板。重点加强农村公路、供水、供气、环保、电网、物流、信息等基础设施建设，推动城乡基础设施互联互通，缩小城乡发展之间的差距。建立乡村道路、垃圾和污水处理、卫生厕所长效机制。扩大改善和保障民生范围，提高基本公共服务供给质量，完善社会保障和救助体系，实现农村发展硬环境和软环境同步升级。

（三）加强人才队伍建设。乡村振兴的关键因素之一就是“人”。一是高度重视农业农村干部的培养、配备、使用，培养造就一支懂农业、爱农村、爱农民的“三农”工作队伍。二是加强对新型农业经营主体培育和新型职业农民培养。三是鼓励返乡大中专毕业生、退役士兵、“三新”农民创新创业。同时，进一步细化扶持返乡创业的相关政策措施，为返乡创业者提供良好的创业环境。

撰稿：赵洁

荆门：战略规划引领　全面实施乡村振兴

市委、市政府印发《荆门市乡村振兴战略规划（2019—2022年）》，统筹推进实施重大工程、重大行动、重大计划73项。围绕打造乡村振兴发展先行区，探索区域城乡融合发展新路径，统筹推进中心城区现代都市农业圈、荆钟荆京荆沙乡村振兴示范带"一圈三带"建设，目前规划体系的"四梁八柱"已基本建立，高标准策划推进重大项目74个，2019年完成投资37亿元。结合"十四五"规划，组织所辖县（市、区）同步编制乡村振兴战略规划，精心策划包装乡村振兴项目540个，总投资2230亿元。农村常住居民人均可支配收入20556元，增长9.5%，总量居全省第2位。

一、产业不断发展

2019年全市农林牧渔业增加值258.24亿元，同比增长3.5%，增幅与全省持平。粮食生产再获丰收，2019年全市粮食播种面积688.54万亩，总产286.46万吨，居全省第三位。2019年全市农产品加工业产值1317.7亿元，农产品加工业产值与农林牧渔业总产值比3.05∶1。

（一）现代农业发展水平提高。依托示范基地、科技示范主体等载体示范推广农业主推技术71项，超额完成省定18项技术推广任务。加快推进农业机械化，主要农作物耕种收综合机械化水平达到81.2%，同比提高0.7个百分点。全市145家"三品一标"经营主体全部纳入国家农产品质量安全追溯体系，风险预警能力明显提升，2019年全市农产品质量安全例行监测合格率100%。启动建设高标准农田27.23万亩。深化农业水价综合改革，农民节约用水30%，灌溉支出减少40%。全市耕地灌溉面积358.95万亩，增长0.4%。

（二）乡村旅游发展。制定促进旅游业发展的若干政策，持续加大对乡村旅游规划编制、项目建设等方面政策支持力度。成功举办首届湖北油菜花节、湖北省首届荆楚乡村文化旅游节、"TAO"文化节等节庆活动，"中国农谷·长寿荆门"整体形象和宣传口号亮相央视，沙洋油菜花海、美人谷、漳河、明显陵、莫愁村、汇源农谷、江汉运河等入选荆楚乡村旅游十大主题线路，钟祥莫愁村景区当选"荆楚乡村旅游十大美景"，钟祥市客店镇南庄村入选乡村旅游重点村国家名录。

（三）农业新型经营主体培育。2019年全市注册农民合作社7033家，成员73.48万人，社均成员数104人；家庭农场3030家，其中"六有"家庭农场912家，占30%。绿丰农机专业合作社入选"第一批全国'全程机械化+综合农事'服务中心典型案例"，春源联合社入选农业农村部全国首批、全省首家农业社会化服务典型案例。

（四）乡村产业发展及产业扶贫。实施八大产业发展行动，重点发展优质稻米、高油酸油菜、漳河果冻橙、漳河清水虾、荆山食用菌、大柴湖花卉和京山对节白蜡、长寿食品、绿色家居等八大特色产业，建成全国最大的高油酸油菜订单生产基地、全国面积最大和设施设备最高端的高档盆花生产基地—"中国花城"。大力发展林业产业，2019年新增省级林业重点企业3家，林业产业总产值达到338.23亿元，同比增长7.7%。扎实推进产业扶贫，组织4700余家新型经营主体参与扶贫，培育省级扶贫龙头企业11家，选派263名产业指导员结对指导贫困村发展扶贫产业，培训贫困村创业致富带头人1152人，全市5.3万户有劳动能力的贫困户中97%的参与产业发展，83%的通过产业带动实现增收脱贫。

二、生态保护和治理有力推进

（一）"四好农村路"建设。2019年全市建成农村通组公路995.9公里，实现20户以上自然村（撤并村）通硬化路。投入农村公路养护资金1.02亿元（其中省级补助4016万元、市县配套6164万元），改造农村公路危桥6座，完成农村公路安防工程1438公里，行政村通客车率达到100%。

（二）农村垃圾治理。坚持城乡环卫一体化发展，建立“户分类、组保洁、村收集、镇转运、县处理”的农村卫生保洁体系，建成乡镇垃圾转运站58座，配备垃圾收转运车3288辆、垃圾钩臂箱7181个、垃圾桶177292个、农村保洁员5278人，农村垃圾无害化处理率达到98%。

（三）农村污水处理水平。全市52个乡镇污水处理设施已全部建成并投入运营，在全省率先实现乡镇污水处理设施全覆盖。总结推广生态化无动力微动力污水处理客店模式，以荆门中心城区现代都市农业圈、荆钟荆京荆沙乡村振兴示范带和竹皮河、天门河、长湖“一圈三带三河”区域为重点，完成省定110个村污水整治任务。

（四）农村“厕所革命”完成率。2019年中央拨付我市农村改厕整村推进奖补资金9217万元，我市落实农村改厕户厕奖补配套资金481万元，到位率100%。全年建改农村户厕12.81万座、农村公厕583座，分别占省定任务的103.2%和103.4%。在1019个行政村整村推进农村改厕，完成率100%。

三、乡风文明得到提升

（一）乡（镇）村综合文化服务中心建设情况。实施乡村文化振兴示范工程，提档升级乡镇综合文化站6个，新建村级文化广场170个，全市乡（镇）村综合文化服务中心已全部建成并投入使用，“三馆一站一中心”覆盖率123%，超过文化小康达标值。

（二）文明村镇建设。创建全国文明镇2个、省级文明镇（乡）8个、市级文明镇（乡）16个、全国文明村3个、省级文明村26个、市级文明村86个，县级以上文明村镇达到45%以上。

（三）农村教育发展情况。推进“全面改薄”工程，对310所农村学校教育教学设施设备、图书进行添置更新，新（改、扩）建学校180余所，2019年全市投入农村教育经费24.41亿元，同比增长10%。建立教师长效补充机制，新招录农村教师376人。

四、乡村治理扎实开展

（一）农村基层党组织建设质量提高。开展农村党组织大调研、大整改，持续整顿软弱涣散农村基层党组织，解决“班子不强、观念陈旧”等问题627个。对1340名村党组织书记开展全覆盖培训，提升村党组织书记致富带富、基层治理等能力。实施“一村多名大学生”计划，向贫困村倾斜发展青年农民党员200名。

（二）平安乡村和法治乡村建设。在全市乡村安装视频探头13100余个，实现村级视频监控全覆盖。认真践行“枫桥经验”，及时化解调处各类矛盾，全年未发生群体性事件和“民转刑”案件。建立健全公共法律服务实体平台、提升公共法律服务速度和精度。2019年地方信访事项按期办结率为100%。2019年上半年群众安全感为95.72，下半年为96.35，超过省定标准。

（三）美丽乡村建设。2019年全市投入美丽乡村建设资金13.73亿元，其中统筹整合资金12.08亿，占88%。创建省级美丽乡村示范村57个、整治村230个，示范村全部完成村庄规划编制工作。全面开展村庄清洁行动，累计清理农村生活垃圾91.67万吨、沟渠10.5万米、村塘115口、残垣断壁19472处。扎实开展铁路沿线环境综合整治，查找整治问题382个，拆违9647.35平方米，清理垃圾7.79万吨、沟渠36.1万米。

撰稿：严婷婷

孝感：产业兴乡村美 农村治理初见成效

实施乡村振兴战略,是党的十九大作出的重大战略部署。我市编制了《孝感市乡村振兴战略规划（2018–2022）》，对乡村振兴战略作出总体设计和阶段谋划，明确目标任务，细化工作重点等，确保乡村振兴战略据实推进。现结合2019年统计数据分析全市乡村振兴的现状、指出存在的问题、提出相关建议。

一、农村产业更加兴旺

扎实推进农村产业发展，促进农村产业提质增效。2019年农村经济总量平稳增长，粮食蔬菜作物量稳质升，农村生产条件明显改善，农业机械化水平显著提升，新型农业经营体系逐渐完善，农业品牌建设明显加强。

（一）农村经济总量平稳增长。继续推进农业供给侧结构性改革，加快面向农业现代化战略转型，2019年全市农林牧渔业总产值545.99亿元，增长3.5%，其中，农、林、渔、服务业产值分别为247.97亿元、18.41亿元、99.55亿元和39.56亿元，增速分别是5.5%、0.8%、8.6%、7.3%，牧业产值140.50亿元，下降2.5%。

（二）粮食作物产量保持稳定。全市粮食作物播种面积为344.95千公顷，下降4.3%，粮食产量231.23万吨，增下降4.8%；其中，水稻作为优势农产品，2019年播种面积、产量分别为248.81千公顷、201.73万吨，分别下降3.9%、5.1%;优质稻播种面积占全市水稻的比重是53.6%，提高0.1个百分点。

（三）蔬菜作物产量较快增长。全市蔬菜播种面积、产量分别为109.36千公顷、428.01万吨，分别增长是3.2%、3.9%。设施农业蔬菜种植面积为5533公顷，增长7.2%，产量为24.87万吨，增长8.4%。

（四）农村生产条件明显改善。全市农田有效灌溉面积298.69千公顷，增长0.8%，旱涝保收面积266.76千公顷，增长0.6%，机电排灌面积250.46千公顷，增长0.7%。

（五）农业机械化水平显著提升。2019年，全市农业机械总动力达272.49万千瓦，同比增长2.4%，联合收割机7931台，增长7.1%，水稻插秧机5333台，增长4.7%，机播面积达到213.74千公顷，增长5.3%，机械植保面积为346.42千公顷，增长5.8%。农业机械化的快速发展，大幅提高了农业生产力，实现了传统农业向现代农业的转变。

（六）新型农业经营体系逐渐完善。全市乡镇级农业技术服务机构178个，增长1.1%，农业技术服务机构从业人员994人，增长1.3%，农民专业合作社4109个，增长1.8%，村级开展网上销售农产品的户数907户，增长18.7%。“订单式”“套餐式”等模式全面推广，代耕代种、联耕联种、统防统治等专业社会化服务不断完善。

（七）农业品牌建设明显加强。全市大力实施品牌强农战略，推进标准化生产，强化从产地到餐桌各个环节的精细化管控。全市“三品一标”农产品557个，增加32个，增长6.1%，“三品一标”农产品基地面积9.34千公顷，增长44.1%。

二、人居环境日益改善

（一）垃圾污水厕所治理有进展。全市生活垃圾全部集中处理的村1832个，增长8.3%，占比83.7%，同比提高6.4个百分点。生活污水全部集中处理的村459个，增长50%，占比21.0%，同比提高7.0个百分点。使用卫生厕所的户数是7.1万户，增长6.5%，占常住户数的比重为71.7%，同比提高6.2个百分点。

（二）农村基础设施日臻完善。2019年农村用电量达16.9亿千瓦时，增长8.5%。所有的村都接通有线电视和宽带互联网。通自来水的村个数占比91.2%，高于上年10.2个百分点。2019年公路里程2.05万公里，增长1.3%。通公共交通的村占比84.6%，提高2.3个百分点，金融机构网点526个，增加4个，公园及休闲健身广场593个，增加20个。通天然气的村民小组748

个，增加272个，占比3.4%，提高1.2个百分点。

（三）农用物资投入提质增效。以绿色发展为导向，生产投入做减法，加快化肥、农药减量增效。2019年，农用化肥施用量(按折纯法计算)为18.09万吨，同比减少0.57万吨，下降3.1%。农药使用量6649吨，减少222吨，下降3.2%。农用塑料薄膜使用量4726吨，减少48吨，下降1.0%。

三、乡村文明不断进步

（一）基础教育均衡发展。积极引导教师在城乡间合理流动，将优质教育资源向农村延伸，加强政策支持和保障，整体推进教育优质均衡发展，教育资源进一步优化，教育服务水平加快提升。县卡显示2019年普通中学204所，增加2所，普通中学教师1.56万人，增长7.7%，小学在校学生25.60万人，增长1.7%。乡卡显示幼儿园和托儿所757个，增加1个。

（二）文化服务水平有进步。全市持续推进文化服务、体育健身等，水平不断提高。2019年有119个乡镇级综合文化服务中心，2416个村级综合文化服务中心。县卡显示2019年由国内外知识产权行政部门向调查单位授予的专利权1364件，增长33.7%，公共图书馆图书藏量102.77万册，增长19.9%。村体育健身场所2751个，增长8.3%。

（三）医疗服务水平有提高。全市从农村居民的基本生活需求出发，在医疗等公共服务方面提高水平。2019年共有乡镇卫生院113个。乡级医疗卫生机构2261个，增长0.9%，医疗卫生机构床位1.94万张，增长4.2%，兽医（防疫）技术人员626人，增长3.1%。村卫生室2102个，增长0.8%，执业（助理）医师2304人，增长4.4%。

四、乡村治理初见成效

（一）组织建设有进展。2019年村党支部书记高中或中专有1263人，增长1.2%，大专及以上453人，增长2.5%。村委会主任大专及以上21人，增长40%。村民代表大会召开次数1.55万次，增长6.3%。

（二）道路设施有进步。村卡数据2019年进村主要道路路面水泥2117个，占90.4%，柏油223个，占9.5%，沙石1个，占0.04%。村内主要道路路面水泥2291个，占97.8%，柏油39个，占1.7%，沙石和其他11个，占0.9%。村内主要道路修建主要资金来源政府占78.3%，村集体占13.7%，村民自筹占6.3%，其他占1.7%。

（三）社会保障有成效。2019年社会工作机构床位2.19万个、城镇职工基本养老保险参保人数61.49万人，增长10.5%，城乡居民基本养老保险参保人数235.33万人，增长8.5%，基本医疗保险参保人数415.87万人，增长1.2%，失业保险参保人数22.60万人，增长16.9%，城镇居民最低生活保障人数10.62万人，增长47.7%。村卡农村特困救助供养人数3.01万人，增长5.0%。

四、农村居民可支配收入增长

随着农村生产经营方式转型升级，农民增收途径拓宽。2019年，农村常住居民人均可支配收入17510元，增长9.5%，增速高于城镇居民0.3个百分点。由于农村政策有利于非农产业的发展，农民生产经营方式有了较大变化，增收途径越来越广，尤其是农村富余劳动力加快向二三产业转移，经营净收入、工资性收入成为拉动农民收入的重要增长点。2019年农村居民可支配收入中经营净收入、工资性收入、转移性收入、财产性收入占比分别为39.8%、32.4%、25.7%和2.1%。

撰稿：刘全红

随州：加快乡村振兴 谱写文明和谐新风

全市上下认真贯彻落实中央、省委和市委关于乡村振兴战略的一系列决策部署。把实施乡村振兴战略作为农业农村工作的总抓手，科学谋划，统筹推进，呈现出农业农村高质量发展取得新突破、农村人居环境和美丽乡村建设展现新画卷、乡风建设和乡村治理水平取得新提升的良好势头。对照《湖北省市县党政领导班子和领导干部推进乡村振兴战略实绩指标体系和权重》6大类40项具体指标，全市各项考核指标均完成或超额完成了年度目标任务。

一、农业生产能力更强

（一）农业综合生产能力不断增强。2019年全市农林牧渔业增加值166.24亿元，增速3.6%。增速比2018年提高了0.3个百分点，比全省高0.1个百分点。耕地总面积为380.41万亩，达到省定控制数。其中，永久基本农田保护面积为294.29万亩，比省定任务多出0.119万亩。大力实施“藏粮于地”“藏粮于技”战略，加大高标准农田建设力度，2019年总建设任务15.13万亩。坚决克服干旱少雨的影响，全力以赴保丰收，2019年粮食总产达到142.47万吨，粮食产量保持基本稳定。生猪出栏量147.23万头，年末生猪存栏量75.34万头，能繁母猪存栏量7.5万头，超额完成生猪稳产保供目标。主要农作物耕种收综合机械化率为75.6%，同比提升1.8%。加强大中型灌区节水改造，加强小型农田水利建设，不断改善灌溉条件，扩大农田灌溉面积，全市耕地灌溉面积为155.71万亩。

（二）农业质量效益不断提升。全市各乡镇农产品质量安全监管机构覆盖率100%，省厅对全市农产品质量例行监测抽检合格率100%。加大生态调控、物理防控、生物防控等科学防控技术推广应用，全市主推技术到位率100%。农药使用总量保持零增长，农用化肥施用量下降3.1%，粮食作物病虫为害损失率控制在2.6%以内。

（三）一二三产业融合不断加深。2019年，全市农产品加工业产值占农业总产值比值从2018年的1.75提高1.79。全年乡村旅游人数934万人次，乡村旅游综合收入58.9亿元，2个镇、4个村被列入省级旅游名镇名村，广水市十里街道办事处观音村入选2019年中国美丽休闲乡村。新建旅游厕所32座，成功举办第13届尚市桃花文化旅游节、第3届牡丹文化旅游节、首届神农兰花文化节、首届桃源柿子文化旅游节、首届洛阳小镇音乐节等。

（四）特色农产品产业不断壮大。一是做大“随州香稻”产业。2019年，全市优质稻“双订单”推广面积达到30万亩，平均每亩为种植户增收300元以上。“随州香稻”成为全市受益面最广、拉动力最强的增收产业和惠民产业。二是做强“随州香菇”产业，全市规模在5万棒以上的香菇种植基地发展到94个，兴办标准化集中制棒基地54个，香菇种植规模达到2.2亿棒，比去年增长23%。三是做多随州特色产业。持续抓好随州泡泡青、胭脂红桃、三白蔬菜、大洪山黄牛肉、三黄鸡、吉阳大蒜等一批随州地优产品发展。

二、农村基础设施更全

（一）交通条件持续改善。2019年，县级财政农村公路养护资金到位率为122.9%；县市区农村公路危桥及农村公路安全生命防护工程完成率为103%；20户以上通组公路建设完成率为143%；行政村通客车率保持100%，农村客运发展资金纳入县级财政预算。

（二）整体环境持续优化。2019年全市共完成营造林39.08万亩，占省下达计划面积36.27万亩的107.7%。创建了19个国家级森林乡村。全市912个具有行政村职能的村（居委会），已有905个开展垃圾无害化处理工作，村级垃圾无害化处理率达到99.2%。成功承办了全省“四个三重大生态工程”现场会。初步形成了设施完善、管网配套、在线监测、运行稳定的乡镇生活污水治理工作体系。乡镇应接入户管网已完成11.88万户，在线监测设备全部安装并接入省信息监测平台。顺利推进“厕所革命”，完成户厕12.16万座、公厕822座。

（三）互联网普及率持续提升。2019年，电信公司共建设FTTH二级端口1.4万个，5G基站12个，5G室分系统2处，4G基站82个，4G室分系统10处，3G基站23个。移动公司累计投资1.28亿元开展农村宽带覆盖工程，实现524个行政村的全覆盖，新建光缆22000公里，累计覆盖用户25.1万户、累计建设扩容12.6万余端口。

三、乡风文明进步更快

（一）文明村镇占比不断提高。2019年，全市共建设全国文明镇3个，文明村3个，省级文明镇7个，文明村23个、文明单位83个。全市县级及以上文明村镇共415个，占全市乡镇总数的48%。随县文明乡风“1234”工程多次在《湖北日报》等省级媒体发布推广。

（二）综合文化服务中心作用发挥愈加明显。全市基层综合文化服务中心已完成717处。新建基层文化中心阵地100个，1001个建制村（社区）全部拥有健身广场，39家乡镇文化站中6家被命名为省一级文化站，流动图书车服务站点总数达到27个，更新农家书屋图书1000家。

（三）农村教育力量稳步充实。扩大农村普惠性学前教育资源，全市2019年学前三年毛入学率不断提升。不断加强师资力量，2019年补充义务教育学校教师570人。实施“随州市名师名校长领航工程”培训和“随州名师工作室”建设。

四、基层治理效率更高

（一）农村基层党组织建设更优。全市1001个建制村（社区）全部完成党组织换届，村党组织书记调整幅度达45.3%，社区党组织书记大专以上学历达到78.4%,村“两委”主职“一肩挑”达到98.3%。我市曾都区洛阳镇被评为全国乡村治理示范镇，广水市十里街道观音村、随县万福店农场凤凰山村被评为全国乡村治理示范村。

（二）村集体经济发展更强。2019年，全市126个重点贫困村年收入100万以上1个，50-100万4个，5-50万元121个，消除了村集体经济的“空壳村”。出台了《关于加快发展新型村级集体经济助推乡村振兴的指导意见》文件，落实扶持壮大集体经济的政策，丰富新型集体经济发展路径，完善农村集体产权权能。编印《随州市发展壮大新型村级集体经济案例选》，推广宣传15个有先进经验和做法的典型案例。

（三）村民自治组织能力更大。全市831个村修订了村规民约，组建红白理事会790个，覆盖率达到80%。充分发挥党员干部在营造乡风民风中的示范作用，坚持抓农村社会风气首先从党员干部抓起，全市查处、通报大办婚丧违规违纪党员干部16起、给予党政纪处分17人，为净化社会风气、纯洁乡风民风树立了良好的导向。

（四）群众安全感更足。2019年，全市共立案侦查3个涉嫌黑社会性质犯罪组织，办理恶势力犯罪集团案件6起，打掉涉恶犯罪团伙102个，刑拘犯罪嫌疑人575人，起诉涉黑恶案件11件109人，移送涉黑涉恶腐败和“保护伞”线索116条。纪检监察机关共立案查处涉黑涉恶腐败和“保护伞”问题37个，处理87人，其中党纪政务处分50人，对14人采取留置措施，移送司法机关9人。

五、农村居民收入更丰

2019年，全市农村居民人均可支配收入为18094元，增速为9.4%，超出省定指标1.61个百分点。

（一）大力发展扶贫产业。引导特色种养扶贫，鼓励引导160多家农业产业化企业、1200多家专业合作社和家庭农场参与精准扶贫，香菇、优质稻、特色蔬菜、中药材、茶叶、水果、肉牛、土鸡、小龙虾等特色种养殖项目带动2.8万贫困户、8.3万贫困人口，户均增收3000元以上。探索开展旅游扶贫，带动15个镇办、20个贫困村，发展农家乐1200家，直接就业1万人，间接就业2万人。

（二）不断完善健康教育体系。全市贫困人口180252人，参加全市城乡居民基本医保17.78万人，参加职工医保、异地参保、迁出等合计2430人，参保覆盖率达到100%。通过多种形式，使全市中小学生入学率和巩固率均达到了100%，发放教育资助金1442万元，资助贫困学生2.16万人次。

（三）重点关爱特殊群体。2019年底，全市共有农村留守老人0.8万余人，共组织上门探视2.02万人次，开展救助帮扶、精神慰籍及其他服务2.68万人次，留守老人接受关爱和定期探访比例均达到100%。镇、村实现儿童督导员和儿童主任配备、培训100%。

撰稿：陈媛媛

黄冈：搭建"四梁八柱" 稳健实施乡村振兴

全市上下认真贯彻落实习近平新时代中国特色社会思想和习近平关于"三农"工作重要论述，按照党中央、国务院和省委、省政府决策部署，坚持农业农村优先发展总方针，以实施乡村振兴战略为总抓手，以农业供给侧结构性改革为主线，对标全面建成小康社会"三农"工作必须完成的硬任务，抓重点、补短板、强基础、树特色，统筹推进乡村产业、生态、文化、人才和组织振兴，"三农"战略作为国民经济的基础地位进一步巩固，农业农村经济发展稳中有进、进中向好。

一、科学谋划，明确思路

以乡村振兴战略为统领，按照产业兴旺、生态宜居、乡风文明、治理有效、生活富裕的总要求，结合黄冈实际，精心编制了黄冈市《乡村振兴战略规划（2018-2022年）》，出台了《关于落实农业农村优先发展总方针全面完成"三农"各项硬任务的实施意见》、《关于深入学习浙江"千万工程"经验 打好农村人居环境整治硬仗 推进美丽乡村建设的实施意见》、《美丽乡村建设五年推进规划（2019-2023年）》、《产业扶贫发展规划（2019—2020年）》、《关于深入实施能人回乡创业"千人计划"的指导意见》、《关于推进数字农业建设与发展的实施意见》等一系列谋全局、打基础、管长远的政策文件，搭建了全市实施乡村振兴战略的"四梁八柱"，为全市推进乡村振兴明确了目标，细化了任务，强化了措施。

二、聚力脱贫，攻坚克难

深入学习贯彻习近平总书记关于扶贫工作的重要论述，全面落实中央、省委和市委关于精准扶贫精准脱贫系列决策部署，狠抓责任落实、政策落实、工作落实，脱贫攻坚取得了决定性进展。2019年完成14.67万贫困人口脱贫，129个贫困村出列，麻城、蕲春2个贫困县有望顺利摘帽。在实现"两不愁"目标的基础上，大力推进"三保障"政策落实，全市共资助贫困学生43.5万人次，发放资助资金4.97亿元；累计建成集中安置点1757个，实现入住6.96万人，易地扶贫搬迁任务全部完成；实行基本医保、大病保险、医疗救助、补充医疗保险"四位一体"健康扶贫工作机制，实现了贫困人口医疗负担大幅降低，医疗费用实际报销比例、健康服务能力、卫生服务能力、健康保障水平不断提高的"一降四提"目标。积极推行"五位一体"产业扶贫模式，发展"一村一品"专业村1249个，建成特色产业扶贫基地533.91万亩，累计发展8253家市场主体参与产业扶贫，新发放政策性奖补资金1.33亿元，带动贫困户13.71万户、贫困人口37.7万人脱贫增收。市扶贫办主任方荣获得全国脱贫攻坚贡献奖，李时珍集团获得全国"扶贫先进企业"称号，燕儿谷成功入选2019世界旅游联盟旅游减贫案例。英山四季花海、罗田大自然公司、湖北蕲艾堂公司等8家企业被表彰为2019年全省"千企帮千村"精准扶贫行动先进民营企业。

三、优化结构，保障供给

积极应对非洲猪瘟疫情、草地贪夜蛾的入侵等挑战，大力实施优质粮食工程，积极推进生猪稳产保供，农业生产总体保持稳定。41.09万亩高标准农田完成项目评审，划定粮食生产功能区339.57万亩，重要农产品生产保护区288.11万亩；新建万亩粮油生产基地8个，千亩粮油示范基地23个，示范面积超12万亩；预计全年粮食总产57亿斤左右、油料总产9.5亿斤左右，均较上年稳中略增，全市水产品总产9亿斤，与去年基本持平；截至10月底，全市生猪存栏105.41万头、出栏320.70万头、能繁母猪存栏12.5万头，较今年8月份分别增加5.73%、14.5%、10.91%，落实促进生猪养殖的贷款贴息、建设补助项目等扶持政策，完成猪肉储备1000吨。非洲猪瘟疫情防控取得阶段性胜利，生猪产能止跌回升。坚持抓粮与增收两手抓、保供给与保环境并重，调优农业产业结构，全市调减双季稻面积11.37万亩，新增再生稻面积4万亩，达到115万亩；新增稻渔种养面积9.82万亩，达到89.82万亩，其中稻田养虾86.58万亩，龙感湖洋湖荣获全国稻渔综合种养示范区；建成粮改饲基地44.1万亩；新发展集观光、休闲、采摘、娱乐为一体的精品果园、茶园、药园30个；以蕲艾产业发展为突破口，加快建设一批优质药食材生产示范基地和种子种苗繁育基地，全市药食材种植面积达136万亩，产量达30万吨、产值42亿元。

四、提质增效，振兴产业

坚持把发展乡村产业作为强农主要抓手，着力提升乡村产业质效，不断夯实乡村振兴基础。2019年，全市建成省级农产品加工园区10个，新增农业产业化国家重点龙头企业1家，总数增至3家，新增省级重点龙头企业23家，总数达到78家；培育地标优品金种子企业10家、银种子企业20家；全市“三品一标”农产品品牌新增32个，达到588个，国家地理标志保护产品新增2个，达到81个；蕲艾成为省重点支持的核心大品牌，蕲艾、大别山黑山羊入选全国特色农产品区域公用品牌百强，红安苕入选2019年湖北省二十强农产品区域公用品牌；全口径农产品加工产值与农业总产值之比突破2:1。依托资源优势，嫁接乡土文化，推进农业、林业与乡村旅游、民宿康养等深度融合，促进一二三产业融合发展。2019年乡村旅游接待游客超过1200万人次，约占旅游总人数的30%，实现旅游年收入70多亿元，约占旅游总收入的30%；全市新认定省级休闲农业示范点12家，总数达到19家，入选数量居全省第四位；发展各类休闲农业经营主体2781个，带动农户6.45万户，带动农副产品销售收入21.45亿元。全面推进电子商务进农村工作，全市电子商务进农村国家级示范县7个、省级示范县3个，实现了全覆盖。

五、整治环境，振兴生态

全市深化农业供给侧结构性改革，走质量兴农、绿色兴农之路。实施化肥、农药减量增效，测土配方施肥、绿色防控面积分别达到1126万亩次、245.9万亩次，化肥、农药使用量同比分别减少2.56%和3.52%；开展畜禽、水产养殖污染治理，关闭搬迁禁养区内规模养殖场817家、规模以下养殖场1030家，3275亩“河边塘”已全面完成退养；推进畜禽养殖场粪污、农作物秸秆资源化利用和农业废弃物回收处理利用，全市畜禽养殖粪污资源化利用率达78.09%，秸秆综合利用率达到了95.43%，农业废弃物回收率达到83.78%；今年，全省5次农产品质量安全随机例行监测，我市合格率均为100%，蕲春县获评国家级农产品质量安全县。学习浙江“千万工程”经验，大力开展农村人居环境整治，农村面貌变得干净、整洁。截止目前，全市农村垃圾清扫覆盖率达到98.1%，垃圾无害化处理率达到87.3%；累计建改农村无害化厕所51.1万座、农村公共厕所4868座，均超额完成2018—2019年度计划任务；全面完成铁路沿线7个方面18项、885个问题的整治重点任务；全市169个村确定为省级美丽乡村建设示范村，664个村确定为省级美丽乡村建设整治村，成功创建国家级生态乡镇2个、生态村1个，省级生态县2个、生态乡镇44个、生态村402个。

六、文明创建，振兴文化

坚持从实际出发，从关心农民切身利益的实际问题入手，把乡村精神文明建设与群众办实事、办好事相结合，大力实施核心价值观认知工程、人文素养提升工程、农村生态环保建设工程、十星创建覆盖工程、农村法治教育基础工程等“五大工程”，广泛开展乡村文明创建活动。积极推动“社会主义核心价值观、孝德文化、家规家训、村情村史”进农村祠堂，848个农村祠堂转化为党组织领导下的村级文化阵地；积极推动文化小康建设三年行动和国家公共文化服务体系向农村覆盖，加快基层“五馆、三场”和综合服务中心建设，不断满足农民群众的文化生活需要，全市新建、改扩建乡镇综合文化站30个、村级文体广场475个，分别同比增长42.9%、11.6%；持续开展送戏下乡、百团上山下乡、文化进万家、红色文艺轻骑兵等文化惠民活动，开展送戏下乡演出1500余场，组织“荆楚红色文艺轻骑兵”送欢乐下基层200余场，放映农村公益电影5.53万场次。黄冈市荣获全国文明乡镇4个、全国文明村16个、省级文明乡镇15个、省级文明村79个。

七、强化支撑，振兴人才

坚持把“懂农业、爱农村、爱农民”的要求贯穿乡村人才队伍建设始终。深入实施能人回乡创业“千人计划”，全市能人回乡创业新签约项目1165个，协议投资额797亿元，黄冈能人回乡创业工作入选中央党校教学案例。强化农业科技支撑，助力乡村人才振兴。围绕主导产业和特色产业，共选派453名业务能力强、综合素质高、工作责任心强的省市县三级科技特派员深入基层开展技术服务；培训新型职业农民、“一村多名大学生”、基层农技人员等5442人；实施贫困家庭“明白人”培养工程，技能培训1万人次；开展各类科技推广、科普宣传活动40余场次，发放明白纸、宣传册2万余份；积极推进星创天地建设，全市国家级星创天地8家、省级4家、市级22家，市农科院获批湖北省博士后创新实践基地，罗田县入选全国农村创新创业示范县。

撰稿：徐毅刚

咸宁：实施乡村振兴　持续加快产业发展

党的十九大报告提出了实施乡村振兴战略，明确了“产业兴旺、生态宜居、乡风文明、治理有效、生活富裕”的总要求，这是新时代“三农”工作的总抓手。加快实施乡村振兴战略对咸宁市打造优质绿色农产品品牌，推进农业一二三产业融合发展，实现农业现代化具有重大意义。

一、乡村振兴取得的成效

（一）农业生产综合实力不断增强。2019年，全市实现农林牧渔服务业总产值352.74亿元，第一产业增加值达到200亿元，增长3.3%，占全市GDP的12.5%；农产品产量稳步增长，供给能力不断增强。粮食总产量达116.45万吨，亩产399公斤，连续十一年粮食总产稳定在100万吨以上；肉和蛋产量分别达到18.98万吨、4.6万吨，产品供应充足；蔬菜产量达到271.98万吨，同比增长2.1%，丰富了居民的“菜篮子”；水果总产量达9.11万吨，水果从传统的梨子、柑橘、等增加了葡萄、枇杷、弥猴桃等新品种，一年四季瓜果飘香，满足了人民对优质生活消费需求，也为经济社会稳定发展提供了有力支撑。

（二）农产品加工业快速发展。2019年，全市规模以上农产品加工企业305个，平均用工人数3.7万人，实现营业收入606.1亿元，同比增长2.1%。新增国家级农业产业化重点龙头企业1家，省级龙头企业8家，全市共有国家级龙头企业2家，省级重点龙头企业53家，市级重点龙头企业169家。

（三）休闲农业与乡村旅游蓬勃发展。2019年，全市现代农业产业园区数量为26个，开展乡村旅游观光的村数量达166家，比2018年增加31个，增长23%，。全市重点在建田园综合体项目23个，总投资规模108亿元。重点打造30条农业休闲旅游精品线路，成功创建国家级休闲农业示范点1家，省级休闲农业示范点17家，市级休闲农业示范点37家，通过发展休闲农业、创意农业、乡村旅游等新领域，促进了农业与二三产业融合发展，同时为推动城乡一体化发展奠定坚实基础。

（四）美丽宜居乡村不断增加。2019年，全市共有省级美丽乡村建设示范村41个，整治村170个，共投入整治资金42.52亿元。创建了古塘村、腊里山村、潘家湾村等一批美丽村湾，打造了“一区两带”（官埠生态新区、咸嘉生态文化城镇带、幕阜山绿色产业带）农村人居环境整治示范片，创建“四好农村路”国家级示范县1个、省级示范县2个、省级示范乡镇3个。大力推进生态文明建设，赤壁市成功创建国家生态文明建设示范市，崇阳县、通山县成功创建省级生态文明建设示范区。

（五）乡风文明氛围不断增强。2019年，全市创建县级以上文明镇61个，县级以上文明村313个；评选“十星级文明户”14226户、三星级以上文明户229494户；全市91.5%的村修订完善了村规民约，建立红白理事会（乡贤理事会）883个，覆盖率达99.2%。已挂牌1132个综合文化服务中心，实现了镇、村全覆盖。

（六）乡村人才队伍不断扩大。2019年，全市实施“三乡工程”，共吸引市民下乡1.3万人，招引能人回乡3094人，参与兴乡企业465个，引进项目97个、投资总额262.42亿元，带动就业人数35382人。实施“双回双创”计划，共引进1460名大学生、7560名务工人员回乡发展，创办回归企业184家，引进回归项目资金951亿元。实施“新型职业农民培训计划”，培育新型职业农民15123名。实施“村（社区）干部培养选聘千人计划”，择优选聘了1214人，有效改善了乡村治理人才队伍的人员素质结构。

二、乡村振兴存在的主要问题

（一）农业转型升级步伐不快，质量效益竞争力不高。一是农产品优质化标准化水平相对偏低。农产品多而不优，农业品牌杂而不亮，无公害绿色品牌农产品较少，不能适应城乡居民对消费变化的需要。二是农业种植效益偏低。人工、化肥、种子等种田成本不断增大，而农产品价格增长有限。三是农业生产效率偏低。

绿色农业生产、劳动生产率、土地产出率、资源利用率有待进一步提高。四是农业经营者素质偏低。从事农业劳动力年龄偏大，文化程度较低，以新型职业农民为主力军的农业生产经营模式、多种形式适度规模经营的现代农业，还需要进一步培育和大力扶持。

（二）农村二三产业发展水平不高。一是农产品加工业水平不高。农产品产地初加工能力有限，综合利用水平较低。农产品精深加工整体水平有待提升。二是农村第三产业发展滞后。农产品产地营销体系不完善，产销对接、鲜活农产品直销网点建设滞后，仓储物流、产地批发市场等设施建设仍需加强。电子商务等新业态新模式仍处在发展初期阶段，大数据、物联网、云计算等新技术在农业产业的应用刚刚起步。休闲农业和乡村旅游开发深度还不够，乡村教育文化、健康养生等产业发育滞后，结构布局、设施建设与规范管理等明显不足。

（三）农村一二三产业融合深度不够，带动能力不强。一是农业产业体系不完善，产加销协调发展不够。产业间互联互通性差，融合程度较低。二是龙头企业与农户利益联结机制不完善，带动能力不强。农民与企业间订单交易普遍缺乏法律约束力，履约率不高。三是农村股份合作发展还不成熟，农民组织化程度偏低。合作、股份合作等紧密型利益联结方式数量不多。四是农业与旅游、文化、康养、体育等新业态深度融合不足，农业的多功能性和价值效益有待拓展和发掘。

（四）资源环境约束加剧，可持续发展面临挑战。一是资源硬约束日益加剧，保障粮食等主要农产品供给的任务更加艰巨。耕地数量减少，质量下降的趋势没有根本扭转，农田灌溉水有效利用率偏低，地下水超采严重。二是环境污染问题突出，确保农产品质量安全的任务更加艰巨。工业和城市生活等外源污染向农业农村扩散，农业内源性污染严重，农村垃圾、污水处理严重不足。三是生态系统退化明显，建设生态保育型农业的任务更加艰巨。

三、加快乡村振兴的建议

（一）围绕乡村振兴做好产业发展规划。各县市区要根据各自区位优势、资源禀赋、产业现状，以县域为基本单元统筹做好产业规划布局，形成“一县一规划，一乡一特色，一村一品”的整体布局，同时聚焦农村基础设施和基本公共服务上的突出短板和弱项，以规划编制、道路建设、垃圾治理、厕所改造、污水治理等为突破口，补齐公共基础设施和基本公共服务短板，为乡村振兴奠定坚实基础。

（二）加快产业融合力度。要把握好农村一二三产业融合发展新趋势，培育新产业新业态。大力发展农产品加工业，推进现代农业产业园、科技园、企业园等平台建设，促进休闲农业、乡村旅游、农村电商等新产业新业态加快发展。创建一批具有全国品牌影响力的省级农业公园、休闲农业、乡村旅游、示范村庄和特色农业旅游小镇，使之成为“农民家园、市民公园、游客乐园”。在发展现代农业产业园区方面，要以规模化和善基地为基础，聚集现代农业生产要素，建设“生产+加工+科技”的现代农业产业园，农产品加工流通园，农业综合贸易合作试验区等，统筹布局生产、加工、物流、研发、示范、服务等功能板块，发挥技术集成、产业融合、创业平台核心辐射等功能作用。

（三）推进农业绿色发展。贯彻习总书记绿水青山就是金山银山的理念，推动建立农业生产力布局，农业资源环境保护利用管控、农业绿色循环低碳生产和贫困地区农业绿色开发等制度机制。要切实改变过去大水大肥大药的粗放经营方式，着力探索“绿色+”特色产业、休闲农业、乡村旅游、产业扶贫等发展模式，把农业资源利用强度降下来，把农业面源污染降下来，让美丽田园、青山绿水、生态环保成为现代农业的鲜明标志，让农产品成为居民餐桌上的放心食品。

（四）创新农业投资支持保护政策。要围绕提高农业质量效益和竞争力的核心目标，加快完善科技创新成果转化应用，农技推广服务“三大体系”，花大力气打造和保护、推广地方农业品牌。要加快培育新型农业经营主体，加快实施农业供给侧结构性改革，整合各项资金，加大对农业的投入，推动产业兴旺和现代农业发展。

撰稿：周彪

恩施：发挥资源优势　探索乡村振兴新路径

党的十九大报告提出，要实施乡村振兴战略，坚持农业农村优先发展，按照产业兴旺、生态宜居、乡风文明、治理有效、生活富裕的总要求，建立健全城乡融合发展体制机制和政策体系，加快推进农业农村现代化。这为新时期开展好农村工作、解决农业农村农民问题提供了重要指导。恩施土家族苗族自治州是典型的少数民族聚居区。近几年来，恩施州充分发挥各方面优势，着力实施乡村振兴战略，取得了一定成效。本文试以恩施州为例，探索民族地区乡村振兴的实践路径。

一、实践探索

2018年初，恩施州委、州政府以一号文件印发了《中共恩施州委 恩施州人民政府关于推进乡村振兴战略实施的意见》，明确了全州乡村振兴时间表和路线图。以此为指导，全州突出发挥资源、政策、机制和治理等各方面优势，谋划产业布局，完善基础基础，增强内生动力，强化基层自治，乡村振兴工作局面全面打开，形成了系列典型做法和经验。

（一）发挥资源比较优势，谋划产业布局。产业兴则乡村兴。2019年全州特色产业种植面积已达675万亩，其中药材面积144.99万亩、茶叶面积169.93万亩、水果面积93.17万亩、蔬菜种植面积210.12万亩。2019年农林牧渔业年增加值达190.5亿元，其中农业增加值114.05亿元，牧业增加值52.63亿元，林业增加值13.45亿元，渔业增加值0.81亿元，农林牧渔服务业9.56亿元。顺利实施了101个美丽乡村示范村、42个乡村振兴试点村建设，恩施市盛家坝镇二官寨村、利川市建南镇联合村成为中国美丽休闲乡村，恩施市白杨坪镇洞下槽村、利川市南坪乡营上村等一批昔日贫穷落后村庄实现华丽转身，成为美丽村庄。

（二）发挥政策倾斜优势，完善基础设施。改善农村人居和发展环境，是实现乡村振兴的重要基础。全州农村危房改造、硬化路通村率、砂石路通组率、饮水安全普及率、稳定用电覆盖率、4G信号覆盖率实现六个“百分之百”，全州贫困发生率也从2017年的11.6%降至2018年的5.83%，再降至2019年的0.23%，所有贫困村已出列，全州8县市实现整体脱贫。

（三）发挥机制创新优势，增强内生动力。全州人均可支配收入稳步提升，2019年农村常住居民人均可支配收入11620元，增长10.4%，创近几年来新高。通过大力发展“家门口”产业，外出务工人员选择就近就业不断增多，2019年全州外出从业89.58万人，增长2.0%。其中，县内乡外就业人员13.14万人，增长6.2%；省内县外17.93万人，增长7.2%。

（四）发挥社会治理优势，强化基层自治。民族地区社情民意复杂，社会管理难度大，恩施州立足实际，大胆创新，成功摸索出了“一统三治”乡村治理创新模式，即以基层党建为统领，坚持自治法治德治融合发展，实现乡村善治。近几年来，先后有1000多名村医村教进入村支两委班子，有效解决了部分村级组织无人可选的难题。全州88个乡镇，2500个村（居）已实现法律顾问全覆盖，乡村治理法治化进程大大加快。全州州已建立起州、县、乡、村四级政务服务网络，打通了农民群众办事“最后一公里”。

二、主要问题

（一）市场经营主体不强。全州农业企业、农村专业合作社有1万多家，总量不少，但规模普遍偏小、实力薄弱，带动产业发展的能力不强。一是龙头不强，农业企业以小微企业为主，全州151家农产品加工企业，产值上亿元的只有11家。二是深加工不足。农产品加工转化率低，精深加工产品种类少，附加值低。如畜牧产业仍然主要以养殖业为主，屠宰加工产值比重仍然较低，高附加值畜产品不多。

（二）农业农村人才短缺。恩施州是劳动力输出大州，2019年外出务工人员89.58万人，占农业农村从业人员的48.1%，农村轻壮年大都外出务工，在家务农的绝大部分都是老年人，农业从业人员老龄化、农村空心化问题突出，“谁来种地”问题日益显现。土地只种一季或抛荒现象严重。

（三）发展不平衡较突出。一是城乡收入不平衡。2019年全州城镇常住居民人均可支配收入31561元，农村常住居民人均可支配收入11620元，城乡收入比例2.7∶1，收入水平仅为全国的80%，城乡收入差距大。二是农村地区水、电、气、路、网及生活垃圾与污水处理设施等基础设施建设历史欠账较多。三是生态补偿机制尚不完善。

三、对策建议

（一）因地制宜，明确具体发展目标。做好农村产业发展和引导，促进产业振兴。由于不同地区、不同乡村在资源禀赋、发展机会上存在极大不同，在工作推进上切忌简单照搬和照抄，必须遵循乡村建设规律，因地制宜，坚持科学规划、注重质量，聚焦阶段任务，找准突破口，排出优先序，一件事情接着一件事情办，一年接着一年干。

（二）加大投入，提高公共服务供给。要充分利用好从国家、省及对口帮扶城市优惠政策和资金支持，加强公共服务投入。要加大农村道路、水利工程、电力设施、医疗卫生设施、基础教育、体育运动设施、文化娱乐设置、生活垃圾及污水处理设施等农村公共基础设施软件和硬件方面的配套，着力改善农村人居环境，着力提高农村公共服务水平和供给质量，提高农村农民生活幸福感和可获得感。

（三）加强引导，壮大一批市场主体。要围绕本地特色和支柱产业，从产业链配套上来培育和壮大市场主体。从恩施州来说，要紧紧围绕生态文化旅游、硒食品精深加工、生物医药、清洁能源四大产业集群，围绕发挥民族地区文化、生态环境、资源等优势，从产业发展上下游，实施“主体提升”和“农业龙头企业培育”工程，扶持壮大一批农业产业化龙头企业、专业合作社、家庭农场、种养大户等新型农业经营主体。要突出抓好农产品深加工市场主体培育，提高品牌意识，加快培育地理标志产品品牌和拳头产品品牌，着力提升农村产品附加值。

（四）做好对接，培育农业农村人才。继续实施好市民下乡、能人回乡、企业兴乡“三乡工程”，细化落实各类专业技术人才返乡创业、扎根基层、服务乡村的扶持政策措施，鼓励和支持城市发展人才下乡反哺乡村建设。要健全完善农村就业服务体系，以加强职业教育培养实用技能人才为切入点，将与乡村产业发展相关的专项技能培训纳入补贴范围，提升农村劳动力就业质量。要充分发挥市场在乡村人才资源配置中的决定性作用，建立本级农村人才市场，促进乡村人才自由流动。

（五）完善组织，发挥农民主体作用。要突出发挥好农民的主体作用，把资源下乡与调动农村社会内在活力挂起钩来。可以学习外地经验，通过村民议事会等自治组织来使用国家转移资源，将自上而下的资源与农民自下而上的需求偏好在乡村对接，激活乡村组织能力。要推动村民理事会、红白喜事理事会等自治组织的发展，调动家庭负担不重但精力好、权威高、有热情的老年人，以及年富力强留在村中发展的中坚农民等参与乡村建设的积极性，以乡民治乡村。要鼓励支持老年人协会、广场舞协会等协会组织发展，开展各种文化体育活动，提高农村文化生活质量。

撰稿：汪文霞

仙桃：补短板强弱项　乡村振兴取得新成效

2019年，全市深入贯彻落实习近平总书记视察湖北重要讲话精神，紧紧围绕省委、省政府"一芯两带三区"区域和产业发展布局，坚持农业农村优先发展，以率先建成江汉平原振兴发展示范区为奋斗目标，抓重点、补短板、强弱项，全市乡村振兴工作取得实质性进展。

一、强化组织领导，高位推进

（一）健全组织机构。成立了由市委书记任第一指挥长、市长任指挥长的市乡村振兴指挥部，指挥部下设指挥部办公室、产业振兴组、生态振兴组、组织人才振兴组合文化振兴组，切实加强对全市乡村振兴工作的领导，建立了五级书记抓乡村振兴格局。

（二）加强顶层设计。坚持规划先行，做好顶层设计，编制出台《仙桃市乡村振兴规划》（2018-2035），成为全国首个由国家级规划机构编制发布的县市级乡村振兴规划。全面启动全市村庄规划布局和10套农房样板设计图集，全市618个行政村，均已陆续启动村庄规划的编制工作，已有38个村完成了美丽乡村规划编制。

（三）保障资金投入。充分发挥财政主导作用，谋划乡村振兴项目，建立全市乡村振兴项目库，入库项目379个，总投资110亿元。与国开行合作，3年授信100亿元用于我市乡村振兴项目实施。2019年，全市乡村振兴项目已完工项目28个，正在建设项目128个，共拨付资金14.9亿元。

二、健全工作机制，系统推进

（一）开展拉练考评。2019年，制定了《仙桃市美丽乡村建设实施方案（2020-2022年）》，以"1+N"模式，每年建设50个核心示范村，辐射带动周边100个整治村。全市建成美丽乡村示范村共27个，整治村108个，共投入资金1.95亿元。

（二）加强调研督导。市委书记、市长定期开展乡村振兴调研，定期听取乡村振兴工作进展汇报，定期研究乡村振兴工作，系统推进全市乡村振兴工作，做到每月调研、每月督导、每月评审，有力推进了全市乡村振兴战略实施。

（三）严格考核结账。按照"五个振兴"要求，结合省委、省政府乡村振兴考核办法，制定了我市实施乡村振兴战略考核细则，将乡村振兴工作纳入年底政绩目标考核，坚持结果应用导向，对政绩目标综合考核优秀镇（办、场、园、区）进行奖励。通过以奖代补，正向激励，有效推动了乡村振兴各项工作任务落地落实。

三、整合部门力量，协同推进

市委、市政府根据各个职能部门的职责所在，将乡村振兴各项工作细化到各个单位，实行清单化管理，责任化落实。

（一）大力推进现代农业发展。一是扩板块。大力推广"稻田鱼虾蛙、旱地果药菜、池塘鳖蟹特"高效种养模式，发展稻田综合种养32.3万亩，设施蔬菜2.5万亩，水生蔬菜13.5万亩，富硒农产品基地60万亩，名特优水产养殖基地90万亩，全面启动杨林尾镇、沙湖镇、干河街道、沙湖原种场等地8万亩高标准农田建设。二是壮主体。坚持"三乡"工程引主体，引进裕灌集团投资12亿元建设全球最大的双孢菇生产基地，招引正大集团投资8000万元兴建饲料生产项目，培育农民合作社1831家、家庭农场1301家。三是抓融合。积极推进农村一二三产业融合发展，引进和培育农业产业化龙头企业101家，农旅融合示范主体17家，阿尔迪有机生态园、仙桃源田园综合体、张俊霞农家乐、梦里水乡、百万花海等一批农旅生态项目景点建成营运，休闲度假游、田园农业游、美丽乡村游的多元业态发展格局初步形成。

（二）大力推进人居环境整治。以"五清一改"为抓手，全面开展村庄清洁行动春季战役、夏季战役、秋冬战役 。一是有序推进村庄规划。按照"宜工则工、宜农则农、宜游则游"的原则，充分尊重广大群众意见，先后完成50个美丽乡村示范村规划。二是全面开展垃圾分类。以垃圾分类示范村创建为抓手，在558个村（社区）推行垃圾分类和好氧堆肥，新增分类垃圾桶7.6万组、分类转运车431辆，分类收集点325个。三是全域开展污水治理。严格落实河湖长制，加大对沟渠坑塘的整治力度。694家规模养殖场全部整改到位，16座镇级污水处理厂已全部开始试运行，农村雨污主管网共完工227.6公里，接户管网工程累计完成4.4万户。四是大力实施绿化美化。实施森林廊道、森林河道、农田林网、森林村镇和绿色示范区等五大工程建设，健全长效管护机制，新增造林5.95万亩、植树600万株。五是大力开展农村厕所革命。全市农村户厕共开工192个村，改建58315户。其中，实施PPP项目100个村，改建33689户；非PPP项目92个村，铺设管网23.66万米，建成小型污水处理终端16个，改建24626户。全市新建农村公厕374座，已投入使用130座，其他244座公厕主体工程已全部完工。

（三）大力推进民生工程建设。一是着力升级基础设施。铺设安全饮水工程管网490公里，新建“四好农村路”66公里，农业产业通道300公里。二是着力完善公共服务。向上争取农村教育项目资金8000万元，改造学校94个。借助乡村振兴项目资金，新建学校5所。建设村级“幸福食堂”近百个，满足了1.5万余名困难老人就近就餐需求。建设生态化、园林化农村公墓80多处。农村建档立卡贫困人口家庭医生签约率91.45%。三是着力补齐民生短板。着力解决“两不愁三保障”突出问题，实现14636人脱贫、15个贫困村出列。发放教育补贴资金2024.75万元，惠及贫困学生1.4万人。2.4万人次享受住院医疗扶持政策，8.8万人次享受慢性病医疗政策。提高兜底保障标准，保障人数2.1万人。

（四）大力推进文明乡风培育。一是扎实开展文化惠民工程。开展大篷车廉政皮影戏下乡演出7场，举办“沔水清风 与廉同行”文艺汇演，惠及群众5000多人。结合重要节假日，开展各类文化惠民活动348场，受众30多万人次。二是有序提升文化基础设施。丰富基层群众文化生活，建成21个镇级文化站、14个村级百姓大舞台、514个村（社区）综合文化服务中心。三是深入推进移风易俗。推动文明创建活动向镇村延伸，重拳治理婚丧陋习、天价彩礼等不良风气，把道德规范、文明礼仪融入村规民约、家训家规，将主流价值、公序良俗植根于群众心中。

（五）大力推进乡村有效治理。以创建全国乡村治理体系建设试点示范市为契机，大力推进全市乡村治理三治融合。一是坚持党建引领。全面加强村（社区）带头人队伍建设，举办全市农村党支部书记抓党建促乡村振兴专题培训班，组织村支部书记和镇办党（工）委组织委员近80人参训。二是加强农村自治。坚持群众自愿、民主推选，每村组建1个乡村振兴理事会，负责政策宣传、议事协商、监督评议等事务。健全村务监督机制，深化村务公开制度，实现村级事务在“阳光”下运行。三是提升法治保障。建立健全农村法律服务平台，实行一村一名法律顾问制度，增强村民的法治观念和法律素质。村居法律顾问共开办法治宣传专栏800多个，开展法治宣讲700余场，接受法律咨询5600余人次，参与矛盾纠纷调处285件，代理诉讼案件36件。

撰稿：杨艺华

潜江：着眼独具特色　找准振兴发展新路劲

全市贯彻落实党中央、国务院和省委、省政府关于乡村振兴的战略部署，精准对接“一芯两带三区”区域和产业发展布局，挖掘虾—稻产业潜质、开发绿色生态潜能、发挥农村人才潜力，深化农业农村体制改革，加快城乡融合发展,走出了一条独具特色、深具魅力的发展之路。

一、着眼体制机制，找准振兴发展的关键点

（一）绘好“发展蓝图”。市委、市政府始终坚持农业农村优先发展战略，推动农业农村高质量发展。在《潜江市乡村振兴战略规划（2018–2035）》的框架下，依托东片现代服务、南片智能制造、北片石化精炼和西片特色产业聚集区，形成互联互动、共促共进的格局，奋力打造江汉平原振兴发展高质量示范区。

（二）抓实“三级联动”。市委书记吴祖云同志担任市实施乡村振兴战略领导小组组长、市委农村工作领导小组组长，把乡村振兴工作牢牢放在心上、紧紧抓在手上，分项调查研究，专项推进工作落实。形成了市、镇、村三级党组织书记抓乡村振兴的体制机制。

（三）推进“比学赶超”。着力抓好中央、省委1号文件精神的贯彻落实，按照《2019年全市农业农村工作要点》，项目化、节点化推进。启动实施乡村振兴重点综合项目17个、总投资65亿元。组织专班对各地贯彻落实中央、省委、市委1号文件精神情况进行调研督办，并将督查情况及时通报全市，形成比学赶超的氛围，促进工作落地落实。

二、着眼提质增效，找准振兴发展的发力点

（一）做强“一个产业”。实施“双万”工程，发展虾—稻主导产业和半夏潜力产业，逐步构建“南红北绿”产业格局。建成全国唯一的虾—稻完备产业链条，努力打造龙虾“千亿产业”。小龙虾加工企业达13家、加工能力35万吨、加工出口连续14年位居全国第一。2019年，全市建成高标准虾稻共作基地80万亩，小龙虾养殖产量14.38万吨，年交易额超过80亿元，虾—稻全产业链综合产值420亿元。建立潜半夏野生种质资源库和核心保护区。全市潜半夏种植总面积9000亩，总产量2700吨，产值9450万元。“潜半夏”被评选全省首批道地药材“一县一品”优势品种。大力开展产业扶贫，全市51个贫困村成立了61个合作社，全年共完成5286户14761人脱贫，8个贫困村出列，贫困发生率降至0.19%。

（二）打响“一个品牌”。打造“潜江龙虾”国家级品牌。成功举办第十届湖北潜江国际龙虾节暨第三届虾稻产业博览会。“潜江龙虾”冠名高铁列车，与15个地区和59家企业签订战略合作协议。完成潜江龙虾活体出口申报，获批全国首家活体小龙虾出口资质。获得中国农业品牌目录2019农产品区域公用品牌、中国地理标志农产品品牌声誉十强。“潜江龙虾”区域公用品牌价值203.7亿元，成功登顶中国龙虾区域公用品牌第一,为全国区域品牌前十名。

（三）培育“一个主体”。实施农产品加工业提升行动，做大培强华山科技、莱克集团、巨金米业国家农业产业化重点龙头企业。2019年，全市规模以上农产品加工企业达到155家，农业产业化重点龙头企业73家，其中国家级3家，省级20家。加快培育专业大户、家庭农场、农民合作社等新型农业经营主体，抢抓国家“强化基层社合作经济属性”试点机遇，鼓励发展多种形式适度规模经营。全市农民合作社1293家、家庭农场531家。

三、着眼生态宜居，找准振兴发展的突破点

（一）推进“绿色生产”。积极推广“虾稻共作”，探索“四水共作”等生态、高效种养模式。实施测土配方施肥、化肥零增长行动、有机肥替减化肥技术，每亩化学农药使用量减少15%。开展虾—稻投入品市场专项整治行动，检查全市600多家农资经营门店。结合“一场一策”粪污治理，全市养殖场已建成异位发酵床

152个，大小沼气工程142座，畜禽养殖废弃物资源化利用率达到81%以上。排查生猪养殖场（户）3.87万个，生猪19.68万头次，关停不达标的小型生猪屠宰场17家。

（二）普及“绿色生活”。出台了《潜江市2019年度美丽乡村建设实施计划》，开展13个省级美丽乡村试点示范。全面启动美丽乡村16个示范村、65个整治村规划修编和村庄控制性详细规划的编制工作。筹资3188万元实施“四清一改”，清理积存垃圾4万吨，清理塘堰750处，整治残垣断壁1700处，清理露天堆积废弃秸秆6000吨。探索开展农户环境卫生“五星家庭”建设活动，构建长效多元化管理机制。农村“厕所革命”取得阶段性进展，累计整改完成农村户厕5.6万座，农村公厕418座。

（三）保护“绿色生态”。打好“蓝天、碧水、净土”保卫战。持续开展水质监测预警、乡镇集中式饮用水水源地及“百吨千人”供水工程水源保护；实施建设用地土壤环境质量风险管控、推进土壤污染治理与修复、指导农业面源污染治理。全市空气环境优良率78.3%，两个县级以上集中式饮用水源地达标率均为100%。全市农田林网控制率达到92%，95%的农户庭院得到绿化。我市成为湖北省森林城市，建成10个省级森林城镇、102个省级绿色乡村。投资8亿元建设湖北返湾湖国家湿地公园生态修复项目，成为湖北100个自驾最美打卡地。

四、着眼乡风传承，找准振兴发展的凝聚点

（一）建设“新基地”。推进文化中心建设，全市22个乡镇、100个社区、335个行政村综合文化服务中心已全部完成挂牌。改造升级文化广场21个，建成乡村学校少年宫10所。谋划“楚国盐泉”等14个重大文旅项目，投资8亿的曹禺文化旅游城等开工建设。成功举办“美丽中国”潜江返湾湖湿地国际马拉松。浩口镇获评“中国民间文化艺术之乡”。

（二）巩固“新阵地”。开展文化下乡“三送三进”，完成电影放映2236场、戏曲演艺136场、流动图书3万册次。开展“红色文艺轻骑兵”走进贫困村活动51场次。围绕建国七十周年组织基层群众展演、汇演100场，惠及群众56万余人。组织举办龙虾节文艺演出、潜江春晚、中国广场舞大赛、花鼓戏艺术节等重大文艺活动。首个“中国科幻作家村”落户我市曹禺文化产业园。潜江诗人黍不语诗歌集《少年游》荣获屈原文艺奖。创作《河西村的故事》《虾稻和》《塞金女》《拦花轿》等文艺精品10余部，《河西村的故事》获文华大奖提名奖、省第十届精神文明建设“五个一工程”优秀奖。

（三）打造“新高地”。突出榜样示范，发扬文明风尚，社会主义核心价值观入脑入心。开设《壮丽70年 奋斗新时代》《奋力打造江汉平原振兴发展高质量示范区》宣传栏目。不断扩大“潜江诗群”影响力，召开第十届湖北潜江国际龙虾节·章华台诗会，首发《潜江诗群》《21世纪两岸诗歌鉴藏》。郑先耀、张锐、游刚、杨梅先后荣登“中国好人榜”，陶忠虎当选2018“荆楚楷模”年度人物，王林华荣膺第九届全国“人民满意的公务员”。

五、着眼人才集聚，找准振兴发展的支撑点

（一）栽植“梧桐树”。实施“双招双引”工程，出台招才引智“20条”，最高配套5000万元创业引导资金。依托潜江虾—稻产业园，深入推进产学研，与中国农科院、武汉大学等科研院所建立了校地合作、企地合作关系。建立了桂建芳院士工作站、张洪程院士工作站、湖北省龙虾产业技术研究院、“稻虾富硒综合种养技术”博士工作站、甲壳素工程技术研究中心等8个省级科技创新平台。成立小龙虾良种选育繁育中心、检验检测中心等虾—稻“六大中心”。充分利用潜江龙虾学校、潜网电商、华翼电商等建立电商平台、创业孵化器。

（二）招引“金凤凰”。充分发挥人才信息优势、资源优势，编印《天南地北潜江人》名录，收录了1300多名潜江籍在外人才、59名优秀清华北大学子，搭建联系沟通平台，引导鼓励其服务家乡。建立了回乡能人库，在库乡土能人640人，村两委后备干部563人。成功引进“三乡”工程主体145个，吸引回乡创业人员超过3000人。

（三）培育“土专家”。实施潜江龙虾“千人计划”，发展虾—稻产业技术推广骨干人才、农村实用人才和新型职业农民。培养电商人才3000人、龙虾技师4000人、短期培训6000多人、培训农民1.5万人次。实施“一村多名大学生计划”，培养45名优秀青年农民发展贫困村建设。开办农民培训学校，培训农民近万人次。

六、着眼基层治理，找准振兴发展的落脚点

（一）保障“法治”基础。开展“法律六进”活动，搭建市镇两级法律援助服务平台，实现村（社区）法律顾问全覆盖，获评第四批“全国法治县（市、区）创建活动先进单位”。整合法院、信访、公安、司法、民政、综治、消委、保险协会等10余家单位和行业协会资源力量，建立多元化解平台。深化扫黑除恶，成功侦破恶势力团伙32个，破获涉恶案件112起，抓获涉黑涉恶人员275人，起诉29件121人，扣押查封涉案资产5210余万元。

（二）发挥“自治”优势。充分发挥人民群众主体作用，调动群众参与基层治理的积极性。学习“枫桥经验”，全市选聘村（社区）人民调解员1885名，参与矛盾调解6283件，成功调处6222件，调解成功率99%。实行群防群治，深入开展平安创建工作，组建近8000人的群防群治队伍。推进民主监督，成立村民理事会，对村级财务开支、资产处置、土地发包、拆迁改造、产业发展等严格实行“五议五公开”。

（三）提升“智治”效能。加快推进“数字潜江”建设，推进“雪亮工程”，升级改造全市3600路“天网”A类监控、11000余路社会面监控，新建“平安乡村”探头2000路、高空探头群300路。积极推行网格化服务管理，全市600位网格员排查化解矛盾纠纷2600多件，协破各类案件860多起。全力推行“马上办、网上办、一次办”，全市4617个政务服务事项可网办率达97.9%。

撰稿：潜江市农业农村局

天门：以振兴战略为统领　乡村发展取得新进步

2019年，天门市委、市政府认真贯彻党的十九大和十九届二中、三中、四中全会精神以及省委省政府关于乡村振兴文件精神，以实施乡村振兴战略为统领，认真践行高质量发展要求，紧扣“产业兴旺、生态宜居、乡风文明、治理有效、生活富裕”总要求，推动农业全面升级、农村全面进步、农民全面发展，取得了初步成效。

一、以深化农业供给侧结构性改革为主线，扎实推进乡村产业振兴

2019年，全市实现农林牧渔业总产值149.64亿元，农产品加工业产值348.63亿元，农产品加工业产值与农林牧渔业总产值比2.3∶1。

（一）进一步加快农业现代化步伐。2019年全市耕地保有面积251.02万亩，农作物综合机械化水平达到85.5%，农村土地流转率达到45.5%，粮食产量达到81.17万吨，继续保持全省粮食生产大市地位。

（二）突破发展乡村旅游。推进田园变公园、民房变客房、劳动变运动、产品变商品。一是突出“一镇一品”，大力发展休闲旅游产业。二是策划精品线路，大力开展乡村文化旅游活动。三是突出文化特色，全力打造乡土文化旅游景点，为乡村第三产业营造了新的经济增长点。

（三）不断壮大农业新型经营主体。2019年农业产业化龙头企业发展到84家，其中国家级2家、省级16家、市级66家。主要做法：一是大力扶持产业化龙头企业。出台了《2019年关于扶持特色产业奖补办法》涉及小龙虾产业、中药材产业、果树产业、花椰菜产业等多个产业经营主体。二是大力培育农业合作社。农民专业合作社达到2973家，其中国家级示范社12家，省级示范社28家，9家合作社荣登2019年全国农民专业合作社500强。三是大力推进家庭农场走向专业化经营。2019年全市家庭农场达到1708家，其中省级示范家庭农场17家。

（四）全力推进水利“补短板”工程。大力实施水利工程项目建设，总投资5.46亿，全面提升了农田灌溉水平，实现164.67万亩农田灌溉全覆盖，保障了2019年大旱之年夺取了大丰收。农村自来水普及率已达到95.1%，超过全省平均水平。

二、以补齐农业农村发展短板为抓手，深入推进乡村生态宜居

（一）大力实施交通“补短板”工程。积极推进“四好农村路”示范线创建，全市完成“四好农村路”示范线创建319.92公里，占年度计划目标的106.6%。加大对损毁公路的建设改造，完成农村公路新改建项目270公里，完成农村公路危桥改造8座。全市各乡镇行政村通公路率100%，20户以上自然村通公路率达75%以上，村内主要道路硬化的行政村比例90%以上，农村公路安防工程完成率达100%。

（二）积极推进绿色乡村建设。2019年全市完成造林绿化任务6.43万亩（含1万亩退还林修复），全面完成5000亩长江防护林重点工程项目，完成重点通道绿化里程76.5公里。大力推进生态文明村镇创建，成功创建省级生态乡镇4个，省级生态村63个。

（三）扎实开展“四个三”重大生态工程。一是持续推进农村生活垃圾治理，开展“一把扫帚扫到底”活动，确保了乡村村庄环境干净整洁。二是全面推进乡村生活污水治理。20个乡镇新建污水厂站投入运行，完成主管网延伸工程51.51公里。三是全面推进“厕所革命”，共建改完成农村无害化厕所178215户、农村公共厕所359座、乡镇公共厕所126座、交通厕所7座、旅游厕所8座。2019年农村卫生厕所普及率95%，比上年增长13.98个百分点。

（四）不断完善天然气和网络基础设施。2019年实现了全市各乡镇办场园点火通气，已有4万户乡镇居民享受到天然气的便利和实惠。截至2019年12月底，我市固定宽带用户322058户，固定宽带普及率25.09%，增长3.20%。移动宽带用户606721户，移动宽带普及率47.27%，增长4.1%。

三、以加快农村基本公共服务体系建设为重点，着力推进乡村文化振兴

（一）加强乡村公共文化建设。一是新建、改建乡镇文化站15个，12个群艺馆分馆、10个图书馆分馆，建成大型综合性文体广场26个，全覆盖建成农家书屋819家。二是深入开展文化下乡活动，以陆羽广场文化月活动、送文化下乡等活动为载体，深入推进文化进乡村活动。

（二）持续深入开展文明村镇创建。全市现有乡镇22个，其中全国文明乡镇1个，省级文明乡镇4个，市级文明乡镇11个，县级以上文明乡镇达到50%；行政村（社区）621个，其中全国文明村3个，省级文明村（社区）18个，市级文明村（社区）283个，县级以上文明村（社区）达到45.6%；市级文明家庭12户，十星级文明示范户188户。

（三）大力发展农村基础教育。一是推进学前教育普惠发展。投入近7000万元，新建实验幼儿园，改扩建7所乡镇附属幼儿园，完善20所公办幼儿园设施设备配置。二是推进义务教育优质均衡发展。投入7911万元，改善25所农村义务教育学校条件，实施育才小学改扩建。三是开展城乡教师交流，常态化组织名师送教下乡、教师跟岗，不断优化城乡学校教师资源配置。

（四）严格依法管理宗教事务。全市有佛教、道教、伊斯兰教、天主教和基督教五大宗教，登记备案场所28处，认定备案宗教教职人员37名，信教群众5460人。

四、以加强基层党组织建设为引领，着力提升乡村治理现代化水平

（一）加强基层阵地建设。一是大力推进“红色头雁”工程。制定了《村党组织书记备案管理办法》，建立村干部动态调整优化机制，动态调整村党组织书记64人；二是举办村党组织书记轮训班，培训村干部1256人次。2019年，市财政列支2400万元，新建、改扩建农村党员群众服务中心58个。

（二）规范农村集体“三资”管理。出台《天门市农村集体“三资”管理实施办法》，清理出各类问题3310件，其中已整改问题3135件，兑现资金2851.13万元，问题整改比率94.71%。

（三）强化村民自治组织能力建设。从2019年起，全市村（社区）全面推进“三会共治”，收到了较好的治理成效。指导各村修订制定了务实管用的村规民约，有389个村规范制定或修订了村规民约，完成占比73.7%。

（四）着力创建平安乡村和法治乡村。2019年，全市建立村村联防巡逻队800个，共侦破九类涉恶案件175起，排查整改农村各类治安隐患106起，打击3起“法轮功”邪教案件，信访事项责任单位及时受理率为99.88%，按时办结率为100%，群众安全感测评全省第三名。积极开展涉农法律援助工作，做到了应援尽援，2019年共办理涉农法律援助案件320余件。

撰稿：曾珍

神农架：坚持优先发展　努力实现全面振兴

实施乡村振兴战略，是党的十九大作出的重大决策部署，是决胜全面建成小康社会、全面建设社会主义现代化国家的重大历史任务。林区党委、政府高度重视农业农村工作，在“三农”发展上科学规划，统筹布局，通过美丽乡村建设、精准扶贫工作有力推进了全区“三农”发展，从而为林区乡村振兴建设奠定了良好基础。

一、农村面貌焕然一新，幸福指数向好向快

（一）乡村基本情况。据2019年乡村社会经济调查资料显示，全区8个乡镇，其中：重点镇2个，松柏镇、木鱼镇。特色乡镇2个，红坪镇（国家级）、木鱼镇（省级）；行政村67个，居委会（社区）12个。通公路村67个，占比100%；通宽带村52个，占比77.6%；通有线电视村66个，占比98.5%；通自来水村57个，占比85.0%，同比增长3.0%；生活垃圾集中处理的村67个，占比100.0%，增长35.6%；生活污水全部集中处理的村61个，占比91.0%，增长12.5%。

（二）乡村人口及外出务工情况。全区8个乡镇总人口7.89万人共3.07万户，分别增长0.3%、0.01%。其中农业人口4.93万人共1.48万户，分别增长1.0%、3.5%。农村劳动力总资源2.95万人，增长2.9%；2019年劳动力外出1.05万人，增长0.8%。外出人员具有高中以上学历2456人，增长18.6%，外出劳动力务工收入1.67亿元，增长0.5%。

（三）乡村农业发展情况。截止2019年年底，全区耕地总资源7333.3公顷，其中常用耕地面积4509.8公顷，下降9.0%；耕地有效灌溉面积119公顷，下降0.58%；设施农业面积15.9公顷，下降28.0%。农业技术服务机构7个，占比87.5%，农业技术机构服务人员，24人，比上年增长14.3%。农业企业32个，家庭农场61个下降4.7%。乡村规模种植户175家，下降0.2%；规模养殖户153家，下降1.3%；农业专业合作社220个下降8.7%；农民专业合作社成员3025人，下降28.5%。

（四）乡村财政、经济、贸易情况。据2019年乡村社会经济调查表显示，乡村2019年一般公共预算收入3.54亿元，增长12.3%；一般公共预算支出1.79亿元，下降38.1%；乡村资产投资总额2.63亿元，增长10.8%；乡村债务总额1.38亿元，增长19.9%；乡村工业企业167个，增长21.9%，其中规模以上工业企业12个，增长20.0%；乡村住宿餐饮业137家，持平。乡村商品交易市场4个同比下降33.3%；营业面积50平米以上的总会商贷及超市113个，下降8.9%。乡村开展网上销售108家，下降6.9%；

（五）乡村文化、教育、卫生情况。据2019年乡村经济调查情况显示，全区8个乡镇有幼儿园、托儿所19个，与上年比持平，乡村小学22所，与上年持平，在校小学教师416人，增长8.6%；小学在校学生3445人，下降2.1%；乡村图书馆3个（不包括图书室），乡村剧场、影视院3个，持平；乡村体育场1个（松柏镇）；乡村医疗卫生69个，持平；乡村医疗卫生床位367张，增长7.9%；乡村职业（助理）医师293人，增长1.7%；乡村兽医（防疫）人员44人，增长10.0%。

（六）乡村社会保障情况。据调查资料显示，2019年乡村具有住宿提供的社会工作机构7个，下降12.5%，其中本级政府创办的养老机构6个，持平；提供住宿的社会工作机构床位341张，下降14.3；城乡居民基本养老人数1.97万人，增长3.9%；城乡居民基本医疗保险人数4.53万人，下降0.7%；城乡居民最低保障人数3863人，下降15.2.自来水用户1.92万人，增长2.9%；管道燃气用户9149户，增长231.2%；金融机构网点39个，持平；公园及休闲健身广场52个，增长5.2%。

（七）乡村集体经济情况。全区67个行政村（阴浴河为空壳村）全年村集体收入1596.9

万元，增长16.9%，其中经营性收入346.7万元，增长10.5%；2019年村居民人均从集体获得分红800元，增长7.2%，全年村集体办公费用支出226.4万元，下降35.7%。

（八）乡村组织建设情况。据调查，全区村级征地建设发展良好，村级100%内设机构完善，环境卫生整治85%均能达标。年末村干部276人，下降3.4%，其中女干部83人，增长5.1%；村党支部书记平均年龄在45周岁；文化程度，小学5人，初中21人，高中及中专25人，大专以上17人，村级工作人员全年劳动报酬人员在4.2万元左右。全年召开村民大会平均在8次以上。

二、问题导向找差距，短板弱项需补齐

（一）受地理环境影响，区内农业产业化程度不高。一是农业产业缺少能够支撑长效增收的主导产业、特色产业。二是各个农户的情况和产业发展需求不同，产业项目推进落实困难。三是大户带散户、公司带农户、合作社带社员涉及面较少，多数农户缺乏技术指导，产业发展效果不明显。

（二）农村青壮年劳动力大多外出打工，乡村振兴缺乏生力军。人兴方能业兴。乡村振兴，关键在人。当下农村尤其山区、贫困地区的农村农业从业人员数量不断减少、年龄不断老化、素质不断降低，新型农业经营主体尚处于初步发育阶段，农村技术人才、经营人才、管理人才普遍缺乏。农村人力资源“空心化”的实质是传统农业比较效益低，缺乏吸引力，农村人力资源日趋匮乏，已成为制约乡村振兴的突出瓶颈。

（三）农业服务技术力量与农业生产需求有差距。农业技术人才短缺和技术服务力量不足成为制约农业生产的重要因素，特别是农业防疫技术力量比较薄弱，防疫技术服务不到位已制约着林区农村农业产业的发展，从而影响农民的生产积极性，近年来人员减少和专业技术人员匮乏问题始终未能解决。

三、规划先行培育主体，推进乡村振兴再上新台阶

（一）要结合林区乡村振兴规划抓落实。要立足各地资源优势，突出地域特色，因地制宜编制各乡镇、村落的总体规划，优化村庄布局，加强农村环境基础设施建设，进一步完善农村路网、电网、水网，建设垃圾收集处理设施和污水处理设施，优化农村环境卫生，将乡村打造成人与自然和谐休闲“神农休闲旅游村”。

（二）着力培育新农民新主体，通过政策扶持、技术服务留住人才。要大力培养乡土人才，特别是致富带头人和农村的实用人才，通过他们来带领群众发展生产、搞好村庄建设。要挖掘和发挥乡贤文化的巨大潜力与积极作用，利用神农架“青山绿水”的环境优势吸引有志发展农业的优秀人才参与神农架乡村振兴建设。

（三）推进土地规模生产，进一步增强村集体经济。进一步健全土地流转制度，通过完善的制度建设减少因土地流转产生的矛盾纠纷，促进土地效益的最大化。加快扶持培育新型经营主体发展，为农户提供产前、产中、产后的服务，发展连片种植，实现规模化。在新型经营主体项目建设、融资贷款和其它政策优惠上予以重点倾斜，助力村集体经济发展壮大。

（四）进一步加快农村改革步伐，营造优良的和谐环境。进一步巩固和完善农村基本经营制度，深化农村土地制度改革和农村集体产权制度改革，推进农业农村“放管服”改革，破除一切束缚农民手脚的不合理限制和歧视，提升服务效能。丰富乡村文化，促进乡风文明。加强农村文化教育、完善农村文化设施，通过形式多样的文化活动，培育新型农民、弘扬乡村文化新风尚。

撰稿：金立新

二、数据篇

《湖北农村统计年鉴-2020》

1.农村基本情况 ☑

2.农业产值

3.种植业

4.林业及土特产

5.畜牧业

6.渔业

7.农业机械化

8.农村主要能源及物资消耗

9.农业技术推广及应用

10.水利建设

11.农垦及监狱系统农场

农村基层组织情况

单位：个

地区	乡镇政府个数	其中：镇个数	办事处个数	村民委员会个数	村民小组个数
湖北省	**922**	**760**	**327**	**23202**	**203005**
武汉市	**4**	**1**	**156**	**1889**	**16574**
武汉市辖区	1		99	131	764
汉南区			4	50	198
蔡甸区	1		11	283	2032
江夏区			15	268	2656
黄陂区	1		15	580	6117
新洲区	1	1	12	577	4807
黄石市	**28**	**27**	**19**	**787**	**7867**
黄石市辖区	1	1	14	15	117
阳新县	16	16		419	3699
大冶市	11	10	5	353	4051
十堰市	**106**	**72**	**13**	**1807**	**10013**
茅箭区	3	1	4	41	212
张湾区	4	2	4	70	415
郧阳区	19	16		340	1752
郧西县	16	9		276	2019
竹山县	17	9		231	1311
竹溪县	15	11		332	1748
房县	20	12		293	1445
丹江口市	12	12	5	224	1111
宜昌市	**86**	**67**	**24**	**1348**	**8100**
宜昌市辖区	5	2	18	72	585
夷陵区	11	9	1	177	1104
远安县	7	6		102	494
兴山县	8	6		89	502
秭归县	12	8		186	1111
长阳自治县	11	8		154	970
五峰自治县	8	5		96	711
宜都市	9	8	1	123	828
当阳市	7	7	3	155	935
枝江市	8	8	1	194	860
襄阳市	**78**	**74**	**27**	**2286**	**14457**
高新区	2	2	3	21	133
襄城区	3	2	6	118	655
樊城区	2	2	8	70	555
襄州区	12	12	3	418	2905
南漳县	10	10		269	1243
谷城县	10	9		242	1229
保康县	11	10		257	1215
老河口	8	7	2	217	1577
枣阳市	12	12	3	484	3554
宜城市	8	8	2	190	1391
鄂州市	**21**	**18**	**4**	**324**	**4023**
梁子湖	5	5		87	1006
华容区	6	4		106	1334
鄂城区	10	9	4	131	1683
荆门市	**50**	**48**	**10**	**1320**	**9963**
东宝区	7	6	2	162	1020
掇刀区	2	2	4	78	706
沙洋县	13	13		232	2542
钟祥市	16	15	1	492	3347
京山县	12	12	3	356	2348
孝感市	**95**	**72**	**13**	**2271**	**22440**

续表　　单位：个

指标名称	乡镇政府个数	其中：镇个数	办事处个数	村民委员会个数	村民小组个数
孝感市辖区				19	79
孝南区	11	8	4	200	2951
孝昌县	12	8		219	3474
大悟县	17	14		362	3685
云梦县	12	9		283	2411
应城市	10	10	5	374	3266
安陆市	13	9	2	337	2837
汉川市	20	14	2	477	3737
荆州市	**100**	**88**	**18**	**1499**	**17839**
荆州开发区	1		1	14	81
沙市区	4	4	7	50	398
荆州区	7	7	4	112	876
公安县	16	14		259	3354
监利县	21	18		323	3750
江陵县	9	7		119	1534
石首市	12	11	2	153	2602
洪湖市	15	14	2	234	2744
松滋市	15	13	2	235	2500
黄冈市	**115**	**99**	**11**	**4026**	**37457**
龙感湖农场				56	56
黄州区	4	3	4	116	861
团风县	10	8		292	2303
红安县	11	10		403	3832
罗田县	12	10		414	4090
英山县	11	8		309	2579
浠水县	13	12		649	5817
蕲春县	14	13		576	4860
黄梅县	16	12		469	4125
麻城市	16	15	3	453	6190
武穴市	8	8	4	289	2744
咸宁市	**64**	**52**	**6**	**903**	**9636**
咸安区	10	9	3	138	1940
嘉鱼县	8	8		79	511
通城县	11	9		170	1972
崇阳县	12	8		187	1875
通山县	12	8		187	1741
赤壁市	11	10	3	142	1597
随州市	**37**	**37**	**8**	**848**	**8481**
曾都区	5	5	4	149	1504
随县	19	19		347	2943
广水市	13	13	4	352	4034
恩施自治州	**83**	**53**	**5**	**2312**	**22255**
恩施市	13	6	3	172	1530
利川市	12	7	2	545	5818
建始县	10	7		367	3232
巴东县	12	10		296	3465
宣恩县	9	5		279	2677
咸丰县	10	7		263	2366
来凤县	8	6		185	1798
鹤峰县	9	5		205	1369
仙桃市	**15**	**15**	**3**	**633**	**4502**
潜江市	**10**	**10**	**7**	**354**	**2736**
天门市	**22**	**21**	**3**	**528**	**6336**
神农架林区	**8**	**6**		**67**	**326**

耕地情况

单位：公顷

地区	耕地	水田	旱地	水浇地
湖北省	**5235395**	**2647870**	**2108114**	**479411**
武汉市	**293857**	**139783**	**69957**	**84117**
武汉市辖区	23917	8090	2490	13336
汉南区	10774	357	83	10334
蔡甸区	39392	14594	355	24443
江夏区	69894	37152	32649	93
黄陂区	88679	53197	32324	3158
新洲区	61202	26394	2055	32753
黄石市	**117297**	**63743**	**52358**	**1196**
黄石市辖区	1548	522	793	233
阳新县	65751	32554	32411	786
大冶市	49998	30668	19153	177
十堰市	**239317**	**45055**	**191357**	**2905**
十堰市辖区	2838	310	1642	886
郧阳区	48551	8166	39972	413
郧西县	45691	3740	41678	273
竹山县	40103	8378	31256	469
竹溪县	34149	7604	26542	3
房县	36311	9208	26858	245
丹江口市	31674	7650	23410	614
宜昌市	**347355**	**122680**	**206635**	**18040**
宜昌市辖区	4360	1096	3033	230
夷陵区	36042	14266	21594	182
远安县	22402	13300	8071	1032
兴山县	19514	3431	16072	11
秭归县	29871	4963	24777	131
长阳县	53900	3809	50073	18
五峰县	28397	529	27868	
宜都市	22225	8484	13687	53
当阳市	79886	46776	16733	16377
枝江市	50757	26026	24727	5
襄阳市	**703432**	**259801**	**432484**	**11147**
襄阳市辖区	51963	26168	23842	1953
襄州区	165257	40866	123043	1349
南漳县	85390	35383	48072	1936
谷城县	38958	21244	16616	1098
保康县	42465	5008	37458	
老河口市	57383	14313	42207	862
枣阳市	160315	69285	89232	1798
宜城市	101701	47535	52016	2151
鄂州市	**55289**	**25743**	**13180**	**16367**
梁子湖区	19287	10341	8343	603
华容区	18436	7470	1631	9335
鄂城区	17566	7932	3205	6428
荆门市	**501773**	**324148**	**169037**	**8588**
荆门市辖区	67515	50597	15580	1337
京山市	118460	78231	39072	1157
沙洋县	122344	98966	22303	1074
钟祥市	193455	96353	92082	5020
孝感市	**439275**	**277101**	**104303**	**57870**
孝南区	53115	36020	14414	2681

本年鉴耕地情况因第三次国土调查正在实施，相关数据为上年数据。

续表

单位：公顷

地区	耕地	水田	旱地	水浇地
孝昌县	58681	38411	19625	646
大悟县	66275	30685	35469	121
云梦县	37161	27082	4039	6040
应城市	64998	48998	15804	196
安陆市	64901	51560	13083	258
汉川市	94144	44347	1870	47928
荆州市	**682706**	**435123**	**21816**	**225768**
沙市区	20210	12063		8148
荆州区	51676	34381	131	17163
公安县	129193	72050	4400	52742
监利县	176598	126111	1	50486
江陵县	67832	44965		22867
石首市	66668	38198	1170	27299
洪湖市	75972	51511	62	24399
松滋市	94558	55843	16052	22664
黄冈市	**532728**	**349428**	**167176**	**16124**
黄州区	10271	5375	1195	3701
团风县	28547	20978	6167	1403
红安县	60643	36036	23753	853
罗田县	36601	33430	3148	24
英山县	25177	14478	10607	92
浠水县	72022	54229	16031	1762
蕲春县	67085	50311	16064	711
黄梅县	76972	42025	34676	271
麻城市	104228	58729	43239	2260
武穴市	51182	33838	12296	5048
咸宁市	**200830**	**130628**	**53127**	**17075**
咸安区	33467	22645	9948	874
嘉鱼县	33812	14797	6227	12789
通城县	30045	24444	5464	136
崇阳县	34340	21419	10875	2047
通山县	28023	14929	12451	643
赤壁市	41144	32394	8162	587
随州市	**253609**	**178309**	**70058**	**5242**
曾都区	46165	34460	11016	690
随县	128464	92237	33805	2422
广水市	78980	51612	25238	2130
恩施州	**451653**	**107301**	**344039**	**312**
恩施市	80703	15016	65686	
利川市	111066	33580	77469	17
建始县	46655	4533	42097	25
巴东县	60605	2345	58008	253
宣恩县	45951	16213	29737	2
咸丰县	48053	17439	30614	
来凤县	34298	14904	19395	
鹤峰县	24321	3272	21034	16
仙桃市	**119424**	**61193**	**53481**	**4750**
潜江市	**122230**	**62168**	**54801**	**5261**
天门市	**167344**	**65626**	**97339**	**4379**
神农架林区	**7277**	**40**	**6965**	**272**

本年鉴耕地情况因第三次国土调查正在实施，相关数据为上年数据。

农村劳动力文化程度和年龄状况

单位：万人

地区	外出从业人员	其中：男性	从业人员文化程度			从业人员年龄状况		
			小学及以下	初中	高中及以上	20岁以下	21岁–49岁	50岁以上
湖北省	**1151.42**	**686.33**	**120.83**	**629.44**	**401.15**	**144.69**	**819.56**	**187.17**
武汉市	**70.36**	**43.76**	6.65	**37.02**	**26.69**	**9.88**	**46.18**	**14.3**
武汉市辖区	3.35	1.84	0.21	1.65	1.49	0.27	2.4	0.68
汉南区	1.66	1.01	0.04	0.37	1.25	0.25	1.35	0.06
蔡甸区	6.24	2.88	0.41	3.17	2.66	0.71	4.22	1.31
江夏区	11.18	6.57	1.77	5.26	4.15	1.99	6.72	2.47
黄陂区	26.83	17.89	3.46	14.76	8.61	3.63	17.93	5.27
新洲区	21.1	13.57	0.76	11.81	8.53	3.03	13.56	4.51
黄石市	**50.07**	**31.58**	**5.73**	**25.93**	**18.41**	**6.01**	**35.18**	**8.88**
黄石市辖区	0.99	0.68	0.06	0.43	0.5	0.1	0.69	0.2
阳新县	31.5	18.56	3.6	16.61	11.29	3.93	22.14	5.43
大冶市	17.58	12.34	2.07	8.89	6.62	1.98	12.35	3.25
十堰市	**77.46**	**47.38**	**11.21**	**42.77**	**23.48**	**8.87**	**54.4**	**14.19**
茅箭区	0.96	0.65	0.13	0.42	0.41	0.05	0.71	0.2
张湾区	1.58	0.99	0.29	0.8	0.49	0.19	1.04	0.35
郧阳区	15.52	9.64	1.9	8.98	4.64	2.23	10.51	2.78
郧西县	14.9	8.67	1.95	8.38	4.57	1.3	10.64	2.96
竹山县	13.81	8.52	2.24	7.59	3.98	1.61	9.58	2.62
竹溪县	8.62	5.35	1.66	4.64	2.32	1.32	5.72	1.58
房县	13.88	8.16	2.33	7.41	4.14	1.52	10.08	2.28
丹江口市	8.19	5.4	0.71	4.55	2.93	0.65	6.12	1.42
宜昌市	**70.43**	**41.99**	**6.06**	**35.48**	**28.89**	**7.08**	**49.79**	**13.56**
宜昌市辖区	4.17	2.44	0.34	2.03	1.8	0.33	2.95	0.89
夷陵区	10.4	6.22	1.04	4.61	4.75	1.14	7.06	2.2
远安县	4.74	2.92	0.35	2.84	1.55	0.63	3.31	0.8
兴山县	2.36	1.6	0.2	1.34	0.82	0.19	1.75	0.42
秭归县	9.1	5.14	0.73	5.28	3.09	0.77	7.16	1.17
长阳自治县	10.91	6.72	1.37	5.1	4.44	1.28	6.98	2.65
五峰自治县	3.79	2.21	0.46	1.89	1.44	0.44	2.62	0.73
宜都市	10.21	6.01	0.72	5.49	4	0.97	7.4	1.84
当阳市	7.57	4.49	0.59	3.63	3.35	0.92	5.64	1.01
枝江市	7.18	4.24	0.26	3.27	3.65	0.41	4.92	1.85
襄阳市	**104.86**	**59.44**	**8.05**	**50.19**	**46.62**	**11.29**	**75.35**	**18.22**
高新区	1.04	0.79	0.11	0.43	0.5	0.08	0.73	0.23
襄城区	6.19	3.16	0.28	3.84	2.07	0.84	3.86	1.49
樊城区	6.63	3.02	0.84	3.42	2.37	0.58	3.13	2.92
襄州区	23.44	12.76	0.58	3.39	19.47	0.82	21.39	1.23
南漳县	12.33	7.17	2.33	6.8	3.2	1.41	8.11	2.81
谷城县	11.27	7.02	1.05	6.96	3.26	1.21	7.99	2.07
保康县	5.83	3.71	0.68	2.92	2.23	0.36	4.49	0.98
老河口市	8.24	4.52	0.53	5.06	2.65	1.69	5.75	0.8
枣阳市	18.96	11.51	0.98	11.42	6.56	2.82	13.05	3.09
宜城市	10.93	5.78	0.67	5.95	4.31	1.48	6.85	2.6
鄂州市	**15.22**	**9.78**	**0.69**	**9.3**	**5.23**	**2.05**	**10.4**	**2.77**
梁子湖区	4.59	2.91	0.21	2.7	1.68	0.53	3.28	0.78
华容区	3.59	2.27	0.08	2.07	1.44	0.22	2.49	0.88
鄂城区	7.04	4.6	0.4	4.53	2.11	1.3	4.63	1.11
荆门市	**54.55**	**33.81**	**3.49**	**28.72**	**22.34**	**5.47**	**42.56**	**6.52**
东宝区	3.84	2.41	0.19	1.32	2.33	0.36	2.93	0.55
掇刀区	2.02	1.47	0.12	0.91	0.99	0.3	1.29	0.43
沙洋县	13.17	7.67	1.19	6.75	5.23	1.16	10.91	1.1
钟祥市	21.23	13.9	1.62	12.28	7.33	2.4	16.54	2.29
京山市	14.29	8.36	0.37	7.46	6.46	1.25	10.89	2.15
孝感市	**135.81**	**91.79**	**11.34**	**83.42**	**41.05**	**18.15**	**99.4**	**18.26**

续表

单位：万人

地区	外出从业人员	其中：男性	从业人员文化程度			从业人员年龄状况		
			小学及以下	初中	高中及以上	20岁以下	21岁–49岁	50岁以上
孝感市辖区	0.51	0.3	0.1	0.19	0.22	0.08	0.23	0.2
孝南区	15.48	10.4	1.45	10.49	3.54	1.16	12.3	2.02
孝昌县	19.97	12.42	1.86	12.99	5.12	3.19	14.97	1.81
大悟县	19.42	12.51	1.05	11.57	6.8	3.21	13.36	2.85
云梦县	18.84	17.76	2	12.47	4.37	2.34	13.67	2.83
应城市	19.02	11.33	1.51	11.17	6.34	2.31	14.05	2.66
安陆市	16.63	11.49	0.96	9.4	6.27	1.84	13.21	1.58
汉川市	25.94	15.58	2.41	15.14	8.39	4.02	17.61	4.31
荆州市	**118.54**	**64.33**	**11.31**	**64.16**	**43.07**	**16.9**	**83.96**	**17.68**
荆州开发区	0.68	0.34	0.01	0.39	0.28	0.02	0.55	0.11
沙市区	2.75	1.47	0.2	0.95	1.6	0.37	2.15	0.23
荆州区	6.85	3.75	0.39	3.41	3.05	0.55	5.12	1.18
公安县	18.96	10.16	1.31	9.95	7.7	2.45	13.61	2.9
监利县	34.28	18.63	4.65	19.59	10.04	7.3	20.2	6.78
江陵县	6.44	3.56	0.64	3.22	2.58	0.85	5.38	0.21
石首市	12.95	6.74	1.08	6.76	5.11	1.35	9.83	1.77
洪湖市	16.41	8.97	1.9	9.25	5.26	2.04	12.13	2.24
松滋市	19.22	10.71	1.13	10.64	7.45	1.97	14.99	2.26
黄冈市	**168.76**	**100.33**	**25.11**	**94.25**	**49.4**	**20.76**	**119.57**	**28.43**
龙感湖农场	0.3	0.19	0.01	0.21	0.08	0.03	0.2	0.07
黄州区	4.4	2.5	0.7	2.5	1.2	0.8	3	0.6
团风县	10.46	6.63	1.75	5.91	2.8	1.13	6.57	2.76
红安县	15.28	8.96	2.28	8.5	4.5	3.35	7.52	4.41
罗田县	16.84	9.72	1.52	8.63	6.69	1.29	12.66	2.89
英山县	10.25	6.81	1.29	5.86	3.1	0.99	8.08	1.18
浠水县	25.3	14.55	4.35	13.39	7.56	3.1	17.78	4.42
蕲春县	24.61	14.13	4.13	13.65	6.83	3.17	16.64	4.8
黄梅县	14.33	7.4	2.61	8.28	3.44	1.7	12.48	0.15
麻城市	27.31	17.11	4.11	16.09	7.11	3.26	20.34	3.71
武穴市	19.68	12.33	2.36	11.23	6.09	1.94	14.3	3.44
咸宁市	**54.47**	**31.74**	**5.69**	**30.71**	**18.07**	**8.99**	**37.88**	**7.6**
咸安区	7.01	4.51	1.18	3.14	2.69	1.38	4.77	0.86
嘉鱼县	7.04	4.14	0.75	3.51	2.78	0.97	4.37	1.7
通城县	11.07	5.98	1.05	6.87	3.15	2.51	7.73	0.83
崇阳县	10.94	6.01	1.19	6.28	3.47	1.45	8.15	1.34
通山县	9.62	6.22	0.92	6.02	2.68	1.43	6.71	1.48
赤壁市	8.79	4.88	0.6	4.89	3.3	1.25	6.15	1.39
随州市	**51.27**	**28.47**	**5.25**	**29.44**	**16.58**	**7.68**	**36.21**	**7.38**
曾都区	9.55	5.77	0.67	5.18	3.7	1.46	6.9	1.19
随县	18.3	10.16	1.96	10.54	5.8	3.32	12.76	2.22
广水市	23.42	12.54	2.62	13.72	7.08	2.9	16.55	3.97
恩施自治州	**89.58**	**52.58**	**12.56**	**49.94**	**27.08**	**11.24**	**64.41**	**13.93**
恩施市	13.99	8.02	1.61	7.99	4.39	1.4	9.58	3.01
利川市	20.81	12.25	2.19	12.38	6.24	2.87	15.54	2.4
建始县	12.67	7.86	1.86	7.54	3.27	1.39	9.3	1.98
巴东县	8.9	5.41	1.29	4.75	2.86	1.17	5.69	2.04
宣恩县	10.62	5.93	1.69	6.59	2.34	1.53	7.14	1.95
咸丰县	7.63	4.69	0.95	3.99	2.69	0.97	6.02	0.64
来凤县	10.03	5.76	2.44	4.09	3.5	1.56	7.22	1.25
鹤峰县	4.93	2.66	0.53	2.61	1.79	0.35	3.92	0.66
仙桃市	**33.86**	**17.82**	**2.64**	**18.43**	**12.79**	**4.27**	**24.5**	**5.09**
潜江市	**20.04**	**10.94**	**1.65**	**11.21**	**7.18**	**2.56**	**14.98**	**2.5**
天门市	**35.09**	**19.85**	**3.2**	**17.86**	**14.03**	**3.44**	**23.94**	**7.71**
神农架林区	**1.05**	**0.74**	**0.2**	**0.61**	**0.24**	**0.05**	**0.85**	**0.15**

农村劳动力外出渠道和从业时间

单位：万人

地区	外出渠道				外出从业时间		
	政府有关部门组织	中介组织介绍	企业招收	自发及其他	1个月－3个月	3个月－6个月	6个月以上
湖北省	**138.24**	**79.74**	**163.95**	**769.49**	**90.92**	**230.28**	**830.22**
武汉市	**7.63**	**3.98**	**10.85**	**47.9**	**6.89**	**17.48**	**45.99**
武汉市辖区	0.43	0.19	1.06	1.67	0.21	0.65	2.49
汉南区	0.25		0.88	0.53	0.01	0.25	1.4
蔡甸区	0.78	0.44	1.08	3.94	0.96	1.49	3.79
江夏区	1.12	0.85	1.72	7.49	1.2	3.39	6.59
黄陂区	2.92	0.93	2.76	20.22	2.21	6.62	18
新洲区	2.13	1.57	3.35	14.05	2.3	5.08	13.72
黄石市	**3.95**	**2.61**	**8.92**	**34.59**	**3.57**	**9.84**	**36.66**
黄石市辖区	0.21	0.05	0.18	0.55	0.06	0.15	0.78
阳新县	2.07	1.54	5.54	22.35	1.85	4.88	24.77
大冶市	1.67	1.02	3.2	11.69	1.66	4.81	11.11
十堰市	**8.79**	**6.65**	**9.5**	**52.52**	**5.61**	**15.87**	**55.98**
茅箭区	0.05	0.05	0.19	0.67	0.04	0.1	0.82
张湾区	0.1	0.25	0.14	1.09	0.1	0.28	1.2
郧阳区	1.49	1.28	2.67	10.08	1.34	3.84	10.34
郧西县	2.82	1.43	1.95	8.7	0.8	2.84	11.26
竹山县	1.35	1.32	1.21	9.93	1.67	3.36	8.78
竹溪县	0.73	0.29	1.14	6.46	0.44	1.43	6.75
房县	1.77	1.35	1.23	9.53	0.8	2.34	10.74
丹江口市	0.48	0.68	0.97	6.06	0.42	1.68	6.09
宜昌市	**9.71**	**6.01**	**12.64**	**42.07**	**6.36**	**14.75**	**49.32**
宜昌市辖区	0.27	0.39	0.79	2.72	0.34	0.87	2.96
夷陵区	1.2	0.98	1.89	6.33	1.04	2.13	7.23
远安县	0.59	0.49	0.99	2.67	0.39	0.82	3.53
兴山县	0.14	0.06	0.28	1.88	0.09	0.46	1.81
秭归县	1.18	0.64	1.16	6.12	0.75	1.67	6.68
长阳自治县	2.39	1.04	1.69	5.79	1.31	2.87	6.73
五峰自治县	1	0.34	0.39	2.06	0.27	0.85	2.67
宜都市	1.72	0.88	1.98	5.63	0.77	2.18	7.26
当阳市	0.83	0.73	1.77	4.24	0.74	1.44	5.39
枝江市	0.39	0.46	1.7	4.63	0.66	1.46	5.06
襄阳市	**8.79**	**7.91**	**22.22**	**65.94**	**7.6**	**19.25**	**78.01**
高新区	0.03	0.13	0.2	0.68	0.26	0.12	0.66
襄城区	0.4	0.48	1.67	3.64	0.59	1.31	4.29
樊城区	0.26	1.4	1.26	3.71	0.53	1.55	4.55
襄州区	1.45	1.59	10.71	9.69	1.49	2.98	18.97
南漳县	0.67	0.8	2.05	8.81	1.05	2.52	8.76
谷城县	2.49	0.37	0.74	7.67	0.71	2.33	8.23
保康县	0.48	0.37	0.59	4.39	0.57	1.33	3.93
老河口市	0.34	0.79	0.63	6.48	0.54	1.23	6.47
枣阳市	1.92	1.32	1.02	14.7	0.86	3.63	14.47
宜城市	0.75	0.66	3.35	6.17	1	2.25	7.68
鄂州市	**0.75**	**1.06**	**2.39**	**11.02**	**1.42**	**3.37**	**10.43**
梁子湖区	0.37	0.35	0.73	3.14	0.34	1.18	3.07
华容区	0.15	0.19	0.72	2.53	0.26	0.85	2.48
鄂城区	0.23	0.52	0.94	5.35	0.82	1.34	4.88
荆门市	**7.18**	**4.86**	**8.13**	**34.38**	**4.37**	**9.4**	**40.78**
东宝区	0.8	0.52	0.26	2.26	0.38	0.74	2.72
掇刀区	0.26	0.19	0.4	1.17	0.14	0.46	1.42
沙洋县	1.42	0.88	2.63	8.24	1.48	2.43	9.26
钟祥市	2.28	2.12	2.93	13.9	1.73	3.78	15.72
京山市	2.42	1.15	1.91	8.81	0.64	1.99	11.66
孝感市	**14.62**	**10.1**	**20.47**	**90.62**	**12.58**	**34.09**	**89.14**

单位：万人

地区	外出渠道				外出从业时间		
	政府有关部门组织	中介组织介绍	企业招收	自发及其他	1个月－3个月	3个月－6个月	6个月以上
孝感市辖区	0.05	0.15		0.31			0.51
孝南区	1.77	1.31	1.59	10.81	1.31	4.36	9.81
孝昌县	2.83	1.89	2.48	12.77	2.41	6.52	11.04
大悟县	2.89	1.36	2.56	12.61	1.68	3.79	13.95
云梦县	1.69	1.11	1.43	14.61	1.09	5.36	12.39
应城市	0.62	0.92	3.66	13.82	1.01	2.9	15.11
安陆市	1.65	1.24	2.87	10.87	1.68	4.25	10.7
汉川市	3.12	2.12	5.88	14.82	3.4	6.91	15.63
荆州市	**7.57**	**6.94**	**12.19**	**91.84**	**5.64**	**18.44**	**94.46**
荆州开发区	0.03	0.01	0.04	0.6		0.03	0.65
沙市区	0.08	0.09	0.83	1.75	0.08	0.46	2.21
荆州区	0.33	0.38	0.79	5.35	0.58	1.21	5.06
公安县	1.47	0.77	1.11	15.61	0.7	2.5	15.76
监利县	2.07	2.2	2.83	27.18	1.13	6.04	27.11
江陵县	0.48	0.23	0.26	5.47	0.44	0.96	5.04
石首市	1.34	1.14	3.01	7.46	0.71	2.51	9.73
洪湖市	0.31	0.49	1.33	14.28	1	1.87	13.54
松滋市	1.46	1.63	1.99	14.14	1	2.86	15.36
黄冈市	**17.44**	**13.4**	**23.07**	**114.85**	**17.35**	**37.34**	**114.07**
龙感湖农场			0.04	0.26	0.01	0.01	0.28
黄州区	0.54	0.37	0.7	2.79	0.38	1	3.02
团风县	1.04	1.03	1.09	7.3	1.4	2.65	6.41
红安县	1.79	1.2	3.51	8.78	2.41	4.21	8.66
罗田县	1.39	1.73	2.54	11.18	1.23	3.98	11.63
英山县	1.46	1.22	1.21	6.36	0.91	2.21	7.13
浠水县	2.1	1.86	4.34	17	2.1	4.09	19.11
蕲春县	4.37	1.83	3.32	15.09	2.18	5.19	17.24
黄梅县	0.74	0.05	0.95	12.59	0.4	3.37	10.56
麻城市	1.88	2.38	3.68	19.37	4.3	6.88	16.13
武穴市	2.13	1.73	1.69	14.13	2.03	3.75	13.9
咸宁市	**5.95**	**3.83**	**7.54**	**37.15**	**4.19**	**11.27**	**39.01**
咸安区	1.3	0.42	0.83	4.46	0.65	1.78	4.58
嘉鱼县	0.54	0.84	1.05	4.61	0.52	1.5	5.02
通城县	0.78	0.74	1.72	7.83	0.85	2.3	7.92
崇阳县	1.37	0.89	1.86	6.82	0.97	2.29	7.68
通山县	1.36	0.36	1	6.9	0.53	1.87	7.22
赤壁市	0.6	0.58	1.08	6.53	0.67	1.53	6.59
随州市	**4.05**	**4.5**	**8.22**	**34.5**	**4.25**	**11.7**	**35.32**
曾都区	0.66	0.9	1.88	6.11	0.48	1.83	7.24
随县	1.7	1.99	1.99	12.62	1.02	4.73	12.55
广水市	1.69	1.61	4.35	15.77	2.75	5.14	15.53
恩施自治州	**35.44**	**4.34**	**5.25**	**44.55**	**6.95**	**13.82**	**68.81**
恩施市	3.87	0.87	0.88	8.37	0.96	1.96	11.07
利川市	19.09	0.57	0.49	0.66	1.93	2.71	16.17
建始县	3.18	0.79	0.87	7.83	0.99	1.72	9.96
巴东县	1.3	1.04	1.36	5.2	0.76	1.49	6.65
宣恩县	1.11	0.3	0.4	8.81	0.6	1.37	8.65
咸丰县	2.11	0.09	0.28	5.15	0.71	1.96	4.96
来凤县	1.49	0.31	0.63	7.6	0.66	1.74	7.63
鹤峰县	3.29	0.37	0.34	0.93	0.34	0.87	3.72
仙桃市	**1.96**	**1.12**	**4.51**	**26.27**	**1.65**	**5.27**	**26.94**
潜江市	**2.49**	**1.31**	**4.05**	**12.19**	**0.84**	**3.14**	**16.06**
天门市	**1.92**	**1.11**	**3.98**	**28.08**	**1.58**	**5.09**	**28.42**
神农架林区		**0.01**	**0.02**	**1.02**	**0.07**	**0.16**	**0.82**

农村劳动力转移地点

单位：万人

地区	外出地点				
	县内乡外	省内县外	省外（不含港澳台及境外）	港、澳、台	境外
湖北省	**195.07**	**314.83**	**638.31**	**1.79**	**1.4**
武汉市	**16.83**	**36.28**	**17.19**	**0.03**	**0.03**
武汉市辖区	1.89	1.16	0.3		
汉南区	1.26	0.36	0.04		
蔡甸区	1.89	3.48	0.87		
江夏区	3.51	4.71	2.96		
黄陂区	6.05	17.1	3.65	0.01	0.02
新洲区	2.23	9.47	9.37	0.02	0.01
黄石市	**10.28**	**12.54**	**26.94**	**0.24**	**0.07**
黄石市辖区	0.39	0.35	0.25		
阳新县	4.77	6.93	19.59	0.21	
大冶市	5.12	5.26	7.1	0.03	0.07
十堰市	**15.62**	**19.69**	**41.63**	**0.27**	**0.25**
茅箭区	0.71	0.03	0.19		0.03
张湾区	0.94	0.34	0.3		
郧阳区	3.14	6.63	5.62	0.01	0.12
郧西县	2.05	4.06	8.78		0.01
竹山县	3.51	2.65	7.6	0.02	0.03
竹溪县	1.42	1.43	5.77		
房县	1.76	2.35	9.49	0.23	0.05
丹江口市	2.09	2.2	3.88	0.01	0.01
宜昌市	**19.11**	**22.73**	**28.5**	**0.06**	**0.03**
宜昌市辖区	1.54	1.49	1.11	0.02	0.01
夷陵区	3.11	3.46	3.8	0.02	0.01
远安县	1.06	1.4	2.28		
兴山县	0.35	0.94	1.07		
秭归县	2.98	2.97	3.15		
长阳自治县	2.29	3.97	4.64		0.01
五峰自治县	0.63	1.56	1.59	0.01	
宜都市	2.81	3.21	4.19		
当阳市	2.3	1.58	3.69		
枝江市	2.04	2.15	2.98	0.01	
襄阳市	**15.88**	**21.95**	**66.79**	**0.07**	**0.17**
高新区	0.59	0.25	0.2		
襄城区	1.57	1.86	2.76		
樊城区	1.91	1.22	3.43	0.03	0.04
襄州区	3.88	5.82	13.72	0.01	0.01
南漳县	1.33	1.45	9.53	0.01	0.01
谷城县	0.58	2.72	7.94	0.01	0.02
保康县	0.67	1.53	3.54		0.09
老河口市	0.59	1.07	6.58		
枣阳市	2.7	4.37	11.88	0.01	
宜城市	2.06	1.66	7.21		
鄂州市	**5.4**	**5.12**	**4.59**	**0.02**	**0.09**
梁子湖区	1.29	1.76	1.52	0.01	0.01
华容区	1.32	1.39	0.82		0.06
鄂城区	2.79	1.97	2.25	0.01	0.02
荆门市	**8.7**	**15.14**	**30.59**	**0.08**	**0.04**
东宝区	0.69	1.09	2.06		
掇刀区	0.49	0.91	0.62		
沙洋县	2.47	4.62	6.08		
钟祥市	3.58	6	11.56	0.05	0.04
京山市	1.47	2.52	10.27	0.03	
孝感市	**20.36**	**40.65**	**74.18**	**0.25**	**0.37**

续表　　　　单位：万人

地区	外出地点				
	县内乡外	省内县外	省外（不含港澳台及境外）	港、澳、台	境外
孝感市辖区	0.05	0.08	0.38		
孝南区	2.11	3.96	9.4	0.01	
孝昌县	2.79	4.98	11.98	0.15	0.07
大悟县	3.92	6.44	8.95	0.03	0.08
云梦县	1.92	4.78	12.11	0.03	
应城市	2.18	6.1	10.69	0.01	0.04
安陆市	2.05	4.47	9.91	0.02	0.18
汉川市	5.34	9.84	10.76		
荆州市	**14.98**	**26.8**	**76.72**	**0.03**	**0.01**
荆州开发区	0.36	0.2	0.12		
沙市区	0.92	0.52	1.3	0.01	
荆州区	1.44	2.06	3.35		
公安县	1.97	4.63	12.36		
监利县	3.56	6.96	23.76		
江陵县	0.54	1.54	4.34	0.01	0.01
石首市	1.96	2.65	8.34		
洪湖市	1.45	4.92	10.04		
松滋市	2.78	3.32	13.11	0.01	
黄冈市	**25.02**	**47.45**	**95.71**	**0.3**	**0.28**
龙感湖农场	0.04	0.07	0.19		
黄州区	1.48	1.08	1.84		
团风县	2.38	4.06	3.93	0.03	0.06
红安县	3.21	5.85	6.13	0.03	0.06
罗田县	2.1	4.19	10.54		0.01
英山县	1.36	2.31	6.56	0.01	0.01
浠水县	2.4	6.9	15.88	0.03	0.09
蕲春县	3.67	6.48	14.31	0.12	0.03
黄梅县	2.4	5.71	6.2	0.01	0.01
麻城市	4.13	6.8	16.33	0.05	
武穴市	1.85	4	13.8	0.02	0.01
咸宁市	**8.41**	**13.54**	**32.41**	**0.09**	**0.02**
咸安区	1.31	1.53	4.16	0.01	
嘉鱼县	1.18	2.08	3.78		
通城县	1.57	2.26	7.24		
崇阳县	1.53	3.61	5.75	0.04	0.01
通山县	1.29	2.22	6.09	0.02	
赤壁市	1.53	1.84	5.39	0.02	0.01
随州市	**8.82**	**12.64**	**29.75**	**0.03**	**0.03**
曾都区	2.59	2.63	4.31	0.01	0.01
随县	2.39	4.27	11.62	0.01	0.01
广水市	3.84	5.74	13.82	0.01	0.01
恩施自治州	**13.14**	**17.93**	**58.5**	**0.01**	
恩施市	3.57	2.79	7.63		
利川市	1.72	3.12	15.97		
建始县	1.94	3.28	7.45		
巴东县	1.16	2.74	5		
宣恩县	1.51	1.51	7.6		
咸丰县	0.87	1.82	4.94		
来凤县	1.17	1.41	7.44	0.01	
鹤峰县	1.2	1.26	2.47		
仙桃市	**5.23**	**10.46**	**17.87**	**0.3**	
潜江市	**3.55**	**4.26**	**12.23**		
天门市	**3.47**	**7.38**	**24.22**	**0.01**	**0.01**
神农架林区	**0.28**	**0.28**	**0.49**		

农村劳动力外出地域及从事行业

单位：万人

地区	外出地域				外出从业人员从事行业		
	东部	中部	西部	东北地区	第一产业	第二产业	第三产业
湖北省	**500.08**	**540.52**	**69.43**	**38.2**	**60.33**	**621**	**470.09**
武汉市	**13.1**	**53.81**	**2.63**	**0.76**	**2.86**	**37.86**	**29.64**
武汉市辖区	0.18	3.13	0.04		0.25	1.47	1.63
汉南区	0.03	1.63				0.91	0.75
蔡甸区	0.7	5.38	0.11	0.05	0.22	3.2	2.82
江夏区	2.24	8.54	0.37	0.03	0.72	5.79	4.67
黄陂区	2.73	23.15	0.56	0.36	1.2	13.42	12.21
新洲区	7.22	11.98	1.55	0.32	0.47	13.07	7.56
黄石市	**25.8**	**23.21**	**0.51**	0.24	2.4	29.66	18.01
黄石市辖区	0.12	0.74	0.09	0.04	0.14	0.56	0.29
阳新县	19.4	11.89			1.58	19.23	10.69
大冶市	6.28	10.58	0.42	0.2	0.68	9.87	7.03
十堰市	**29.03**	**35.96**	**7**	**4.95**	**4.55**	**40.92**	**31.99**
茅箭区	0.15	0.74	0.02	0.02	0.04	0.44	0.48
张湾区	0.17	1.34	0.05	0.02	0.03	0.87	0.68
郧阳区	2.83	9.78	1.16	1.62	1.55	6.46	7.51
郧西县	4.82	6.11	2.28	1.68	1.05	8.15	5.7
竹山县	4.73	6.16	1.92	0.95	1.06	8.12	4.63
竹溪县	5.16	3.04	0.25	0.17	0.36	4.23	4.03
房县	8.1	4.4	0.89	0.21	0.22	7.47	6.19
丹江口市	3.07	4.39	0.43	0.28	0.24	5.18	2.77
宜昌市	**20.7**	**44.15**	**3.91**	**1.58**	**5.06**	**36.18**	**29.19**
宜昌市辖区	0.92	3.03	0.14	0.05	0.5	1.96	1.71
夷陵区	2.83	6.74	0.57	0.23	0.46	4.93	5.01
远安县	1.89	2.54	0.21	0.1	0.47	2.51	1.76
兴山县	0.77	1.29	0.19	0.11	0.13	1.34	0.89
秭归县	2.75	5.95	0.38	0.02	0.99	4.81	3.3
长阳自治县	2.55	7.07	0.82	0.46	1.44	5.12	4.35
五峰自治县	1.21	2.2	0.31	0.06	0.2	1.87	1.72
宜都市	3.34	6.1	0.52	0.25	0.25	5.6	4.36
当阳市	2.4	4.5	0.47	0.2	0.51	3.78	3.28
枝江市	2.04	4.73	0.3	0.1	0.11	4.26	2.81
襄阳市	**50.89**	**40.98**	**10.33**	**2.42**	**5.8**	**56.84**	**42.22**
高新区	0.1	0.84	0.09	0.01	0.24	0.3	0.5
襄城区	1.66	3.43	0.5	0.6	0.42	3.33	2.44
樊城区	2.68	3.13	0.72	0.03	0.48	3.25	2.9
襄州区	9.83	11.4	1.39	0.8	1.22	11.35	10.87
南漳县	6.17	2.82	2.71	0.61	1.33	5.67	5.33
谷城县	6.08	4.08	1.02	0.06	0.7	7.09	3.48
保康县	2.99	2.2	0.4	0.15	0.4	3.86	1.57
老河口市	5.39	2.19	0.6	0.06	0.2	5.5	2.54
枣阳市	9.35	7.08	2.46	0.06	0.45	11.73	6.78
宜城市	6.64	3.81	0.44	0.04	0.36	4.76	5.81
鄂州市	**3.97**	**10.59**	**0.34**	**0.21**	**0.48**	**8.51**	**6.23**
梁子湖区	1.44	3.06	0.07		0.13	2.66	1.8
华容区	0.65	2.77	0.08	0.03	0.09	1.94	1.56
鄂城区	1.88	4.76	0.19	0.18	0.26	3.91	2.87
荆门市	**22.26**	**28.18**	**2.97**	**1.02**	**2.76**	**29.84**	**21.95**
东宝区	1.27	1.99	0.54	0.04	0.19	2.17	1.48
掇刀区	0.54	1.42	0.04	0.02	0.18	1.09	0.75
沙洋县	4.71	7.8	0.48	0.18	0.49	7.06	5.62
钟祥市	7.56	11.76	1.35	0.47	1.29	11.74	8.2
京山市	8.18	5.21	0.56	0.31	0.61	7.78	5.9
孝感市	**48.47**	**62.14**	**10.81**	**13.77**	**5.58**	**74.24**	**55.99**

续表

单位：万人

地区	外出地域				外出从业人员从事行业		
	东部	中部	西部	东北地区	第一产业	第二产业	第三产业
孝感市辖区	0.2	0.13		0.18		0.31	0.2
孝南区	7.4	6.17	0.57	1.33	0.85	9.13	5.5
孝昌县	6.48	7.77	2.22	3.28	1.19	8.99	9.79
大悟县	5.09	10.36	2.53	1.33	1.02	11.88	6.52
云梦县	6.33	7.56	1.12	3.8	0.48	11.6	6.76
应城市	8.77	8.33	0.96	0.91	0.52	10.41	8.09
安陆市	5.54	6.52	2.12	2.25	0.58	9.27	6.78
汉川市	8.66	15.3	1.29	0.69	0.94	12.65	12.35
荆州市	**62.88**	**47.87**	**6.31**	**1.44**	**3.07**	**67.39**	**48.08**
荆州开发区	0.12	0.56				0.44	0.24
沙市区	1.03	1.68	0.03		0.03	2.07	0.65
荆州区	2.81	3.76	0.22	0.06	0.23	3.85	2.77
公安县	10.77	7.21	0.81	0.17	0.6	10.86	7.5
监利县	19.85	12.26	1.59	0.58	1.12	16.66	16.5
江陵县	4.01	2.13	0.26	0.02	0.08	4.15	2.21
石首市	6.09	5.54	1.29	0.03	0.21	8.3	4.44
洪湖市	7.39	7.64	1.07	0.31	0.41	9.55	6.45
松滋市	10.81	7.09	1.04	0.27	0.39	11.51	7.32
黄冈市	**80.3**	**75.93**	**9.01**	**2.94**	**12.77**	**86**	**69.99**
龙感湖农场	0.19	0.11			0.06	0.14	0.1
黄州区	1.41	2.56	0.06	0.37	0.5	2.5	1.4
团风县	3.42	6.44	0.13	0.38	1.06	5.74	3.66
红安县	4.49	9.99	0.46	0.25	1.69	8	5.59
罗田县	9.88	6.38	0.47	0.1	0.45	9.93	6.46
英山县	4.54	4.1	1.57	0.02	0.86	5.93	3.46
浠水县	13.68	10.9	0.36	0.24	2.1	12.4	10.8
蕲春县	12.35	10.34	1.29	0.48	2.53	11.89	10.19
黄梅县	5.73	8.11	0.46	0.01	0.11	8.62	5.6
麻城市	13.33	11.12	2.71	0.1	2.48	8.46	16.37
武穴市	11.28	5.88	1.5	0.99	0.93	12.39	6.36
咸宁市	**28.21**	**23.51**	**1.49**	**1.15**	**4.76**	**28.26**	**21.45**
咸安区	3.77	2.91	0.26	0.06	0.32	3.52	3.17
嘉鱼县	2.7	4.11	0.16	0.07	0.5	3.45	3.09
通城县	6.8	3.83	0.21	0.23	0.6	5.98	4.49
崇阳县	5.29	5.14	0.19	0.27	1.04	5.38	4.52
通山县	5.12	4.05	0.26	0.17	1.15	5.08	3.39
赤壁市	4.53	3.47	0.41	0.35	1.15	4.85	2.79
随州市	**24.4**	**22.93**	**2.1**	**1.78**	**2.24**	**26.75**	**22.28**
曾都区	3.56	5.34	0.38	0.25	0.63	4.25	4.67
随县	9.31	7.67	0.7	0.6	0.92	8.83	8.55
广水市	11.53	9.92	1.02	0.93	0.69	13.67	9.06
恩施自治州	**47.17**	**32.07**	**7.56**	**2.77**	**4.29**	**54.31**	**30.98**
恩施市	6.56	6.39	0.89	0.15	0.5	9.32	4.17
利川市	10.75	4.98	3.07	2.01	1.43	12.04	7.34
建始县	6.3	5.25	0.93	0.19	0.51	7.56	4.6
巴东县	3.84	3.99	0.95	0.12	0.4	4.21	4.29
宣恩县	7.04	3.06	0.39	0.13	0.56	7.47	2.59
咸丰县	4.4	3	0.21	0.02	0.08	5.34	2.21
来凤县	6.15	2.94	0.86	0.07	0.56	5.4	4.07
鹤峰县	2.13	2.46	0.26	0.08	0.25	2.97	1.71
仙桃市	**13.55**	**18.42**	**0.79**	**0.8**	**1.28**	**14.42**	**18.16**
潜江市	**10.05**	**8.41**	**1.24**	**0.34**	**1.75**	**12.31**	**5.98**
天门市	**18.9**	**11.8**	**2.36**	**2.01**	**0.66**	**16.93**	**17.5**
神农架林区	**0.4**	**0.56**	**0.07**	**0.02**	**0.02**	**0.58**	**0.45**

农村劳动力外出从业形式及培训情况

单位：万人

地区	外出从业形式			外出从业人员职业技能培训情况		
	务工	自营	其他	参加过职业技能培训	其中：参加过政府举办的技能培训	持有职业技术资格证书
湖北省	**864.88**	**183.81**	**102.73**	**347.28**	**153.38**	**166.29**
武汉市	**53.26**	**11.36**	**5.74**	**22.34**	**10.83**	**10.71**
武汉市辖区	2.63	0.33	0.39	1.34	0.59	0.76
汉南区	1.45	0.19	0.02	0.53	0.25	1.23
蔡甸区	4.53	1.38	0.33	1.55	0.67	0.69
江夏区	8.37	1.62	1.19	3.14	1.74	1.68
黄陂区	19.98	5.34	1.51	7.77	3.25	3.02
新洲区	16.3	2.5	2.3	8.01	4.33	3.33
黄石市	**37.23**	**7.31**	**5.53**	**6.19**	**3.79**	**6.97**
黄石市辖区	0.84	0.09	0.06	0.2	0.08	0.08
阳新县	23.75	3.97	3.78	3.76	2.12	3.68
大冶市	12.64	3.25	1.69	2.23	1.59	3.21
十堰市	**61.32**	**8.05**	**8.09**	**25.36**	**14.46**	**11.52**
茅箭区	0.73	0.06	0.17	0.31	0.16	0.18
张湾区	1.3	0.1	0.18	0.5	0.25	0.27
郧阳区	11.43	1.76	2.33	4.14	2.2	2.51
郧西县	11.06	2.33	1.51	6.14	3.56	2.41
竹山县	11.16	1.45	1.2	3.31	1.95	1.61
竹溪县	6.93	0.46	1.23	1.59	0.75	0.51
房县	11.76	1.23	0.89	5.81	3.52	1.78
丹江口市	6.95	0.66	0.58	3.56	2.07	2.25
宜昌市	**53.66**	**9.22**	**7.55**	**26.15**	**12.11**	**11.38**
宜昌市辖区	3.23	0.44	0.5	1.19	0.41	0.53
夷陵区	7.85	1.41	1.14	4.85	2.11	2.92
远安县	3.92	0.49	0.33	1.89	0.56	0.63
兴山县	2.11	0.11	0.14	0.94	0.41	0.48
秭归县	6.38	1.13	1.59	1.6	0.82	0.55
长阳自治县	8.38	1.09	1.44	3.23	1.38	0.22
五峰自治县	3.22	0.49	0.08	1.58	0.9	0.64
宜都市	7.39	1.82	1	3.77	1.72	1.98
当阳市	5.49	1.5	0.58	4.62	2.55	2.18
枝江市	5.69	0.74	0.75	2.48	1.25	1.25
襄阳市	**84.6**	**12**	**8.26**	**36.17**	**12.93**	**18.15**
高新区	0.88	0.05	0.11	0.11	0.03	0.07
襄城区	5.6	0.59		2.29	0.95	1.16
樊城区	5.45	0.61	0.57	0.83	0.43	0.39
襄州区	18.77	3.6	1.07	8.77	2.19	5.9
南漳县	9.36	0.77	2.2	1.91	0.78	1.07
谷城县	9.08	1.35	0.84	3.92	1.27	1.47
保康县	4.93	0.24	0.66	1.42	0.82	0.62
老河口市	7.1	0.77	0.37	2.9	0.65	1.43
枣阳市	16.06	2.9		11.05	4.8	4.9
宜城市	7.37	1.12	2.44	2.97	1.01	1.14
鄂州市	**12.04**	**2.46**	**0.72**	**5.89**	**3.08**	**3.07**
梁子湖区	3.78	0.65	0.16	1.14	0.22	0.97
华容区	3.01	0.51	0.07	0.83	0.16	0.76
鄂城区	5.25	1.3	0.49	3.92	2.7	1.34
荆门市	**38.28**	**11.51**	**4.76**	**18.73**	**10.1**	**6.85**
东宝区	2.76	0.52	0.56	2.31	1.7	1.37
掇刀区	1.74	0.24	0.04	1.16	0.47	0.27
沙洋县	9.49	2.39	1.29	3.64	2.66	1.74
钟祥市	14.14	5.34	1.75	5.92	3.18	1.81
京山市	10.15	3.02	1.12	5.7	2.09	1.66
孝感市	**95.41**	**33.18**	**7.22**	**48.72**	**18.71**	**26.87**

续表

单位：万人

地区	外出从业形式			外出从业人员职业技能培训情况		
	务工	自营	其他	参加过职业技能培训	其中：参加过政府举办的技能培训	持有职业技术资格证书
孝感市辖区	0.34	0.06	0.11	0.24	0.06	0.16
孝南区	12	3	0.48	3.04	1.2	1.7
孝昌县	14.03	4.96	0.98	8.15	4.51	11.34
大悟县	12.35	5.66	1.41	6.22	3.51	2.55
云梦县	14.81	3.65	0.38	8.64	1.71	3.06
应城市	13.94	4.14	0.94	4.43	2.16	2.35
安陆市	12.51	3.48	0.64	9.54	1.95	2.34
汉川市	15.43	8.23	2.28	8.46	3.61	3.37
荆州市	**86.62**	**22.63**	**9.29**	**27.35**	**11.69**	**13.17**
荆州开发区	0.56	0.06	0.06	0.06	0.01	0.01
沙市区	2.33	0.21	0.21	0.47	0.14	0.41
荆州区	5.42	0.98	0.45	1.95	0.69	0.81
公安县	15.46	2.36	1.14	5.76	1.78	2.1
监利县	20.34	10.69	3.25	5.01	1.96	3.38
江陵县	5.13	1.18	0.13	0.91	0.58	0.68
石首市	9.23	1.94	1.78	3.11	1.48	1.44
洪湖市	11.64	2.85	1.92	2.05	1.49	1.34
松滋市	16.51	2.36	0.35	8.03	3.56	3
黄冈市	**129.33**	**21.07**	**18.36**	**46.94**	**23.06**	**22.65**
龙感湖农场	0.25	0.04	0.01	0.09		0.03
黄州区	3.6	0.3	0.5	1	0.61	0.6
团风县	6.72	0.82	2.92	1.74	1.06	1.04
红安县	11.58	2.12	1.58	9.01	2.81	2.8
罗田县	13.71	1.7	1.43	3.33	1.03	1.41
英山县	7.93	2.13	0.19	5.93	2.97	2.37
浠水县	18.9	2.03	4.37	7.01	4.1	3.75
蕲春县	18.59	3.07	2.95	4.05	1.98	1.9
黄梅县	11.23	2.53	0.57	4.12	3.5	1.95
麻城市	22.29	2.78	2.24	6.01	2.5	3.11
武穴市	14.53	3.55	1.6	4.65	2.5	3.69
咸宁市	**39.35**	**8.33**	**6.79**	**18.28**	**7.28**	**7.98**
咸安区	4.62	0.88	1.51	2.82	1.42	0.38
嘉鱼县	5.49	0.81	0.74	3.03	1.12	1.27
通城县	7.69	1.67	1.71	3.77	1.55	1.35
崇阳县	8.61	1.29	1.04	3.26	1.48	1.65
通山县	7.11	1.78	0.73	2.35	0.61	2.07
赤壁市	5.83	1.9	1.06	3.05	1.1	1.26
随州市	**36.05**	**9.6**	**5.62**	**18.66**	**7.01**	**8.65**
曾都区	7.34	1.25	0.96	3.58	1.08	2.14
随县	12.24	3.41	2.65	6.27	2.12	3.76
广水市	16.47	4.94	2.01	8.81	3.81	2.75
恩施自治州	**76.33**	**7.6**	**5.65**	**22.9**	**10.09**	**8.05**
恩施市	11.93	1.22	0.84	4.02	2.62	1.59
利川市	17.34	1.58	1.89	3.72	1.49	1.58
建始县	11.25	0.8	0.62	2.68	1.28	1.08
巴东县	7.33	1.2	0.37	3.19	1.08	0.76
宣恩县	8.72	1.37	0.53	1.31	0.8	0.72
咸丰县	6.57	0.62	0.44	3.34	1.55	1.14
来凤县	8.81	0.62	0.6	3.68	0.87	0.71
鹤峰县	4.38	0.19	0.36	0.96	0.4	0.47
仙桃市	**22.25**	**7.5**	**4.11**	**9.16**	**2.41**	**4.05**
潜江市	**16.14**	**2.01**	**1.89**	**6.9**	**3.07**	**3.18**
天门市	**22.08**	**9.91**	**3.1**	**7.05**	**2.51**	**2.93**
神农架林区	**0.93**	**0.07**	**0.05**	**0.49**	**0.25**	**0.11**

农村劳动力外出劳务收入情况

单位：万元、万人

地区	劳务经济总收入（年）	按月收入分的外出务工人数				
		其中：月收入1000元以下	1001元—2000元	2001元—3000元	3001元—4000元	4000元以上
湖北省	**41629557**	**22.88**	**157.12**	**382.16**	**345.97**	**243.29**
武汉市	**2587771**	**3.96**	**11.59**	**24.27**	**19.08**	**11.46**
武汉市辖区	105833		0.26	0.9	1.61	0.58
汉南区	74384		0.07	0.59	0.7	0.3
蔡甸区	213685	0.04	0.51	2.13	2.21	1.35
江夏区	293546	0.19	1.24	5.36	2.55	1.84
黄陂区	1036100	3.03	5.47	7.02	6.3	5.01
新洲区	864223	0.7	4.04	8.27	5.71	2.38
黄石市	**2041283**	**0.54**	**2.95**	**16.08**	**9.12**	**21.38**
黄石市辖区	39269		0.06	0.37	0.27	0.29
阳新县	1263654	0.53	1.01	11.45	5.5	13.01
大冶市	738360	0.01	1.88	4.26	3.35	8.08
十堰市	**2480277**	**0.38**	**10.04**	**19.13**	**28.22**	**19.69**
茅箭区	38853			0.38	0.48	0.1
张湾区	48116		0.29	0.73	0.46	0.1
郧阳区	466489	0.3	3.37	4.25	4.23	3.37
郧西县	468418	0.03	2.22	4.09	5.51	3.05
竹山县	416075	0.01	1.19	3.53	4.99	4.09
竹溪县	355284		1.02	1.48	3.48	2.64
房县	436694	0.03	1.52	3.16	5.84	3.33
丹江口市	250348	0.01	0.43	1.51	3.23	3.01
宜昌市	**2575178**	**0.98**	**10.65**	**23.22**	**20.8**	**14.78**
宜昌市辖区	355359	0.07	0.44	1.38	1.27	1.01
夷陵区	395031	0.04	1.06	2.88	3.45	2.97
远安县	128471	0.01	0.94	1.61	1.65	0.53
兴山县	70365		0.17	0.8	0.77	0.62
秭归县	241780	0.16	1.28	3.52	2.6	1.54
长阳自治县	388623	0.33	2	3.12	2.65	2.81
五峰自治县	68762	0.06	0.58	1.33	1.13	0.69
宜都市	398510	0.16	2.23	3.91	2.35	1.56
当阳市	244465	0.15	1.68	2.91	2.33	0.5
枝江市	283812		0.27	1.76	2.6	2.55
襄阳市	**3727149**	**1.86**	**10.73**	**31.25**	**34.34**	**26.68**
高新区	43284			0.11	0.48	0.45
襄城区	181059	0.03	0.53	2.85	2.04	0.74
樊城区	201136	0.03	0.34	1.27	2.5	2.49
襄州区	861175	1.26	2.39	7.7	7.08	5.01
南漳县	491563		1.55	2.86	3.93	3.99
谷城县	433895	0.01	1.38	2.88	4.47	2.53
保康县	162287	0.52	0.54	1.65	2.06	1.06
老河口市	236205	0.01	0.88	1.82	3.11	2.42
枣阳市	663616		2.66	7.35	4.68	4.27
宜城市	452929		0.46	2.76	3.99	3.72
鄂州市	**552234**	**0.45**	**3.48**	**4.65**	**4.39**	**2.25**
梁子湖区	156122	0.09	1.62	1.78	0.75	0.35
华容区	117312	0.03	0.58	1.37	1.27	0.34
鄂城区	278800	0.33	1.28	1.5	2.37	1.56
荆门市	**2104582**	**0.2**	**8.11**	**17.55**	**18.63**	**10.06**
东宝区	160428		0.27	0.9	1.83	0.84
掇刀区	82950		0.1	0.64	0.91	0.37
沙洋县	549597	0.09	0.79	3.59	4.93	3.77
钟祥市	799126	0.05	5.83	6.7	6.06	2.59
京山市	512481	0.06	1.12	5.72	4.9	2.49
孝感市	**5258604**	**3.24**	**17.72**	**43.05**	**37.86**	**33.94**

续表

单位：万元、万人

地区	劳务经济总收入（年）	按月收入分的外出务工人数				
		其中：月收入1000元以下	1001元—2000元	2001元—3000元	3001元—4000元	4000元以上
孝感市辖区	27680				0.2	0.31
孝南区	566478	0.04	0.24	1.99	5.44	7.77
孝昌县	720718	0.6	3.79	7.84	4.15	3.59
大悟县	790643	0.67	4.26	4.64	4.34	5.51
云梦县	694736	0.02	1.18	6.22	8.6	2.82
应城市	833042		1.91	5.33	6.24	5.54
安陆市	695440	0.05	0.82	6.65	4.47	4.64
汉川市	929867	1.86	5.52	10.38	4.42	3.76
荆州市	**4262753**	**1.25**	**22.59**	**50.88**	**30.48**	**13.34**
荆州开发区	23778	0.01	0.01	0.26	0.29	0.11
沙市区	118410		0.15	0.62	1.36	0.62
荆州区	265271		0.76	2.8	2.32	0.97
公安县	608037	0.1	1.58	11.64	3.86	1.78
监利县	1150732	0.68	9.73	13.58	7.15	3.14
江陵县	260692		0.77	4.35	0.95	0.37
石首市	490477	0.01	0.4	6.27	4.32	1.95
洪湖市	538167	0.29	2.1	5.95	5.72	2.35
松滋市	807189	0.16	7.09	5.41	4.51	2.05
黄冈市	**6122959**	**3.2**	**23.7**	**57.52**	**55.89**	**28.45**
龙感湖农场	12571			0.07	0.08	0.15
黄州区	141506		0.44	1.2	1.66	1.1
团风县	282452	0.26	1.88	4.28	3.93	0.11
红安县	604240	0.88	2.78	5.81	2.35	3.46
罗田县	747780		0.81	3.78	6.3	5.95
英山县	266451		2.69	6.39	1.15	0.02
浠水县	885220	0.15	4.95	9.2	9.6	1.4
蕲春县	972513	0.29	2.28	5.7	9.11	7.23
黄梅县	537360	0.02	0.89	6.6	6.54	0.28
麻城市	936881	1.58	5.82	8.41	8.56	2.94
武穴市	735985	0.02	1.16	6.08	6.61	5.81
咸宁市	**1798778**	**2.69**	**7.33**	**17.12**	**16.65**	**10.68**
咸安区	253992	0.07	1	2.35	2.45	1.14
嘉鱼县	290945		0.93	2.69	1.95	1.47
通城县	336548	1.95	3.33	4.25	1.16	0.38
崇阳县	387256		0.29	3.16	4.35	3.14
通山县	235416	0.18	0.87	2.61	3.56	2.4
赤壁市	294621	0.49	0.91	2.06	3.18	2.15
随州市	**1661484**	**1.32**	**9.81**	**17.46**	**15.32**	**7.36**
曾都区	338026	0.31	2.03	4.54	2.55	0.12
随县	432880	0.56	4.02	5.35	5.13	3.24
广水市	890578	0.45	3.76	7.57	7.64	4
恩施自治州	**2963911**	**1.49**	**8.89**	**34.56**	**24.66**	**19.98**
恩施市	565272	0.09	1.15	5.07	4.41	3.27
利川市	543141	0.58	0.13	8.94	3.41	7.75
建始县	366446	0.11	1.39	3.38	5.08	2.71
巴东县	306178	0.23	1.52	3.2	2.73	1.22
宣恩县	325831	0.2	1.97	4.98	2.68	0.79
咸丰县	314672	0.04	0.83	3.46	1.89	1.41
来凤县	359129	0.22	1.56	3.28	3.15	1.82
鹤峰县	183242	0.02	0.34	2.25	1.31	1.01
仙桃市	**1162948**	**0.81**	**4.49**	**11.71**	**10.87**	**5.98**
潜江市	**848592**	**0.12**	**1.28**	**5.51**	**7.26**	**5.87**
天门市	**1464230**	**0.38**	**3.73**	**8.04**	**12.11**	**10.83**
神农架林区	**16824**	**0.01**	**0.03**	**0.16**	**0.29**	**0.56**

农村劳动力外出从业环境及社会保障

单位：万人

地区	从业环境				社会保障					
	雇主拖欠工资人数	从事高危、有害工作人数	致伤致残人数	享受劳保补贴人数	与雇主签定劳动合同	参与养老保险人数	参与医疗保险人数	参与失业保险人数	参与生育保险人数	参与工伤保险人数
湖北省	**8.06**	**41.42**	**1.58**	**158.6**	**546.27**	**615.36**	**747.37**	**139.66**	**97.82**	**283.76**
武汉市	**0.55**	**1.02**	**0.04**	**17.74**	**36.27**	**32.16**	**40.02**	**13.03**	**13.35**	**20.26**
武汉市辖区		0.1		1.25	2.44	1.88	2.25	1.31	1.31	2.01
汉南区				1.66	1.66	1.66	1.66	1.66	1.66	1.66
蔡甸区	0.01	0.06		0.79	4.54	3.75	4.28	2.94	2.73	2.99
江夏区	0.01	0.06		3.65	5.64	4.43	5.25	2.96	2.51	3.45
黄陂区	0.25	0.43	0.01	6.22	11.9	11.94	18.33	2.27	2.02	6.34
新洲区	0.28	0.37	0.03	4.17	10.09	8.5	8.25	1.89	3.12	3.81
黄石市	**0.38**	**2.01**	**0.06**	**7.65**	**20.64**	**19.76**	**25.19**	**7.13**	**5.3**	**13.18**
黄石市辖区		0.03		0.04	0.67	0.6	0.67	0.44	0.37	0.45
阳新县	0.14	0.62	0.06	2.56	13.1	11.94	14.71	4.93	3.72	7.31
大冶市	0.24	1.36		5.05	6.87	7.22	9.81	1.76	1.21	5.42
十堰市	**0.49**	**5.63**	**0.2**	**8.55**	**32.66**	**42.28**	**53.37**	**6.48**	**3.27**	**15.85**
茅箭区	0.01	0.04	0.01	0.22	0.61	0.6	0.7	0.13	0.13	0.21
张湾区		0.02		0.23	0.99	0.93	0.95	0.26	0.14	0.41
郧阳区	0.14	0.62	0.03	2.2	6.13	7.72	11.52	1.34	0.6	2.81
郧西县	0.15	1.72	0.03	0.81	6.17	7.61	9.22	0.9	0.58	2.2
竹山县	0.04	1.25	0.07	0.91	4.2	10	12.2	0.51	0.72	2.41
竹溪县	0.05	0.64	0.02	0.85	3.02	3.85	5.6	0.59	0.23	0.85
房县	0.04	1.12	0.04	1.16	6.66	5.9	6.24	1.26	0.3	4.47
丹江口市	0.06	0.22		2.17	4.88	5.67	6.94	1.49	0.57	2.49
宜昌市	**0.16**	**2.68**	**0.13**	**10.17**	**39.7**	**41.4**	**47.12**	**13.49**	**13.33**	**25.54**
宜昌市辖区	0.01	0.1		0.11	2.77	2.89	3.77	2.22	2.18	2.31
夷陵区	0.02	0.36	0.03	1.65	6.48	6.97	7.29	1.97	1.48	3.63
远安县	0.02	0.24	0.01	0.57	2.48	2.18	2.26	0.63	0.62	1.29
兴山县		0.05		0.48	1.37	1.69	1.73	0.26	0.16	0.4
秭归县	0.03	0.27	0.01	0.92	3.79	4.19	4.84	2.48	1.95	2.75
长阳自治县	0.08	0.5	0.02	0.77	6.55	6.94	7.1	2.36	3.87	4.07
五峰自治县		0.37		1.09	2.21	2.58	3.64	0.27	0.23	1.54
宜都市		0.32		1.85	5.5	5.37	6.71	1.52	1.11	3.43
当阳市		0.32	0.06	1.73	4.56	4.62	4.93	0.87	0.94	3.1
枝江市		0.15		1	3.99	3.97	4.85	0.91	0.79	3.02
襄阳市	**0.25**	**2.19**	**0.07**	**23.37**	**55.15**	**52.52**	**56.84**	**19.97**	**9.85**	**29.12**
高新区	0.01			0.02	0.59	0.8	0.85	0.25	0.23	0.39
襄城区	0.01	0.13	0.01	1.29	2.19	2.98	3.8	3.2	1.17	2.02
樊城区	0.09	0.29	0.01	0.63	1.85	2.6	2.91	0.39	0.26	0.54
襄州区	0.01	0.3	0.01	3.11	11.61	7.79	7.1	7.22	1.51	6.02
南漳县		0.22	0.01	1.89	5.28	7.47	11.98	0.91	0.91	2.55
谷城县	0.01	0.5	0.01	0.93	5.6	5.79	6.3	2.07	1.7	3.45
保康县	0.04	0.21	0.01	0.43	3.64	5.33	5.33	0.99	0.91	1.73
老河口市	0.01	0.2	0.01	1.21	4.04	3.84	5.19	0.53	0.19	2.39
枣阳市		0.21		13.2	16.82	13.5	10	4.22	2.81	8.88
宜城市	0.07	0.13		0.66	3.53	2.42	3.38	0.19	0.16	1.15
鄂州市	**0.07**	**0.25**	**0.01**	**1.02**	**4.93**	**8.64**	**8.95**	**1.11**	**0.92**	**2.72**
梁子湖区		0.04		0.21	1.51	1	1.17	0.34	0.51	1.13
华容区	0.02	0.07		0.56	1.16	1	1.01	0.45	0.2	0.74
鄂城区	0.05	0.14	0.01	0.25	2.26	6.64	6.77	0.32	0.21	0.85
荆门市	**0.01**	**0.87**	**0.02**	**6.92**	**28.86**	**29.96**	**40.24**	**7.04**	**3.8**	**15.61**
东宝区		0.13		1.59	3.21	2.99	3.05	1.24	0.66	2.48
掇刀区		0.03		0.18	1.55	1.56	1.83	0.2	0.21	0.65
沙洋县		0.09		1.52	5.25	5.38	7.65	2.72	1.8	4.5
钟祥市	0.01	0.47	0.02	1.98	9.5	11.33	16.71	1.03	0.66	3.82
京山市		0.15		1.65	9.35	8.7	11	1.85	0.47	4.16
孝感市	**1.83**	**8.87**	**0.22**	**11.74**	**65.86**	**86.15**	**100.59**	**14.96**	**6.07**	**26.63**

续表

单位：万人

地区	从业环境				社会保障					
	雇主拖欠工资人数	从事高危、有害工作人数	致伤致残人数	享受劳保补贴人数	与雇主签定劳动合同	参与养老保险人数	参与医疗保险人数	参与失业保险人数	参与生育保险人数	参与工伤保险人数
孝感市辖区					0.47	0.38	0.38	0.3	0.28	0.36
孝南区	0.45	0.64	0.01	0.82	4.09	13.59	14.85	1.17	0.89	1.54
孝昌县	0.07	2.57	0.1	1.92	8.41	7.96	14.58	1.39	0.35	2.64
大悟县	0.2	0.97	0.04	2.77	12.03	19.14	19.14	3.42	1.08	4.64
云梦县	0.28	2.95	0.03	0.94	9.48	7.26	4.29	1.59	0.07	5.23
应城市		0.07		2.64	10.6	16.47	18.28	2.38	1.08	3.25
安陆市	0.17	1.21	0.03	0.08	9.27	5.84	10.72	1.06	0.17	2.19
汉川市	0.66	0.46	0.01	2.57	11.51	15.51	18.35	3.65	2.15	6.78
荆州市	**0.5**	**1.3**	**0.15**	**10**	**47.1**	**50.3**	**70.53**	**6.15**	**4.14**	**23.38**
荆州开发区					0.33	0.23	0.24	0.17	0.13	0.17
沙市区				0.04	0.67	1.86	1.85	0.07	0.05	0.55
荆州区	0.01	0.02	0.02	0.01	3.43	3.75	4.08	0.23	0.21	2.15
公安县	0.06	0.29	0.05	1.42	9.9	9.66	11.39	0.99	0.55	3.33
监利县	0.28	0.32	0.07	2.06	2.8	12.08	22.76	1.07	0.76	2.97
江陵县	0.07	0.12		0.53	4.78	1.24	3.83	0.31	0.11	1.62
石首市		0.24		1.07	5.13	6.7	7.22	2.3	2.04	3.62
洪湖市	0.06	0.09		1.42	6.26	6.59	11.08	0.1	0.07	1.17
松滋市	0.02	0.22	0.01	3.45	13.8	8.19	8.08	0.91	0.22	7.8
黄冈市	**1.83**	**8.16**	**0.4**	**31.98**	**78.33**	**106.37**	**117.18**	**22.29**	**17.8**	**41.09**
龙感湖农场				0.03	0.07	0.12	0.25	0.01	0.01	0.01
黄州区		0.1		0.45	2.4	2.9	3.1	0.6	0.4	0.8
团风县	0.16	0.42	0.04	1.25	3.43	4.43	4.84	0.84	0.79	1.93
红安县	0.45	0.81	0.02	4.31	5.91	10.79	12.54	2.41	2.41	4.31
罗田县	0.07	0.61	0.03	1.98	9.29	9.66	10.19	6.41	5.53	7.58
英山县	0.06	1.02	0.01	5.32	8.01	7.91	9.59	3.41	2.12	4.16
浠水县	0.2	1.2	0.05	4.5	10.3	20.53	24.82	1.33	1.08	4.94
蕲春县	0.29	0.63	0.21	2.3	8.43	10.83	12.45	2.66	1.54	4.1
黄梅县	0.25	0.9	0.01	1.6	5.48	8.45	8.47	1.13	0.8	0.46
麻城市	0.12	1.56	0.01	6.85	13.55	11.56	11.25	1.3	1.26	7.02
武穴市	0.23	0.91	0.02	3.39	11.46	19.19	19.68	2.19	1.86	5.78
咸宁市	**0.44**	**1.88**	**0.05**	**8.65**	**29.63**	**32.73**	**36.08**	**6.99**	**3.62**	**15.96**
咸安区	0.01	0.04	0.02	0.92	3.68	2.68	2.48	0.49	0.43	2.23
嘉鱼县	0.01	0.1		1.17	6	6.47	6.48	1.63	0.68	3.68
通城县	0.03	0.6		1.64	5.57	4.96	6.01	1.15	0.11	2.89
崇阳县	0.03	0.08	0.01	1.34	5.24	9.37	9.72	1.91	0.97	1.68
通山县	0.14	0.61	0.01	2.73	3.93	5.23	6.19	0.65	0.75	2.35
赤壁市	0.22	0.45	0.01	0.85	5.21	4.02	5.2	1.16	0.68	3.13
随州市	**0.63**	**0.83**	**0.05**	**5.94**	**25.19**	**28.04**	**32.34**	**5.26**	**4.32**	**13.17**
曾都区	0.03	0.23	0.01	2.26	3.52	7.48	7.31	0.77	0.58	2.22
随县	0.06	0.22	0.01	1.76	8.86	6.75	8.93	0.59	0.59	2.9
广水市	0.54	0.38	0.03	1.92	12.81	13.81	16.1	3.9	3.15	8.05
恩施自治州	**0.4**	**4**	**0.11**	**6.91**	**43.15**	**47.78**	**65.93**	**7.89**	**6.04**	**21.17**
恩施市	0.01	0.71	0.01	1.24	6.79	5.05	6.68	1.42	0.71	4.68
利川市	0.16	0.47	0.03	1.02	10.73	14.74	19.7	1.01	2.07	4.15
建始县	0.04	0.66	0.02	1.08	6.42	7.37	9.81	1.65	1.07	4.1
巴东县	0.02	0.21		0.43	3.74	4.36	6.16	1.04	0.48	2.05
宣恩县	0.03	0.61	0.01	0.43	4.49	4.28	6.91	0.74	0.45	1.54
咸丰县	0.11	0.64	0.04	0.84	3.54	4.79	5.13	0.6	0.42	2.05
来凤县	0.03	0.58		1.15	4.91	4.81	9.01	0.5	0.29	2.1
鹤峰县		0.12		0.72	2.53	2.38	2.53	0.93	0.55	0.5
仙桃市	**0.3**	**0.83**	**0.04**	**1.79**	**15.79**	**13.56**	**25.26**	**1.1**	**0.82**	**9.26**
潜江市	**0.04**	**0.21**	**0.02**	**5.1**	**13.58**	**11.06**	**13.87**	**4.59**	**3.29**	**5.7**
天门市	**0.14**	**0.65**	**0.01**	**1.05**	**9.09**	**12.41**	**13.56**	**2.11**	**1.88**	**5.04**
神农架林区	**0.04**	**0.04**		**0.02**	**0.34**	**0.24**	**0.3**	**0.07**	**0.02**	**0.08**

《湖北农村统计年鉴-2020》

全省农林牧渔业总产值

（按当年价格计算）

单位：亿元

年份	农林牧渔业总产值	农业	林业	牧业	渔业	农林牧渔专业及辅助性活动
1978	84.46					
1979	109.85					
1980	94.95	64.7	7.28	17.29	1.46	
1985	192.32	129.61	8.15	39.08	8.18	
1986	219.1	146.79	8.75	43.86	10.77	
1987	249.68	160.13	9.97	54.86	14.19	
1988	297.51	175.12	10.98	80.8	18.83	
1989	335.04	198.56	11.75	91.47	20.66	
1990	402.23	252.92	14.15	98.04	23.88	
1991	405.04	247.01	16.81	102.19	25.06	
1992	435.42	265.53	17.36	110.37	27.59	
1993	501.17	301.99	22.39	134.02	42.77	
1994	786.84	481.82	26.47	219.53	59.01	
1995	988.53	612.12	28.33	268.09	79.98	
1996	1140.76	670.27	33.62	337.02	99.86	
1997	1243.68	711.91	37.33	381.4	113.04	
1998	1222.58	688.06	41.29	371.37	121.86	
1999	1126.1	645.98	40.86	311.43	127.83	
2000	1125.64	615.74	40.24	338.77	130.89	
2001	1172.82	658.26	27.11	352.63	134.82	
2002	1203.3	671.2	28.33	354.84	148.93	
2003	1342.09	733.36	34.78	383.71	170.43	
2004	1695.44	921.59	31.78	514.52	205.68	21.87
2005	1775.58	932.15	37.3	545.4	236.49	24.24
2006	1842.2	995.46	40.5	487.09	221.42	97.73
2007	2281.21	1147.31	41.86	678.27	310.83	102.94
2008	2900.59	1385.21	49.69	985.51	372.98	107.2
2009	2924.66	1490.91	57.67	851.62	413.14	111.33
2010	3407.64	1883.22	65.37	883.09	458.58	117.38
2011	4110.16	2244.55	86.1	1137.84	508.8	132.87
2012	4542.16	2416.35	100.1	1244.29	626.2	155.22
2013	4920.13	2585.15	122	1286.55	748.4	178.03
2014	5162.94	2651.16	157	1301.06	844.2	209.53
2015	5387.13	2674.07	180.6	1354.28	922.77	255.42
2016	5863.98	2794.79	203.43	1527.29	1030.01	308.46
2017	6129.72	2962.49	213.26	1478.1	1089.08	386.79
2018	6207.83	3033.76	235.23	1386.53	1105.95	446.36
2019	6681.85	3257.85	258.47	1521.49	1152.68	491.36

注：农林牧渔业总产值2007年–2017年数据依据第三次全国农业普查结果进行了修订。

全省农林牧渔业增加值

（按当年价格计算）

单位：亿元

年份	农林牧渔业增加值	农业	林业	牧业	渔业	农林牧渔专业及辅助性活动
1995	639.31	414.41	19.42	148.28	57.19	
1996	716.34	444.17	22.53	179.79	69.85	
1997	767.92	459.2	25.57	207.86	75.28	
1998	748.22	439.51	28.49	197.85	82.37	
1999	694.8	408.26	28.03	175.29	83.21	
2000	684.13	380.24	26.12	194.79	82.98	
2001	711.18	408.53	16.65	200.38	85.62	
2002	734.26	417.11	17.25	201.42	98.48	
2003	808.63	451.46	20.47	217.4	109.02	10.29
2004	1031.06	563.99	18.42	305.57	131.86	11.22
2005	1081.23	571.87	20.54	324.19	152.31	12.32
2006	1140.41	624.96	23.3	311.39	165.87	14.89
2007	1368.49	718.98	25.21	395.24	192.01	37.05
2008	1755.53	877.34	30.22	574.56	233.91	39.49
2009	1758.99	932.07	35.08	490.83	259.35	41.67
2010	2088.38	1207.57	40.06	507.28	288.3	45.18
2011	2518.67	1474.59	46.51	632.22	315.87	49.48
2012	2732.88	1565.46	53.54	672.96	382.84	58.06
2013	2951.62	1666.87	62.02	687.49	467.35	67.89
2014	3080.59	1715.93	76.5	691.13	518.04	79
2015	3210.92	1727.91	100.68	720.92	553.92	107.48
2016	3527.93	1865.06	112.33	810.63	618.44	121.47
2017	3690.3	1962.12	117.57	785.29	663.97	161.34
2018	3733.62	2008.90	128.63	736.19	673.80	186.11
2019	4014.00	2157.30	141.33	808.22	702.24	204.91

注: 农林牧渔业增加值2007年–2017年数据依据第三次全国农业普查结果进行了修订。

分地区农林牧渔业总产值

单位：万元

地区	农林牧渔业总产值	农业	林业	牧业	渔业	农林牧渔专业及辅助性活动
湖北省	**66818548**	**32578508**	**2584714**	**15214883**	**11526817**	**4913626**
武汉市	**6531709**	**4111493**	**135289**	**739800**	**1031017**	**514110**
武汉市辖区	457938	323577	1479	18370	107264	7248
汉南区	250009	123783	1928	31985	89771	2542
蔡甸区	770226	505768	4249	58307	167402	34500
江夏区	1655057	1058418	59443	221361	216945	98890
黄陂区	2023642	1287696	28762	241457	280927	184800
新洲区	1374837	812251	39428	168320	168708	186130
黄石市	**1779100**	**710152**	**95754**	**342831**	**536337**	**94026**
黄石市辖区	60517	34807	239	9123	9993	6355
阳新县	916282	358827	55342	136106	319465	46542
大冶市	802301	316518	40173	197602	206879	41129
十堰市	**2997335**	**1671223**	**305277**	**764226**	**172893**	**83716**
茅箭区	29429	12737	4628	10640	106	1317
张湾区	52952	36266	4984	8822	1773	1106
郧阳区	504176	271244	39582	178119	6195	9036
郧西县	391881	243177	38667	98339	2667	9032
竹山县	512349	316120	73669	81367	26223	14970
竹溪县	400341	263862	32857	89546	2197	11879
房县	560662	304572	68472	122147	47249	18221
丹江口市	545545	223245	42418	175245	86483	18154
宜昌市	**7191868**	**4307032**	**259163**	**1649087**	**459407**	**517179**
宜昌市辖区	168137	120682	3795	31437	2035	10188
夷陵区	1138521	755880	28967	250727	17597	85350
远安县	358500	231540	20078	74689	6248	25945
兴山县	243333	130970	19080	76274	574	16435
秭归县	490356	320046	16622	116134	614	36940
长阳自治县	703838	425481	15135	177814	34380	51028
五峰自治县	387249	243787	40858	75430	195	26979
宜都市	846437	477887	44886	235819	31007	56838
当阳市	1427844	775355	41631	307631	199954	103273
枝江市	1427653	825404	28111	303132	166803	104203
襄阳市	**7899495**	**3918699**	**206446**	**2716414**	**469064**	**588872**
高新区	42154	27724	158	7722	1871	4678
襄城区	320039	182688	15265	71307	28693	22086
樊城区	214315	159342	8491	22781	8207	15494
襄州区	1844503	841749	12592	695981	123259	170922
南漳县	841646	397865	51654	346529	13965	31633
谷城县	681899	329390	45984	248726	25609	32191
保康县	376619	208890	29917	115405	4749	17657
老河口市	834014	433116	6335	239645	81598	73320
枣阳市	1776025	844551	15740	657166	114501	144067
宜城市	968282	493383	20309	311151	66614	76825
鄂州市	**1731536**	**399385**	**38493**	**314543**	**892986**	**86128**
梁子湖区	556833	116834	15296	81269	315583	27851
华容区	486773	108005	10625	97676	246293	24175
鄂城区	687930	174546	12572	135598	331111	34102
荆门市	**4318701**	**1938893**	**97112**	**962804**	**944688**	**375204**
东宝区	389517	185471	8946	100430	74795	19875
掇刀区	241502	143800	5176	35436	38577	18513
沙洋县	1220520	502461	10338	273540	345386	88795
钟祥市	1357677	640264	33954	303723	253073	126663
京山市	1109485	466897	38698	249675	232857	121358
孝感市	**5459904**	**2479747**	**184115**	**1404980**	**995503**	**395561**

续表 单位：万元

地区	农林牧渔业总产值	农业	林业	牧业	渔业	农林牧渔专业及辅助性活动
孝感市辖区	13163	7429	95	2631	2033	975
孝南区	632870	274325	6259	146263	138831	67192
孝昌县	635284	334635	22836	162064	70988	44761
大悟县	682009	354444	95694	129639	74304	27928
云梦县	660279	361392	8155	168646	93022	29064
应城市	889788	364049	4680	224775	248158	48126
安陆市	676066	275437	23891	257508	67319	51911
汉川市	1270445	508036	22505	313454	300847	125603
荆州市	**7664491**	**3200419**	**151396**	**1261297**	**2394297**	**657082**
荆州开发区	19066	16625	107	318		2016
沙市区	308875	163867	5743	22471	74159	42635
荆州区	768551	389295	12577	136873	165783	64023
公安县	1224539	650763	21438	187336	257401	107601
监利县	1852417	680829	28337	256748	718783	167720
江陵县	475701	256697	9441	100960	56037	52566
石首市	740927	304239	27990	154028	189871	64799
洪湖市	1498512	393259	24373	114511	866595	99774
松滋市	775903	344845	21390	288052	65668	55948
黄冈市	**7106057**	**3131848**	**389857**	**1790221**	**1234126**	**560007**
龙感湖农场	107297	15006	586	30821	58041	2843
黄州区	262862	134676	11679	22238	74796	19473
团风县	287210	117842	20571	64038	63513	21246
红安县	430277	193870	47047	121012	22766	45582
罗田县	492293	270946	36802	119195	16943	48407
英山县	576169	429008	39245	53968	8484	45464
浠水县	1129475	437439	46228	317692	268274	59842
蕲春县	916776	360021	46991	240163	204030	65571
黄梅县	885812	363164	37907	191849	224415	68477
麻城市	1071496	480235	74133	313113	104647	99368
武穴市	946390	329641	28666	316132	188217	83734
咸宁市	**3527398**	**1793905**	**250814**	**638503**	**580346**	**263830**
咸安区	557031	224739	38781	138297	114675	40539
嘉鱼县	828228	555838	15600	30012	167198	59580
通城县	458462	172585	57080	151263	30663	46871
崇阳县	493342	219159	32644	160941	37447	43151
通山县	345588	135020	64232	94619	34194	17523
赤壁市	844746	486564	42477	63370	196169	56166
随州市	**2808448**	**1315886**	**149860**	**913033**	**199098**	**230571**
曾都区	578524	189802	14749	296328	28594	49050
随县	1223424	647868	58604	317261	96805	102886
广水市	1006500	478216	76506	299444	73699	78635
恩施自治州	**3291396**	**1801881**	**248051**	**1004979**	**13186**	**223299**
恩施市	559738	301546	47652	169059	3053	38428
利川市	658711	368127	55054	185763	3403	46364
建始县	420009	231874	18038	141197	1589	27310
巴东县	416540	226838	33254	127655	820	27974
宣恩县	344482	191307	22420	107682	1207	21865
咸丰县	365508	191230	29505	117815	1196	25762
来凤县	275780	152937	22319	81581	1120	17823
鹤峰县	250628	138022	19809	74228	798	17772
仙桃市	**1556655**	**531060**	**16195**	**220714**	**718600**	**70085**
潜江市	**1417258**	**561536**	**25985**	**238794**	**474050**	**116893**
天门市	**1496379**	**679649**	**25490**	**244203**	**410775**	**136260**
神农架林区	**40817**	**25700**	**5417**	**8455**	**442**	**803**

分地区农林牧渔业增加值

单位：万元

地区	农林牧渔业增加值	农业	林业	牧业	渔业	农林牧渔专业及辅助性活动
湖北省	**40140020**	**21573038**	**1413265**	**8082223**	**7022410**	**2049086**
武汉市	**3998634**	**2697454**	**76764**	**391290**	**624356**	**208770**
武汉市辖区	280340	201885	839	9716	64956	2943
汉南区	153053	79646	1094	16917	54363	1032
蔡甸区	471523	322889	2411	30839	101374	14010
江夏区	1013206	690864	33728	117081	131376	40157
黄陂区	1238849	849655	16320	127709	170122	75044
新洲区	841663	552515	22372	89027	102165	75584
黄石市	**1078933**	**463166**	**56305**	**189250**	**329445**	**40767**
黄石市辖区	36593	22590	109	5039	6114	2741
阳新县	561651	239417	33132	72887	196159	20056
大冶市	480689	201159	23064	111324	127172	17970
十堰市	**1750266**	**1060041**	**155923**	**393418**	**105173**	**35711**
茅箭区	16543	8079	2364	5475	64	561
张湾区	31641	23003	2546	4542	1079	472
郧阳区	291583	172048	20217	91695	3768	3855
郧西县	230093	154245	19749	50624	1623	3853
竹山县	302365	200512	37628	41888	15952	6386
竹溪县	236650	167365	16782	46098	1338	5067
房县	327555	193187	34973	62881	28742	7773
丹江口市	313835	141603	21665	90216	52607	7744
宜昌市	**4381393**	**2877289**	**133926**	**872468**	**276859**	**220851**
宜昌市辖区	104661	80240	1953	16896	1227	4345
夷陵区	698054	499236	14979	136790	10602	36447
远安县	220183	155247	10378	39714	3766	11078
兴山县	145675	87684	9909	40718	345	7019
秭归县	300800	214664	8590	61401	370	15775
长阳自治县	427102	285568	7820	91208	20715	21791
五峰自治县	235659	162921	21110	39988	118	11522
宜都市	510816	323951	23195	120622	18778	24270
当阳市	870206	548671	14480	163237	99320	44498
枝江市	868237	519107	21512	161894	121618	44106
襄阳市	**4732229**	**2644857**	**120770**	**1439256**	**287590**	**239756**
高新区	25948	18712	93	4092	1147	1904
襄城区	196597	123302	8930	37781	17592	8992
樊城区	135923	107545	4967	12070	5032	6308
襄州区	1089408	568124	7366	368756	75572	69590
南漳县	503795	268532	30218	183604	8562	12879
谷城县	409808	222316	26900	131784	15701	13106
保康县	229735	140987	17502	61146	2911	7189
老河口市	502884	292324	3706	126973	50029	29852
枣阳市	1056272	570015	9208	348191	70202	58656
宜城市	581861	333000	11881	164859	40842	31279
鄂州市	**1039550**	**261275**	**22337**	**169327**	**551965**	**34646**
梁子湖区	334302	76432	8876	43749	193996	11249
华容区	292240	70656	6166	52582	153113	9724
鄂城区	413008	114187	7296	72996	204856	13673
荆门市	**2582434**	**1286792**	**57000**	**513649**	**571485**	**153508**
东宝区	236222	123896	5254	53681	45259	8132
掇刀区	148350	95461	3041	18940	23333	7575
沙洋县	727790	332134	6070	146050	207217	36319
钟祥市	811319	424525	19931	161925	153112	51826
京山市	658753	310776	22704	133053	142564	49656
孝感市	**3273776**	**1659724**	**96987**	**747582**	**599409**	**170074**

续表 单位：万元

地区	农林牧渔业增加值	农业	林业	牧业	渔业	农林牧渔专业及辅助性活动
孝感市辖区	8042	4977	50	1395	1218	403
孝南区	380471	186410	3458	78343	84060	28200
孝昌县	380005	215405	12005	86055	49936	16604
大悟县	408316	238989	50306	67423	44875	6723
云梦县	403141	241062	4288	89359	55938	12494
应城市	538159	243797	3437	121285	154576	15063
安陆市	392838	188274	6734	135621	41260	20950
汉川市	762804	340811	16709	168102	167546	69637
荆州市	**4612113**	**2138217**	**81810**	**670913**	**1454873**	**266300**
荆州开发区	12549	11504	61	167		817
沙市区	187864	109360	3121	12545	45554	17284
荆州区	464450	258714	6612	71401	101770	25953
公安县	755957	442369	11419	99843	158706	43620
监利县	1124507	451978	15627	137968	450942	67992
江陵县	285093	171492	5114	52453	34724	21310
石首市	442243	203648	15117	79115	118094	26269
洪湖市	873047	254978	13044	59459	505119	40447
松滋市	466403	234174	11695	157962	39964	22608
黄冈市	**4266009**	**2112582**	**209145**	**956236**	**752173**	**235873**
龙感湖农场	59979	7678	235	14983	35944	1139
黄州区	159556	88036	5582	11568	46324	8046
团风县	170329	76139	12030	34533	38651	8976
红安县	267804	141341	26438	64838	14716	20471
罗田县	294595	179540	19961	64089	10085	20920
英山县	365188	290142	21274	28899	4986	19887
浠水县	669625	292945	23086	171366	156636	25592
蕲春县	534172	239383	23688	124994	121911	24196
黄梅县	532631	246875	19259	100645	136883	28969
麻城市	642846	322390	42333	170114	65709	42300
武穴市	569284	228113	15259	170207	120328	35377
咸宁市	**2114354**	**1156460**	**141759**	**343041**	**358769**	**114325**
咸安区	326264	141744	21665	74476	70773	17606
嘉鱼县	475678	333908	7952	14310	95586	23922
通城县	281416	119523	34261	85966	20556	21110
崇阳县	300679	147330	19097	91359	23460	19433
通山县	198520	84825	35476	50085	20625	7509
赤壁市	531798	329131	23308	26845	127769	24745
随州市	**1662439**	**866454**	**85783**	**486744**	**123255**	**100203**
曾都区	330441	124932	8451	158028	17694	21335
随县	733960	426894	33533	169084	59851	44598
广水市	598038	314628	43799	159632	45710	34270
恩施自治州	**1904974**	**1140491**	**134548**	**526278**	**8062**	**95596**
恩施市	323916	192954	26050	86672	1752	16487
利川市	388644	238934	29920	97722	2118	19950
建始县	243335	145025	9856	75886	1024	11544
巴东县	238582	141603	17952	66462	512	12053
宣恩县	198283	119728	13081	55553	745	9176
咸丰县	207728	120024	14930	61004	744	11026
来凤县	159631	96308	12078	42905	690	7650
鹤峰县	144855	85915	10680	40075	475	7709
仙桃市	**954256**	**359177**	**8570**	**117804**	**439570**	**29135**
潜江市	**855513**	**375357**	**13759**	**129746**	**289329**	**47322**
天门市	**909147**	**458195**	**14611**	**130597**	**249839**	**55905**
神农架林区	**24002**	**15507**	**3269**	**4624**	**258**	**344**

《湖北农村统计年鉴-2020》

1.农村基本情况

2.农业产值

3.种植业 ☑

4.林业及土特产

5.畜牧业

6.渔业

7.农业机械化

8.农村主要能源及物资消耗

9.农业技术推广及应用

10.水利建设

11.农垦及监狱系统农场

粮食作物播种面积

单位：千公顷

年份	粮食作物	小麦	稻谷	薯类	玉米	大豆
1978	5544.78	1122.28	2894.63	427.23	403.14	173.43
1980	5352.04	1292.29	2708.22	387.46	406.91	138.94
1985	5108.25	1331.42	2538.57	354.01	374.17	134.64
1990	5200.01	1352.10	2636.47	391.90	386.11	164.65
1991	5194.50	1347.53	2622.79	402.38	395.19	150.61
1992	4955.35	1287.91	2537.49	392.59	376.18	140.23
1993	4812.05	1271.23	2377.82	384.33	365.96	181.69
1994	4797.95	1225.60	2373.26	203.39	373.02	201.52
1995	4776.65	1179.93	2408.66	397.65	393.77	188.01
1996	4880.28	1230.14	2448.58	419.53	405.07	174.71
1997	4944.66	1276.52	2467.51	415.74	400.30	182.51
1998	4737.15	1212.08	2244.74	431.02	442.84	201.32
1999	4673.11	1074.43	2284.98	448.72	460.82	207.01
2000	4156.20	845.10	1995.29	467.61	424.10	224.75
2001	4015.73	735.85	1953.77	237.75	401.11	218.01
2002	3816.08	679.02	1888.75	430.61	384.04	217.82
2003	3572.74	603.43	1808.75	208.56	349.81	196.47
2004	3817.89	605.08	2084.02	403.79	357.49	186.05
2005	4068.05	730.61	2162.39	397.75	428.79	179.79
2006	3902.27	1016.93	1975.07	218.67	431.93	118.40
2007	4032.18	1099.41	2027.17	217.51	444.55	117.20
2008	3891.72	1006.35	1956.92	212.20	488.24	115.60
2009	4072.96	1001.98	2093.62	230.05	536.46	111.36
2010	4135.78	1011.70	2087.84	260.83	572.53	109.94
2011	4191.52	1028.32	2081.07	283.93	603.37	108.12
2012	4294.51	1084.08	2086.42	275.94	663.58	105.67
2013	4416.60	1117.11	2202.55	272.53	653.43	103.27
2014	4522.12	1099.38	2201.79	274.15	745.72	136.79
2015	4784.38	1122.15	2383.35	276.80	813.53	144.40
2016	4816.14	1140.67	2358.67	276.35	797.33	202.25
2017	4852.99	1153.21	2368.07	282.72	794.78	212.34
2018	4847.01	1104.96	2390.99	308.13	781.20	219.77
2019	4608.61	1017.75	2286. 75	322. 48	727.53	211.72

注: 2007年-2017年数据依据第三次全国农业普查结果进行了修订。

经济作物播种面积

单位：千公顷

年份	经济作物	棉花	油菜籽	花生	芝麻	黄红麻	甘蔗	甜菜	烤烟
1978	2386.27	593.19	165.27	34.14	102.71	8.39	2.31	0.13	24.75
1980	2125.02	591.67	175.75	40.76	113.51	12.17	1.49	0.12	9.69
1985	2223.46	464.97	361.42	65.94	173.31	94.17	7.85	0.08	37.67
1990	2161.13	455.92	744.31	63.75	126.85	27.33	8.07	0.01	46.35
1991	2229.42	461.55	610.10	61.59	128.17	20.42	8.47	0.02	56.83
1992	2228.48	507.19	534.41	64.73	126.32	18.15	10.64	0.02	72.76
1993	2313.42	486.06	522.14	79.70	127.24	22.41	15	0.03	64.32
1994	2383.48	497.58	615.87	86.97	114.77	11.70	15.73		38.69
1995	2655.06	502.03	838.82	91.91	110.04	10.83	15.97	0.03	41.16
1996	2698.73	474.38	855.26	90.82	107.72	8.59	16.59		51.92
1997	2794.55	480.56	829.80	95.20	107.35	10.10	18		70.99
1998	2958.83	431.58	887.01	121.48	113.62	7.94	19.97		48.47
1999	3115.55	310.70	1003.64	143.87	127.14	4.30	23.34		48.32
2000	3427.87	318.07	1158.94	193.42	143.82	3.14	22.17		48.10
2001	3473.26	346.65	1118.06	210.06	129.93	2.65	18.88		40.43
2002	3465.53	286.37	1155.25	206.04	138.88	5.13	19.18		42.90
2003	3580.50	355.02	1174.63	201.11	124	2.97	17.24		39.45
2004	3407.24	408.30	1186.10	173.03	111.20	1.36	10.01		39.94
2005	3323.25	360.95	1178.65	171.71	102.52	0.98	9.95		43.68
2006	3198.32	496.40	1001.20	140.10	97.24	0.69	3.70		32.13
2007	2961.51	514.22	912.69	139.45	88.14	0.53	3.48		32.42
2008	3241.14	543.00	1056	180.24	87.79	0.41	6.19		45.97
2009	3257.20	460.08	1112.36	190.41	91.45	0.26	9.36		54.42
2010	3244.47	480.05	1089.43	198.50	82.46	0.07	7.04		39.36
2011	3266.40	488.66	1055.39	203.96	77.28	0.06	6.60		45.61
2012	3393.32	472.87	1062.61	257.57	74.28	0.05	6.37		49.40
2013	3318.17	415.59	1098.94	217.77	69.06	0.04	5.95		46.69
2014	3272.64	344.80	1101.62	218.37	71.50	0.02	5.83		36.53
2015	3201.92	264.74	1070.11	221.65	66.75	0.02	6.30		39.60
2016	3092.36	204.96	983.62	232.14	64.31	0.04	6.42	0.02	40.89
2017	3103.14	204.80	971.17	230.53	62.69	0.03	6.57	0.02	36.62
2018	3105.89	159.26	932.97	232.60	67.87	0.01	6.45	0.02	33.63
2019	3207.29	162.83	938.31	243.62	77.22	0.01	6.48		30.38

注: 2007年–2017年数据依据第三次全国农业普查结果进行了修订。

主要农产品产量

单位：万吨

年份	粮食	夏粮	秋粮	棉花	油料	花生	油菜籽
1949	578.13	101.85	476.28	5.74	13.37	3.17	4.12
1952	747.54	148.81	598.73	12.17	22.34	4.56	7.09
1957	986.08	180.87	805.21	21.02	25.26	11.23	4.86
1962	960.41	246.34	714.07	14.22	18.30	3.81	4.29
1965	1241.34	255.01	986.33	38.29	22.32	5.15	6.76
1970	1268.67	187.06	1081.62	29.64	14.93	4.82	3.94
1975	1561.51	230.10	1331.41	40.61	21.44	5.12	10.65
1978	1725.60	315.04	1410.56	36.67	23.71	4.90	10.72
1980	1536.43	341.32	1195.11	31.63	20.58	5.85	11.59
1985	2216.13	429.58	1786.56	49.22	72.98	13.52	41.14
1990	2475.03	474.96	2000.07	51.73	95.75	12.79	70.90
1991	2244.10	476.20	1767.90	49.11	106.29	11.44	83.75
1992	2426.60	450.90	1975.70	60.99	99.74	15.72	70.86
1993	2325.70	471.87	1853.85	42.50	111.74	20.68	78.35
1994	2422.10	472.70	1949.40	45.00	137.77	24.81	98.07
1995	2463.84	447.20	2016.64	58.60	189.44	27.28	146.24
1996	2484.40	465.24	2019.16	43.01	181.82	30.77	134.88
1997	2634.40	542.60	2091.80	58.09	195.47	31.24	147.53
1998	2475.79	501.69	1974.10	32.50	216.69	42.87	154.76
1999	2451.88	392.71	2059.17	28.15	228.27	48.15	159.97
2000	2218.49	322.39	1896.10	30.43	269.98	53.46	192.40
2001	2138.49	319.14	1819.35	37.35	279.45	63.99	194.79
2002	2074.00	232.27	1841.73	32.26	245.29	72.25	151.40
2003	1921.02	255.65	1665.37	32.50	272.72	68.37	187.10
2004	2100.12	271.24	1828.96	39.54	314.38	63.19	235.12
2005	2177.38	302.49	1874.89	37.50	293.90	60.19	219.15
2006	2099.10	369.08	1730.02	55.20	254.45	48.40	191.83
2007	2139.07	409.86	1729.21	55.73	252.78	49.01	190.71
2008	2145.47	382.28	1763.19	49.86	279.20	50.24	209.17
2009	2291.05	392.08	1898.97	48.05	306.83	64.21	227.13
2010	2304.26	411.90	1892.36	47.18	302.28	66.64	220.35
2011	2407.45	415.67	1991.78	52.58	293.13	71.67	206.02
2012	2485.14	437.75	2047.39	53.15	305.13	78.16	212.15
2013	2586.21	490.08	2096.13	45.97	315.57	72.21	227.90
2014	2658.26	493.82	2164.44	35.95	321.18	73.83	230.86
2015	2914.75	493.09	2421.66	29.76	316.71	73.21	226.02
2016	2796.35	497.59	2298.76	19.00	305.15	77.98	211.14
2017	2846.12	488.25	2357.87	18.36	307.69	78.37	213.17
2018	2839.47	467.60	2371.87	14.93	302.48	80.67	205.31
2019	2724.99	457.00	2267.99	14.36	313.95	85.71	211.35

注:2007年-2017年数据依据第三次全国农业普查结果进行了修订。

粮食作物生产情况（2018–2019）

单位：千公顷、万吨

指标名称	播种面积		产　量	
	2018年	2019年	2018年	2019年
全年粮食	4847.01	4608.61	2839.47	2724.99
一、夏收粮食	1321.33	1253.75	467.60	457.00
（一）谷物	1114.77	1026.86	413.33	393.50
1.小麦	1104.96	1017.75	410.37	390.68
2.其他小谷物	9.81	9.11	2.96	2.82
#大麦	8.29	7.65	2.54	2.43
燕麦	0.09	0.08	0.03	0.02
荞麦	0.38	0.37	0.06	0.06
其他小杂粮	1.05	1.01	0.33	0.30
（二）豆类	16.64	17.73	2.59	2.84
#其他小豆类	16.64	17.73	2.59	2.84
（三）薯类	189.92	209.16	51.68	60.66
#马铃薯	189.92	209.16	51.68	60.66
二、秋收粮食	3525.67	3212.33	2371.87	2183.74
（一）谷物	3177.01	2876.65	2290.71	2101.83
1.稻谷	2390.99	2144.23	1965.62	1792.81
#早稻	164.53		97.55	
中稻	2034.30		1733.86	
晚稻	192.17		134.21	
2.玉米	781.20	727.53	323.38	307.22
3.其他小谷物	4.82	4.90	1.71	1.80
（二）豆类	230.45	222.36	35.82	36.13
1.大豆	219.77	211.72	34.21	34.60
2.绿 豆	6.88	6.27	0.93	0.82
3.红小豆	2.85	2.90	0.34	0.37
4.其他小豆类	0.96	1.47	0.34	0.34
（三）薯类	118.21	113.31	45.34	45.78
1.马铃薯	27.31	27.46	12.83	12.84
2.甘薯	90.90	85.85	32.51	32.94

分地区粮食作物播种面积

单位：千公顷

地区	粮食作物面积	夏收粮食	小麦	豆类	马铃薯
湖北省	**4608.61**	**1253.75**	**1017.75**	**17.73**	**209.16**
武汉市	**143.05**	**10.60**	**9.55**	**0.24**	**0.72**
武汉市辖区	10.98	0.60	0.60		
蔡甸区	20.93	1.82	1.54	0.12	0.13
江夏区	31.75	0.66	0.60		0.07
黄陂区	44.14	2.64	2.29	0.03	0.29
新洲区	35.26	4.87	4.52	0.09	0.23
黄石市	**87.84**	**10.42**	**7.38**	**0.51**	**2.51**
黄石市辖区	0.80	0.12	0.09	0.01	0.02
大冶市	38.19	4.50	3.18	0.21	1.10
阳新县	48.85	5.80	4.11	0.29	1.39
十堰市	**209.80**	**81.12**	**56.56**	**5.77**	**18.47**
茅箭区	0.35	0.11	0.08		0.03
张湾区	0.48	0.16	0.10		0.06
郧阳区	50.75	25.02	22.43	0.80	1.79
竹山县	38.72	13.05	7.32	1.60	4.13
竹溪县	37.91	12.76	4.16	2.30	6.01
郧西县	36.75	15.67	11.31	0.77	3.59
房县	21.55	4.17	2.14	0.05	1.95
丹江口市	23.28	10.18	9.02	0.24	0.91
宜昌市	**314.58**	**86.96**	**37.59**	**2.27**	**44.83**
宜昌市辖区	3.98	0.28	0.03	0.12	0.13
夷陵区	41.22	8.77	0.03	0.35	8.32
当阳市	80.37	20.03	17.02	0.12	1.60
枝江市	58.77	20.05	16.96	0.65	1.92
宜都市	21.67	4.79	0.59	0.16	4.04
远安县	13.86	2.48	0.72	0.20	1.18
兴山县	13.74	4.51	0.07	0.33	4.10
秭归县	22.52	5.65	1.17	0.08	4.40
长阳县	29.75	8.54	0.84	0.09	7.60
五峰县	28.70	11.86	0.15	0.17	11.54
襄阳市	**781.67**	**370.01**	**354.55**	**1.09**	**13.47**
襄阳市直	52.74	22.20	22.14		0.05
襄州区	207.54	103.79	100.31	0.27	2.89
南漳县	77.61	36.31	34.07		2.16
谷城县	44.91	17.98	16.94	0.26	0.78
老河口市	67.84	33.61	33.40	0.16	0.05
枣阳市	199.69	98.73	97.01	0.07	1.25
宜城市	101.02	46.56	45.08	0.16	1.24
保康县	30.34	10.83	5.61	0.17	5.05
鄂州市	**41.19**	**6.31**	**5.90**	**0.03**	**0.32**
荆门市	**459.02**	**121.74**	**119.81**	**0.49**	**1.28**
荆门市直	45.32	6.77	6.37	0.17	0.23
京山市	117.78	33.39	32.58	0.20	0.61
沙洋县	124.19	24.87	24.59	0.11	0.09
钟祥市	171.73	56.72	56.27		0.35
孝感市	**344.95**	**77.45**	**73.91**	**0.44**	**2.99**
孝南区	31.96	3.39	3.23	0.04	0.11
孝昌县	39.84	7.80	7.32	0.02	0.45

续表1　　单位：千公顷

地区	粮食作物面积	夏收粮食	小麦	豆类	马铃薯
大悟县	41.11	10.81	9.86	0.09	0.76
云梦县	38.22	7.70	6.55	0.13	1.02
应城市	50.92	6.87	6.80	0.01	0.06
安陆市	62.62	16.69	16.34	0.01	0.34
汉川市	80.28	24.19	23.81	0.13	0.24
荆州市	**702.28**	**171.17**	**165.42**	**2.04**	**0.84**
荆州市直	65.12	15.20	14.68	0.23	0.24
公安县	142.44	42.34	40.49	0.24	0.12
监利县	171.19	19.60	18.38	1.08	0.13
江陵县	88.09	37.63	37.57	0.01	0.05
石首市	52.85	11.02	10.87	0.09	0.05
洪湖市	95.33	19.96	19.53	0.36	0.05
松滋市	87.26	25.42	23.91	0.04	0.21
黄冈市	**391.09**	**44.83**	**36.51**	**0.22**	**7.95**
黄州区	8.24	3.44	3.39		0.05
团风县	17.52	1.83	1.60	0.01	0.21
红安县	29.06	2.08	1.51		0.57
罗田县	41.83	8.61	8.12	0.09	0.37
英山县	18.28	4.28	2.57		1.71
浠水县	52.62	2.23	1.20		1.03
蕲春县	64.22	2.94	0.44	0.07	2.32
黄梅县	64.21	8.56	8.06	0.04	0.45
麻城市	49.37	6.03	5.20		0.84
武穴市	45.72	4.83	4.43	0.01	0.39
咸宁市	**194.45**	**13.40**	**5.96**	**0.96**	**6.34**
咸安区	34.52	1.85	0.24	0.55	1.06
嘉鱼县	27.78	3.43	3.06	0.03	0.33
通城县	30.08	1.79	0.43	0.13	1.23
崇阳县	38.74	2.57	1.31	0.13	1.00
赤壁市	40.99	2.40	0.52	0.05	1.83
通山县	22.34	1.35	0.41	0.07	0.88
随州市	**192.44**	**40.64**	**36.11**	**0.36**	**3.88**
随县	106.44	24.68	21.90	0.11	2.51
曾都区	34.26	8.19	7.36	0.10	0.64
广水市	51.74	7.78	6.85	0.14	0.72
恩施自治州	**367.20**	**105.42**	**1.67**	**2.85**	**100.42**
恩施市	59.28	18.90	0.05	0.75	18.09
利川市	76.43	21.48	0.10	0.69	20.69
建始县	49.04	16.46	0.04	0.37	15.63
巴东县	59.66	18.76	1.48	0.76	16.47
咸丰县	45.44	12.33		0.07	12.27
宣恩县	30.83	6.89		0.04	6.85
来凤县	28.70	4.88		0.17	4.72
鹤峰县	17.82	5.72		0.01	5.71
仙桃市	**115.93**	**26.00**	**24.05**	**0.24**	**0.70**
潜江市	**99.81**	**28.56**	**27.45**	**0.10**	**0.92**
天门市	**157.40**	**57.21**	**55.03**	**0.11**	**2.06**
神农架林区	**5.90**	**1.91**	**0.27**	**0.03**	**1.46**

续表2 单位：千公顷

地区	秋收粮食面积	稻谷	早稻	中稻和一季晚稻	双季晚稻
湖北省	**3354.86**	**2286.75**	**142.53**	**1977.02**	**167.21**
武汉市	**132.46**	**102.65**	**15.55**	**68.56**	**18.54**
武汉市辖区	10.38	3.99	0.03	3.89	0.07
蔡甸区	19.10	9.31	0.11	9.12	0.09
江夏区	31.08	22.98	3.27	14.57	5.14
黄陂区	41.50	38.51	5.79	26.62	6.09
新洲区	30.39	27.86	6.35	14.36	7.15
黄石市	**77.42**	**62.33**	**5.78**	**49.88**	**6.67**
黄石市辖区	0.69	0.52	0.07	0.35	0.11
大冶市	33.68	27.09	2.51	21.73	2.85
阳新县	43.05	34.72	3.20	27.81	3.71
十堰市	**128.69**	**26.47**		**26.47**	
茅箭区	0.25	0.01		0.01	
张湾区	0.32	0.02		0.02	
郧阳区	25.73	4.96		4.96	
竹山县	25.67	5.11		5.11	
竹溪县	25.14	5.15		5.15	
郧西县	21.08	2.02		2.02	
房县	17.39	4.78		4.78	
丹江口市	13.11	4.41		4.41	
宜昌市	**227.63**	**79.05**	**2.01**	**74.71**	**2.33**
宜昌市辖区	3.71	0.28		0.28	
夷陵区	32.45	9.72		9.72	
当阳市	60.34	32.80		32.80	
枝江市	38.72	22.61	2.01	18.28	2.33
宜都市	16.88	4.07		4.07	
远安县	11.38	6.43		6.43	
兴山县	9.23	1.03		1.03	
秭归县	16.87	1.06		1.06	
长阳县	21.21	0.97		0.97	
五峰县	16.84	0.08		0.08	
襄阳市	**411.66**	**200.64**		**200.64**	
襄阳市直	30.54	20.30		20.30	
襄州区	103.75	41.42		41.42	
南漳县	41.30	25.49		25.49	
谷城县	26.93	16.62		16.62	
老河口市	34.23	10.03		10.03	
枣阳市	100.96	48.31		48.31	
宜城市	54.46	36.10		36.10	
保康县	19.50	2.36		2.36	
鄂州市	**34.88**	**29.10**	**3.66**	**21.01**	**4.43**
荆门市	**337.28**	**251.31**	**4.13**	**241.91**	**5.28**
荆门市直	38.55	33.85		33.85	
京山市	84.40	63.55	3.78	54.88	4.89
沙洋县	99.32	87.57	0.34	86.84	0.39
钟祥市	115.01	66.34		66.34	
孝感市	**267.50**	**248.81**	**4.17**	**239.40**	**5.23**
孝南区	28.57	27.73	0.37	26.95	0.41
孝昌县	32.04	30.13	1.57	26.78	1.79

续表3 单位：千公顷

地区	秋收粮食面积	稻谷	早稻	中稻和一季晚稻	双季晚稻
大悟县	30.30	28.92	0.02	28.87	0.03
云梦县	30.52	27.27	0.84	25.21	1.22
应城市	44.05	42.04	0.58	40.80	0.66
安陆市	45.93	43.64		43.64	
汉川市	56.09	49.07	0.79	47.16	1.12
荆州市	**531.11**	**455.51**	**32.93**	**382.41**	**40.16**
荆州市直	49.92	40.77	0.11	40.52	0.14
公安县	100.10	84.45	5.97	70.28	8.20
监利县	151.59	144.43	16.79	106.57	21.07
江陵县	50.46	46.96	0.63	45.59	0.74
石首市	41.83	30.95	1.23	28.25	1.47
洪湖市	75.37	66.35	6.48	53.48	6.38
松滋市	61.84	41.59	1.72	37.71	2.16
黄冈市	**346.26**	**313.62**	**42.21**	**222.74**	**48.67**
黄州区	4.80	3.72	0.54	2.43	0.75
团风县	15.70	15.12	1.26	12.49	1.37
红安县	26.97	24.96	3.79	17.23	3.94
罗田县	33.22	27.34	0.45	26.35	0.54
英山县	14.00	11.12	0.50	10.07	0.55
浠水县	50.39	47.83	8.72	27.99	11.12
蕲春县	61.29	57.83	17.27	20.82	19.74
黄梅县	55.66	48.41	2.90	42.49	3.02
麻城市	43.34	39.74	4.01	31.42	4.31
武穴市	40.89	37.54	2.77	31.43	3.34
咸宁市	**181.06**	**138.64**	**24.03**	**87.57**	**27.05**
咸安区	32.67	25.97	1.97	21.78	2.22
嘉鱼县	24.35	18.06	1.67	14.29	2.11
通城县	28.29	23.54	7.90	7.62	8.03
崇阳县	36.18	25.02	6.05	11.65	7.32
赤壁市	38.58	35.68	6.12	22.57	6.98
通山县	20.99	10.37	0.33	9.66	0.39
随州市	**151.80**	**134.78**		**134.78**	
随县	81.76	72.99		72.99	
曾都区	26.07	23.29		23.29	
广水市	43.96	38.50		38.50	
恩施自治州	**261.77**	**44.66**		**44.66**	
恩施市	40.37	2.99		2.99	
利川市	54.95	16.89		16.89	
建始县	32.58	3.01		3.01	
巴东县	40.91	1.83		1.83	
咸丰县	33.10	6.81		6.81	
宣恩县	23.94	5.23		5.23	
来凤县	23.82	7.16		7.16	
鹤峰县	12.10	0.75		0.75	
仙桃市	**89.92**	**66.37**	**0.52**	**65.22**	**0.63**
潜江市	**71.25**	**58.77**	**0.10**	**58.67**	
天门市	**100.19**	**73.95**	**7.43**	**58.30**	**8.21**
神农架林区	**3.98**	**0.10**		**0.10**	

续表4 单位：千公顷

地区	秋收粮食面积	玉米	高粱	大豆	秋薯
湖北省	**3354.86**	**727.53**	**4.31**	**211.72**	**113.32**
武汉市	**132.46**	**18.09**	**0.02**	**8.92**	**1.96**
武汉市辖区	10.38	3.24		2.93	0.18
蔡甸区	19.10	7.56		1.77	0.17
江夏区	31.08	6.22		1.21	0.41
黄陂区	41.50	0.86	0.02	1.34	0.67
新洲区	30.39	0.20		1.67	0.53
黄石市	**77.42**	**8.70**	**0.20**	**2.24**	**3.87**
黄石市辖区	0.69	0.11	0.00	0.02	0.03
大冶市	33.68	3.76	0.09	0.97	1.75
阳新县	43.05	4.83	0.11	1.26	2.09
十堰市	**128.69**	**69.46**	**0.49**	**14.63**	**14.06**
茅箭区	0.25	0.19		0.04	
张湾区	0.32	0.27		0.04	
郧阳区	25.73	15.95		1.54	2.82
竹山县	25.67	12.55	0.07	4.31	2.73
竹溪县	25.14	10.87	0.28	4.17	3.52
郧西县	21.08	12.64	0.06	2.62	3.05
房县	17.39	11.16	0.05	1.11	0.12
丹江口市	13.11	5.83	0.04	0.80	1.83
宜昌市	**227.63**	**122.70**		**10.38**	**14.80**
宜昌市辖区	3.71	2.10		0.06	1.26
夷陵区	32.45	18.58		1.41	2.68
当阳市	60.34	22.21		2.17	2.98
枝江市	38.72	12.82		2.43	0.83
宜都市	16.88	9.12		0.33	3.17
远安县	11.38	3.98		0.18	0.78
兴山县	9.23	7.55		0.57	0.07
秭归县	16.87	14.93		0.76	0.12
长阳县	21.21	18.17		1.32	0.56
五峰县	16.84	13.23		1.15	2.36
襄阳市	**411.66**	**199.03**	**1.16**	**5.69**	**4.61**
襄阳市直	30.54	10.03		0.17	0.04
襄州区	103.75	59.62	1.13	0.79	0.78
南漳县	41.30	15.03		0.31	0.39
谷城县	26.93	8.93		0.85	0.34
老河口市	34.23	23.55		0.57	0.02
枣阳市	100.96	51.42	0.03	0.51	0.64
宜城市	54.46	16.61		0.73	1.01
保康县	19.50	13.84		1.76	1.39
鄂州市	**34.88**	**1.88**	**1.20**	**1.84**	**0.65**
荆门市	**337.28**	**51.70**		**1.75**	**1.29**
荆门市直	38.55	4.17		0.44	0.09
京山市	84.40	14.13		0.44	0.51
沙洋县	99.32	4.47		0.44	0.10
钟祥市	115.01	28.93		0.44	0.58
孝感市	**267.50**	**12.00**	**0.15**	**5.30**	**0.75**
孝南区	28.57	0.57		0.25	0.01
孝昌县	32.04	0.67		0.82	0.15

地区	秋收粮食面积	玉米	高梁	大豆	秋薯
大悟县	30.30	0.22	0.15	0.71	0.26
云梦县	30.52	2.48		0.59	0.09
应城市	44.05	0.69		1.19	0.10
安陆市	45.93	1.55		0.70	0.05
汉川市	56.09	5.82		1.04	0.09
荆州市	**531.11**	**33.10**	**0.09**	**40.80**	**1.03**
荆州市直	49.92	5.89		2.97	0.11
公安县	100.10	3.60	0.06	11.74	0.12
监利县	151.59	0.63		6.36	0.11
江陵县	50.46	0.33		3.13	0.03
石首市	41.83	1.61		9.18	0.09
洪湖市	75.37	2.54	0.03	6.37	0.05
松滋市	61.84	18.50		1.05	0.52
黄冈市	**346.26**	**10.67**	**0.14**	**15.08**	**6.10**
黄州区	4.80	0.58		0.44	0.05
团风县	15.70	0.12		0.24	0.15
红安县	26.97	0.52		0.93	0.57
罗田县	33.22	1.73	0.05	2.94	1.02
英山县	14.00	1.47		0.77	0.62
浠水县	50.39	1.12		1.12	0.29
蕲春县	61.29	0.61	0.09	1.52	1.05
黄梅县	55.66	2.47		3.92	0.70
麻城市	43.34	1.12		1.45	1.00
武穴市	40.89	0.92		1.75	0.65
咸宁市	**181.06**	**20.10**		**7.65**	**13.71**
咸安区	32.67	3.34		1.34	1.65
嘉鱼县	24.35	5.15		0.79	0.17
通城县	28.29	1.11		1.52	2.01
崇阳县	36.18	5.03		1.78	4.29
赤壁市	38.58	1.00		1.26	0.60
通山县	20.99	4.47		0.95	4.98
随州市	**151.80**	**13.63**		**1.37**	**1.77**
随县	81.76	8.18		0.48	0.10
曾都区	26.07	2.33		0.14	0.26
广水市	43.96	3.12		0.75	1.41
恩施自治州	**261.77**	**145.72**	**0.68**	**21.64**	**47.29**
恩施市	40.37	25.49	0.56	5.21	5.74
利川市	54.95	28.24		4.33	5.18
建始县	32.58	22.22		2.54	4.67
巴东县	40.91	28.00	0.12	3.13	7.34
咸丰县	33.10	13.93		2.45	9.73
宣恩县	23.94	11.48		2.09	5.05
来凤县	23.82	7.68		1.41	7.40
鹤峰县	12.10	8.69		0.49	2.17
仙桃市	**89.92**	**13.29**		**9.61**	**0.53**
潜江市	**71.25**	**2.18**		**10.09**	**0.22**
天门市	**100.19**	**3.06**		**23.06**	**0.11**
神农架林区	**3.98**	**2.23**	**0.18**	**0.55**	**0.55**

分地区粮食总产量

单位：吨

地区	粮食总产量	夏粮总产量	小麦	豆类	马铃薯
湖北省	**27249864**	**4569991**	**3906790**	**28423**	**606605**
武汉市	**886043**	**30520**	**27647**	**392**	**2204**
武汉市辖区	53140	1858	1858		
蔡甸区	116774	5838	5097	195	465
江夏区	201307	1780	15641		216
黄陂区	300596	6688	5689	40	872
新洲区	214226	14356	13440	157	651
黄石市	**538333**	**28697**	**21093**	**835**	**6728**
黄石市辖区	4504	330	246	11	73
大冶市	240391	12490	9113	381	2978
阳新县	293438	15877	11733	443	3677
十堰市	**811757**	**239466**	**169061**	**8909**	**60892**
茅箭区	1128	318	213		105
张湾区	1610	511	287		223
郧阳区	201965	78841	72045	1227	5569
竹山县	147859	37000	21432	2450	13117
竹溪县	144046	36318	13011	3507	19236
郧西县	121683	44175	30592	1245	12338
房县	98943	13178	5866	84	7188
丹江口市	94523	29126	25614	396	3116
宜昌市	**1510482**	**272699**	**128908**	**3708**	**132709**
宜昌市辖区	15896	622	91	164	367
夷陵区	202544	30293	79	646	29337
当阳市	460304	69802	60595	171	4771
枝江市	315330	66980	57409	1143	6466
宜都市	97965	14125	1649	276	12200
远安县	79753	6756	2437	317	3108
兴山县	52068	12221	255	482	11484
秭归县	83206	15734	3466	133	12135
长阳县	108067	23862	2469	142	21230
五峰县	95350	32302	456	235	31611
襄阳市	**4670793**	**1901078**	**1847191**	**1846**	**47850**
襄阳市直	334655	113584	113405		179
襄州区	1272778	611185	598620	462	10487
南漳县	432623	134018	125740		7952
谷城县	264244	79413	76516	438	2459
老河口市	343434	159536	159104	264	167
枣阳市	1241849	533158	526368	125	4709
宜城市	649434	231125	226114	290	4447
保康县	131776	39061	21325	267	17450
鄂州市	**253781**	**19180**	**17976**	**54**	**971**
荆门市	**2864623**	**395103**	**389683**	**808**	**4157**
荆门市直	319706	21434	20264	300	870
京山市	703400	107730	105628	321	1782
沙洋县	888423	82129	81424	187	305
钟祥市	953093	183810	182368		1200
孝感市	**2312344**	**233635**	**223667**	**743**	**8914**
孝南区	235299	10414	10012	70	332
孝昌县	254561	22754	21565	34	1155

地区	粮食总产量	夏粮总产量	小麦	豆类	马铃薯
大悟县	282898	29249	26657	154	2127
云梦县	242776	23232	19705	224	3304
应城市	344191	19562	19383	14	165
安陆市	434189	52590	51504	22	1064
汉川市	518432	75833	74841	225	768
荆州市	**4511750**	**522094**	**508133**	**3365**	**2687**
荆州市直	406192	45677	44321	390	784
公安县	874681	130733	126634	369	383
监利县	1271166	56429	54227	1773	411
江陵县	504232	117514	117326	14	129
石首市	297340	32100	31739	141	153
洪湖市	652926	59576	58716	614	195
松滋市	505213	80065	75170	63	633
黄冈市	**2686335**	**135712**	**110383**	**330**	**24539**
黄州区	42016	9716	9563		152
团风县	110356	5658	4950	26	683
红安县	172296	6224	4455		1769
罗田县	251247	26742	25349	147	1144
英山县	105896	12534	7333		5201
浠水县	396116	6724	3730		2994
蕲春县	450090	9190	1485	90	7258
黄梅县	469913	25689	24261	52	1376
麻城市	354962	18602	15963		2639
武穴市	333443	14634	13294	17	1323
咸宁市	**1164599**	**38523**	**17814**	**1655**	**18633**
咸安区	217834	4855	734	938	3183
嘉鱼县	171337	10211	9201	60	950
通城县	170085	5096	1190	213	3693
崇阳县	218006	7507	3921	231	2934
赤壁市	275336	7044	1681	93	5270
通山县	112001	3810	1087	120	2603
随州市	**1424709**	**144125**	**129995**	**595**	**12555**
随县	781125	90517	81849	188	7983
曾都区	251138	28570	25883	181	2222
广水市	392446	25037	22262	226	2349
恩施自治州	**1463214**	**278916**	**4931**	**4377**	**268276**
恩施市	209061	49767	133	1192	48409
利川市	319378	52956	295	1058	51603
建始县	206381	48371	124	520	46497
巴东县	202326	47121	4379	1154	41519
咸丰县	201380	33401		109	33292
宣恩县	119557	17610		65	17545
来凤县	132979	12488		266	12222
鹤峰县	72153	17203		13	17189
仙桃市	**723060**	**74932**	**69708**	**414**	**1980**
潜江市	**595669**	**84617**	**81242**	**167**	**2881**
天门市	**811722**	**165235**	**158569**	**172**	**6428**
神农架林区	**20650**	**5459**	**790**	**51**	**4201**

续表2　　单位：吨

地区	秋粮总产量	稻谷	早稻	中稻和一季晚稻	双季晚稻
湖北省	**22679873**	**18770598**	**842486**	**16780512**	**1147600**
武汉市	**855523**	**750072**	**89656**	**543781**	**116635**
武汉市辖区	51281	30803	153	30240	410
蔡甸区	110936	73066	664	71825	577
江夏区	199528	167179	18800	116034	32345
黄陂区	293908	285028	33354	212611	39062
新洲区	199870	193996	36685	113070	44241
黄石市	**509636**	**464260**	**32848**	**387868**	**43545**
黄石市辖区	4174	3692	406	2643	644
大冶市	227901	207793	14480	174217	19096
阳新县	277561	252774	17962	211008	23805
十堰市	**572291**	**218243**		**218243**	
茅箭区	810	78		78	
张湾区	1099	127		127	
郧阳区	123124	41117		41117	
竹山县	110859	42293		42293	
竹溪县	107728	42929		42929	
郧西县	77508	16077		16077	
房县	85765	39298		39298	
丹江口市	65397	36323		36323	
宜昌市	**1237784**	**663512**	**11833**	**634937**	**16742**
宜昌市辖区	15274	2155		2154.55	
夷陵区	172251	81119		81119	
当阳市	390501	279395		279395	
枝江市	248350	186881	11833	158306	16742
宜都市	83841	34055		34055	
远安县	72996	54937		54937	
兴山县	39847	8192		8192	
秭归县	67471	8152		8152	
长阳县	84204	8015		8015	
五峰县	63048	612		612	
襄阳市	**2769714**	**1843578**		**1843578**	
襄阳市直	221071	175907		175907	
襄州区	661593	386559		386559	
南漳县	298605	226309		226309	
谷城县	184831	148361		148361	
老河口市	183898	92635		92635	
枣阳市	708691	457051		457051	
宜城市	418310	336287		336287	
保康县	92715	20469		20469	
鄂州市	**234601**	**215848**	**22119**	**165157**	**28572**
荆门市	**2469520**	**2179529**	**25931**	**2117374**	**36224**
荆门市直	298272	278568		278567	
京山市	595669	519723	23741	462668	33314
沙洋县	806295	775114	2190	770014	2910
钟祥市	769283	606125		606125	
孝感市	**2078709**	**2017261**	**25552**	**1956093**	**35616**
孝南区	224885	221992	2194	217150	2648
孝昌县	231807	227026	9858	204286	12882

续表3　　单位：吨

地区	秋粮总产量	稻谷	早稻	中稻和一季晚稻	双季晚稻
大悟县	253649	249879	160	249509	210
云梦县	2149692	208644	5082	195598	7964
应城市	324629	318799	3574	310920	4305
安陆市	381598	374177		374177	
汉川市	442599	416745	4685	404453	7607
荆州市	**3989656**	**3756414**	**200169**	**3266241**	**290004**
荆州市直	360516	327591	637	325985	969
公安县	743948	705816	36798	610009	59010
监利县	1214738	1199866	102215	943033	154618
江陵县	386718	379235	3835	370143	5257
石首市	265240	240088	7195	222921	9971
洪湖市	593349	570743	39028	486269	45446
松滋市	425147	333075	10461	307880	14733
黄冈市	**2550624**	**2450117**	**246781**	**1860933**	**342404**
黄州区	32301	28558	2977	20282	5299
团风县	104698	102827	6915	87250	8661
红安县	166072	160155	20802	116090	23264
罗田县	224506	206468	2544	200425	3499
英山县	93362	83705	2763	77244	3698
浠水县	389392	381009	50968	251106	78935
蕲春县	440899	429596	102531	185052	142012
黄梅县	444224	422930	17445	384124	21361
麻城市	336359	324026	23346	270190	30489
武穴市	318810	310843	16488	269169	25186
咸宁市	**1126075**	**993000**	**139339**	**678176**	**175484**
咸安区	212979	192169	10851	166643	14674
嘉鱼县	161126	141172	10526	116540	14106
通城县	164988	152489	45270	55218	52001
崇阳县	210498	171887	35404	89882	46601
赤壁市	268292	261828	35553	180500	45775
通山县	108191	73455	1734	69394	2327
随州市	**1280584**	**1213329**		**1213329**	
随县	690608	655804		655804	
曾都区	222568	211290		211290	
广水市	367409	346235		346235	
恩施自治州	**1184298**	**353453**		**353453**	
恩施市	159294	23616		23616	
利川市	266422	128540		128540	
建始县	158011	26478		26478	
巴东县	155205	14007		14007	
咸丰县	167979	57466		57466	
宣恩县	101947	41677		41677	
来凤县	120491	55777		55777	
鹤峰县	54950	5894		5894	
仙桃市	**648128**	**569890**	**3153**	**562227**	**4510**
潜江市	**511052**	**484848**	**584**	**484263**	
天门市	**646488**	**596444**	**44521**	**494060**	**57863**
神农架林区	**15191**	**799**		**799**	

续表4 单位：吨

地区	秋粮总产量	玉米	高粱	大豆	秋薯
湖北省	**22679873**	**3072194**	**15804**	**346002**	**457793**
武汉市	**855523**	**80427**	**74**	**14823**	**8536**
武汉市辖区	51281	14607		5148	653
蔡甸区	110936	33433		2995	793
江夏区	199528	27956		2029	1845
黄陂区	293908	3647	74	2060	2915
新洲区	199870	783		2590	2329
黄石市	**509636**	**27404**	**722**	**3510**	**13633**
黄石市辖区	4174	354		23	93
大冶市	227901	11932	316	1563	6255
阳新县	277561	15118	406	1924	7285
十堰市	**572291**	**265262**	**1630**	**25059**	**57726**
茅箭区	810	665		67	
张湾区	1099	909		63	
郧阳区	123124	66000		2891	12507
竹山县	110859	48457	255	7456	11211
竹溪县	107728	41433	875	7050	14077
郧西县	77508	43834	207	4268	12354
房县	85765	43746	156	1960	425
丹江口市	65397	20218	137	1305	7152
宜昌市	**1237784**	**496017**		**17411**	**59921**
宜昌市辖区	15274	8087		100	4932
夷陵区	172251	77452		2434	11154
当阳市	390501	94048		3586	13240
枝江市	248350	53363		4219	3851
宜都市	83841	36643		544	12320
远安县	72996	15140		300	2607
兴山县	39847	30525		888	223
秭归县	67471	57546		1291	482
长阳县	84204	71640		2160	2151
五峰县	63048	51574		1888	8962
襄阳市	**2769714**	**888226**	**4023**	**9723**	**23369**
襄阳市直	221071	44592		328	239
襄州区	661593	265061	3919	1437	4606
南漳县	298605	68865		831	2457
谷城县	184831	33020		1350	1860
老河口市	183898	90026		1062	106
枣阳市	708691	246759	104	1018	3626
宜城市	418310	75652		986	5385
保康县	92715	64251		2710	5089
鄂州市	**234601**	**8083**	**3984**	**3257**	**2759**
荆门市	**2469520**	**235380**		**49137**	**5326**
荆门市直	298272	18683		668	354
京山市	595669	64917		8831	2082
沙洋县	806295	20555		10156	438
钟祥市	769283	131225		29481	2451
孝感市	**2078709**	**49287**	**533**	**8289**	**2680**
孝南区	224885	2461		405	21
孝昌县	231807	2691		1167	583

续表5 单位：吨

地区	秋粮总产量	玉米	高粱	大豆	秋薯
大悟县	253649	989	533	1268	930
云梦县	2149692	9499		907	376
应城市	324629	3475		1901	420
安陆市	381598	6482		801	139
汉川市	442599	23690		1841	211
荆州市	**3989656**	**154504**	**355**	**73527**	**4072**
荆州市直	360516	27067		5048	548
公安县	743948	15883	207	21394	474
监利县	1214738	3148		11250	402
江陵县	386718	1489		5894	100
石首市	265240	7096		17738	317
洪湖市	593349	11886	148	10365	162
松滋市	425147	87935		1837	2070
黄冈市	**2550624**	**47820**	**543**	**24452**	**26318**
黄州区	32301	2836		745	130
团风县	104698	508		560	627
红安县	166072	2028		1482	2398
罗田县	224506	8119	182	4900	4545
英山县	93362	6410		1140	2078
浠水县	389392	5261		1691	1416
蕲春县	440899	2693	362	2690	5202
黄梅县	444224	11850		6360	2688
麻城市	336359	5082		2305	4915
武穴市	318810	3034		2580	2319
咸宁市	**1126075**	**67949**		**10784**	**53038**
咸安区	212979	11516		1996	6826
嘉鱼县	161126	17807		1291	601
通城县	164988	3573		2022	6769
崇阳县	210498	16346		2308	19873
赤壁市	268292	3179		1716	1512
通山县	108191	15527		1450	17458
随州市	**1280584**	**56024**		**2524**	**8234**
随县	690608	33348		914	509
曾都区	222568	9794		214	1175
广水市	367409	12882		1395	6550
恩施自治州	**1184298**	**603353**	**3226**	**35581**	**185770**
恩施市	159294	101788	2647	7877	22821
利川市	266422	109735		7653	19841
建始县	158011	107158		4260	19766
巴东县	155205	108289	580	4253	27489
咸丰县	167979	70512		5246	34416
宣恩县	101947	38999		3212	17934
来凤县	120491	27075		2273	35049
鹤峰县	54950	39797		806	8453
仙桃市	**648128**	**59399**		**16180**	**2394**
潜江市	**511052**	**10136**		**15080**	**988**
天门市	**646488**	**13370**		**36097**	**544**
神农架林区	**15191**	**9554**	**714**	**570**	**2486**

经济作物生产情况（2018–2019）

单位：千公顷、万吨

指标名称	播种面积		产　量	
	2018年	2019年	2018年	2019年
经济作物	3105.89	3207.29	—	—
一、油料作物	1255.82	1278.60	302.48	313.95
其中：花　生	232.60	243.62	80.67	85.71
油菜籽	932.97	938.31	205.31	211.35
芝　麻	67.87	77.22	11.42	12.92
胡麻籽			0.00	0.00
葵花籽	3.53	3.33	0.68	0.60
二、棉花	159.26	162.83	14.93	14.36
三、麻类合计	1.69	2.66	0.53	0.70
其中：生黄红麻	0.01	0.01	0.00	0.0029
生苎麻	1.68	2.57	0.53	0.67
生大麻			0.00	0.00
生亚麻		0.08	0.00	0.0239
四、糖料	6.47	6.48	27.77	27.90
（一）甘蔗	6.45	6.48	27.70	27.90
（二）甜菜	0.02		0.07	0.00
五、烟叶(未加工烟草)	37.46	35.72	6.60	6.31
其中：烤烟(未去梗)	33.63	30.38	5.57	5.23
六、中草药材	191.99	239.80	—	—
其中：人　参	0.45	0.06	0.06	0.01
甘　草	0.50	0.52	0.38	0.01
枸　杞	0.66	0.58	0.13	0.11
七、蔬菜及食用菌	1224.27	1257.94	3963.94	4086.71
（一）叶菜类	166.12	167.63	485.81	497.33
其中：芹　菜	36.49	37.62	100.50	103.61
油　菜	37.30	37.29	106.29	109.94
菠　菜	34.61	34.94	95.28	84.64
（二）白菜类	221.61	226.37	709.88	732.51
其中：大白菜	166.78	172.94	556.40	581.77
（三）甘蓝类	70.71	73.15	247.69	255.02
其中：卷心菜	54.37	56.68	188.45	189.88
（四）根茎类	201.59	205.29	687.74	694.37
其中：白萝卜	124.96	128.72	455.89	469.74
胡萝卜	25.11	26.81	83.85	89.96
生　姜	7.93	8.15	15.80	16.54
榨菜头	3.66	3.92	10.05	10.39

续表　　　　单位：千公顷、万吨

指标名称	播种面积		产　量	
	2018年	2019年	2018年	2019年
（五）瓜菜类	119.63	123.33	449.80	458.90
其中：黄　瓜	54.90	57.55	190.90	203.63
南　瓜	23.18	24.95	89.83	95.04
冬　瓜	18.31	18.23	75.54	75.05
（六）豆类	96.83	99.22	283.88	288.61
其中：豇　豆	51.89	53.01	151.87	152.68
四季豆	32.92	33.30	88.63	89.43
（七）茄果菜类	164.44	171.45	453.60	476.19
其中：茄　子	42.84	44.35	123.18	127.19
辣　椒	82.16	84.43	186.99	194.41
西红柿	31.53	32.53	113.47	118.94
（八）葱蒜类	59.26	62.61	170.83	177.71
其中：大　葱	21.16	22.60	59.15	62.08
蒜　头	25.38	27.44	63.31	66.87
（九）水生菜类	75.29	77.32	287.38	297.31
其中：莲　藕	64.59	66.38	254.71	261.37
（十）其它蔬菜	48.79	51.56	142.61	161.84
（十一）食用菌	—	—	44.71	46.93
1.干品	—	—	14.60	15.46
其中：香　菇	—	—	11.58	12.19
黑木耳	—	—	2.27	2.43
2.鲜品	—	—	30.12	31.47
其中：蘑　菇	—	—	21.35	21.85
八、瓜果类	96.11	96.91	342.53	349.19
其中：西　瓜	75.76	75.90	284.03	287.46
香　瓜(甜瓜)	13.06	13.72	41.45	43.80
草　莓	4.94	4.30	7.58	7.64
九、其他农作物	132.82	126.35	—	—
其中：青饲料	71.93	63.22	—	—
十、特种作物	—	—	—	—
花卉	36.05	33.72	—	—
鲜切花（万枝）	—	—	15392	16189.97
盆栽观赏植物（万盆）	—	—	3389	4087.80
香料	—	—	0.43	0.41
其中：花　椒	—	—	0.21	0.23
八　角	—	—	0.08	0.09

分地区经济作物播种面积

单位：千公顷

地区	经济作物播种面积	油料作物面积				棉花面积
			花生	油菜籽	芝麻	
湖北省	**3207.29**	**1278.60**	**243.62**	**938.31**	**77.22**	**162.83**
武汉市	**263.79**	**54.22**	**13.38**	**32.76**	**8.08**	**12.49**
武汉市辖区	26.70	1.69	0.50	0.50	0.69	0.05
汉南区	11.62	0.25	0.02	0.15	0.08	0.01
蔡甸区	35.03	2.90	0.36	1.90	0.64	1.06
江夏区	51.95	11.17	2.03	6.07	3.07	0.09
黄陂区	86.14	22.59	8.33	12.16	2.10	4.19
新洲区	52.36	15.62	2.14	11.98	1.50	7.09
黄石市	**86.55**	**45.32**	**5.34**	**33.49**	**6.33**	**4.02**
黄石市辖区	0.96	0.14	0.04	0.07	0.03	0.08
阳新县	48.80	25.06	2.38	18.30	4.31	2.13
大冶市	36.79	20.12	2.92	15.12	1.99	1.81
十堰市	**199.12**	**75.88**	**17.89**	**43.82**	**13.25**	**0.08**
茅箭区	0.99	0.08	0.01	0.02	0.05	
张湾区	2.54	0.26	0.11	0.11	0.04	
郧阳区	37.34	13.72	2.66	8.15	2.89	0.07
郧西县	38.31	11.32	2.63	5.51	3.09	
竹山县	38.73	20.27	7.76	10.57	1.80	
竹溪县	32.64	14.54	1.97	9.45	2.45	
房县	33.62	9.18	1.36	6.60	1.22	
丹江口市	14.95	6.51	1.39	3.41	1.71	0.01
宜昌市	**281.53**	**91.35**	**11.49**	**77.91**	**1.90**	**8.07**
宜昌市辖区	6.60	1.40	0.25	1.11	0.04	
夷陵区	40.43	12.27	1.67	10.23	0.37	
远安县	10.58	6.98	0.23	6.73	0.02	
兴山县	18.41	4.59	0.26	4.24	0.05	
秭归县	25.68	7.98	1.76	6.22		
长阳自治县	40.39	8.48	1.54	6.94		
五峰自治县	24.61	2.04	0.19	1.84		
宜都市	15.19	8.61	0.78	7.79	0.04	
当阳市	50.74	24.24	3.43	19.83	0.98	1.06
枝江市	48.90	14.76	1.38	12.98	0.40	7.01
襄阳市	**241.25**	**114.90**	**58.42**	**36.46**	**15.45**	**9.89**
高新区	1.25	0.48	0.25	0.22	0.01	
襄城区	11.49	3.05	2.08	0.97		0.01
樊城区	11.60	3.33	1.63	1.10	0.60	
襄州区	46.30	32.17	24.22	1.98	5.97	2.06
南漳县	23.76	6.27	0.55	5.18	0.54	0.04
谷城县	18.05	7.63	2.21	3.60	0.15	
保康县	22.89	9.52	3.35	5.98	0.18	
老河口市	26.63	6.99	3.28	1.11	1.69	0.30
枣阳市	28.88	21.11	12.40	3.19	5.52	1.47
宜城市	50.40	24.35	8.45	13.13	0.79	6.01
鄂州市	**50.45**	**17.94**	**2.60**	**11.33**	**0.33**	**5.71**
梁子湖区	13.27	5.68	1.18	3.50	0.10	0.97
华容区	16.87	6.67	0.57	4.16	0.14	2.52
鄂城区	20.31	5.59	0.85	3.67	0.09	2.23
荆门市	**195.52**	**123.86**	**17.12**	**102.38**	**4.30**	**5.45**
东宝区	16.30	9.25	1.33	7.52	0.40	0.23
掇刀区	21.34	15.54	1.61	13.87	0.06	0.38
沙洋县	58.97	43.66	4.80	37.59	1.27	0.93
钟祥市	58.40	35.31	6.71	27.64	0.96	1.87
京山市	40.51	20.10	2.67	15.76	1.61	2.04
孝感市	**225.98**	**91.67**	**29.28**	**58.92**	**3.45**	**10.89**

 单位：千公顷

地区	经济作物播种面积	油料作物面积	花生	油菜籽	芝麻	棉花面积
孝感市辖区	0.67	0.57	0.24	0.28	0.05	
孝南区	30.67	13.96	1.66	11.91	0.39	2.10
孝昌县	29.24	16.91	4.89	11.16	0.86	0.90
大悟县	39.51	23.75	18.87	4.72	0.16	0.38
云梦县	30.48	7.99	0.27	7.58	0.14	2.16
应城市	29.30	9.38	1.11	7.90	0.37	1.10
安陆市	22.43	8.65	1.86	5.51	1.26	1.49
汉川市	43.68	10.46	0.38	9.86	0.22	2.76
荆州市	**358.96**	**178.75**	**1.66**	**171.32**	**5.77**	**44.44**
荆州开发区	1.17	0.36		0.36		
沙市区	9.83	1.84		1.83	0.01	0.26
荆州区	26.33	6.30	0.17	5.36	0.77	2.34
公安县	65.30	30.45	0.23	29.85	0.37	16.35
监利县	112.10	73.90	0.21	72.69	1.00	8.28
江陵县	20.97	13.01	0.45	11.91	0.65	1.20
石首市	34.40	13.80	0.12	13.40	0.28	5.88
洪湖市	50.64	27.27	0.11	24.86	2.30	2.83
松滋市	38.22	11.82	0.37	11.06	0.39	7.30
黄冈市	**419.07**	**186.94**	**47.16**	**129.42**	**9.86**	**29.00**
龙感湖农场	1.22	0.07	0.01	0.06		0.05
黄州区	15.44	2.56	0.18	2.10	0.15	2.39
团风县	14.73	6.69	1.19	3.42	2.08	2.27
红安县	39.70	25.98	18.57	7.10	0.31	1.31
罗田县	37.88	13.27	2.18	9.94	1.15	0.30
英山县	23.48	5.72	0.92	4.16	0.33	0.27
浠水县	62.96	24.57	5.05	18.07	1.45	5.20
蕲春县	77.08	23.16	1.90	20.36	0.88	3.98
黄梅县	41.49	27.67	1.13	25.39	1.15	5.56
麻城市	70.14	34.27	15.09	17.59	1.55	4.87
武穴市	34.95	22.98	0.94	21.23	0.81	2.80
咸宁市	**226.33**	**88.65**	**8.42**	**75.09**	**3.52**	**4.35**
咸安区	46.85	26.95	2.02	23.70	0.76	0.26
嘉鱼县	40.22	7.37	0.48	6.10	0.79	0.16
通城县	29.39	10.26	1.41	8.80	0.05	0.20
崇阳县	30.62	11.84	1.56	10.21	0.07	0.62
通山县	21.00	7.15	1.33	5.67	0.15	
赤壁市	58.25	25.08	1.62	20.61	1.70	3.11
随州市	94.76	40.08	11.34	23.33	0.62	6.17
曾都区	14.80	5.81	0.44	4.07	0.07	0.74
随县	35.65	14.50	3.69	8.35	0.15	1.48
广水市	44.32	19.76	7.21	10.90	0.40	3.94
恩施自治州	**344.13**	**61.41**	**9.61**	**48.34**	**0.40**	
恩施市	61.62	9.88	1.40	7.10		
利川市	75.00	7.48	0.75	6.05		
建始县	35.42	8.55	1.30	6.55		
巴东县	48.41	15.84	2.57	12.57	0.40	
宣恩县	31.53	3.75	1.42	2.33		
咸丰县	46.89	7.15	1.51	5.64		
来凤县	16.18	5.53	0.47	5.06		
鹤峰县	29.09	3.23	0.19	3.04		
仙桃市	**100.83**	**52.28**	**1.19**	**49.00**	**2.09**	**10.82**
潜江市	**41.89**	**16.36**	**1.51**	**14.08**	**0.77**	**1.75**
天门市	**72.78**	**38.64**	**7.18**	**30.36**	**1.10**	**9.69**
神农架林区	**4.34**	**0.34**	**0.03**	**0.29**		

续表2 单位：千公顷

地区	麻类面积	糖料面积	烟叶（未加工烟草）面积	烤烟（未去梗）	中草药材面积	蔬菜及食用菌面积
湖北省	**2.66**	**6.48**	**35.72**	**30.38**	**239.80**	**1257.94**
武汉市		**0.41**			**0.39**	**169.91**
武汉市辖区		0.04				21.72
汉南区						9.15
蔡甸区						24.33
江夏区						33.55
黄陂区		0.15				54.66
新洲区		0.22			0.39	26.50
黄石市	**1.02**	**0.14**			**2.98**	**28.94**
黄石市辖区						0.74
阳新县	1.00	0.02			2.44	15.90
大冶市	0.02	0.12			0.54	12.30
十堰市	**0.02**	**0.47**	**5.76**	**5.76**	**27.14**	**85.15**
茅箭区					0.13	0.77
张湾区					0.03	2.23
郧阳区	0.02	0.01			3.59	18.88
郧西县		0.37	0.41	0.41	7.29	18.20
竹山县		0.02	1.63	1.63	3.14	13.61
竹溪县		0.06	1.27	1.27	4.21	12.19
房县		0.01	2.42	2.42	6.92	13.03
丹江口市			0.03	0.03	1.83	6.24
宜昌市		**0.02**	**3.56**	**3.05**	**19.82**	**139.89**
宜昌市辖区					0.02	5.12
夷陵区			0.01	0.01	1.21	25.36
远安县					0.20	2.49
兴山县			1.21	1.21	3.21	9.09
秭归县			1.47	1.47	2.81	13.27
长阳自治县			0.27	0.10	8.00	23.52
五峰自治县			0.58	0.26	4.18	11.01
宜都市			0.02		0.06	6.06
当阳市					0.08	22.86
枝江市		0.02			0.05	21.11
襄阳市		**0.07**	**3.14**	**3.12**	**7.10**	**86.85**
高新区						0.71
襄城区					0.79	6.46
樊城区					0.14	7.79
襄州区			0.02		0.22	11.04
南漳县		0.01	0.70	0.70	0.60	13.15
谷城县					0.42	8.71
保康县			2.22	2.22	2.08	9.01
老河口市					0.79	15.79
枣阳市		0.04	0.20	0.20	0.83	4.53
宜城市		0.02			1.23	9.66
鄂州市		**0.12**			**0.06**	**22.18**
梁子湖区		0.02			0.02	4.66
华容区		0.04				6.30
鄂城区		0.06			0.04	11.22
荆门市		**0.22**	**0.01**		**2.14**	**49.90**
东宝区		0.02			0.15	5.20
掇刀区		0.01				3.69
沙洋县		0.11			0.09	12.42
钟祥市		0.01			1.47	17.60
京山市		0.07	0.01		0.43	10.99
孝感市	**0.01**	**0.29**			**1.30**	**109.36**

续表3 单位：千公顷

地区	麻类面积	糖料面积	烟叶（未加工烟草）面积	烤烟（未去梗）	中草药材面积	蔬菜及食用菌面积
孝感市辖区		0.01				0.09
孝南区		0.02			0.08	13.02
孝昌县		0.10			0.40	9.98
大悟县	0.01	0.01			0.48	12.73
云梦县						19.68
应城市		0.01			0.01	17.47
安陆市		0.04			0.23	10.18
汉川市		0.10			0.10	26.21
荆州市	**0.01**	**1.05**			**2.52**	**94.65**
荆州开发区						0.80
沙市区						6.91
荆州区		0.03			0.47	14.60
公安县		0.14			0.21	11.89
监利县		0.44				21.05
江陵县	0.01	0.13			1.09	4.00
石首市		0.12			0.32	10.09
洪湖市		0.11			0.21	11.57
松滋市		0.08			0.22	13.74
黄冈市	**1.07**	**0.97**			**62.74**	**121.98**
龙感湖农场						1.10
黄州区		0.01				9.81
团风县		0.05			0.65	4.21
红安县		0.01			0.76	11.16
罗田县	0.01	0.16			12.91	9.85
英山县		0.05			9.70	6.97
浠水县		0.14			0.96	29.54
蕲春县	1.04	0.37			30.02	13.52
黄梅县		0.02			0.65	7.14
麻城市		0.04			6.90	22.14
武穴市	0.02	0.12			0.19	6.54
咸宁市	**0.53**	**1.38**			**9.64**	**94.84**
咸安区	0.18	0.01			0.14	15.32
嘉鱼县	0.03	0.63				28.99
通城县					6.67	7.34
崇阳县	0.09	0.22			1.42	12.71
通山县	0.16				0.43	8.60
赤壁市	0.07	0.52			0.98	21.89
随州市		**0.05**			**3.55**	**38.73**
曾都区					0.28	7.16
随县		0.01			2.08	14.32
广水市		0.04			1.19	17.25
恩施自治州		**0.01**	**23.21**	**18.41**	**96.66**	**140.10**
恩施市		0.01	3.00	2.35	17.76	29.89
利川市			4.62	3.62	17.17	37.08
建始县			2.15	1.39	7.23	12.42
巴东县			3.22	2.72	11.81	16.15
宣恩县			3.23	3.08	9.10	11.13
咸丰县			3.67	2.38	17.07	18.75
来凤县			0.36	0.23	2.62	6.38
鹤峰县			2.96	2.64	13.90	8.29
仙桃市		**1.07**			**0.42**	**31.43**
潜江市		**0.08**			**0.35**	**21.58**
天门市		**0.13**			**1.92**	**19.76**
神农架林区			**0.04**	**0.04**	**1.07**	**2.70**

续表4　　　　　　　　　　　　　　　　　　　　　　　　　　　　　　单位：千公顷

地区	瓜果类面积	西瓜	香瓜（甜瓜）	草莓	其他农作物面积	青饲料
湖北省	**96.91**	**75.90**	**13.72**	**4.30**	**126.35**	**63.22**
武汉市	**15.97**	**13.48**	**1.64**	**0.85**	**10.40**	**5.51**
武汉市辖区	1.36	0.92	0.14	0.30	1.84	1.66
汉南区	1.66	1.55	0.10	0.01	0.55	0.41
蔡甸区	4.07	3.33	0.66	0.08	2.67	0.35
江夏区	4.40	3.87	0.50	0.03	2.74	1.29
黄陂区	2.67	2.30	0.18	0.19	1.87	1.25
新洲区	1.81	1.51	0.06	0.24	0.73	0.55
黄石市	**2.32**	**2.04**	**0.06**	**0.20**	**1.81**	**1.02**
黄石市辖区						
阳新县	1.42	1.29	0.03	0.08	0.83	0.45
大冶市	0.90	0.75	0.03	0.12	0.98	0.57
十堰市	**1.49**	**1.16**	**0.14**	**0.18**	**3.13**	**1.77**
茅箭区	0.01			0.01		
张湾区	0.02	0.01		0.01		
郧阳区	0.71	0.50	0.09	0.11	0.34	0.32
郧西县	0.24	0.22		0.02	0.48	0.08
竹山县	0.06	0.06				
竹溪县	0.04	0.03		0.01	0.33	0.33
房县	0.08	0.03	0.04	0.01	1.98	1.04
丹江口市	0.33	0.31	0.01	0.01		
宜昌市	**5.05**	**2.55**	**2.03**	**0.36**	**13.77**	**11.83**
宜昌市辖区	0.06	0.03	0.02	0.01		
夷陵区	0.74	0.31	0.17	0.23	0.84	0.67
远安县	0.05	0.05			0.86	0.51
兴山县	0.10	0.10			0.21	0.21
秭归县	0.08	0.06			0.07	0.07
长阳自治县	0.04	0.03		0.01	0.08	0.08
五峰自治县	0.02	0.02			6.78	6.78
宜都市	0.14	0.06	0.04	0.04	0.30	0.30
当阳市	0.99	0.49	0.42	0.02	1.51	1.04
枝江市	2.83	1.40	1.38	0.05	3.12	2.17
襄阳市	**12.26**	**11.58**	**0.35**	**0.27**	**7.04**	**3.64**
高新区	0.06	0.06				
襄城区	0.43	0.36	0.05	0.02	0.75	0.25
樊城区	0.32	0.17	0.11	0.04	0.02	
襄州区	0.79	0.73	0.02			
南漳县	0.25	0.24		0.01	2.74	0.58
谷城县	0.21	0.15	0.03	0.03	1.08	0.50
保康县	0.04	0.03			0.02	0.01
老河口市	1.49	1.39	0.09	0.01	1.27	1.27
枣阳市	0.65	0.60	0.02	0.02	0.05	0.05
宜城市	8.02	7.85	0.03	0.14	1.11	0.98
鄂州市	**2.50**	**0.95**	**0.50**	**0.25**	**1.93**	**0.43**
梁子湖区	0.92	0.41	0.14	0.01	1.00	0.25
华容区	0.79	0.43	0.17	0.04	0.55	0.18
鄂城区	0.79	0.11	0.19	0.20	0.38	
荆门市	**7.12**	**4.92**	**1.12**	**0.24**	**6.82**	**3.70**
东宝区	1.34	0.84	0.32	0.05	0.11	0.08
掇刀区	1.25	0.93	0.12	0.09	0.47	0.07
沙洋县	0.83	0.67	0.14	0.02	0.93	0.77
钟祥市	2.04	1.54	0.25	0.04	0.10	0.10
京山市	1.66	0.94	0.29	0.04	5.21	2.68
孝感市	**7.95**	**6.11**	**1.51**	**0.34**	**4.50**	**0.87**

续表5　　　　单位：千公顷

地区	瓜果类面积				其他农作物面积	
		西瓜	香瓜（甜瓜）	草莓		青饲料
孝感市辖区						
孝南区	1.33	1.06	0.23	0.04	0.16	0.06
孝昌县	0.86	0.57	0.18	0.12	0.08	0.01
大悟县	1.18	0.81	0.34	0.03	0.97	
云梦县	0.53	0.44	0.09		0.12	0.02
应城市	1.31	1.02	0.22	0.07	0.02	0.02
安陆市	1.39	1.07	0.29	0.03	0.45	0.22
汉川市	1.35	1.14	0.16	0.05	2.70	0.54
荆州市	**14.74**	**12.00**	**2.43**	**0.31**	**22.80**	**10.29**
荆州开发区	0.01	0.01				
沙市区	0.46	0.20	0.10	0.16	0.36	0.07
荆州区	2.13	1.35	0.76	0.02	0.46	0.05
公安县	2.04	1.56	0.39	0.09	4.22	1.72
监利县	1.80	1.40	0.40		6.63	2.70
江陵县	1.32	1.14	0.17	0.01	0.21	0.03
石首市	1.96	1.56	0.38	0.02	2.23	0.12
洪湖市	1.57	1.47	0.10		7.08	5.21
松滋市	3.45	3.31	0.13	0.01	1.61	0.39
黄冈市	**4.85**	**3.69**	**0.67**	**0.30**	**11.52**	**4.76**
龙感湖农场						
黄州区	0.49	0.35	0.06	0.08	0.18	
团风县	0.38	0.33	0.03	0.02	0.48	0.23
红安县	0.30	0.26		0.04	0.18	0.16
罗田县	0.50	0.29	0.05	0.07	0.88	0.75
英山县	0.03	0.03			0.74	0.33
浠水县	0.55	0.37	0.06	0.01	2.00	0.69
蕲春县	0.80	0.66	0.10	0.04	4.19	1.90
黄梅县	0.45	0.37	0.08			
麻城市	0.39	0.32	0.06	0.01	1.53	0.31
武穴市	0.96	0.71	0.23	0.02	1.34	0.39
咸宁市	**9.94**	**7.67**	**1.17**	**0.42**	**17.00**	**4.15**
咸安区	3.16	2.63	0.22	0.04	0.83	
嘉鱼县	1.66	1.06	0.37	0.18	1.39	0.71
通城县	0.29	0.23	0.02	0.02	4.63	1.72
崇阳县	1.21	0.82	0.24	0.09	2.52	0.10
通山县	0.45	0.32	0.05	0.07	4.21	
赤壁市	3.18	2.61	0.27	0.04	3.42	1.62
随州市	**3.66**	**2.80**	**0.70**	**0.17**	**2.53**	**1.14**
曾都区	0.52	0.41	0.10	0.01	0.28	0.13
随县	1.34	1.10	0.21	0.03	1.92	0.95
广水市	1.80	1.29	0.38	0.13	0.33	0.06
恩施自治州	**2.03**	**1.60**	**0.11**	**0.30**	**20.72**	**12.23**
恩施市	0.15	0.11	0.02	0.01	0.93	0.26
利川市	0.56	0.36	0.05	0.14	8.08	2.67
建始县	0.16	0.09		0.07	4.90	3.65
巴东县	0.30	0.25	0.03	0.02	1.09	0.96
宣恩县	0.29	0.29			4.03	3.86
咸丰县	0.25	0.23		0.02		
来凤县	0.21	0.18	0.02	0.02	1.08	0.22
鹤峰县	0.10	0.09		0.02	0.61	0.61
仙桃市	**3.22**	**2.41**	**0.71**	**0.04**	**1.59**	**1.45**
潜江市	**1.71**	**1.24**	**0.23**	**0.05**	**0.05**	**0.05**
天门市	**2.09**	**1.70**	**0.37**	**0.03**	**0.55**	**0.38**
神农架林区					**0.19**	

分地区经济作物产量

单位：吨

地区	油料产量	花生	油菜籽	芝麻	棉花产量	麻类产量
湖北省	**3139496**	**857101**	**2113473**	**129157**	**143612**	**6991**
武汉市	**134101**	**44803**	**75063**	**14235**	**10673**	
武汉市辖区	4871	2291	938	1642	60	
汉南区	565	69	384	112	19	
蔡甸区	9410	1732	6553	1125	954	
江夏区	26856	6125	14500	6231	83	
黄陂区	53274	27443	23281	2550	3492	
新洲区	39125	7143	29407	2575	6065	
黄石市	**110098**	**16313**	**76153**	**17240**	**3709**	**2871**
黄石市辖区	1073	301	454	318	83	
阳新县	55493	7174	39622	8503	1771	2615
大冶市	53532	8838	36077	8419	1855	256
十堰市	**159314**	**53784**	**86273**	**17882**	**82**	**62**
茅箭区	183	27	80	76		
张湾区	527	120	357	50		
郧阳区	22081	5112	13460	3486	72	60
郧西县	19271	7542	7736	3861		
竹山县	51214	24659	22649	3721		
竹溪县	28655	5031	19717	2872		2
房县	24183	8044	14316	1823		
丹江口市	13200	3249	7958	1993	10	
宜昌市	**210305**	**34358**	**172497**	**3349**	**8143**	
宜昌市辖区	3006	319	2637	50		
夷陵区	27596	5202	21843	551		
远安县	14493	619	13851	23		
兴山县	9094	496	8372	133		
秭归县	17405	4846	12559			
长阳自治县	14764	3703	11061			
五峰自治县	3676	406	3262			
宜都市	21756	2297	19356	103		
当阳市	56813	11399	43785	1629	1057	
枝江市	41702	5071	35771	860	7086	
襄阳市	**357010**	**235238**	**87343**	**23683**	**8946**	
高新区	2216	1520	686	10		
襄城区	11206	7525	3681		13	
樊城区	10798	6861	3156	781		
襄州区	126231	111565	5702	8964	1827	
南漳县	15985	1866	12597	1522	44	
谷城县	19592	8288	7879	281		
保康县	16641	5558	10824	206		
老河口市	20886	11785	2945	4654	324	
枣阳市	65020	50520	9000	5500	1403	
宜城市	68435	29750	30873	1765	5335	
鄂州市	**43186**	**8001**	**27208**	**520**	**4670**	
梁子湖区	13801	3501	8790	150	792	
华容区	15443	1752	10067	229	2068	
鄂城区	13942	2748	8351	141	1811	
荆门市	**317517**	**64260**	**246491**	**6703**	**4866**	
东宝区	23584	5011	17973	600	192	
掇刀区	39216	5983	33160	73	308	
沙洋县	111724	18583	90926	2215	890	
钟祥市	93490	25019	67024	1447	1694	
京山市	49503	9664	37408	2368	1782	
孝感市	**227296**	**81293**	**140874**	**5068**	**9028**	**39**

续表1　　单位：吨

地区	油料产量	花生	油菜籽	芝麻	棉花产量	麻类产量
孝感市辖区	1207	393	790	24		
孝南区	33837	6555	26751	531	1731	
孝昌县	37455	13276	22979	1200	865	
大悟县	59998	49922	9297	779	288	39
云梦县	22214	1294	20630	290	1823	
应城市	23199	3766	18927	506	864	
安陆市	19803	4468	13927	1347	1151	
汉川市	29583	1619	27573	391	2306	
荆州市	**432974**	**6459**	**414576**	**11939**	**37985**	**64**
荆州开发区	1136		1134	2		
沙市区	4996		4962	34	211	
荆州区	20720	781	17950	1989	2097	
公安县	96224	1085	94229	910	13587	
监利县	123798	534	121105	2159	6982	
江陵县	43310	2159	39130	2021	948	53
石首市	36292	509	35275	508	4964	
洪湖市	79398	482	75322	3594	2465	11
松滋市	27100	909	25469	722	6731	
黄冈市	**482148**	**167526**	**300288**	**12020**	**24997**	**3148**
龙感湖农场	182	43	139		60	
黄州区	5720	602	4741	162	2057	
团风县	13900	3548	8095	2257	1893	
红安县	81806	65403	15853	550	1138	
罗田县	32761	8163	23094	1504	260	6
英山县	14166	3617	9637	313	232	
浠水县	61890	18300	41800	1790	4488	
蕲春县	54307	5819	47147	1279	3437	3097
黄梅县	64070	4873	57779	1418	4832	
麻城市	97565	54029	40613	1485	4220	
武穴市	55781	3129	51390	1262	2380	45
咸宁市	**167443**	**34958**	**122612**	**5991**	**3863**	**807**
咸安区	54214	13923	38906	1188	277	452
嘉鱼县	14416	2090	10838	1488	213	41
通城县	16139	2510	13471	125	192	
崇阳县	24904	8980	15742	182	623	8
通山县	11742	2914	8578	250		120
赤壁市	46028	4541	35077	2758	2558	186
随州市	**99188**	**39450**	**48182**	**1149**	**4645**	
曾都区	13790	1571	9274	72	540	
随县	31363	13527	13695	273	1217	
广水市	54035	24352	25213	804	2887	
恩施自治州	**121070**	**21674**	**96022**	**419**		
恩施市	20243	2886	17075			
利川市	14876	1790	11686			
建始县	18262	2151	15410			
巴东县	26375	5556	19828	419		
宣恩县	6811	3011	3800			
咸丰县	19610	4268	15342			
来凤县	9825	1237	8588			
鹤峰县	5068	775	4293			
仙桃市	**123710**	**4058**	**114087**	**5565**	**10591**	
潜江市	**41146**	**6108**	**33300**	**1738**	**1534**	
天门市	**112730**	**38772**	**72308**	**1650**	**9880**	
神农架林区	**260**	**46**	**196**	**6**		

续表2 单位：吨

地区	糖料产量	烟叶产量	烤烟	蔬菜及食用菌产量	食用菌	瓜果类产量
湖北省	**279032**	**63062**	**52279**	**40867098**	**469261**	**3491925**
武汉市	**19333**			**7798725**	**123879**	**544398**
武汉市辖区	4031			924678	41373	43268
汉南区				301608	1042	55941
蔡甸区				874856	2801	134171
江夏区				1630179	7641	144971
黄陂区	6300			2439376	3598	112616
新洲区	9002			1628028	67424	53431
黄石市	**6049**			**813563**	**24748**	**93363**
黄石市辖区				18179		60
阳新县	1144			462064	11878	48942
大冶市	4905			333319	12871	44361
十堰市	**15765**	**10332**	**10332**	**1609123**	**36027**	**48474**
茅箭区				24860	231	11
张湾区				97605	160	346
郧阳区	442			382547	5050	19372
郧西县	12616	595	595	295072	1515	8055
竹山县	505	2870	2870	238682	664	2095
竹溪县	1988	2158	2158	182056	4491	851
房县	214	4623	4623	228157	22399	1356
丹江口市		86	86	160144	1517	16388
宜昌市	**1078**	**7010**	**5771**	**4872918**	**54627**	**209455**
宜昌市辖区				160475	55	761
夷陵区		27	27	835764	1070	22527
远安县				136900	46485	1240
兴山县		1998	1998	266223	708	4858
秭归县		2727	2727	404600	370	3274
长阳自治县		699	232	817502	99	1646
五峰自治县		1510	787	278506	109	552
宜都市		49		241527	509	3889
当阳市	73			945621	3119	45908
枝江市	1005			785800	2103	124800
襄阳市	**7926**	**5857**	**5812**	**2913837**	**36682**	**525637**
高新区				24413	25	177
襄城区	229			246388	412	21621
樊城区				248531	2470	10871
襄州区		45		378031	1340	38369
南漳县	824	1435	1435	384536	11873	10648
谷城县	235			322114	1218	6800
保康县		4000	4000	199438	5892	401
老河口市	228			579518	2747	69175
枣阳市	4480	377	377	220000	8380	26549
宜城市	1930			310868	2325	341026
鄂州市	**6020**			**1038813**	**1967**	**64768**
梁子湖区	1150			229754	1905	29535
华容区	2247			302158	62	21060
鄂城区	2623			506901		14173
荆门市	**10855**	**7**		**1799918**	**34686**	**229857**
东宝区	1083			182876	9144	41267
掇刀区	350			131469	2465	36219
沙洋县	5735			426276	5663	25970
钟祥市	649			657270	10975	71573
京山市	3038	7		402027	6439	54828
孝感市	**17996**			**4280068**	**19720**	**337261**

续表3 单位：吨

地区	糖料产量	烟叶产量	烤烟	蔬菜及食用菌产量	食用菌	瓜果类产量
孝感市辖区	134			2385		
孝南区	1786			667344	929	67852
孝昌县	6528			449054	1046	53777
大悟县	99			320226	289	16264
云梦县				887770	4592	20428
应城市	728			633329	4264	66929
安陆市	821			300701	4681	60622
汉川市	7900			1019259	3919	51389
荆州市	**36339**			**3133237**	**10395**	**580812**
荆州开发区				35991		586
沙市区				310221		20401
荆州区	1160			694538	11	98176
公安县	4924			452011	674	88457
监利县	14553			488929	2690	57818
江陵县	5708			165084	78	75811
石首市	4641			394253	3678	63894
洪湖市	2905			327785	2338	46140
松滋市	2448			264425	926	129529
黄冈市	**34364**			**3507596**	**17758**	**147928**
龙感湖农场				24484		
黄州区	312			287901	1000	15908
团风县	2116			117059	865	11770
红安县	110			304245	307	9600
罗田县	4806			287691	3052	14906
英山县	997			193498	1212	857
浠水县	2635			839960	9852	16803
蕲春县	15033			363306	349	24717
黄梅县	1086			223543	742	12988
麻城市	1610			647561	92	11955
武穴市	5659			218348	287	28424
咸宁市	**76542**			**2481106**	**9816**	**238683**
咸安区	448			298464	1331	74432
嘉鱼县	46649			1196797	2	59580
通城县				139925	369	3575
崇阳县	9454			199760	961	19881
通山县				176187	3177	5312
赤壁市	19991			469973	3976	75903
随州市	**2051**			**1551911**	**91310**	**154082**
曾都区				248135	3296	6480
随县	551			475728	64207	51493
广水市	1500			828048	23807	96109
恩施自治州		**39850**	**30358**	**2673619**	**6027**	**38759**
恩施市		5906	4256	617345	1395	4566
利川市		7340	5840	777684	1404	5464
建始县		4215	2407	214507	2651	3762
巴东县		5366	4484	325515	247	8220
宣恩县		5620	5043	149447	33	3757
咸丰县		5816	3725	267424	33	4468
来凤县		503	346	110583	103	6350
鹤峰县		5084	4257	211113	160	2172
仙桃市	**33405**			**546984**	**1268**	**81663**
潜江市	**5680**			**964806**	**108**	**80244**
天门市	**5629**			**853410**	**105**	**116536**
神农架林区		**6**	**6**	**27465**	**139**	**5**

《湖北农村统计年鉴-2020》

全省林业生产情况

指标名称	计量单位	全省合计
一、荒山荒(沙)地造林面积	公顷	199645
1.人工造林	公顷	138486
2.飞播造林	公顷	
3.无林地和疏林地新封	公顷	61159
(一)按经济成份分		
(1)公有经济造林	公顷	81767
①国有经济造林	公顷	20670
②集体经济造林	公顷	61097
(2)非公有经济造林	公顷	117878
(二)按林种用途分		
(1)用材林	公顷	57976
(2)经济林	公顷	42924
(3)防护林	公顷	97026
(4)薪炭林	公顷	1107
(5)特种用途林	公顷	612
二、有林地造林面积	公顷	120599
1.林冠下造林	公顷	
2.飞播营林	公顷	
3.有林地和灌木林地新封	公顷	120599
三、更新造林	公顷	5913
四、森林抚育	公顷	299385
五、主要林产品产量		
1.板栗	吨	390281
2.油茶籽	吨	209419
3.核桃	吨	122401
4.竹笋干	吨	19891
六、竹木采伐		
1.木材	万立方米	534
2.竹材	万根	3725

茶叶产量

单位：吨

地区	茶叶产量	绿茶	青茶	红茶	黑茶
湖北省	**352517**	**241235**	**8271**	**36957**	**54428**
武汉市	**2557**	**2432**		**41**	
武汉市辖区	36	30			
汉南区					
蔡甸区					
江夏区	206	206			
黄陂区	1450	1431		19	
新洲区	865	765		22	
黄石市	**1089**	**864**		**55**	
黄石市辖区					
阳新县	976	761		55	
大冶市	113	103			
十堰市	**15518**	**11153**	**380**	**1413**	**1430**
茅箭区	272	74			
张湾区	128	115			
郧阳区	476	469		7	
郧西县	306	306			
竹山县	6070	3200		576	1430
竹溪县	6610	5676	372	562	
房县	868	860	8		
丹江口市	788	453		268	
宜昌市	**93325**	**79081**	**6835**	**6030**	**22**
宜昌市辖区	1183	1179		4	
夷陵区	29784	29511		259	14
远安县	2910	2067		465	
兴山县	2414	2122			
秭归县	6806	6698		45	
长阳自治县	6633	6620			8
五峰自治县	23584	16629	6835	120	
宜都市	18865	13109		5137	
当阳市	1137	1137			
枝江市	9	9			
襄阳市	**9969**	**9522**	**40**	**224**	**167**
高新区					
襄城区	6	6			
樊城区					
襄州区					
南漳县	765	765			
谷城县	3927	3591		159	167
保康县	4798	4687	40	65	
老河口	8	8			
枣阳市	454	454			
宜城市	11	11			
鄂州市	**211**	**156**		**49**	
梁子湖	211	156		49	
华容区					
鄂城区					
荆门市	**260**	**244**		**14**	
东宝区	87	72		14	
掇刀区					
沙洋县	1	1			
钟祥市	149	148			
京山县	23	23			
孝感市	**8549**	**7659**		**833**	

续表　　　　单位：吨

地区	茶叶产量	绿茶	青茶	红茶	黑茶
孝感市辖区	43	43			
孝南区	36	35		1	
孝昌县	1373	1373			
大悟县	6572	5740		832	
云梦县					
应城市	383	383			
安陆市	142	85			
汉川市					
荆州市	**276**	**67**			**209**
荆州开发区					
沙市区					
荆州区					
公安县	19	19			
监利县					
江陵县					
石首市	244	35			209
洪湖市					
松滋市	13	13			
黄冈市	**38401**	**36637**		**699**	**98**
龙感湖农场					
黄州区					
团风县	272	269			
红安县	2776	2776			
罗田县	1365	1365			
英山县	26916	25231		686	98
浠水县	1440	1400			
蕲春县	1843	1814		11	
黄梅县	565	560			
麻城市	3199	3199			
武穴市	25	23		2	
咸宁市	**58649**	**9906**	**319**	**1406**	**42471**
咸安区	2598	1837	296	1	464
嘉鱼县	1680	660	20		
通城县	2675	2102		255	318
崇阳县	5340	2328		5	
通山县	2003	1230	3	395	
赤壁市	44353	1749		750	41689
随州市	**3187**	**3114**		**57**	
曾都区	104	76		28	
随县	2239	2197		29	
广水市	844	841			
恩施自治州	**120457**	**80349**	**689**	**26134**	**10031**
恩施市	26531	21837		4369	
利川市	22000	9100		12900	
建始县	831	809		4	
巴东县	3405	3272	5	42	55
宣恩县	18230	15898		937	1386
咸丰县	10320	4939	684	3092	1490
来凤县	4098	1342			
鹤峰县	35042	23152		4790	7100
仙桃市					
潜江市					
天门市					
神农架林区	**69**	**51**	**8**	**2**	

园林水果产量

单位：吨

地区	园林水果	梨	柑桔类				
				柑	桔	橙	柚
湖北省	**6610356**	**403694**	**4782164**	**1814997**	**1917500**	**872238**	**157378**
武汉市	**141261**	**16510**	**33476**	**774**	**22782**	**115**	**14**
武汉市辖区	18493	917	1912	294	1598	16	3
汉南区	4077	248	507	242	164	91	
蔡甸区	26024	8730	6570				
江夏区	30187	345	20248		20248		
黄陂区	18740	896	3210				
新洲区	43740	5374	1029	238	772	8	11
黄石市	**77632**	**1999**	**51613**	**12656**	**33387**	**4835**	**735**
黄石市辖区	744	22	664	15	644	1	4
阳新县	60682	1236	44782	11211	28456	4475	640
大冶市	16206	741	6167	1430	4287	359	91
十堰市	**281826**	**629**	**238976**	**5446**	**229161**	**4218**	
茅箭区	316	5	68		68		
张湾区	2075	46	300		300		
郧阳区	37841	18	27971	5097	22244	630	
郧西县	8121	313	1026	171	855		
竹山县	6500	74	221	166	50		
竹溪县	2922	43	33		33		
房县	9924	34	3795	12	3541	96	
丹江口市	214127	96	205562		202070	3492	
宜昌市	**3771099**	**28404**	**3654501**	**1535230**	**1279875**	**810413**	**20981**
宜昌市辖区	130152	6	129632	76172	43516	5042	4902
夷陵区	722099	433	702835	42770	650986	7886	1193
远安县	73785	181	69041		69041		
兴山县	104165	3298	98313	1305	8083	88925	
秭归县	606981	273	605249	23672	15802	556710	1063
长阳自治县	148935	920	126665	90462	23255	11920	1028
五峰自治县	14742	3020	9582	3271	5073	530	708
宜都市	650480	23	648218	427311	214707	3172	3028
当阳市	516650	550	498787	268000	225760	3407	1620
枝江市	803110	19700	766179	602267	23652	132821	7439
襄阳市	**514736**	**39027**	**31420**	**2784**	**28116**	**152**	**23**
高新区							
襄城区	6935	1805	125	71	54		
樊城区	5010	666	356	117	239		
襄州区	42103	8458	725	380			
南漳县	33366	115	23550	1540	21968	42	
谷城县	5349	450	1710		1710		
保康县	3660	1160	1974	40	1801	110	23
老河口	39866	19889	154		154		
枣阳市	335070	5550	540	540			
宜城市	43377	934	2286	96	2190		
鄂州市	**36886**	**4127**	**23959**	**1591**	**17338**	**191**	**4639**
梁子湖	8448	300	7481	645	4364	98	2174
华容区	14706	1849	7951	152	6576	17	1206
鄂城区	13732	1978	8527	794	6398	76	1259
荆门市	**395164**	**172465**	**127680**	**21742**	**96024**	**8358**	**1395**
东宝区	93559	5131	79997	7572	65055	6750	620
掇刀区	9869	360	6915	66	6754	20	75
沙洋县	20732	6281	8674	1487	6270	561	195
钟祥市	152989	104558	19886	8365	9989	1027	505
京山县	118015	56135	12208	4252	7956		
孝感市	**163043**	**10615**	**22778**	**8453**	**12873**	**679**	**655**

续表 单位：吨

地区	园林水果	梨	柑桔类	柑	桔	橙	柚
孝感市辖区	30		16	16			
孝南区	13090	407	1358	145	1093	120	
孝昌县	87299	1988	15795	6072	8555	513	655
大悟县	13716	1623	111				
云梦县	8620	890	2230	2220		3	
应城市	14235	2883	934		934		
安陆市	14727	495	1139		1096	43	
汉川市	11326	2329	1195		1195		
荆州市	**459882**	**13840**	**290107**	**138989**	**98323**	**18458**	**34337**
荆州开发区							
沙市区	1395	332	271	135	136		
荆州区	28504	6142	9461	2811	1732	3628	1290
公安县	209623	4812	89538	8451	65741	7315	8031
监利县	8674	1688	2833	382	2443	8	
江陵县	7606	95	1181	142	743	41	255
石首市	24980	176	16972	3383	10618	1538	1433
洪湖市	2249	22	789		789		
松滋市	176851	573	169062	123685	16121	5928	23328
黄冈市	**73312**	**4055**	**23355**	**3154**	**18781**	**326**	**353**
龙感湖农场	1335	450	690		690		
黄州区	1336	150	516		516		
团风县	606	112	164	40	112	1	8
红安县	4520	530	784		784		
罗田县	11301	350	1050		1050		
英山县	205	26	35	22	13		
浠水县	5276	215	3070	10	2950	110	
蕲春县	33777	854	8744	2015	5866	118	7
黄梅县	2150	252	1373	103	1270		
麻城市	5383	1011	702	311	391		
武穴市	7423	105	6227	653	5139	97	338
咸宁市	**91102**	**12432**	**42657**	**9315**	**28302**	**4455**	**109**
咸安区	3773	248	1634	128	1053	176	44
嘉鱼县	5772	10	3711	485	1811	1415	
通城县	8125	88	6025	6025			
崇阳县	20217	7884	1091	66	964	29	32
通山县	17967	1994	10873	65	9665	900	
赤壁市	35248	2208	19323	2546	14809	1935	33
随州市	**155530**	**8722**	**6481**	**91**	**6390**		
曾都区	3783	45	351		351		
随县	73363	3622	4333		4333		
广水市	78384	5055	1797	91	1706		
恩施自治州	**354641**	**74965**	**223384**	**72090**	**37406**	**19860**	**94028**
恩施市	36083	6015	18452	2291	11264	387	4510
利川市	48632	40120	4210	2745	705	80	680
建始县	23712	3479	6979	2858	1708	125	2288
巴东县	82037	1390	63914	38122	1974	18078	5740
宣恩县	111506	6730	104258	24482	1780		77996
咸丰县	22783	13637	2884	44	1430	50	1360
来凤县	19639	1685	16055	1522	12124	1134	1275
鹤峰县	10249	1909	6632	26	6421	6	179
仙桃市	**16664**	**1401**	**5319**	**1708**	**3524**	**87**	
潜江市	**58849**	**5875**	**2939**	**531**	**2208**	**91**	**109**
天门市	**18365**	**8611**	**3519**	**443**	**3010**		
神农架林区	**364**	**17**					

茶园、果园面积

单位：公顷

地区	年末实有茶园面积	本年采摘面积	年末果园面积	梨园	柑桔园	桃园	葡萄园
湖北省	**347705**	**264791**	**380861**	**24534**	**232759**	**55140**	**15704**
武汉市	**7153**	**5781**	**8743**	**653**	**2440**	**2365**	**1550**
武汉市辖区	72	30	967	36	160	258	452
汉南区			299	17	45	88	94
蔡甸区			1460	298	249	269	184
江夏区	590	476	2695	28	1688	284	161
黄陂区	4153	3288	916	57	219	245	297
新洲区	2338	1987	2406	217	79	1221	362
黄石市	**3910**	**3224**	**6383**	**169**	**4135**	**748**	**386**
黄石市辖区			103	2	65	4	4
阳新县	3290	2887	4880	101	3599	489	253
大冶市	620	337	1400	66	471	255	129
十堰市	**45957**	**29480**	**25036**	**108**	**20882**	**1022**	**199**
茅箭区	250	247	60	1	8	4	6
张湾区	310	167	437	7	10	40	1
郧阳区	1920	689	2262	5	1423	465	43
郧西县	1847	885	847	59	194	60	68
竹山县	18470	13729	870	10	12	66	35
竹溪县	17790	11415	460	6	19	179	12
房县	2450	1007	1820	5	1585	29	8
丹江口市	2920	1341	18280	15	17631	179	26
宜昌市	**63254**	**51946**	**148440**	**1176**	**138138**	**2654**	**616**
宜昌市辖区	1429	1132	6516		6107	69	1
夷陵区	15544	13865	24456	33	23195	111	301
远安县	3343	2380	4270	12	3126	472	57
兴山县	3283	2062	6888	90	6685	25	13
秭归县	7321	5151	25576	47	23211	112	32
长阳自治县	8410	6451	9363	53	7591	148	48
五峰自治县	14698	13131	429	87	286	7	6
宜都市	8593	7237	21553	9	21220	275	13
当阳市	611	515	24537	45	23400	820	71
枝江市	22	22	24852	800	23317	615	74
襄阳市	**18408**	**16447**	**27594**	**1873**	**1992**	**20715**	**498**
高新区							
襄城区	12	12	410	98	9	143	61
樊城区			211	20	12	137	24
襄州区			2070	363	32	1371	57
南漳县	2156	1089	2796	23	1602	265	54
谷城县	7450	6556	330	20	95	50	40
保康县	7970	7970	380	49	67	59	50
老河口	10	10	2577	1027	33	1068	76
枣阳市	790	790	16600	224	36	15765	85
宜城市	20	20	2220	49	106	1857	51
鄂州市	**410**	**390**	**2712**	**458**	**1036**	**230**	**155**
梁子湖	410	390	1250	132	436	60	10
华容区			631	60	233	110	100
鄂城区			831	266	367	60	45
荆门市	**869**	**853**	**18673**	**4554**	**7349**	**4290**	**1026**
东宝区	389	389	4976	155	4020	200	203
掇刀区	13	13	709	13	488	99	25
沙洋县	18	17	1174	181	528	154	189
钟祥市	316	301	6368	2708	1585	1102	362
京山县	133	133	5446	1497	728	2735	247
孝感市	**22160**	**16837**	**6874**	**362**	**731**	**4038**	**418**

续表 单位：公顷

地区	年末实有茶园面积	本年采摘面积	年末果园面积	梨园	柑桔园	桃园	葡萄园
孝感市辖区	203	197	22		5	4	
孝南区	460	206	734	35	88	564	25
孝昌县	6460	4201	3580	65	415	1997	75
大悟县	14540	11770	940	45	3	825	
云梦县			220	30	59	39	59
应城市	250	244	240	52	31	68	82
安陆市	247	219	618	43	85	366	83
汉川市			520	92	45	175	94
荆州市	**770**	**761**	**22112**	**603**	**16622**	**956**	**3642**
荆州开发区							
沙市区			75	15	33	3	19
荆州区			942	261	281	53	325
公安县	87	87	6292	216	2736	434	2814
监利县			339	71	99	121	36
江陵县			354	4	111	109	115
石首市	458	458	1193	7	912	96	174
洪湖市			112	1	51	10	27
松滋市	225	216	12805	28	12399	130	132
黄冈市	**29933**	**24451**	**9615**	**521**	**2529**	**3879**	**1061**
龙感湖农场			46	12	23	7	3
黄州区			198	20	53	40	80
团风县	568	423	117	21	36	2	42
红安县	2930	2280	680	52	38	83	496
罗田县	1504	1138	820	90	64	66	60
英山县	17103	15187	42	3	3	16	9
浠水县	1105	910	900	33	258	130	75
蕲春县	1838	1474	4691	94	944	3288	56
黄梅县	770	361	400	43	129	8	20
麻城市	3998	2586	624	139	73	160	148
武穴市	117	92	1097	14	908	79	72
咸宁市	**32883**	**21028**	**24977**	**3973**	**8933**	**3144**	**842**
咸安区	6074	2198	1371	27	254	516	29
嘉鱼县	1487	1221	743	3	476	117	10
通城县	4965	3947	3575	50	2519	408	51
崇阳县	5790	3193	6947	2527	689	1403	324
通山县	3761	2494	8551	940	3951	503	225
赤壁市	10806	7975	3790	426	1044	197	203
随州市	**7616**	**7422**	**14298**	**855**	**894**	**7280**	**1399**
曾都区	388	259	961	38	39	561	28
随县	4660	4650	10278	566	753	5126	1063
广水市	2568	2513	3059	251	102	1593	308
恩施自治州	**113288**	**85199**	**62114**	**8774**	**26728**	**3089**	**2382**
恩施市	21984	20239	6580	925	1936	426	531
利川市	16933	13000	4450	2583	570	91	104
建始县	2600	1399	4124	352	422	199	823
巴东县	10239	3959	12428	344	8268	1300	200
宣恩县	15079	11491	14934	678	12139	582	8
咸丰县	18302	12753	15562	3513	1396	321	598
来凤县	3350	2983	3023	179	1509	74	110
鹤峰县	24801	19375	1013	200	488	96	8
仙桃市			**561**	**38**	**143**	**158**	**171**
潜江市			**2176**	**201**	**126**	**474**	**1314**
天门市	**13**		**377**	**144**	**81**	**72**	**44**
神农架林区	**1081**	**972**	**176**	**72**		**26**	**1**

林产品产量

单位：吨

单位名称	油茶籽	核桃	板栗	竹笋干
全省合计	**209419**	**122401**	**390281**	**19891**
武汉市	**7410**		**2726**	
蔡甸区				
江夏区			12	
黄陂区	6700		2014	
新洲区	710		700	
黄石市	**12095**	**192**	**1162**	**1316**
大冶市	2400		557	
阳新县	9695	192	605	1316
十堰市	**1903**	**47043**	**32011**	**2644**
茅箭区		26	200	
张湾区	50	11	1414	3
郧阳区	50	7500	9800	100
郧西县	300	9588	2165	116
竹山县	330	4300	2700	1300
竹溪县	400	3209	960	140
房县	171	19273	10264	914
丹江口市	600	3130	4500	70
武当山特区	2	6	8	1
宜昌市	**1563**	**35362**	**7475**	**5769**
西陵区				
伍家岗区				
点军区		45	26	
猇亭区				
夷陵区	165	3200	1800	520
远安县	10	530	1573	4500
兴山县	20	17190	1324	80
秭归县		10575	1362	1
长阳自治县	535	2155	615	150
五峰自治县	317	1556	239	
宜都市	53	101	498	88
当阳市	463	10	38	430
枝江市				
襄阳市	**24525**	**22080**	**24924**	**430**
襄城区	2000	176	800	
樊城区		33		
襄州区	540	31	25	
南漳县	2375	5870	9015	322
谷城县	14200	430	2041	38
保康县	60	14590	12124	70
老河口市		650		
枣阳市	5000	175	640	
宜城市	350	125	279	
鄂州市	**3527**		**742**	
荆门市	1451	1566	20820	120
东宝区	500	80	1885	5
掇刀区		4	100	100
漳河新区	100		10	
京山县	309	507	16347	15
沙洋县			75	
钟祥市	542	975	2403	
屈家岭管理区				
孝感市	**21415**		**43280**	

续表

单位：吨

单位名称	油茶籽	核桃	板栗	竹笋干
孝南区	50			
孝昌县	800		1380	
大悟县	18000		40500	
云梦县				
应城市	65			
安陆市	2500		1400	
汉川市				
荆州市	**930**	**52**	**266**	**240**
沙市区				
荆州区				
公安县				
监利县				
江陵县				
石首市			243	
洪湖市				
松滋市	930	52	23	240
黄冈市	**30449**	**107**	**227200**	**1715**
黄州区			120	
团风县	434		4715	25
红安县	3653		36161	
罗田县	1021	107	89035	142
英山县	3261		7541	320
浠水县	1115		13852	1108
蕲春县	3000		3188	55
黄梅县	2380		1230	20
麻城市	15000		71200	12
武穴市	585		158	33
龙感湖管理区				
咸宁市	**75168**		**4615**	**6942**
咸安区	2800		150	2655
嘉鱼县	351		82	
通城县	42762		2868	171
崇阳县	2000		617	2684
通山县	24750		798	217
赤壁市	2500		100	1200
随州市	**21579**	**1553**	**8248**	
曾都区	1072	73	1373	
广水市	13217	165	1563	
随县	6890	1280	5312	
恩施自治州	**7404**	**14423**	**14212**	**715**
恩施市	1000	2280	2910	8
利川市	614	3880	1670	608
建始县	48	1524	212	6
巴东县	13	2413	2171	5
宣恩县	1107	2141	2355	20
咸丰县	2120	144	2007	21
来凤县	2442	33	1337	42
鹤峰县	60	2008	1550	5
仙桃市				
潜江市				
天门市				
神农架林区		**23**	**2600**	

长江防护林工程建设情况

地区	荒山荒(沙)地造林面积（公顷）	在造林面积中			退化林修复面积（公顷）	森林抚育面积（公顷）
		人工造林（公顷）	飞播造林（公顷）	无林地和疏林地新封（公顷）		
全省合计	**15732**	**7733**		**7999**	**3334**	
武汉市						
江夏区						
黄陂区						
黄石市	**1934**	**267**		**1667**		
大冶市	800	133		667		
阳新县	1134	134		1000		
十堰市	**2799**	**666**		**2133**		
茅箭区						
张湾区						
郧阳区	666	133		533		
郧西县	533	133		400		
竹山县	466	133		333		
竹溪县	466	133		333		
房县						
丹江口市	668	134		534		
宜昌市	**133**	**133**				
远安县						
秭归县						
五峰自治县						
枝江市	133	133				
襄阳市	**134**	**134**				
襄城区	67	67				
樊城区	67	67				
襄州区						
谷城县						
保康县						
老河口市						
宜城市						
鄂州市						
荆门市	**666**	**333**		**333**		
东宝区	133	133				
京山县	400	67		333		
沙洋县	133	133				
钟祥市						
屈家岭管理区						
孝感市	**1600**	**667**		**933**		
孝南区						
孝昌县	533	200		333		
大悟县	600	200		400		
云梦县						
应城市						
安陆市	267	67		200		
汉川市	200	200				

续表1

地区	荒山荒(沙)地造林面积（公顷）	在造林面积中			退化林修复面积（公顷）	森林抚育面积（公顷）
		人工造林（公顷）	飞播造林（公顷）	无林地和疏林地新封（公顷）		
荆州市	**2800**	**2800**				
沙市区	133	133				
荆州区	200	200				
公安县	134	134				
监利县	333	333				
江陵县	134	134				
石首市	1333	1333				
洪湖市	333	333				
松滋市	67	67				
黄冈市	**2534**	**1067**		**1467**		
黄州区	133	133				
团风县	67	67				
红安县	333	133		200		
罗田县						
英山县	266	133		133		
浠水县	600	200		400		
蕲春县						
黄梅县	267	67		200		
麻城市	333	133		200		
武穴市	401	67		334		
龙感湖管理区	134	134				
咸宁市					**3334**	
咸安区					667	
嘉鱼县					400	
通城县					400	
崇阳县					667	
通山县					800	
赤壁市					400	
随州市	**1732**	**266**		**1466**		
曾都区						
广水市	866	133		733		
随县	866	133		733		
恩施自治州						
恩施市						
利川市						
建始县						
巴东县						
宣恩县						
来凤县						
鹤峰县						
仙桃市	**667**	**667**				
潜江市	**400**	**400**				
天门市	**333**	**333**				
神农架林区						

续表2

地区	全部林业投资完成额（万元）	中央预算内基本建设资金	中央财政资金	地方财政资金	金融贷款
全省合计	**11440**	**9500**		**1940**	
武汉市					
江夏区					
黄陂区					
黄石市	**1420**	**450**		**970**	
大冶市	270	200		70	
阳新县	1150	250		900	
十堰市	**820**	**820**			
茅箭区					
张湾区					
郧阳区	180	180			
郧西县	160	160			
竹山县	150	150			
竹溪县	150	150			
房县					
丹江口市	180	180			
宜昌市	**100**	**100**			
远安县					
秭归县					
五峰自治县					
枝江市	100	100			
襄阳市	**100**	**100**			
襄城区	50	50			
樊城区	50	50			
襄州区					
谷城县					
保康县					
老河口市					
宜城市					
鄂州市					
荆门市	**300**	**300**			
东宝区	100	100			
京山县	100	100			
沙洋县	100	100			
钟祥市					
屈家岭管理区					
孝感市	**640**	**640**			
孝南区					
孝昌县	200	200			
大悟县	210	210			
云梦县					
应城市					
安陆市	80	80			
汉川市	150	150			

续表3

地区	全部林业投资完成额（万元）				
		中央预算内基本建设资金	中央财政资金	地方财政资金	金融贷款
荆州市	**2200**	**2100**		**100**	
沙市区	100	100			
荆州区	150	150			
公安县	100	100			
监利县	250	250			
江陵县	100	100			
石首市	1000	1000			
洪湖市	350	250		100	
松滋市	50	50			
黄冈市	**1890**	**1020**		**870**	
黄州区	100	100			
团风县	50	50			
红安县	130	130			
罗田县					
英山县	120	120			
浠水县	1080	210		870	
蕲春县					
黄梅县	80	80			
麻城市	130	130			
武穴市	100	100			
龙感湖管理区	100	100			
咸宁市	**2500**	**2500**			
咸安区	500	500			
嘉鱼县	300	300			
通城县	300	300			
崇阳县	500	500			
通山县	600	600			
赤壁市	300	300			
随州市	**420**	**420**			
曾都区					
广水市	210	210			
随县	210	210			
恩施自治州					
恩施市					
利川市					
建始县					
巴东县					
宣恩县					
来凤县					
鹤峰县					
仙桃市	**500**	**500**			
潜江市	**300**	**300**			
天门市	**250**	**250**			
神农架林区					

天然林保护工程建设情况

地区	工程区造林面积（公顷）	人工造林（公顷）	飞播造林（公顷）	无林地和疏林地新封（公顷）	退化林修复面积（公顷）
全省合计	**6731**	**1600**		**5131**	
十堰市	**2533**	**1133**		**1400**	
十堰市直	134			134	
茅箭区					
张湾区					
郧阳区	533	333		200	
郧西县	467	267		200	
竹山县	333	133		200	
竹溪县	400	200		200	
房县	466			466	
丹江口市	200	200			
武当山特区					
宜昌市	**1866**	**67**		**1799**	
宜昌市直					
西陵区					
伍家岗区					
点军区					
猇亭区					
夷陵区	400	67		333	
远安县	333			333	
兴山县					
秭归县	333			333	
长阳自治县	333			333	
五峰自治县	467			467	
宜都市					
襄阳市	**1332**	**333**		**999**	
南漳县	400	67		333	
谷城县	466	133		333	
保康县	466	133		333	
恩施自治州	**1000**	**67**		**933**	
恩施州直					
恩施市					
利川市					
建始县	334	67		267	
巴东县					
宣恩县	333			333	
咸丰县	333			333	
来凤县					
鹤峰县					
神农架林区					

续表

地区	森林抚育面积（公顷）	全部林业投资完成额（万元）	中央预算内基本建设资金	中央财政资金	地方财政资金	金融贷款
全省合计	**25931**	**15794**	**1776**	**13672**	**346**	
十堰市	**15998**	**13712**	**1272**	**12110**	**330**	
十堰市直		209	112		97	
茅箭区		135		120	15	
张湾区		820		602	218	
郧阳区	3133	280	280			
郧西县	1333	180	180			
竹山县	1666	9917	120	9797		
竹溪县	4333	880	100	780		
房县	3533	933	480	453		
丹江口市	2000	358		358		
武当山特区						
宜昌市	**1134**	**442**	**364**	**62**	**16**	
宜昌市直						
西陵区						
伍家岗区						
点军区						
猇亭区						
夷陵区		100	100			
远安县		50	50			
兴山县						
秭归县	200					
长阳自治县	67	50		50		
五峰自治县	800	214	214			
宜都市	67	28		12	16	
襄阳市	**1732**	**48**		**48**		
南漳县	200					
谷城县	866					
保康县	666	48		48		
恩施自治州	**6400**	**391**	**140**	**251**		
恩施州直						
恩施市						
利川市	300	47		47		
建始县	2200	90	90			
巴东县	800	144		144		
宣恩县	1966	50	50			
咸丰县						
来凤县	667	60		60		
鹤峰县	467					
神农架林区	**667**	**120**		**120**		

退耕还林工程建设情况

地区	退耕地造林面积（公顷）	全部林业投资完成额（万元）	中央预算内基本建设资金	中央财政资金	地方财政资金	金融贷款
全省合计	**9787**	**13493**	**4897**	**6491**	**5**	
十堰市	**1534**	**224**		**224**		
张湾区		34		34		
郧阳区						
郧西县						
竹山县	947					
竹溪县		190		190		
房县	587					
丹江口市						
宜昌市	**713**	**1779**	**1121**	**655**	**3**	
远安县						
兴山县						
秭归县	320	1248	1121	124	3	
长阳自治县	393	531		531		
五峰自治县						
襄阳市	**733**					
南漳县						
保康县	733					
老河口市						
宜城市						
荆门市		**125**		**125**		
京山市						
沙洋县		125		125		
钟祥市						
黄冈市	1693	1800	800	1000		
红安县	1333	1800	800	1000		
罗田县						
英山县	360					
随州市		175		175		
曾都区						
广水市						
随县		175		175		
恩施自治州	**5114**	**9390**	**2976**	**4312**	**2**	
恩施市	213					
利川市	2000	4800		2700		
建始县	340	818	204	612	2	
巴东县	1874	1405	1405			
宣恩县	420	567	567			
咸丰县						
来凤县	267	1800	800	1000		
鹤峰县						
神农架林区						

《湖北农村统计年鉴-2020》

全省畜牧生产情况

指标名称	计量单位	湖北省
一、畜禽期末存栏(笼)数		
（一）猪存栏	万头	1617.86
其中：能繁殖母猪	万头	162.51
（二）牛存栏	万头	243.15
其中：肉牛	万头	238.54
奶牛	万头	4.61
（三）羊存栏	万只	553.35
1.山羊	万只	553.35
2.绵羊	万只	
（四）活家禽存笼	万只	36214.91
二、畜禽当年出栏(笼)数		
（一）猪出栏	万头	3189.23
（二）牛出栏	万头	109.52
（三）羊出栏	万只	615.93
1.山羊	万只	615.93
2.绵羊	万只	
（四）活家禽出笼	万只	59394.01
三、畜产品产量		
（一）猪肉产量	万吨	242.95
（二）牛肉	万吨	15.99
（三）羊肉	万吨	9.85
（四）禽肉	万吨	79.48
（五）禽蛋产量	万吨	178.75
（六）生牛奶	万吨	13.38

其它畜牧业生产情况

指标名称	计量单位	湖北省
一、存栏		
1、活牲畜存栏(除猪牛羊外)	万头	0.40
(1)马	万头	0.33
(2)驴	万头	0.06
(3)骡	万头	0.02
(4)骆驼	万头	0.00
2、家兔	万只	106.24
二、出栏		
1、活牲畜出栏(除猪牛羊外)	万头	0.12
(1)马	万头	0.07
(2)驴	万头	0.04
(3)骡	万头	0.00
(4)骆驼	万头	0.00
2、家兔	万只	168.59
三、肉、产品产量		
1、活牲畜出栏(除猪牛羊外)	吨	126
(1)马	吨	78
(2)驴	吨	46
(3)骡	吨	2
(4)骆驼	吨	
2、家兔	吨	3796
3、其他肉产量	吨	5287
4、其他奶产量	吨	
5、山羊毛产量	吨	48
其中：山羊粗毛	吨	48
6、天然蜂蜜	吨	22914
7、其它禽蛋产量	吨	1599
8、蚕茧产量	吨	3769
其中：桑蚕茧	吨	3630
柞蚕茧	吨	139

分地区畜禽出栏(笼)

地区	猪出栏（万头）	牛出栏（头）	羊出栏（只）	山羊出栏（只）	家禽出笼（万只）
湖北省	**3189.23**	**1095277**	**6159324**	**6159324**	**59394.01**
武汉市	**168.61**	**22551**	**35479**	**35479**	**4088.50**
武汉市辖区	3.66	406			28.00
汉南区	13.08				43.10
蔡甸区	13.29	1819	1537	1537	447.72
江夏区	49.95	2316	1765	1765	1234.74
黄陂区	59.44	12770	19035	19035	1240.76
新洲区	29.19	5240	13142	13142	1094.18
黄石市	**76.66**	**9330**	**40824**	**40824**	**2294.53**
黄石市辖区	3.61		276	276	13.91
阳新县	40.58	6277	33084	33084	462.25
大冶市	32.47	3053	7464	7464	1818.37
十堰市	**135.76**	**60618**	**833060**	**833060**	**2778.64**
十堰市辖区	2.93	241	16400	16400	149.06
郧阳区(郧县)	50.22	12031	87588	87588	207.27
郧西县	16.73	8558	205939	205939	138.06
竹山县	14.58	8026	45485	45485	141.01
竹溪县	17.50	14252	55405	55405	120.47
房县	17.11	2963	380318	380318	170.11
丹江口市	16.69	14547	41933	41933	1852.66
宜昌市	**425.09**	**47274**	**1233879**	**1233879**	**2942.95**
宜昌市辖区	9.70	342	4436	4436	50.51
夷陵区	65.63	2305	63144	63144	460.67
远安县	22.20	1752	26201	26201	37.31
兴山县	23.62	1361	147347	147347	40.13
秭归县	47.73	766	51043	51043	69.16
长阳县	52.45	1781	471309	471309	76.78
五峰县	26.95	1153	77563	77563	38.37
宜都市	51.22	12200	267600	267600	475.90
当阳市	61.98	5425	103530	103530	978.77
枝江市	63.61	20189	21706	21706	715.35
襄阳市	**395.31**	**330415**	**1315446**	**1315446**	**7152.42**
襄阳市辖区	22.65	10369	44518	44518	469.45
襄州区	61.92	114710	291640	291640	1552.53
南漳县	67.49	48542	236070	236070	602.80
谷城县	48.75	25375	125127	125127	554.85
保康县	21.65	6589	99472	99472	201.43
老河口市	57.54	27666	93131	93131	748.44
枣阳市	66.44	70809	385150	385150	2221.80
宜城市	48.87	26355	40338	40338	801.12
鄂州市	**59.90**	**9208**	**11993**	**11993**	**1019.51**
梁子湖区	13.99	2327	2341	2341	205.40
华容区	18.91	1873	7165	7165	369.20
鄂城区	27.00	5008	2487	2487	444.91
荆门市	**261.62**	**89605**	**446839**	**446839**	**4313.88**
荆门市辖区	40.36	7600	228077	228077	552.84
京山市	61.60	10730	47696	47696	1197.83
沙洋县	53.62	48375	20071	20071	1398.98
钟祥市	106.04	22900	150995	150995	1164.23
孝感市	**231.58**	**76158**	**202872**	**202872**	**9646.73**
孝感市辖区	0.28	97	1670	1670	6.83

续表

地区	猪出栏（万头）	牛出栏（头）	羊出栏（只）	山羊出栏（只）	家禽出笼（万只）
孝南区	18.79	7221	2039	2039	675.00
孝昌县	30.12	18825	43891	43891	1185.59
大悟县	27.36	18346	50382	50382	399.00
云梦县	27.99	6023	3391	3391	1637.00
应城市	30.16	4560	10134	10134	1336.00
安陆市	46.86	20032	89238	89238	1134.37
汉川市	50.02	1054	2127	2127	3272.94
荆州市	**297.77**	**25207**	**137011**	**137011**	**6390.12**
荆州市辖区	28.86	1400	7100	7100	1818.05
公安县	43.82	2134	17407	17407	518.61
监利县	47.97	4989	1698	1698	1649.16
江陵县	23.52	4050	7050	7050	600.74
石首市	43.90	6012	7085	7085	658.10
洪湖市	31.81	2175	1335	1335	430.72
松滋市	77.89	4438	95345	95345	707.94
黄冈市	**308.48**	**244358**	**622756**	**622756**	**4976.23**
黄冈市辖区（龙感湖农场）	3.48				36.38
黄州区	5.39	1236	2313	2313	93.20
团风县	6.35	9764	22764	22764	464.69
红安县	36.28	17863	28691	28691	182.23
罗田县	12.80	19730	181750	181750	1238.40
英山县	12.38	3861	99315	99315	146.93
浠水县	39.29	19007	43241	43241	1015.90
蕲春县	41.82	71281	68371	68371	449.65
黄梅县	42.73	6695	13390	13390	429.80
麻城市	42.92	90193	148879	148879	498.60
武穴市	65.04	4728	14042	14042	420.45
咸宁市	**187.77**	**13650**	**161875**	**161875**	**3231.33**
咸安区	39.90	1371	6578	6578	2134.55
嘉鱼县	10.08	680	2171	2171	145.78
通城县	42.85	1520	7652	7652	85.47
崇阳县	48.30	3341	35110	35110	299.37
通山县	30.10	3358	95794	95794	170.94
赤壁市	16.54	3380	14570	14570	395.22
随州市	**147.23**	**64758**	**445965**	**445965**	**6681.85**
曾都区	51.43	15418	41423	41423	1823.28
随县	47.37	27071	238241	238241	3574.28
广水市	48.43	22269	166301	166301	1284.29
恩施州	317.76	64506	620282	620282	1126.20
恩施市	61.13	17612	97496	97496	203.55
利川市	39.53	14671	55010	55010	261.95
建始县	45.66	3904	167753	167753	177.67
巴东县	45.78	3186	180166	180166	97.98
宣恩县	44.33	8941	38071	38071	105.64
咸丰县	45.23	9013	17791	17791	116.99
来凤县	19.31	4937	18139	18139	125.16
鹤峰县	16.79	2242	45856	45856	37.26
仙桃市	**53.66**	**6930**	**4472**	**4472**	**713.61**
潜江市	**55.96**	**15142**	**18520**	**18520**	**988.18**
天门市	**63.14**	**14265**	**9751**	**9751**	**1018.23**
神农架	**2.93**	**1302**	**18300**	**18300**	**31.10**

分地区主要畜禽产品产量

2019全年	猪肉（吨）	牛肉（吨）	羊肉（吨）	禽肉（吨）	禽蛋（吨）
湖北省	**2429532**	**159946**	**98528**	**794808**	**1787490**
武汉市	**128400**	**3277**	**610**	**56226**	**93272**
武汉市辖区	2800	177		519	830
汉南区	9900			634	537
蔡甸区	10100	253	25	6584	5018
江夏区	38100	322	28	16159	23176
黄陂区	45400	1775	309	16239	18707
新洲区	22100	750	247	16091	45004
黄石市	**58400**	**1305**	**651**	**32235**	**46958**
黄石市辖区	2700		5	260	607
阳新县	30900	884	508	6791	23616
大冶市	24800	422	138	25184	22735
十堰市	**103400**	**8530**	**9279**	**32262**	**62539**
十堰市辖区	2200	34	181	1596	1452
郧阳区	38200	1722	1005	2151	11519
郧西县	12300	1203	2267	1545	6350
竹山县	11100	1121	496	1390	8992
竹溪县	13600	1965	602	1242	4214
房县	13400	418	4138	2021	9064
丹江口市	12600	2067	591	22318	20948
宜昌市	**323800**	**7898**	**19546**	**41140**	**64193**
宜昌市辖区	7500	65	62	744	1774
夷陵区	50100	220	1010	6782	8198
远安县	16700	418	493	550	1660
兴山县	18000	195	2474	569	1161
秭归县	36200	108	710	1357	1951
长阳县	39800	255	8427	1507	1992
五峰县	20500	163	877	738	1458
宜都市	39100	1744	3973	6302	5903
当阳市	47300	896	1247	12059	25472
枝江市	48600	3833	275	10533	14624
襄阳市	**301100**	**51745**	**26227**	**118131**	**362188**
襄阳市辖区	15700	1768	989	6829	10224
襄州区	47300	16170	4238	25832	57916
南漳县	51500	10036	7208	8939	31399
谷城县	35200	3621	2335	9472	62497
保康县	19500	913	1627	2494	7893
老河口市	43900	3945	1670	9770	28619
枣阳市	50700	11012	7443	42071	116910
宜城市	37300	4278	717	12723	46730
鄂州市	**45700**	**1390**	**165**	**14551**	**37677**
梁子湖区	10500	353	40	3700	8032
华容区	14200	281	80	4994	10276
鄂城区	21000	757	44	5857	19369
荆门市	**199300**	**12420**	**7733**	**60842**	**118635**
荆门市辖区	30400	1047	4077	8476	12675
京山市	47000	1505	722	18111	40422
沙洋县	40900	6736	347	17739	33834
钟祥市	81000	3132	2587	16515	31704
孝感市	**176400**	**10328**	**3224**	**123561**	**255482**
孝感市辖区	300	6	8	109	198

续表

2019全年	猪肉（吨）	牛肉（吨）	羊肉（吨）	禽肉（吨）	禽蛋（吨）
孝南区	14500	852	77	8621	20864
孝昌县	22500	2651	746	17136	26176
大悟县	19900	2350	673	6282	17335
云梦县	21200	871	50	23360	26779
应城市	23200	614	330	16778	93749
安陆市	35800	2878	1278	18432	31531
汉川市	39000	106	62	32842	38850
荆州市	**226800**	**3516**	**1363**	**73076**	**169942**
荆州市辖区	21900	196	71	20869	24395
公安县	33500	298	172	5931	24603
监利县	36600	697	17	18859	45695
江陵县	17700	565	71	6870	17765
石首市	33400	838	71	7526	21130
洪湖市	24200	303	13	4926	20096
松滋市	59500	619	949	8095	16258
黄冈市	**235000**	**33880**	**10820**	**89721**	**281104**
黄冈市辖区（龙感湖农场）	2700			707	731
黄州区	4100	177	43	1189	3374
团风县	4700	1397	437	7909	38044
红安县	28500	2475	417	3518	14400
罗田县	9600	2485	3285	23713	16104
英山县	9400	530	1717	1556	4285
浠水县	29900	2623	782	19465	70496
蕲春县	32400	10176	1300	8827	60958
黄梅县	31200	912	236	8438	25178
麻城市	32800	12450	2486	9341	37331
武穴市	49700	655	117	5058	10203
咸宁市	**143000**	**1935**	**3465**	**40296**	**46117**
咸安区	28300	192	120	24535	11994
嘉鱼县	7700	94	39	1662	4065
通城县	32700	211	144	1258	1926
崇阳县	39200	478	651	3669	8721
通山县	23800	481	2254	3353	7969
赤壁市	11300	479	257	5819	11442
随州市	**112100**	**8910**	**5377**	**67608**	**130629**
曾都区	39000	2208	472	18262	50653
随县	36100	3631	2630	36685	29645
广水市	37000	3071	2274	12662	50331
恩施州	**242000**	**9569**	**9256**	**17659**	**39795**
恩施市	46700	2498	1522	3822	5118
利川市	30200	2044	776	3909	9444
建始县	34900	596	2527	2747	5409
巴东县	35000	456	2581	1504	7339
宣恩县	33600	1408	716	1768	3673
咸丰县	34300	1551	240	1763	2518
来凤县	14600	695	242	1694	3854
鹤峰县	12700	321	651	452	2440
仙桃市	**41000**	**930**	**49**	**4721**	**17757**
潜江市	**42700**	**2153**	**253**	**12313**	**24097**
天门市	**48200**	**1973**	**137**	**9995**	**36825**
神农架	**2232**	**186**	**374**	**470**	**280**

乡镇畜牧兽医站基本情况

地区	一、基层畜牧兽医站数（个）	二、职工总数		三、离退休人员（人）
		职工总数（人）	其中：在编人数（人）	
湖北省	**816**	**8951**	**2329**	**2863**
武汉市	**35**	**475**	**91**	**175**
东西湖区	5	10	6	24
汉南区	4	8	5	
蔡甸区	1	9	1	8
江夏区	12	170	59	5
黄陂区				
新洲区	13	278	20	138
黄石市	**36**	**320**	**102**	**319**
开发区·铁山区	3	60	5	
黄石港区				
西塞山区				
下陆区	1	2	2	5
阳新县	18	140	64	228
大冶市	13	115	30	82
黄石新港（物流）工业园区	1	3	1	4
十堰市	**123**	**924**	**185**	**451**
武当山特区				
茅箭区	7	19	7	7
张湾区	8	16	16	2
郧阳区	20	175	23	104
郧西县	18	120	26	45
竹山县	17	29	25	5
竹溪县	15	164	31	68
房县	20	315	45	75
丹江口市	18	86	12	145
白浪经济技术开发区				
宜昌市	**65**	**989**	**397**	**565**
宜昌市辖区	1	7	4	
西陵区				
伍家岗区	1	3	3	2
点军区				
猇亭区				
夷陵区	13	212	30	57
远安县				
兴山县	8	53	53	
秭归县	12	184	3	57
长阳土家族自治县	11	462	236	271
五峰土家族自治县				
宜都市	10	12	12	
当阳市	1	6	6	3
枝江市	8	50	50	175
襄阳市	**65**	**1455**	**607**	**869**
襄阳市辖区				
襄城区				
樊城区				
襄州区	12	485	24	128
南漳县	12	452	259	343
谷城县	10	205	117	140
保康县	11	21	19	7
老河口市	10	20	20	
枣阳市				
宜城市	10	272	168	251
东津开发区				
鄂州市	**21**	**33**	**33**	
梁子湖区				
华容区				
鄂城区	21	33	33	
荆门市	**13**	**141**	**25**	**1**
东宝区				
掇刀区				

续表1

地区	一、基层畜牧兽医站数（个）	二、职工总数		三、离退休人员（人）
		职工总数（人）	其中：在编人数（人）	
京山县				
沙洋县	13	141	25	1
钟祥市				
漳河新区				
屈家岭管理区				
孝感市	**98**	**612**	**124**	**115**
孝南区	12	107	17	34
孝昌县				
大悟县	17	96	20	3
云梦县	12	26	26	2
应城市	17	49	31	
安陆市	16	174	16	
汉川市	24	160	14	76
荆州市	**90**	**555**	**182**	**21**
荆州经济技术开发区	4	4	4	
沙市区	4	10	6	3
荆州区	10	51	13	
公安县				
监利县	22	50	44	10
江陵县				
石首市	14	151	30	8
洪湖市	20	159	45	
松滋市	16	130	40	
黄冈市	**97**	**1040**	**218**	**72**
黄州区	9	43	23	
团风县	10	42	18	
红安县	12	151	27	64
罗田县	12	139	1	
英山县	11	86	22	
浠水县				
蕲春县	15	272	35	
黄梅县	16	131	48	3
麻城市				
武穴市	12	176	44	5
龙感湖管理区				
咸宁市				
咸安区				
嘉鱼县				
通城县				
崇阳县				
通山县				
赤壁市				
随州市	**45**	**365**	**81**	**134**
随州市辖区	1	33	5	29
曾都区	8	107	15	98
随县	18	197	33	1
广水市	17	26	26	6
大洪山风景区	1	2	2	
恩施州	**90**	**1822**	**213**	**74**
恩施市	17	474	16	17
利川市	14	69	69	15
建始县	10	242	26	7
巴东县	12	356	29	1
宣恩县	9	198	36	9
咸丰县	11	159	9	
来凤县	8	189	11	1
鹤峰县	9	135	17	24
仙桃市	**18**	**58**	**28**	**43**
潜江市	**20**	**162**	**43**	**24**
天门市				
神农架林区				

续表2

地区	四、技术职称状况			
	高级技术职称（人）	中级技术职称（人）	初级技术职称（人）	技术员（人）
湖北省	**43**	**969**	**1663**	**1544**
武汉市	**2**	**24**	**49**	**22**
东西湖区		6	2	2
汉南区		1	4	
蔡甸区			3	6
江夏区		5	34	14
黄陂区				
新洲区	2	12	6	
黄石市	**4**	**35**	**50**	**33**
开发区·铁山区				5
黄石港区				
西塞山区				
下陆区		1		1
阳新县	3	27	24	
大冶市		5	26	27
黄石新港（物流）工业园区	1	2		
十堰市		**90**	**80**	**105**
武当山特区				
茅箭区				9
张湾区		1	15	
郧阳区		9	8	6
郧西县		15	20	85
竹山县		19		6
竹溪县		24	7	
房县		13	27	5
丹江口市		9	3	
白浪经济技术开发区				
宜昌市	**8**	**61**	**211**	**101**
宜昌市辖区	1	3		
西陵区				
伍家岗区			1	2
点军区				
猇亭区				
夷陵区	1	13	17	
远安县				
兴山县		4	22	27
秭归县		2	1	
长阳土家族自治县		26	138	71
五峰土家族自治县				
宜都市		2	10	
当阳市		1	5	
枝江市	6	10	17	1
襄阳市	**5**	**137**	**358**	**350**
襄阳市辖区				
襄城区				
樊城区				
襄州区	1	67	123	156
南漳县		21	158	116
谷城县	4	15	32	59
保康县		12	9	
老河口市		6	14	
枣阳市				
宜城市		16	22	19
东津开发区				
鄂州市	**13**	**18**	**2**	
梁子湖区				
华容区				
鄂城区	13	18	2	
荆门市	**2**	**36**	**28**	**55**
东宝区				
掇刀区				

续表3

地区	四、技术职称状况			
	高级技术职称（人）	中级技术职称（人）	初级技术职称（人）	技术员（人）
京山县				
沙洋县	2	36	28	55
钟祥市				
漳河新区				
屈家岭管理区				
孝感市	**3**	**49**	**86**	**193**
孝南区		5	6	96
孝昌县				
大悟县		8	12	
云梦县	2	1	3	7
应城市	1	21	9	
安陆市				
汉川市		14	56	90
荆州市	**2**	**100**	**147**	**85**
荆州经济技术开发区		2		
沙市区		2	5	3
荆州区		2	4	2
公安县				
监利县		2	16	3
江陵县				
石首市		47	50	20
洪湖市	1	10	20	15
松滋市	1	35	52	42
黄冈市		**159**	**363**	**350**
黄州区		5	25	10
团风县		13	20	9
红安县				130
罗田县		2	45	51
英山县		11	18	3
浠水县				
蕲春县		65	160	47
黄梅县		33	40	9
麻城市				
武穴市		30	55	91
龙感湖管理区				
咸宁市				
咸安区				
嘉鱼县				
通城县				
崇阳县				
通山县				
赤壁市				
随州市		69	44	155
随州市辖区		6	27	
曾都区		3	7	
随县		45	1	151
广水市		13	9	4
大洪山风景区		2		
恩施州	**2**	**128**	**187**	**85**
恩施市		32	60	
利川市		28	40	1
建始县	2	9	15	
巴东县		13	14	2
宣恩县		10	21	
咸丰县		5	4	
来凤县		6	5	
鹤峰县		25	28	82
仙桃市		**7**	**11**	**4**
潜江市	**2**	**56**	**47**	
天门市				
神农架林区				

续表4

地区	五、经营情况			
	盈余站数（个）	盈余金额（万元）	亏损站数（个）	亏损金额（万元）
湖北省	**184**	**269.81**	**101**	**1013.33**
武汉市	**13**	**0.01**	**12**	**289.00**
东西湖区				
汉南区				
蔡甸区				
江夏区			12	289.00
黄陂区				
新洲区	13	0.01		
黄石市				
开发区·铁山区				
黄石港区				
西塞山区				
下陆区				
阳新县				
大冶市				
黄石新港（物流）工业园区				
十堰市	**33**	**17.07**		**36.14**
武当山特区				
茅箭区				
张湾区	2	1.50		
郧阳区				
郧西县			18	32.86
竹山县				
竹溪县	14	2.57	1	0.58
房县	17	13.00	3	2.70
丹江口市				
白浪经济技术开发区				
宜昌市	**11**	**35.00**		
宜昌市辖区				
西陵区				
伍家岗区				
点军区				
猇亭区				
夷陵区				
远安县				
兴山县				
秭归县				
长阳土家族自治县	11	35.00		
五峰土家族自治县				
宜都市				
当阳市				
枝江市				
襄阳市	**15**	**61.77**	**4**	**17.55**
襄阳市辖区				
襄城区				
樊城区				
襄州区				
南漳县	12	60.00		
谷城县	3	1.77	4	17.55
保康县				
老河口市				
枣阳市				
宜城市				
东津开发区				
鄂州市				
梁子湖区				
华容区				
鄂城区				
荆门市	**7**	**8.95**	**6**	**5.02**
东宝区				
掇刀区				

续表5

地区	五、经营情况			
	盈余站数（个）	盈余金额（万元）	亏损站数（个）	亏损金额（万元）
京山县				
沙洋县	7	8.95	6	5.02
钟祥市				
漳河新区				
屈家岭管理区				
孝感市	**41**	**25.07**	**21**	**464.64**
孝南区				
孝昌县				
大悟县			5	24.64
云梦县				
应城市	17	2.49		
安陆市			16	440.00
汉川市	24	22.58		
荆州市			**4**	**44.00**
荆州经济技术开发区				
沙市区			4	44.00
荆州区				
公安县				
监利县				
江陵县				
石首市				
洪湖市				
松滋市				
黄冈市	**35**	**38.63**	**3**	**1.02**
黄州区				
团风县	7	2.33	3	1.02
红安县				
罗田县	12	23.50		
英山县				
浠水县				
蕲春县				
黄梅县	16	12.80		
麻城市				
武穴市				
龙感湖管理区				
咸宁市				
咸安区				
嘉鱼县				
通城县				
崇阳县				
通山县				
赤壁市				
随州市	**18**	**29.99**	**19**	**70.13**
随州市辖区	1	1.10		
曾都区				
随县	6	6.00	12	50.00
广水市	10	22.39	7	20.13
大洪山风景区	1	0.50		
恩施州	**1**	**1.20**		
恩施市				
利川市				
建始县				
巴东县	1	1.20		
宣恩县				
咸丰县				
来凤县				
鹤峰县				
仙桃市				
潜江市	**10**	**52.13**	**10**	**85.83**
天门市				
神农架林区				

县级畜牧三站一所机构和人员

地区	畜牧站		草原工作站		家畜繁育改良站		饲料监察所	
	机构数	职工人数	机构数	职工人数	机构数	职工人数	机构数	职工人数
湖北省	**96**	**1376**	**13**	**49**	**19**	**130**	**36**	**696**
武汉市	**5**	**89**			**1**	**4**	**1**	**31**
武汉市辖区	1							
汉南区	1	23						
蔡甸区	1	14						
江夏区	1	37						
黄陂区	1	15			1	4		
新洲区							1	31
黄石市	**6**	**67**						
黄石市辖区	4	9						
阳新县	1	5						
大冶市	1	53						
十堰市	**8**	**155**	**3**	**4**	**3**	**17**	**5**	**52**
十堰市辖区								
茅箭区	1	2	1	1			1	1
张湾区	1	2						
郧阳区	1	7						
郧西县	1	8						
竹山县	1	62					1	10
竹溪县	1	21	1	2	1	7	1	9
房县	1	45	1	1	1	5	1	8
丹江口市	1	8			1	5	1	24
宜昌市	**13**	**139**	**2**	**12**	**2**	**14**	**2**	**63**
宜昌市辖区	4	15						
夷陵区	1	7	1	7	1	7	1	32
远安县	1	2						
兴山县	1	22						
秭归县	1	3						
长阳县	1	6	1	5	1	7	1	31
五峰县	1	14						
宜都市	1	14						
当阳市	1	6						
枝江市	1	50						
襄阳市	**9**	**51**	**1**	**3**	**2**	**14**	**1**	**3**
襄阳市辖区	2	2						
襄城区	1	9						
樊城区	1	3						
襄州区								
南漳县	1	14	1	3	1	13	1	3
谷城县								
保康县	1	5						
老河口市	1	5						
枣阳市	1	6			1	1		
宜城市	1	7						
鄂州市	**1**	**33**						
荆门市	**5**	**55**					**2**	**6**
屈家岭管理区								
东宝区	1	8						
掇刀区	1	13						
京山市	1	8						
沙洋县	1	15					1	1
钟祥市	1	11					1	5
孝感市	**6**	**178**	**1**	**3**	**2**	**15**	**3**	**98**

续表

地区	畜牧站		草原工作站		家畜繁育改良站		饲料监察所	
	机构数	职工人数	机构数	职工人数	机构数	职工人数	机构数	职工人数
孝南区								
孝昌县	1	60						
大悟县	1	12			1	10	1	74
云梦县	1	15						
应城市	1	13	1	3	1	5	1	6
安陆市	1	66						
汉川市	1	12					1	18
荆州市	**9**	**172**					**3**	**199**
荆州开发区	1	2						
沙市区	1	8						
荆州区	1	53						
公安县	1	9					1	3
监利县	1	26					1	125
江陵县	1	29						
石首市	1	28					1	71
洪湖市	1	10						
松滋市	1	7						
黄冈市	**11**	**197**	**4**	**20**	**5**	**51**	**9**	**109**
龙感湖管理区	1	14						
黄州区	1	7					1	2
团风县	1	25	1	1			1	7
红安县	1	54			1	7	1	4
罗田县	1	4	1	5	1	5	1	9
英山县	1	5						
浠水县	1	20	1	1	1	25	1	2
蕲春县	1	2			1	2	1	4
黄梅县	1	16					1	3
麻城市	1	9	1	13	1	12	1	77
武穴市	1	41					1	1
咸宁市	**6**	**26**			**1**	**1**	**4**	**61**
咸安区	1	5			1	1	1	28
嘉鱼县	1	1					1	21
通城县	1	3					1	4
崇阳县	1	3						
通山县	1	8						
赤壁市	1	6					1	8
随州市	**5**	**119**	**1**	**3**			**1**	**5**
随州市辖区	2	34						
曾都区	1	16					1	5
随县	1	17						
广水市	1	52	1	3				
恩施州	**8**	**48**	**1**	**4**	**2**	**12**	**3**	**63**
恩施市	1	2					1	5
利川市	1	4	1	4	1	4		
建始县	1	19						
巴东县	1	2						
宣恩县	1	6						
咸丰县	1	4						
来凤县	1	4			1	8	1	28
鹤峰县	1	7					1	30
仙桃市	**1**	**12**			**1**	**2**		
潜江市	**1**	**5**					**1**	**4**
天门市	**1**	**14**					**1**	**2**
神农架林区	**1**	**16**						

畜禽规模养殖情况

地区	1、年出栏500头以上生猪（个、户）	（1）出栏500–999头（个、户）	（2）出栏1000–2999头（个、户）	（3）出栏3000–4999头（个、户）	（4）出栏5000–9999头（个、户）	（5）出栏10000–49999头（个、户）	（6）出栏5万头以上（个、户）
湖北省	**8513**	**4556**	**2871**	**460**	**319**	**267**	**40**
武汉市	**184**	**73**	**32**	**9**	**22**	**44**	**4**
武汉市辖区	1					1	
汉南区	6			2	1	2	1
蔡甸区	2					2	
江夏区	30				6	23	1
黄陂区	97	60	14	3	9	10	1
新洲区	48	13	18	4	6	6	1
黄石市	**269**	**160**	**72**	**16**	**13**	**6**	**2**
黄石市辖区	4	3		1			
阳新县	28	12	4	3	2	5	2
大冶市	237	145	68	12	11	1	
十堰市	**303**	**196**	**87**	**12**	**1**	**7**	
十堰市辖区	1	1					
郧阳区	120	69	43	4	1	3	
郧西县	17	14	2	1			
竹山县	12	4	6			2	
竹溪县	43	31	9	3			
房县	97	68	24	4		1	
丹江口市	13	9	3			1	
宜昌市	**624**	**347**	**188**	**45**	**30**	**13**	**1**
宜昌市辖区	4	1	2		1		
夷陵区	85	52	24	1	2	6	
远安县	29	13	12	1	3		
兴山县	9	7		2			
秭归县	22	17	2	1	2		
长阳县	64	32	25	5		2	
五峰县	34	31	1	2			
宜都市	83	56	24	1		1	1
当阳市	116	53	44	10	8	1	
枝江市	178	85	54	22	14	3	
襄阳市	**1510**	**713**	**586**	**98**	**54**	**53**	**6**
襄阳市辖区	3		2				1
襄城区	52	32	12	5	2	1	
樊城区	6		3		2	1	
襄州区	220	82	77	16	22	23	
南漳县	318	102	171	32	10	3	
谷城县	206	111	76	10	6	3	
保康县	5	5					
老河口市	33	8	11	6		6	2
枣阳市	545	314	192	21	8	8	2
宜城市	122	59	42	8	4	8	1
鄂州市	**97**	**46**	**27**	**11**	**7**	**5**	**1**
荆门市	**904**	**521**	**265**	**46**	**36**	**31**	**5**
荆门市辖区	36	18	6	1	7	3	1
京山市	265	136	98	14	11	6	
沙洋县	332	234	59	13	14	12	
钟祥市	271	133	102	18	4	10	4
孝感市	**1415**	**841**	**473**	**46**	**29**	**21**	**5**
孝南区	76	44	27	3		2	
孝昌县	223	128	81	7	4	1	2

续表1

地区	1、年出栏500头以上生猪(个、户)	(1)出栏500–999头(个、户)	(2)出栏1000–2999头(个、户)	(3)出栏3000–4999头(个、户)	(4)出栏5000–9999头(个、户)	(5)出栏10000–49999头(个、户)	(6)出栏5万头以上(个、户)
大悟县	88	32	40	9	7		
云梦县	198	172	20	5	1		
应城市	130	90	24	4	7	5	
安陆市	232	93	111	11	6	8	3
汉川市	468	282	170	7	4	5	
荆州市	**697**	**318**	**307**	**33**	**14**	**18**	**7**
荆州开发区							
沙市区	8		3	2	2	1	
荆州区	13	3	6	2	2		
公安县	131	75	45	8	2	1	
监利县	399	180	194	8	5	12	
江陵县	20	8	10	1		1	
石首市	5	1	2				2
洪湖市	27	11	8	5		1	2
松滋市	94	40	39	7	3	2	3
黄冈市	**734**	**350**	**264**	**49**	**46**	**20**	**5**
龙感湖管理区	11			2	4	5	
黄州区	16	6	4	3	3		
团风县	22	1	12	4	5		
红安县	203	132	59	7	3	2	
罗田县	16	6	8	1	1		
英山县	12	5	4	1	2		
浠水县	121	70	30	5	9	5	2
蕲春县	94	30	47	11	6		
黄梅县	53	26	23	3	1		
麻城市	58	28	18	3	5	3	1
武穴市	128	46	59	9	7	5	2
咸宁市	**462**	**168**	**239**	**31**	**17**	**6**	**1**
咸安区	70	26	36	3	2	2	1
嘉鱼县	16	9	7				
通城县	70	25	31	7	7		
崇阳县	125	63	58	1	2	1	
通山县	109	28	67	9	3	2	
赤壁市	72	17	40	11	3	1	
随州市	**646**	**411**	**173**	**30**	**22**	**7**	**3**
随州市辖区	115	96	15	1	3		
曾都区	234	148	63	11	6	6	
随县	140	93	28	9	8	1	1
广水市	157	74	67	9	5		2
恩施州	**174**	**113**	**50**	**6**		**5**	
恩施市	49	30	12	4		3	
利川市	38	23	13	1		1	
建始县	27	15	12				
巴东县	39	32	7				
宣恩县	6	6					
咸丰县	9	5	3	1			
来凤县	3	2	1				
鹤峰县	3		2			1	
仙桃市	**137**	**55**	**50**	**9**	**15**	**8**	
潜江市	**67**	**17**	**21**	**11**	**9**	**9**	
天门市	**288**	**226**	**37**	**7**	**4**	**14**	
神农架林区	**2**	**1**		**1**			

续表2

地区	2、年存笼2000只以上蛋鸡（个、户）	（1）存笼2000-9999只（个、户）	（2）存笼1万-4.99万只（个、户）	（3）存笼5万-9.99万只（个、户）	（4）存笼10万-49.99万只（个、户）	（5）存笼50万只以上（个、户）
湖北省	**9846**	**5439**	**4029**	**251**	**120**	**7**
武汉市	**379**	**130**	**199**	**26**	**23**	**1**
武汉市辖区	1		1			
汉南区						
蔡甸区	1		1			
江夏区	22	5	9	5	3	
黄陂区	70	47	20	1	1	1
新洲区	285	78	168	20	19	
黄石市	**170**	**75**	**87**	**6**	**2**	
黄石市辖区	8	4	4			
阳新县	111	47	57	5	2	
大冶市	51	24	26	1		
十堰市	**338**	**252**	**84**	**1**	**1**	
十堰市辖区	4	3	1			
郧阳区	191	148	42	1		
郧西县	28	23	5			
竹山县	18	11	7			
竹溪县	11	8	3			
房县	66	46	19		1	
丹江口市	20	13	7			
宜昌市	**103**	**31**	**59**	**9**	**3**	**1**
宜昌市辖区	1		1			
夷陵区	26	7	17	2		
远安县	3		2		1	
兴山县	4		3	1		
秭归县	2		2			
长阳县	6	3	2	1		
五峰县	1	1				
宜都市	4	3	1			
当阳市	34	13	16	2	2	1
枝江市	22	4	15	3		
襄阳市	**1175**	**495**	**621**	**40**	**18**	**1**
襄阳市辖区	1	2				
襄城区	12	5	5	1	1	
樊城区	7		4	3		
襄州区	110	60	41	7	2	
南漳县	152	97	55			
谷城县	132	26	74	23	8	1
保康县	10	8	2			
老河口市	177	56	120		1	
枣阳市	553	231	314	5	3	
宜城市	20	10	6	1	3	
鄂州市	**92**	**52**	**36**	**2**	**2**	
荆门市	**1670**	**1176**	**462**	**24**	**7**	1
荆门市辖区	35	9	25	1		
京山市	899	739	156	1	3	
沙洋县	512	339	150	19	3	1
钟祥市	224	89	131	3	1	
孝感市	**979**	**625**	**314**	**24**	**16**	
孝南区	66	37	22	4	3	
孝昌县	51	35	16			

续表3

地区	2、年存笼2000只以上蛋鸡（个、户）	（1）存笼2000–9999只（个、户）	（2）存笼1万–4.99万只（个、户）	（3）存笼5万–9.99万只（个、户）	（4）存笼10万–49.99万只（个、户）	（5）存笼50万只以上（个、户）
大悟县	29	21	7	1		
云梦县	302	251	50		1	
应城市	181	85	85	9	2	
安陆市	177	79	82	7	9	
汉川市	173	117	52	3	1	
荆州市	**972**	**572**	**374**	**18**	**6**	**2**
荆州开发区	21	20		1		
沙市区	25	18	7			
荆州区	59	43	10	2	3	1
公安县	267	171	93	2		1
监利县	113	60	50	2	1	
江陵县	75	53	22			
石首市	238	156	77	3	2	
洪湖市	97	23	67	7		
松滋市	77	28	48	1		
黄冈市	**2743**	**1542**	**1116**	**61**	**24**	
龙感湖管理区						
黄州区	46	2	43	1		
团风县	325	67	247	7	4	
红安县	142	108	32	2		
罗田县	166	113	50	1	2	
英山县	156	100	55		1	
浠水县	867	538	309	16	4	
蕲春县	272	65	185	18	4	
黄梅县	121	23	83	10	5	
麻城市	601	501	93	5	2	
武穴市	47	25	19	1	2	
咸宁市	**92**	**50**	**34**	**6**	**2**	
咸安区	8	1	4	3		
嘉鱼县	32	14	15	1	2	
通城县	3		3			
崇阳县	2			2		
通山县	7	5	2			
赤壁市	40	30	10			
随州市	**227**	**65**	**142**	**12**	**8**	
随州市辖区	24	12	11	1		
曾都区	43	16	18	4	5	
随县	33	5	23	3	2	
广水市	127	32	90	4	1	
恩施州	**50**	**27**	**16**	**5**	**2**	
恩施市	9	5	2	2		
利川市	9	4	4	1		
建始县	8	5	2		1	
巴东县	6	6				
宣恩县	9	5	4			
咸丰县	2		2			
来凤县	3		2	1		
鹤峰县	4	2		1	1	
仙桃市	**576**	**206**	**358**	**10**	**2**	
潜江市	**80**	**21**	**57**		**2**	
天门市	**199**	**119**	**70**	**7**	**2**	**1**
神农架林区	**1**	**1**				

续表4

地区	3、年存笼2000只以上蛋鸭（个、户）	（1）存笼2000–9999只（个、户）	（2）存笼10000–19999只（个、户）	（3）存笼20000–29999只（个、户）	（4）存笼30000–39999只（个、户）	（5）存笼40000–49999只（个、户）	（6）存笼50000只以上（个、户）
湖北省	**2406**	**2196**	**154**	**24**	**15**	**7**	**10**
武汉市	**22**	**17**	**5**				
武汉市辖区							
汉南区							
蔡甸区	7	7					
江夏区							
黄陂区	11	6	5				
新洲区	4	4					
黄石市	**68**	**60**	**7**	**1**			
黄石市辖区							
阳新县	62	54	7	1			
大冶市	6	6					
十堰市	**12**	**12**					
十堰市辖区							
郧阳区							
郧西县							
竹山县							
竹溪县							
房县	10	10					
丹江口市	2	2					
宜昌市	**17**	**16**				**1**	
宜昌市辖区							
夷陵区							
远安县							
兴山县							
秭归县							
长阳县							
五峰县							
宜都市	2	1				1	
当阳市	12	12					
枝江市	3	3					
襄阳市	**243**	**224**	**16**		**1**	**1**	**1**
襄阳市辖区							
襄城区	6	5	1				
樊城区							
襄州区	7	6	1				
南漳县	13	12	1				
谷城县	2	2					
保康县							
老河口市	3	3					
枣阳市	10	9				1	
宜城市	202	187	13		1		1
鄂州市	**66**	**46**	**15**	**2**	**2**		**1**
荆门市	**665**	**596**	**43**	**13**	**7**	**4**	**2**
荆门市辖区					1		
京山市	524	510	11	1	1	1	
沙洋县	42	8	19	8	4	1	2
钟祥市	98	78	13	4	1	2	
孝感市	**113**	**102**	**9**				**2**
孝南区	2	2					
孝昌县	3	3					

续表5

地区	3、年存笼2000只以上蛋鸭(个、户)	(1)存笼2000–9999只(个、户)	(2)存笼10000–19999只(个、户)	(3)存笼20000–29999只(个、户)	(4)存笼30000–39999只(个、户)	(5)存笼40000–49999只(个、户)	(6)存笼50000只以上(个、户)
大悟县	3	3					
云梦县							
应城市	28	27	1				
安陆市	46	40	4				2
汉川市	31	27	4				
荆州市	**648**	**613**	**28**	**3**	**2**		**2**
荆州开发区	36	36					
沙市区	9	7	1	1			
荆州区	49	49					
公安县	115	108	5	1	1		
监利县	141	134	4		1		2
江陵县	171	160	11				
石首市	72	67	4	1			
洪湖市	55	52	3				
松滋市							
黄冈市	**160**	**151**	**6**	**1**	**1**		**1**
龙感湖管理区							
黄州区	3	3					
团风县	40	40					
红安县	32	30	2				
罗田县							
英山县	2	2					
浠水县	36	34	1	1			
蕲春县							
黄梅县	25	24	1				
麻城市	3	1			1		1
武穴市	19	17	2				
咸宁市	**10**	**10**					
咸安区	3	3					
嘉鱼县	3	3					
通城县	2	2					
崇阳县							
通山县	2	2					
赤壁市							
随州市	**229**	**213**	**10**	**3**	**1**	**1**	**1**
随州市辖区	19	18	1				
曾都区	44	42	1			1	
随县	3	1	1	1			
广水市	163	152	7	2	1		1
恩施州							
恩施市							
利川市							
建始县							
巴东县							
宣恩县							
咸丰县							
来凤县							
鹤峰县							
仙桃市	**48**	**38**	**8**	1	1		
潜江市	**56**	**53**	**3**				
天门市	**49**	**45**	**4**				
神农架林区							

续表6

地区	4、年出笼1万只以上肉鸡（个、户）	（1）出笼1万–2.99万只（个、户）	（2）出笼3万–4.99万只（个、户）	（3）出笼5万–9.99万只（个、户）	（4）出笼10万–49.99万只（个、户）	（5）出笼50万–99.99万只（个、户）	（6）出笼100万只以上（个、户）
湖北省	**2909**	**1380**	**742**	**490**	**251**	**12**	**34**
武汉市	**343**	**165**	**94**	**70**	**14**		
武汉市辖区							
汉南区							
蔡甸区							
江夏区	294	144	81	61	8		
黄陂区	49	21	13	9	6		
新洲区							
黄石市	**47**	**8**	**15**	**16**	**8**		
黄石市辖区	11	2		8	1		
阳新县	9	6		2	1		
大冶市	27		15	6	6		
十堰市	**99**	**72**	**7**	**12**	**8**		
十堰市辖区	5			2	3		
郧阳区	6	3		3			
郧西县	5	5					
竹山县	35	30	4	1			
竹溪县	7	4	2	1			
房县	26	25	1				
丹江口市	15	5		5	5		
宜昌市	**203**	**66**	**31**	**92**	**13**		**1**
宜昌市辖区	5			3	2		
夷陵区	47	22	16	6	2		1
远安县	4	3			1		
兴山县							
秭归县							
长阳县	8	8					
五峰县							
宜都市	26	12	11	2	1		
当阳市	74	19	1	50	4		
枝江市	39	2	3	31	3		
襄阳市	**387**	**106**	**140**	**77**	**50**	**7**	**7**
襄阳市辖区	1		1				
襄城区							
樊城区	5	1	1		3		
襄州区	35	8	6	12	9		
南漳县	98	29	57	12	0		
谷城县	32	3	14	9	6		
保康县	2	2					
老河口市	1				1		
枣阳市	74	4	15	24	20	7	4
宜城市	139	59	46	20	11		3
鄂州市	**41**	**4**	**19**	**8**	**8**	**2**	
荆门市	**133**	**70**	**32**	**12**	**19**		
荆门市辖区	6	4			2		
京山市	18	16	1		1		
沙洋县	60	26	16	5	13		
钟祥市	49	24	15	7	3		
孝感市	**687**	**526**	**136**	**21**	**4**		
孝南区	1	1					
孝昌县	1	1					

续表7

地区	4、年出笼1万只以上肉鸡（个、户）	(1)出笼1万–2.99万只(个、户)	(2)出笼3万–4.99万只(个、户)	(3)出笼5万–9.99万只(个、户)	(4)出笼10万–49.99万只(个、户)	(5)出笼50万–99.99万只(个、户)	(6)出笼100万只以上(个、户)
大悟县							
云梦县							
应城市	3	1			2		
安陆市	29	15	7	5	2		
汉川市	653	508	129	16			
荆州市	**442**	**223**	**138**	**75**	**5**		**1**
荆州开发区							
沙市区							
荆州区	21	8	4	8			1
公安县	3	3					
监利县	354	170	121	63			
江陵县	22	21			1		
石首市	7		1	3	3		
洪湖市							
松滋市	35	21	12	1	1		
黄冈市	**156**	**31**	**4**	**14**	**106**	**1**	
龙感湖管理区							
黄州区							
团风县							
红安县	5	1		2	2		
罗田县	66			1	64	1	
英山县	12				12		
浠水县	4			4			
蕲春县	7	1			6		
黄梅县	15	8	3	3	1		
麻城市	2			1	1		
武穴市	45	21	1	3	20		
咸宁市	**282**	**69**	**118**	**88**	**7**		
咸安区	227	56	85	80	6		
嘉鱼县							
通城县							
崇阳县	8	6	2				
通山县	37	1	31	4	1		
赤壁市	10	6		4			
随州市	**63**	**25**	**6**	**3**	**5**		**24**
随州市辖区	7	2	2	1			2
曾都区	16		3	1			12
随县	12		1	1	4		6
广水市	28	23			1		4
恩施州	**13**	**6**	**1**	**2**	**3**	**1**	
恩施市	6	2		2	1	1	
利川市	3	1			2		
建始县	3	3					
巴东县							
宣恩县							
咸丰县	1		1				
来凤县							
鹤峰县							
仙桃市							
潜江市	**12**	**8**	**1**		**1**	**1**	**1**
天门市							
神农架林区	**1**	**1**					

续表8

地区	5、年出笼5000只肉鸭以上的总户数	(1)出笼5000–9999只(个、户)	(2)出笼10000–29999只(个、户)	(3)出笼30000–99999只(个、户)	(4)出笼100000只以上(个、户)	6、年出栏50头以上肉牛(个、户)	(1)出栏50–99头(个、户)
湖北省	**921**	**549**	**267**	**80**	**25**	**2819**	**1527**
武汉市	**178**	**147**	**4**	**25**	**2**	**107**	**86**
武汉市辖区							
汉南区							
蔡甸区							
江夏区						1	1
黄陂区	178	147	4	25	2	38	29
新洲区						68	56
黄石市	**11**	**9**	**2**			**38**	**29**
黄石市辖区						1	1
阳新县	11	9	2			17	12
大冶市						20	16
十堰市	**1**		**1**			**220**	**117**
十堰市辖区							
郧阳区						79	30
郧西县						27	10
竹山县						55	47
竹溪县						27	6
房县						12	7
丹江口市	1		1			20	17
宜昌市	**59**	**55**	**2**			**141**	**77**
宜昌市辖区						1	1
夷陵区						17	8
远安县						2	
兴山县						3	3
秭归县						3	2
长阳县						4	3
五峰县						4	3
宜都市						32	26
当阳市	55	55				19	5
枝江市	2		2			56	26
襄阳市	**1**				**1**	**640**	**263**
襄阳市辖区						3	
襄城区						2	1
樊城区							
襄州区						57	33
南漳县						143	49
谷城县						155	109
保康县						3	
老河口市						22	7
枣阳市	1				1	181	30
宜城市						74	34
鄂州市						**20**	**16**
荆门市	**100**	**59**	**40**		**1**	**264**	**113**
荆门市辖区	3	2			1	6	1
京山市	10		10			24	18
沙洋县	44	19	25			120	45
钟祥市	43	38	5			114	49
孝感市	**388**	**230**	**120**	**19**	**19**	**384**	**325**
孝南区	4	4				8	6
孝昌县	37	24	13			223	211

续表9

地区	5、年出笼5000只肉鸭以上的总户数	(1)出笼5000–9999只(个、户)	(2)出笼10000–29999只(个、户)	(3)出笼30000–99999只(个、户)	(4)出笼100000只以上(个、户)	6、年出栏50头以上肉牛(个、户)	(1)出栏50–99头(个、户)
大悟县						28	26
云梦县	69	44		7	18	17	15
应城市	21		18	3		7	5
安陆市	3		1	2		96	60
汉川市	254	158	88	7	1	5	2
荆州市	**51**		**33**	**18**		**136**	**109**
荆州开发区						1	1
沙市区						4	2
荆州区	3		1	2		13	10
公安县						14	12
监利县	48		32	16		12	7
江陵县						6	6
石首市						61	53
洪湖市						4	4
松滋市						21	14
黄冈市	**86**	**25**	**43**	**16**	**2**	**339**	**148**
龙感湖管理区							
黄州区						2	2
团风县	14		10	3	1	48	12
红安县	4		3	1		128	45
罗田县	2	1	1			57	23
英山县						11	7
浠水县						23	20
蕲春县						6	6
黄梅县	34	5	17	12		29	16
麻城市	9	8			1	20	10
武穴市	23	11	12			15	7
咸宁市	**9**	**4**	**3**	**2**		**24**	**15**
咸安区						3	2
嘉鱼县						4	
通城县						5	5
崇阳县	6	1	3	2		8	5
通山县						4	3
赤壁市	3	3					
随州市	**31**	**12**	**19**			**430**	**185**
随州市辖区	7		7			114	42
曾都区	1	1				120	43
随县	13	5	8			59	8
广水市	10	6	4			137	92
恩施州	**8**	**8**				**18**	**11**
恩施市						5	4
利川市	8	8				5	2
建始县						3	2
巴东县						3	2
宣恩县						1	1
咸丰县							
来凤县							
鹤峰县						1	
仙桃市						**8**	**6**
潜江市						**16**	**10**
天门市						**32**	**15**
神农架林区						**2**	**2**

续表10

地区	（2）出栏100–499头（个、户）	（3）出栏500–999头（个、户）	（4）出栏1000头以上（个、户）	7、年出栏100只以上肉羊（个、户）	（1）出栏100–199只（个、户）	（2）出栏200–499只（个、户）	（3）出栏500–999只（个、户）
湖北省	**1125**	**112**	**55**	**5413**	**3485**	**1400**	**312**
武汉市	**21**			**64**	**45**	**16**	**2**
武汉市辖区							
汉南区							
蔡甸区				6	4	2	
江夏区				2			1
黄陂区	9			32	21	10	1
新洲区	12			24	20	4	
黄石市	**8**	**1**		**53**	**31**	**20**	**1**
黄石市辖区							
阳新县	5			44	26	16	1
大冶市	3	1		9	5	4	
十堰市	**94**	**9**		**1112**	**906**	**161**	**36**
十堰市辖区				7	5	2	
郧阳区	45	4		88	22	62	4
郧西县	17			157	111	35	9
竹山县	6	2		102	67	22	9
竹溪县	19	2		72	33	23	13
房县	5			642	631	10	1
丹江口市	2	1		44	37	7	
宜昌市	**55**	**6**	**3**	**824**	**662**	**132**	**23**
宜昌市辖区				1	1		
夷陵区	8	1		56	46	6	2
远安县		2		109	94	9	5
兴山县				6	2	3	
秭归县	1			12	9	2	1
长阳县	1			495	394	92	6
五峰县	1			12	10	2	
宜都市	6			68	63	4	1
当阳市	13		1	45	32	8	5
枝江市	25	3	2	20	11	6	3
襄阳市	**288**	**56**	**33**	**911**	**357**	**310**	**94**
襄阳市辖区	3			20	5	8	7
襄城区	1						
樊城区							
襄州区	22		2	47	25	8	9
南漳县	94			239	71	119	43
谷城县	44	2		162	79	73	9
保康县	3			6	4	2	
老河口市	12	1	2	52	46	5	
枣阳市	73	52	26	284	92	41	16
宜城市	36	1	3	101	35	54	10
鄂州市	**4**			**24**	**12**	**11**	**1**
荆门市	**116**	**23**	**12**	**484**	**219**	**206**	**44**
荆门市辖区	3	1	1	23	7	8	5
京山市	5		1	114	77	22	10
沙洋县	53	13	9	115	55	57	3
钟祥市	55	9	1	232	80	119	26
孝感市	**57**	**1**	**1**	**319**	**153**	**101**	**57**
孝南区	1		1	4	3		
孝昌县	11	1		142	61	30	48

续表11

地区	（2）出栏100–499头（个、户）	（3）出栏500–999头（个、户）	（4）出栏1000头以上（个、户）	7、年出栏100只以上肉羊（个、户）	（1）出栏100–199只（个、户）	（2）出栏200–499只（个、户）	（3）出栏500–999只（个、户）
大悟县	2			11	10	1	
云梦县	2						
应城市	2			62	45	16	
安陆市	36			90	31	49	9
汉川市	3			10	3	5	
荆州市	**26**		**1**	**103**	**76**	**24**	**1**
荆州开发区				4	3	1	
沙市区	2						
荆州区	3			5	3	2	
公安县	1		1	24	10	13	1
监利县	5			7	4	2	
江陵县				3	2	1	
石首市	8			49	48	1	
洪湖市				1		1	
松滋市	7			10	6	3	
黄冈市	**186**	**4**	**1**	**633**	**440**	**169**	**15**
龙感湖管理区							
黄州区				5		5	
团风县	34	1	1	56	29	23	3
红安县	82	1		230	127	95	6
罗田县	32	2		207	191	14	1
英山县	4			35	35		
浠水县	3			27	25	2	
蕲春县				10	5	5	
黄梅县	13			24	7	13	3
麻城市	10			16	9	7	
武穴市	8			23	12	5	2
咸宁市	**9**			**87**	**42**	**30**	**7**
咸安区	1			6	4	2	
嘉鱼县	4			8	5	3	
通城县				10	7	2	1
崇阳县	3			52	19	22	4
通山县	1			10	6	1	2
赤壁市				1	1		
随州市	**234**	**7**	**4**	**709**	**471**	**202**	**30**
随州市辖区	68	3	1	100	59	38	2
曾都区	73	3	1	96	56	39	
随县	48	1	2	42	2	19	20
广水市	45			471	354	106	8
恩施州	**5**	**2**		**65**	**52**	**13**	
恩施市	1			9	5	4	
利川市	2	1		1		1	
建始县	1			12	9	3	
巴东县		1		8	5	3	
宣恩县							
咸丰县				1	1		
来凤县				34	32	2	
鹤峰县	1						
仙桃市	**2**			**7**	**6**	**1**	
潜江市	**4**	**2**		**10**	**7**	**2**	**1**
天门市	**16**	**1**		**5**	**3**	**2**	
神农架林区				**3**	**3**		

续表12

地区	（4）出栏1000–2999只（个、户）	（5）出栏3000只以上（个、户）	8、年存栏100头奶牛以上的总户数	（1）存栏100–199头（个、户）	（2）存栏200–499头（个、户）	（3）存栏500–999头（个、户）	（4）存栏1000–1999头（个、户）
湖北省	**193**	**23**	**18**	**4**	**6**	**3**	**2**
武汉市	**1**		**3**	**2**			
武汉市辖区			1				
汉南区							
蔡甸区							
江夏区	1		2	2			
黄陂区							
新洲区							
黄石市	**1**						
黄石市辖区							
阳新县	1						
大冶市							
十堰市	**7**	**2**					
十堰市辖区							
郧阳区							
郧西县	2						
竹山县	2	2					
竹溪县	3						
房县							
丹江口市							
宜昌市	**6**	**1**	**4**	**2**	**2**		
宜昌市辖区							
夷陵区	1	1	4	2	2		
远安县	1						
兴山县	1						
秭归县							
长阳县	3						
五峰县							
宜都市							
当阳市							
枝江市							
襄阳市	**146**	**4**	**1**			**1**	
襄阳市辖区							
襄城区			1			1	
樊城区							
襄州区	4	1					
南漳县	5	1					
谷城县	1						
保康县							
老河口市	1						
枣阳市	133	2					
宜城市	2						
鄂州市							
荆门市	**10**	**5**					
荆门市辖区	1	2					
京山市	4	1					
沙洋县							
钟祥市	5	2					
孝感市	**7**	**1**					
孝南区	1						
孝昌县	3						

续表13

地区	(4)出栏1000–2999只(个、户)	(5)出栏3000只以上(个、户)	8、年存栏100头奶牛以上的总户数	(1)存栏100–199头(个、户)	(2)存栏200–499头(个、户)	(3)存栏500–999头(个、户)	(4)存栏1000–1999头(个、户)
大悟县							
云梦县							
应城市	1						
安陆市		1					
汉川市	2						
荆州市	**1**	**1**					
荆州开发区							
沙市区							
荆州区							
公安县							
监利县	1						
江陵县							
石首市							
洪湖市							
松滋市		1					
黄冈市	**3**	**6**	**9**		**4**	**1**	**2**
龙感湖管理区			1		1		
黄州区			1		1		
团风县		1	1		1		
红安县		2	2			1	1
罗田县		1					
英山县							
浠水县			1		1		
蕲春县							
黄梅县	1		1				1
麻城市			1				
武穴市	2	2	1				
咸宁市	**7**	**1**	**1**			**1**	
咸安区							
嘉鱼县							
通城县							
崇阳县	6	1					
通山县	1						
赤壁市			1			1	
随州市	**4**	**2**					
随州市辖区		1					
曾都区		1					
随县	1						
广水市	3						
恩施州							
恩施市							
利川市							
建始县							
巴东县							
宣恩县							
咸丰县							
来凤县							
鹤峰县							
仙桃市							
潜江市							
天门市							
神农架林区							

续表14

地区	（5）存栏2000–4999头（个、户）	（6）存栏5000头以上（个、户）	9、年出笼鹅100只以上（个、户）	10、年出笼特禽1000只以上（个、户）	11、年出栏肉兔50只以上（个、户）
湖北省	**3**		**1080**	**517**	**342**
武汉市	**1**		**10**	**67**	**15**
武汉市辖区	1				
汉南区					
蔡甸区					
江夏区					
黄陂区			5	4	3
新洲区			5	63	12
黄石市			**18**	**3**	**1**
黄石市辖区					
阳新县			18	2	1
大冶市				1	
十堰市				**9**	**76**
十堰市辖区					
郧阳区					44
郧西县					4
竹山县					1
竹溪县					
房县				9	27
丹江口市					
宜昌市			**71**	**15**	**13**
宜昌市辖区					
夷陵区				1	
远安县					2
兴山县					10
秭归县					
长阳县					
五峰县					
宜都市			1	8	1
当阳市			58	1	
枝江市			12	5	
襄阳市			**103**	**28**	**64**
襄阳市辖区			4	2	
襄城区					
樊城区					
襄州区			15	11	16
南漳县					
谷城县				2	8
保康县					
老河口市			15	2	14
枣阳市			64	11	24
宜城市			5		2
鄂州市				**9**	**2**
荆门市			**321**	**58**	**54**
荆门市辖区			182	13	10
京山市				11	10
沙洋县			133	32	31
钟祥市			6	2	3
孝感市			**400**	**91**	**62**
孝南区			50	1	
孝昌县					

续表15

地区	（5）存栏2000–4999头（个、户）	（6）存栏5000头以上（个、户）	9、年出笼鹅100只以上（个、户）	10、年出笼特禽1000只以上（个、户）	11、年出栏肉兔50只以上（个、户）
大悟县					
云梦县			1	1	
应城市			36	48	6
安陆市				9	32
汉川市			313	32	24
荆州市			**43**	**21**	**8**
荆州开发区					
沙市区					
荆州区			5	2	
公安县			9		
监利县			4	7	2
江陵县			15		
石首市			5	5	2
洪湖市			5	7	4
松滋市					
黄冈市	**2**		**69**	**18**	**15**
龙感湖管理区					
黄州区			58		
团风县			4		4
红安县				3	4
罗田县					
英山县			1		
浠水县					1
蕲春县					
黄梅县			6	13	6
麻城市	1				
武穴市	1			2	
咸宁市			**24**	**5**	**9**
咸安区					4
嘉鱼县					
通城县			18	1	
崇阳县			4		3
通山县				3	2
赤壁市			2	1	
随州市			**8**	**180**	**7**
随州市辖区					
曾都区				2	
随县			4	10	7
广水市			4	168	
恩施州			**2**	**11**	**13**
恩施市					
利川市			1	6	11
建始县					
巴东县					
宣恩县			1		2
咸丰县					
来凤县				5	
鹤峰县					
仙桃市					
潜江市			**1**	**2**	
天门市			**10**		**3**
神农架林区					

畜产品加工企业情况（一）

名称	肉制品			禽蛋制品		
	加工企业个数（个）	固定资产(万元)	年产值(万元)	加工企业个数（个）	固定资产(万元)	年产值(万元)
合计	460	612361	320948	86	133309	629038
武汉市	32	102267	88661	3	33000	8490
黄石市	27	26170	20320	2	550	33650
十堰市	21	12365	5213			
宜昌市	26	21469	23385	5	2715	6480
襄阳市	10	137396	26285	8	12150	93200
鄂州市	14	4120	1433	1	700	922
荆门市	43	49739	57471	9	18135	111946
孝感市	19	35747		8	30741	205811
荆州市	28	31401	10820	20	23676	86511
黄冈市	65	115642	21012	4	230	576
咸宁市	35	5930	400			
随州市	34	15855	16140	3	1885	9686
恩施州	79	30431	32138	1	200	72
仙桃市	4	16040	5670	1	3602	9450
潜江市	15	5220	0	16	3195	55250
天门市	7	2450	12000	5	2530	6994
神农架林区	1	120				

畜产品加工企业情况（二）

名称	乳制品			蜂制品		
	加工企业个数（个）	固定资产(万元)	年产值(万元)	加工企业个数（个）	固定资产(万元)	年产值(万元)
合计	13	222740	749461	55	153662	217547
武汉市	4	30900	279700	8	113551	62030
黄石市						
十堰市				3	1344	5478
宜昌市	4	20500	151000	4	2458	23270
襄阳市	1	1240	6201	11	11000	65131
鄂州市				1	800	1244
荆门市	1	1500	4200	6	4710	12912
孝感市				6	2674	5028
荆州市				4	3465	10090
黄冈市	2	160000	287360	3	4320	6110
咸宁市	1	8600	21000	1	1700	15276
随州市				3	2330	4968
恩施州				3	3480	2660
仙桃市				1	950	2250
潜江市						
天门市				1	880	1100
神农架林区						

畜牧部门饲料加工企业情况表

项 目	一、饲料加工厂(站)个数(个)	二、从业人员（人）	三、全年实际产量(吨)	其中			四、年产值(万元)	五、年利润(万元)	六、固定资产（万元）
				预混料	浓缩料	全价料			
全省合计	335	12949	10740746	397437	526691	8769294	11781045	2770795	11173284
年产1000吨以下	103	593	91788	39600	2190	43942	19532	1863	19776
年产1001-2000吨	24	243	32412	10471	3210	13366	6009876	2000899	10008685
年产2001-4000吨	27	648	79240	13508	7428	53839	41252	4161	35824
年产4001-10000吨	31	1023	570568	18385	57439	482146	178110	17091	65249
年产10001吨以上	150	10442	9966738	315473	456425	8176002	5532274	746679	1043750

兽药生产企业情况表

地区	固定资产（万元）	年销售收入(万元)	年产值(万元)	年利润(万元)	从业人数(人)
全省合计	97244	334724	244738	19663	2316
武汉市	8000	42056	58400	4788	430
黄石市					
十堰市	5808	10700	32700	601	195
宜昌市					
襄阳市	5130	8678	16150	580	102
鄂州市					
荆门市	19900	161728	19613	2038	230
孝感市	25738	52596	55563	5225	295
荆州市					
黄冈市	26564	53737	55959	5547	831
咸宁市	900	1500	1600	30	45
随州市					
恩施州					
仙桃市	2000	550	600	160	31
潜江市	1004	2529	2954	494	95
天门市	2200	650	1200	200	62
神农架林区					

畜禽规模饲养情况

项　目	场、户数（个、户）	年存、出栏（笼）量（万头、万只）
生猪出栏500头以上	8513	1986.95
商品肉鸡出笼1万只以上	2909	24100.78
商品蛋鸡存笼2000只以上	9846	14902.15
年存栏奶牛100头以上	18	1.85
年出栏肉牛50头以上	2819	53.64
年出栏肉羊100只以上	5413	149.17
年出笼鹅100只以上	1080	179.13
年出笼特禽1000只以上	517	1479.66
年出栏肉兔50只以上	342	80.11

《湖北农村统计年鉴-2020》

1.农村基本情况

2.农业产值

3.种植业

4.林业及土特产

5.畜牧业

6.渔业 ☑

7.农业机械化

8.农村主要能源及物资消耗

9.农业技术推广及应用

10.水利建设

11.农垦及监狱系统农场

水产品总产量及捕捞产量

单位：吨

单位	合计	捕捞产量							养殖产量小计	增殖渔业产量小计
		小计	鱼类	甲壳类			贝类	其它类		
				小计	虾	蟹				
湖北省	**4695432**	**161768**	**130538**	**26244**	**24032**	**2212**	**3272**	**1714**	**4325442**	**208222**
武汉市	**442353**	**17694**	**13817**	**3840**	**3840**		**37**		**402039**	**22620**
武汉市直	84531	1340	1213	127	127				83191	
新洲区	104825	1457	1103	354	354				101112	2256
江夏区	88433	8490	7388	1102	1102				66225	13718
蔡甸区	63318	2297	2072	225	225				57643	3378
黄陂区	101246	4110	2041	2032	2032		37		93868	3268
黄石市	**208763**	**6312**	**4787**	**1189**	**1165**	**24**	**327**	**9**	**179027**	**23424**
黄石市直	3555	90	83	4	4			3	2525	940
大冶市	80060	1790	1699	82	63	19	4	5	61950	16320
阳新县	125148	4432	3005	1103	1098	5	323	1	114552	6164
十堰市	**55850**	**28068**	**26961**	**842**	**841**	**1**	**230**	**35**	**13173**	**14609**
十堰市直	6								6	
十堰市辖区	984	77	77						907	
丹江口市	37964	23847	23146	436	436		230	35	6225	7892
郧县	3170	1470	1210	260	260				1615	85
郧西	1175	205	185	20	20				507	463
竹山县	7305	1760	1710	50	50				1510	4035
竹溪县	2362	140	110	30	30				592	1630
房县	2884	569	523	46	45	1			1811	504
荆州市	**1122129**	**6707**	**5276**	**1109**	**979**	**130**	**223**	**99**	**1104341**	**11081**
荆州区	108880	1821	1687	134	131	3			106704	355
沙市区	43081	716	532	184	184				42345	20
江陵县	30437	906	801	105	105				28958	573
松滋市	32991	100	80	20	20				32141	750
公安县	126450	1000	1000						124400	1050
石首市	113924								110874	3050
监利县	274076	1060	636	330	230	100		19	268658	4358
洪湖市	392290	1104	540	336	309	27	75	80	390261	925
宜昌市	**178094**	**14958**	**12011**	**2947**	**2942**	**5**	**148**		**153767**	**9369**
宜昌市直	282	50	40	10	10				160	72
夷陵区	5050	1250	1150	100	100				3550	250
宜都市	5612	354	354						4358	900
枝江市	82448	7974	6443	1531	1531				71724	2750
当阳市	76680	2788	1683	1105	1100				70384	3508
远安县	2178								2178	
兴山县	159	138	138						4	17
秭归县	157	63	42	21	21				22	72
长阳县	5494	2323	2143	180	180				1371	1800
五峰县	34	18	18						16	
襄阳市	**194417**	**9219**	**8390**	**784**	**696**	**88**		**12**	**146461**	**38737**
襄阳市辖区	20650	995	902	93	89	4	33		18665	990
老河口市	36580	792	780	10	5	5		1	26188	9600
襄州区	42719	3229	2831	392	320	72	1	5	31546	7944
枣阳市	40352	726	633	84	80	4	1	4	24666	14960
宜城市	31900	1850	1670	180	180		5		26903	3147
南漳县	8340	410	410						7150	780
谷城县	12876	1021	968	25	22	3		2	10988	867
保康县	1000	196	196				26		355	449
鄂州市	**289313**	**8471**	**7188**	**942**	**839**	**103**		**323**	**260831**	**20011**
鄂城区	101205	5682	4831	535	504	31	18	312	90406	5117
华容区	101274	2789	2357	407	335	72	4	11	86779	11706
梁子湖区	86834						14		83646	3188
荆门市	**467727**	**7755**	**5071**	**2390**	**2257**	**133**		**167**	**447694**	**12278**

续表 单位：吨

单位	合计	捕捞产量							养殖产量小计	增殖渔业产量小计
		小计	鱼类	甲壳类			贝类	其它类		
				小计	虾	蟹				
荆门市辖区							127			
沙洋县	180810	650	214	436	436				177040	3120
钟祥市	147797								143532	4265
京山县	79050	4000	2581	1219	1116	103		151	74500	550
沙洋农场	5402						49		5388	14
东宝区	22825	1126	895	231	231				20142	1557
掇刀区	17013	1079	734	251	223	28		16	15385	549
漳河新区	12398	900	647	253	251	2	78		9327	2171
屈家岭管理区	2432								2380	52
孝感市	**414787**	**12258**	**8047**	**4009**	**3426**	**583**		**17**	**392285**	**10244**
孝南区	72144						185		69701	2443
孝昌县	20592	2307	1541	751	751			15	17935	350
大悟县	24900	1780	1440	340	340				21920	1200
安陆市	27194	1515	1039	474	464	10		2	24572	1107
云梦县	52190	80	55	25	25				52080	30
应城市	68210	4000	3012	987	987				62710	1500
汉川市	149188	2575	959	1432	859	573	1		142999	3614
孝感市辖区	369	1	1				184		368	
黄冈市	**458805**	**21940**	**17007**	**2838**	**2645**	**193**		**797**	**413095**	**23770**
黄州区	37542	2014	1951	43	23	20	1298	5	31493	4035
团风县	51782	2650	2443	77	74	3	15	130	46455	2677
红安县	15037	1440	1168	258	258			14	13320	277
麻城市	24780	3770	3400	350	310	40		20	18310	2700
罗田县	5735	28	28						4657	1050
英山县	5944	383	358	22	22			3	5561	
浠水县	76389	6810	5060	1365	1365			35	65013	4566
蕲春县	75706	1220	1156	21	21		350	5	69935	4551
武穴市	56706	3625	1443	702	572	130	38	585	50639	2442
黄梅县	90777						895		89305	1472
龙感湖区	18407								18407	
咸宁市	**218276**	**6692**	**5535**	**1125**	**990**	**135**		**1**	**206248**	**5336**
咸宁市直							31			
咸安区	47134	504	402	98	93	5		1	45700	930
嘉鱼县	63800	1100	565	535	510	25	3		61800	900
赤壁市	68985	1331	1114	190	135	55			65378	2276
通城县	13000	1200	1139	60	45	15	27		11100	700
崇阳县	13487	1057	965	92	57	35	1		11950	480
通山县	11870	1500	1350	150	150				10320	50
恩施州	**2553**	**243**	**226**	**17**	**17**				**2310**	
恩施市	578	10	8	2	2				568	
建始县	102	6	4	2	2				96	
巴东县	179	166	162	4	4				13	
利川市	887	23	20	3	3				864	
宣恩县	84	9	7	2	2				75	
咸丰县	55	9	8	1	1				46	
来凤县	629	17	15	2	2				612	
鹤峰县	39	3	2	1	1				36	
随州市	**84702**	**5219**	**4020**	**1052**	**937**	**115**		**120**	**68314**	**11169**
曾都区	11828	810	762	44	40	4	27	4	9612	1406
随县	38767	942	476	395	357	38		44	30682	7143
广水市	34107	3467	2782	613	540	73	27	72	28020	2620
仙桃市	**294665**	**14247**	**11417**	**2449**	**2062**	**387**		**27**	**280418**	
天门市	**120316**	**1985**	**785**	**711**	**396**	**315**	**354**	**107**	**116431**	**1900**
潜江市	**142610**						**382**		**138936**	**3674**
神农架	**72**								**72**	

水产品养殖产量（一）

单位：吨

单位	养殖产量合计	其中：一、鱼类					
		小计	草鱼	鲢鱼	鲫鱼	鳙鱼	鳊鲂
湖北省	**4325444**	**3156712**	**842459**	**492646**	**356117**	**377840**	**236017**
武汉市	**402041**	**351491**	**118557**	**48095**	**36178**	**27923**	**34835**
武汉市直	83193	76031	17449	12543	11781	6314	8994
新洲区	101112	93834	49478	12571	5236	5235	5557
江夏区	66225	56030	10408	3512	8789	4893	7806
蔡甸区	57643	48987	16080	9771	4123	6514	4568
黄陂区	93868	76609	25142	9698	6249	4967	7910
黄石市	**179027**	**157463**	**24483**	**19391**	**21398**	**26844**	**16762**
黄石市直	2525	2416	450	423	600	226	200
大冶市	61950	55982	13008	10008	10918	6913	5540
阳新县	114552	99065	11025	8960	9880	19705	11022
十堰市	**13173**	**11582**	**1733**	**1958**	**789**	**2261**	**845**
十堰市直	6	6					
十堰市辖区	907	907	133	176	73	117	5
丹江口市	6225	5634	980	850	400	950	400
郧县	1615	1559	155	335	40	150	212
郧西	507	495	120	121	3	90	5
竹山县	1510	1310	187	132	215	265	155
竹溪县	592	560	115	102	58	109	58
房县	1811	1111	43	242		580	10
荆州市	**1104341**	**567314**	**166858**	**77327**	**57805**	**36024**	**20382**
荆州区	106704	88916	15394	8468	4897	3281	6619
沙市区	42345	27045	6415	2946	7675	1765	339
江陵县	28958	14253	4569	1822	706	1341	435
松滋市	32141	19236	3998	4049	2068	1762	829
公安县	124400	71254	14559	6904	4876	6360	5067
石首市	110874	68209	15958	4273	15947	5179	3746
监利县	268658	72488	10277	2742	1137	1535	884
洪湖市	390261	205913	95688	46123	20499	14801	2463
宜昌市	**153767**	**144117**	**21313**	**25018**	**18808**	**15876**	**21053**
宜昌市直	160	160	40	50	30	20	0
夷陵区	3550	3295	525	638	736	315	350
宜都市	4358	3986	1064	852	445	358	354
枝江市	71724	69002	9124	10788	6990	5110	10641
当阳市	70384	64477	9990	12102	10122	9911	9594
远安县	2178	1784	312	375	325	155	112
兴山县	4	4	1	1	1	1	
秭归县	22	22	3	7	5	3	2
长阳县	1371	1371	250	200	150		
五峰县	16	16	4	5	4	3	
襄阳市	**146461**	**129006**	**19835**	**28919**	**13419**	**26666**	**9635**
襄阳市辖区	18665	17125	2728	4659	1253	4148	860
老河口市	26188	22429	2960	3740	2900	3910	1229
襄州区	31546	29963	5020	6095	3148	6300	3815
枣阳市	24666	22393	3636	7273	2185	5008	174
宜城市	26903	21681	3467	4164	2907	4437	1737
南漳县	7150	6254	832	1773	875	1254	441
谷城县	10988	8837	1121	1152	125	1522	1373
保康县	355	324	71	63	26	87	6
鄂州市	**260831**	**248277**	**93124**	**50727**	**19436**	**40639**	**17982**
鄂城区	90406	85475	41749	19302	4788	9213	4233
华容区	86779	85484	31963	17309	7789	11372	8531
梁子湖区	83646	77318	19412	14116	6859	20054	5218
荆门市	**447694**	**330137**	**87408**	**67271**	**49360**	**45316**	**24095**

续表1 单位：吨

单位	养殖产量合计	其中：一、鱼类					
		小计	草鱼	鲢鱼	鲫鱼	鳙鱼	鳊鲂
荆门市辖区							
沙洋县	177040	121497	39449	28507	15339	11617	10198
钟祥市	143532	117635	31400	18399	23515	17075	8298
京山县	74500	51923	11162	11431	5620	10212	2312
沙洋农场	5388	4743	854	746	506	690	435
东宝区	20142	13603	1332	4930	1894	2262	799
掇刀区	15385	11229	1657	1625	1014	2113	1043
漳河新区	9327	7567	1276	1222	1149	892	645
屈家岭管理区	2380	1940	278	411	323	455	365
孝感市	**392285**	**320717**	**90454**	**61585**	**44320**	**30386**	**24027**
孝南区	69701	63836	16383	3941	9807	8515	12189
孝昌县	17935	15022	2380	2130	1580	4246	1687
大悟县	21920	18700	4618	3586	2490	1710	1020
安陆市	24572	20893	3533	2033	4719	4384	1756
云梦县	52080	47490	15160	6916	14503	2610	672
应城市	62710	52629	21323	6934	6125	4872	3117
汉川市	142999	101863	26957	35994	5065	4009	3554
孝感市辖区	368	284	100	51	31	40	32
黄冈市	**413095**	**315167**	**66878**	**38721**	**33004**	**66064**	**30596**
黄州区	31493	29194	7899	2768	2860	4758	3650
团风县	46455	45108	12213	9904	3361	8774	1754
红安县	13320	10863	2412	3093	617	1676	827
麻城市	18310	16560	4375	2132	1952	5463	869
罗田县	4657	4230	94	2746	58	1241	30
英山县	5561	5321	1099	1420	268	1585	110
浠水县	65013	53903	9845	3755	6010	12950	8275
蕲春县	69935	60429	10823	5865	7985	13237	8397
武穴市	50639	32021	8158	2186	4196	8784	2472
黄梅县	89305	44147	5215	3616	3790	5211	3150
龙感湖区	18407	13391	4745	1236	1907	2385	1062
咸宁市	**206248**	**162065**	**26580**	**18508**	**16498**	**22691**	**11628**
咸安区	45700	34098	9506	7592	4216	4091	2254
嘉鱼县	61800	52490	7500	4100	5200	6550	3400
赤壁市	65378	47900	5950	4187	4867	10758	4150
通城县	11100	8850	1800	1050	810	650	990
崇阳县	11950	9747	1624	1279	1305	427	746
通山县	10320	8980	200	300	100	215	88
恩施州	**2310**	**2265**	**778**	**335**	**221**	**251**	
恩施市	568	565	242	47	49	26	
建始县	96	96	18	13	11	12	
巴东县	13	13	2	1	1		
利川市	864	844	295	118	90	110	
宣恩县	75	64	24	8	9	8	
咸丰县	46	46	8	6	12	10	
来凤县	612	601	182	135	40	82	
鹤峰县	36	36	7	7	9	3	
随州市	**68314**	**57502**	**8486**	**10425**	**10236**	**9722**	**4271**
曾都区	9612	9168	1615	2231	1806	1919	347
随县	30682	26740	3493	4784	5727	3568	2635
广水市	28020	21594	3378	3410	2703	4235	1289
仙桃市	**280418**	**246056**	**85279**	**27577**	**22449**	**12870**	**9790**
天门市	**116431**	**83248**	**20127**	**12516**	**10033**	**9883**	**8354**
潜江市	**138936**	**30233**	**10564**	**4273**	**2163**	**4424**	**1762**
神农架	**72**	**72**	**2**				

续表2 单位：吨

单位	其中：一、鱼　类								
	青鱼	鲤鱼	黄鳝	黄颡鱼	鳜鱼	泥鳅	乌鳢	鮰鱼	鲶鱼
湖北省	**185749**	**125959**	**141709**	**134377**	**66166**	**38475**	**26810**	**41419**	**17047**
武汉市	**18377**	**14954**	**6275**	**12245**	**13239**	**3562**	**3328**	**3043**	**2981**
武汉市直	6700	993	3210	1380	3477	155	412	36	315
新洲区	2089	3707	1731	2090	1086	520	721	1220	1187
江夏区	3896	3801	1205	4130	4720	20	524	50	625
蔡甸区	1357	2063	129	1018	1620	315	782	150	325
黄陂区	4335	4390		3627	2336	2552	889	1587	529
黄石市	**13262**	**4749**	**2377**	**6359**	**3025**	**6306**	**5103**	**713**	**2087**
黄石市直	85	16	5	80	48	30	43	32	21
大冶市	3142	705	101	957	752	510	770	681	186
阳新县	10035	4028	2271	5322	2225	5766	4290		1880
十堰市	**213**	**435**	**30**	**62**	**109**	**258**	**70**	**175**	**28**
十堰市直									
十堰市辖区		27			38	197		22	
丹江口市	20	60	18	50	45	30	50		18
郧县	15	20					5	150	
郧西		9				1			
竹山县	136	140	10	10		20			
竹溪县		118							
房县	42	61	2	2	26	10	15	3	10
荆州市	**53236**	**12222**	**49004**	**42357**	**18212**	**6794**	**3085**	**7258**	**1914**
荆州区	34312	1810	889	9066		199	188		
沙市区	11	28	9	6940	5	643		261	
江陵县	424	59	2620	1416	5	776	55		25
松滋市	1060	1150	1500	620	700	450	80	180	290
公安县	5543	2563	10050	13338	587	532	201	69	265
石首市	3684	4078	2094	3547	4842	682	1307	130	1087
监利县	3872	715	28377	5065	6712	1780	852	503	232
洪湖市	4330	1819	3465	2365	5361	1732	402	6115	15
宜昌市	**4152**	**8042**	**196**	**21095**	**112**	**879**	**468**	**1328**	**616**
宜昌市直				20					
夷陵区	140	218		365		8			
宜都市	91	162		10		20			
枝江市	2000	1600	68	19000		500		369	
当阳市	1753	5959	128	1477	100	288	468	836	489
远安县	68	103		123	12	58		23	27
兴山县									
秭归县									
长阳县	100			100		5		100	100
五峰县									
襄阳市	**5524**	**15253**	**832**	**1940**	**415**	**989**	**228**	**440**	**1452**
襄阳市辖区	786	2066	122	36	16	56	33		232
老河口市	1970	2560	190	960	390	240		120	460
襄州区	235	3360	334	568		335	48	301	347
枣阳市	814	2611	83	131	2	173	58	19	155
宜城市	3	3390	70	25	3	100	4		130
南漳县	35	713	13	96		26	35		37
谷城县	1673	521	20	124	4	59	50		91
保康县	8	32							
鄂州市	**9224**	**6099**	**1377**	**2704**	**1814**	**407**	**609**	**1332**	**91**
鄂城区	1944	1707	617	1130	171	3	22	90	14
华容区	3183	951	719	1238	1543	300	364		60
梁子湖区	4097	3441	41	336	100	104	223	1242	17
荆门市	**9842**	**19847**	**3397**	**8098**	**1396**	**2673**	**2562**	**1448**	**2067**

单位	其中：一、鱼　类								
	青鱼	鲤鱼	黄鳝	黄颡鱼	鳜鱼	泥鳅	乌鳢	鮰鱼	鲶鱼
荆门市辖区									
沙洋县	746	7991	1816	1657	565	536	866	243	369
钟祥市	3240	7829	950	2750	244	660	790	1030	580
京山县	3172	2026	338	1061	202	1241	170	35	993
沙洋农场	269	72		502	50	46	55		
东宝区	868	714	118	292	22	23	13	51	39
掇刀区	1066	874	21	1264			552		
漳河新区	470	331	153	557	311	107	113	89	86
屈家岭管理区	11	10	1	15	2	60	3		
孝感市	**14652**	**15872**	**3970**	**5314**	**11314**	**5650**	**4299**	**551**	**769**
孝南区	1708	3899	48	825	319	1999	826		
孝昌县	1960	140	122	21	20	686	32	2	1
大悟县	275	2505	160	300		1720	120		100
安陆市	755	1061	289	560	108	412	151	43	141
云梦县	802	896	230	1824	101	146	2218	25	276
应城市	2202	4354	521	877	428	143	545	25	251
汉川市	6948	2989	2600	907	10338	544	407	456	
孝感市辖区	2	28							
黄冈市	**22980**	**10666**	**6106**	**16061**	**9122**	**1979**	**3442**	**199**	**1638**
黄州区	4365	740	366	756	400	66	136		130
团风县	3566	5211	40	57	30	35	20	15	72
红安县	574	223	22	287	27	553		138	
麻城市	410	273	100	410	100	98	160	20	85
罗田县	9	10	2			5	9		9
英山县	84	253	5	10	46	12	10	4	20
浠水县	2865	760	510	2170	2480	375	350		537
蕲春县	4436	1622	541	3536	1856	342	467	16	185
武穴市	1864	1347	481	277	1228	113	215	6	239
黄梅县	4010	115	3905	7580	2920	380	2075		361
龙感湖区	797	112	134	978	35				
咸宁市	**11721**	**9931**	**8030**	**3996**	**4851**	**5252**	**2144**	**7987**	**2059**
咸安区	1307	2784	471	433	153	261	175		219
嘉鱼县	4600	4200	2950	1600	270	3000	600	7200	850
赤壁市	4668	2002	3871	1365	1460	911	1087	456	821
通城县	900	500	400	50	550	200	100	195	1
崇阳县	193	397	130	438	418	180	112	101	108
通山县	53	48	208	110	2000	700	70	35	60
恩施州		**610**		**7**	**13**	**12**		**10**	**23**
恩施市		153		5	13	10		5	12
建始县		32							10
巴东县		2		2				2	1
利川市		231							
宣恩县		15							
咸丰县		7						3	
来凤县		160				2			
鹤峰县		10							
随州市	**6874**	**3219**	**611**	**847**	**231**	**945**	**381**	**28**	**676**
曾都区	861	146	12	109	8	19	3	23	12
随县	2717	1953	281	511	58	296	25	5	664
广水市	3296	1120	318	227	165	630	353		
仙桃市	**9127**	**163**	**52335**	**10786**	**1020**	**1327**	**4**	**12987**	**67**
天门市	**5298**	**2912**	**3936**	**1273**	**1289**	**1286**	**1037**	**3896**	**532**
潜江市	**1267**	**971**	**3233**	**1233**	**4**	**156**	**50**	**24**	**46**
神农架		**14**							**1**

水产品养殖产量(二)

单位:吨

单位	其中:一、鱼　　类								
	鲟鱼	鲈鱼	罗非鱼	长吻鮠	银鱼	鳗鲡	鲍鱼	其它	其中观赏鱼
湖北省	**5364**	**18139**	**2525**	**1200**	**1533**	**701**	**33047**	**11413**	**666**
武汉市	**31**	**637**	**157**	**45**		**80**	**6338**	**611**	**21**
武汉市直		79		17		80	1579	517	
新洲区	31	181					1194		21
江夏区				28			1623		
蔡甸区		90					82		
黄陂区		287	157				1860	94	
黄石市	**191**	**225**	**201**		**306**		**1343**	**2338**	**7**
黄石市直			29				128		
大冶市	191	100	172				200	1128	2
阳新县		125			306		1015	1210	5
十堰市	**132**	**137**	**248**		**160**		**1695**	**244**	**28**
十堰市直								6	
十堰市辖区								119	
丹江口市		65					1670	28	28
郧县	22	30	195		160		25	45	
郧西	110	10						26	
竹山县		20						20	
竹溪县									
房县		12	53						
荆州市	**1005**	**8391**		**531**	**25**		**4651**	**233**	
荆州区	1000	50		23			2714	6	
沙市区		8							
江陵县									
松滋市							500		
公安县		106					223	11	
石首市		11		508	25		895	216	
监利县		7786					19		
洪湖市	5	430					300		
宜昌市	**1402**	**365**	**93**	**216**			**2988**	**97**	
宜昌市直									
夷陵区									
宜都市	592	30		8					
枝江市	140	120		52			2500		
当阳市	386	165	93	40			483	93	
远安县	82						5	4	
兴山县									
秭归县	2								
长阳县	200	50		116					
五峰县									
襄阳市	**774**	**384**	**14**		**568**		**1488**	**231**	**191**
襄阳市辖区		12	2				87	29	21
老河口市		320			480				100
襄州区	27							30	16
枣阳市		5					48	18	32
宜城市		2			2		1200	40	
南漳县	35				86			3	2
谷城县	712	45	12				153	80	20
保康县								31	
鄂州市		**580**	**155**				**1364**	**613**	
鄂城区		42	155				250	45	
华容区		48					114		
梁子湖区		490					1000	568	
荆门市	**157**	**897**	**171**		**113**	**600**	**3419**		**16**

续表 单位：吨

单位	其中：一、鱼类								
	鲟鱼	鲈鱼	罗非鱼	长吻鮠	银鱼	鳗鲡	鲍鱼	其它	其中观赏鱼
荆门市辖区									
沙洋县	15	209	145				1229		
钟祥市		287	3				585		
京山县		268	23			600	1057		
沙洋农场		102					416		
东宝区	142	31			21		52		16
掇刀区									
漳河新区					92		74		
屈家岭管理区							6		
孝感市	**1**	**308**	**422**				**3050**	**3773**	**5**
孝南区							283	3094	
孝昌县	1	1					12	1	1
大悟县							96		
安陆市		60	144				709	35	
云梦县			91				1020		
应城市		60	187				652	13	4
汉川市		187					278	630	
孝感市辖区									
黄冈市	**152**	**836**	**385**		**13**	**21**	**3877**	**2427**	**366**
黄州区		300							
团风县		28						28	
红安县		340					74		
麻城市	20	18					25	50	300
罗田县		6					11		
英山县			385					10	
浠水县		75				21	1320	1605	5
蕲春县	4						932	185	11
武穴市	97	40					275	43	50
黄梅县	31	29			13		1240	506	
龙感湖区									
咸宁市	**1457**	**5273**	**679**	**200**	**290**		**1610**	**680**	**27**
咸宁市直									
咸安区		410					212	14	
嘉鱼县	15	50		200			150	55	
赤壁市			350				718	279	25
通城县	2	190	2		20		440		2
崇阳县	1120	450	257		40		90	332	
通山县	320	4173	70		230				
恩施州	**5**								
恩施市	3								
建始县									
巴东县	2								
利川市									
宣恩县									
咸丰县									
来凤县									
鹤峰县									
随州市	**10**	**10**			**58**		**452**	**20**	**5**
曾都区	10	8					19	20	5
随县		2					21		
广水市					58		412		
仙桃市	**4**	**57**					**79**	**135**	
天门市				**208**			**668**		
潜江市		**38**					**25**		
神农架	**43**	**1**						**11**	

水产品养殖产量（三）

单位：吨

单位	二、甲壳类	其中：虾					其中：河蟹
		小计	青虾	克氏原螯虾	南美白对虾	其他	
湖北省	**1099805**	**941111**	**8388**	**925005**	**7376**	**342**	**158694**
武汉市	**47317**	**36583**	**2162**	**32776**	**1645**		**10734**
武汉市直	6344	3394	953	2134	307		2950
新洲区	6458	4879		4458	421		1579
江夏区	10100	8340	740	7600			1760
蔡甸区	8246	6068	35	5583	450		2178
黄陂区	16169	13902	434	13001	467		2267
黄石市	**20706**	**19374**	**32**	**19292**	**50**		**1332**
黄石市直	109	72		72			37
大冶市	5653	4757		4707	50		896
阳新县	14944	14545	32	14513			399
十堰市	**768**	**766**	**66**	**685**		**15**	**2**
十堰市直							
十堰市辖区							
丹江口市	403	403	23	365		15	
郧县	52	50	15	35			2
郧西	12	12		12			
竹山县	100	100	20	80			
竹溪县	30	30		30			
房县	171	171	8	163			
荆州市	**512391**	**407469**	**1**	**406746**	**712**	**10**	**104922**
荆州区	15390	15090		15090			300
沙市区	14711	14711		14589	122		
江陵县	13915	13764		13764			151
松滋市	11055	10395		10395			660
公安县	43200	43172		43172			28
石首市	41999	41564	1	41558	5		435
监利县	190406	150078		150078			40328
洪湖市	181715	118695		118100	585	10	63020
宜昌市	**8962**	**8959**	**1**	**8954**	**4**		**3**
宜昌市直							
夷陵区	200	200		200			
宜都市	306	306		306			
枝江市	2500	2500	1	2499			
当阳市	5563	5560		5556	4		3
远安县	393	393		393			
兴山县							
秭归县							
长阳县							
五峰县							
襄阳市	**16133**	**15053**	**109**	**14474**	**446**	**24**	**1080**
襄阳市辖区	1501	1501		1110	367	24	
老河口市	3728	2688	36	2640	12		1040
襄州区	1436	1436		1409	27		
枣阳市	2258	2228	15	2213			30
宜城市	4189	4179	3	4176			10
南漳县	861	861	20	801	40		
谷城县	2129	2129	35	2094			
保康县	31	31		31			
鄂州市	**12361**	**10576**	**340**	**9490**	**746**		**1785**
鄂城区	4921	3369	75	3155	139		1552
华容区	1189	1076	187	797	92		113
梁子湖区	6251	6131	78	5538	515		120
荆门市	**99475**	**98718**	**232**	**98342**	**141**	**3**	**757**

续表1

单位：吨

单位	二、甲壳类	其中：虾					其中：河蟹
		小计	青虾	克氏原螯虾	南美白对虾	其他	
荆门市辖区							
沙洋县	53210	53090	44	53020	23	3	120
钟祥市	22867	22867	2	22855	10		
京山县	12120	12100	100	12000			20
沙洋农场	645	645		645			
东宝区	5455	5371	86	5177	108		84
掇刀区	3090	2615		2615			475
漳河新区	1690	1690		1690			
屈家岭管理区	398	340		340			58
孝感市	**66290**	**41342**	**105**	**41134**	**103**		**24948**
孝南区	5558	5153		5153			405
孝昌县	2900	2894		2894			6
大悟县	3100	3100		3100			
安陆市	3623	3538	103	3332	103		85
云梦县	4362	4100		4100			262
应城市	6135	5484	2	5482			651
汉川市	40528	16989		16989			23539
孝感市辖区	84	84		84			
黄冈市	**94158**	**93276**	**2822**	**88120**	**2156**	**178**	**882**
黄州区	2289	2258	8	1050	1200		31
团风县	1187	1085		1085			102
红安县	2300	2300		2100	200		
麻城市	1700	1650		1650			50
罗田县	422	420		420			2
英山县	236	236		236			
浠水县	10575	10575	35	10160	380		
蕲春县	9435	9393	18	9025	336	14	42
武穴市	18483	18418	49	18326		43	65
黄梅县	42515	41925	2712	39052	40	121	590
龙感湖区	5016	5016		5016			
咸宁市	**40767**	**37797**	**2075**	**35534**	**76**	**112**	**2970**
咸宁市直							
咸安区	11558	10567		10517	50		991
嘉鱼县	6670	6620	1800	4800		20	50
赤壁市	17258	15514	275	15201	26	12	1744
通城县	2000	2000		1940		60	
崇阳县	1941	1756		1756			185
通山县	1340	1340		1320		20	
恩施州	**45**	**35**		**24**	**11**		**10**
恩施市	3	3		3			
建始县							
巴东县							
利川市	20	10		10			10
宣恩县	11	11		11			
咸丰县							
来凤县	11	11			11		
鹤峰县							
随州市	**9232**	**8991**	**439**	**8526**	**26**		**241**
曾都区	413	413		413			
随县	3765	3582	179	3403			183
广水市	5054	4996	260	4710	26		58
仙桃市	**33233**	**25391**	**4**	**24127**	**1260**		**7842**
天门市	**30804**	**29728**		**29728**			**1076**
潜江市	**107163**	**107053**		**107053**			**110**
神农架							

续表2

单位：吨

单位	三、贝类	其中：河蚌	螺	蚬	四、其它类	其中：龟	鳖	蛙
湖北省	**3527**	**2077**	**1139**	**311**	**65400**	**7267**	**45144**	**12989**
武汉市					3233	198	1751	1284
武汉市直					818	105	453	260
新洲区					820			820
江夏区					95	90	5	
蔡甸区					410		410	
黄陂区					1090	3	883	204
黄石市	**342**	21	**192**	**129**	**516**	**100**	**193**	**223**
黄石市直								
大冶市					315	100	65	150
阳新县	342	21	192	129	201		128	73
十堰市	**529**	**523**	**2**	**4**	**294**	**16**	**278**	
十堰市直								
十堰市辖区								
丹江口市					188	16	172	
郧县					4		4	
郧西								
竹山县					100		100	
竹溪县					2		2	
房县	529	523	2	4				
荆州市	**268**	**119**	**141**	**8**	**24368**	**2945**	**18892**	**2531**
荆州区					2398	662	1578	158
沙市区					589	302	175	112
江陵县					790	243	441	106
松滋市					1850	50	1700	100
公安县	252	107	137	8	9694	117	9162	415
石首市	16	12	4		650	23	465	162
监利县					5764	1097	3241	1426
洪湖市					2633	451	2130	52
宜昌市	**1**	**1**			**687**	**95**	**325**	**267**
宜昌市直								
夷陵区					55			55
宜都市					66		26	40
枝江市					222	54	168	
当阳市		1			343	41	130	172
远安县					1		1	
兴山县								
秭归县								
长阳县								
五峰县								
襄阳市	**16**	**6**	**10**		**1306**	**20**	**845**	**441**
襄阳市辖区					39	1	18	20
老河口市	9	4	5		22	6	10	6
襄州区					147	2	10	135
枣阳市					15	1	9	5
宜城市					1033	3	780	250
南漳县					35	6	14	15
谷城县	7	2	5		15	1	4	10
保康县								
鄂州市	**3**		**3**		**190**	**14**	**97**	**79**
鄂城区	3		3		7		5	2
华容区					106	4	35	67
梁子湖区					77	10	57	10
荆门市					**18082**	**2934**	**13756**	**1392**

续表3

单位：吨

单位	三、贝类	其中：河蚌	螺	蚬	四、其它类	其中：龟	鳖	蛙
荆门市辖区								
沙洋县					2333	143	2001	189
钟祥市					3030	1020	1800	210
京山县					10457	1302	8873	282
沙洋农场								
东宝区					1084	163	211	710
掇刀区					1066	273	792	1
漳河新区					70	23	47	
屈家岭管理区					42	10	32	
孝感市	**390**	**74**	**316**		**4888**	**149**	**4653**	**86**
孝南区					307	67	240	
孝昌县					13	1	10	2
大悟县					120	55	65	
安陆市					56	8	18	30
云梦县					228	18	210	
应城市					3946		3923	23
汉川市	390	74	316		218		187	31
孝感市辖区								
黄冈市	**1257**	**632**	**457**	**168**	**2513**	**31**	**150**	**2332**
黄州区	10		10					
团风县	80			80	80		10	70
红安县					157	1	6	150
麻城市					50	2	13	35
罗田县					5	1	4	
英山县					4	1	3	
浠水县					535	15	45	475
蕲春县	55	50	5		16	1	3	12
武穴市	109	42	67		26		6	20
黄梅县	1003	540	375	88	1640	10	60	1570
龙感湖区								
咸宁市					**3416**	**247**	**390**	**2779**
咸宁市直								
咸安区					44	6	18	20
嘉鱼县					2640	220	220	2200
赤壁市					220	21	29	170
通城县					250		50	200
崇阳县					262		73	189
通山县								
恩施州								
恩施市								
建始县								
巴东县								
利川市								
宣恩县								
咸丰县								
来凤县								
鹤峰县								
随州市	**106**	**94**	**10**	**2**	**1474**	**44**	**1303**	**127**
曾都区					31		1	30
随县	106	94	10	2	71	8	62	1
广水市					1372	36	1240	96
仙桃市	**8**		**8**		**1121**	**254**	**847**	**20**
天门市	**607**	**607**			**1772**	**147**	**1625**	
潜江市					**1540**	**73**	**39**	**1428**
神农架								

精养鱼池主养名特优水产品面积

面积：公顷；温室面积：平方米

单位	龟		鳖		河蟹	鳜鱼	青虾
	小计	#温室	小计	#温室			
湖北省	**1911**	**243265**	**28090**	**1069618**	**103426**	**82041**	**8283**
武汉市	**30**	**5800**	**449**	**3260**	**4034**	**1061**	**136**
武汉市直	24	3300	337	1260	1201	346	117
新洲区					921	35	
江夏区	4	2500			600	267	
蔡甸区			37		852	316	19
黄陂区	2		75	2000	460	97	
黄石市	**6**	**10000**	**99**	**160**	**657**	**563**	**1**
黄石市直					19	11	
大冶市	6	10000	33		298	160	
阳新县			66	160	340	392	1
十堰市			**47**		**3**	**10**	**16**
十堰市直							
十堰市辖区							
丹江口市						10	
郧县							10
郧西							
竹山县			45				5
竹溪县			2				
房县							1
荆州市	**1062**	**89628**	**15753**	**66135**	**69419**	**43000**	**1**
荆州区	47	5300	624	3450	30		
沙市区	14	3200	30			15	
江陵县	88	73688	440				
松滋市	250	3000	2667	10000	1400	4000	
公安县	267	833	8993	6400	4335	1230	
石首市	28		1037	40000	405	5780	1
监利县	368	3522	1765	6200	26667	18718	
洪湖市		85	197	85	36582	13257	
宜昌市	**32**	**300**	**289**	**500**	**6**	**39**	
宜昌市直							
夷陵区							
宜都市			10				
枝江市	2		50				
当阳市	29	300	228	500	6	39	
远安县							
兴山县							
秭归县							
长阳县	1		1				
五峰县							
襄阳市	**28**		**303**		**706**	**314**	**298**
襄阳市辖区	1		10			36	
老河口市	20		20		560	240	30
襄州区	6		10				207
枣阳市					136	28	45
宜城市	1		262		10	10	3
南漳县							8
谷城县			1				5
保康县							
鄂州市				**1560**	**710**	**307**	
鄂城区					99		
华容区					564	100	
梁子湖区				1560	47	207	
荆门市	**510**	**110358**	**8487**	**478833**	**477**	**2228**	**1293**

续表1　　面积：公顷；温室面积：平方米

单位	龟		鳖		河蟹	鳜鱼	青虾
	小计	#温室	小计	#温室			
荆门市辖区							
沙洋县	14	14500	1512	98500	377	1909	1180
钟祥市	90	23485	1010			100	12
京山县	387	47220	5833	379500	10	132	6
沙洋农场						26	
东宝区	2	16313	12	483			
掇刀区	4	3000	86	350			
漳河新区	3		4		24	60	95
屈家岭管理区	10	5840	30		66	1	
孝感市	**50**	**1600**	**986**	**371050**	**16409**	**10585**	**382**
孝南区	5	1000	166	24500	233	2873	
孝昌县	5		5		4	3	
大悟县	10		25				
安陆市	30		112		140	154	380
云梦县		600	210	400	214	182	
应城市			468	346150	906	2273	2
汉川市					14912	5100	
孝感市辖区							
黄冈市	**7**	**179**	**112**	**720**	**2828**	**9323**	**4726**
黄州区					24	70	5
团风县	5	50	10	50	300	1305	
红安县	1	4				600	
麻城市					40	320	
罗田县		125		150	4		
英山县	1		2			8	
浠水县						65	
蕲春县			3		22	825	196
武穴市			25		105	2120	610
黄梅县			72	520	2333	4010	3915
龙感湖区							
咸宁市	**5**		**7**	**1100**	**3338**	**12495**	**1230**
咸宁市直							
咸安区	5		7	1100	3000	400	
嘉鱼县					33	330	
赤壁市					200	10235	1230
通城县					30	120	
崇阳县					75	1260	
通山县						150	
恩施州					**2**	**1**	
恩施市						1	
建始县							
巴东县							
利川市					2		
宣恩县							
咸丰县							
来凤县							
鹤峰县							
随州市	**35**		**407**	**35000**	**211**	**351**	**179**
曾都区						3	
随县	4		15		125	23	56
广水市	31		392	35000	86	325	123
仙桃市	**15**	**3400**	**810**	**5900**	**4021**	**1134**	**21**
天门市	**91**	**22000**	**329**	**104000**	**605**	**630**	
潜江市	**40**		**12**	**1400**			
神农架							

续表2 面积：公顷；温室面积：平方米

单位	克氏螯虾	鲌鱼	黄颡鱼	鳝鱼	鮰鱼	泥鳅	鲈鱼
湖北省	**177726**	**14000**	**58959**	**24805**	**6292**	**6087**	**1617**
武汉市	**3815**	**695**	**654**	**927**	**262**	**66**	**160**
武汉市直	326	143	86	590	7	9	23
新洲区	42	61	23	127	135	14	86
江夏区	133	320	200	200	67		
蔡甸区	1375	12	197	10	23	22	18
黄陂区	1939	159	148		30	21	33
黄石市	**1943**	**218**	**701**	**162**	**65**	**394**	**43**
黄石市直	13	15	5		2	2	
大冶市	870	15	160	5	63	40	12
阳新县	1060	188	536	157	0	352	31
十堰市	**152**	**105**	**37**	**25**	**26**	**43**	**25**
十堰市直							
十堰市辖区					1	8	
丹江口市	35	90	10			15	10
郧县	15	15			25		7
郧西	4						1
竹山县	80		27	25		20	5
竹溪县	10						
房县	8						2
荆州市	**51593**	**2731**	**10561**	**10270**	**1260**	**901**	**377**
荆州区		1220	1334			8	3
沙市区	156		720		30	37	10
江陵县	367		231	995		263	
松滋市		1200	250	180	120	50	
公安县	334	151	4788	2156	104	121	13
石首市	735	132	645	587	50	143	2
监利县	26667	3	1790	4037	41	204	317
洪湖市	23334	25	803	2315	915	75	32
宜昌市	**2552**	**207**	**5552**	**39**	**120**	**89**	**77**
宜昌市直							
夷陵区	12		80				
宜都市			5			5	10
枝江市	1013	160	5200	27	42	27	20
当阳市	1522	47	265	12	74	57	45
远安县							
兴山县							
秭归县							
长阳县	5		2		4		2
五峰县							
襄阳市	**2780**	**7**	**897**	**337**	**40**	**218**	**57**
襄阳市辖区	50		10	43			
老河口市	150		180	12			50
襄州区			372	218	21		
枣阳市	196	5	260	45	19	175	5
宜城市	2164		14	16		10	1
南漳县	145		60	3		13	
谷城县	40	2	1			20	1
保康县	35						
鄂州市	**1850**	**221**	**558**	**63**	**100**	**2**	**73**
鄂城区	871	131	134	57	4		20
华容区	551	1	384				3
梁子湖区	428	89	40	6	96	2	50
荆门市	**8731**	**1173**	**4982**	**894**	**858**	**218**	**217**

续表3　　面积：公顷；温室面积：平方米

单位	克氏螯虾	鲌鱼	黄颡鱼	鳝鱼	鮰鱼	泥鳅	鲈鱼
荆门市辖区							
沙洋县	4401	663	1254	218	390	6	14
钟祥市	820	130	2390	347	222	10	52
京山县	1188	309	716	28	10	50	140
沙洋农场	90	35	45			6	8
东宝区	714	14	47	156	16	5	3
掇刀区	809		370				
漳河新区	510	21	150	145	220	123	
屈家岭管理区	199	1	10			18	
孝感市	**16903**	**495**	**9669**	**773**	**181**	**868**	**36**
孝南区	1542		2000	167		332	
孝昌县	2658	20	1860	150	1	65	
大悟县	860					330	
安陆市	80	420	600	28	124	76	18
云梦县	1240	28	3750	145	11	13	
应城市	3650	2	1044	83	4	1	
汉川市	6873	25	415	200	41	51	18
孝感市辖区							
黄冈市	**44102**	**6061**	**10430**	**2268**	**178**	**1119**	**243**
黄州区	200		180	50		10	20
团风县	3942		594	19	18	13	7
红安县	1280	90	717	30	120	600	27
麻城市	1100		1000	50	30	50	60
罗田县	120			2		53	4
英山县	116		6	2	3		
浠水县	60	50	20	15		25	10
蕲春县	1516	56	635	112	2	58	
武穴市	11500	650	1500	230	5	100	15
黄梅县	20800	5215	5210	1750		210	100
龙感湖区	3468		568	8			
咸宁市	**28992**	**561**	**8855**	**907**	**1475**	**847**	**190**
咸宁市直							
咸安区	7300	100	490	110		160	40
嘉鱼县	3313		330	200	1000	650	10
赤壁市	14333	156	7350	356	30		
通城县	1220	80	20	106	50	25	40
崇阳县	2026	225	560	35	195	12	30
通山县	800		105	100	200	0	70
恩施州	**5**		**3**		**4**	**2**	
恩施市			2		3	1	
建始县							
巴东县			1		1		
利川市	4						
宣恩县	1						
咸丰县							
来凤县						1	
鹤峰县							
随州市	**3023**	**290**	**384**	**391**	**21**	**244**	**15**
曾都区	67	15	47	10	16	43	10
随县	2076	137	227	151	5	20	5
广水市	880	138	110	230	0	181	
仙桃市	**5258**		**4631**	**6978**	**1443**	**177**	**102**
天门市	**2607**	**1236**	**421**	**238**	**254**	**881**	
潜江市	**3420**		**624**	**533**	**5**	**18**	**2**
神农架							

养殖产量、面积（按水面分类）（一）

单位	池塘养殖面积				稻田综合养殖面积				
	小计	其中：精养鱼池		普通池塘	小计	其中：稻田养虾	稻田养鳅	稻田养鳖	其它品种养殖面积
		小计	其中：尾水治理面积						
	公顷	公顷	公顷	公顷	公顷	公顷	公顷	公顷	公顷
湖北省	**532555**	**397905**	**36065**	**134650**	**460514**	**448593**	**3067**	**4983**	**3871**
省直属									
武汉市	**44470**	**32787**	**1139**	**11683**	**13749**	**13716**		**3**	**30**
武汉市直	7403	6409	106	994	286	286			
新洲区	11146	10674	360	472	2590	2560			30
江夏区	9081	6337	333	2744	5403	5400		3	
蔡甸区	7840	4691	207	3149	4137	4137			
黄陂区	9000	4676	133	4324	1333	1333			
黄石市	**15334**	**13337**	**32**	**1997**	**8206**	**8000**	**68**	**71**	**67**
黄石市直	197	192		5	21	21			
大冶市	5887	4705	32	1182	3678	3545	33	33	67
阳新县	9250	8440		810	4507	4434	35	38	
十堰市	**7314**	**632**	**202**	**6682**	**131**	**94**		**23**	**14**
十堰市直	1			1					
十堰市辖区	82	25	25	57					
丹江口市	1630	223	110	1407	52	32		20	
郧县	2029	124	60	1905					
郧西	564	30		534					
竹山县	2407	200		2207	30	27		3	
竹溪县	140	10		130	20	20			
房县	461	20	7	441	29	15			14
荆州市	**130592**	**120008**	**8738**	**10584**	**173627**	**171070**	**734**	**921**	**902**
荆州区	7047	7047	180		8666	8638		20	8
沙市区	2237	1976		261	6800	6760			40
江陵县	5266	4751	172	515	12327	12000	167	13	147
松滋市	7045	4220	120	2825	6880	6847			33
公安县	12633	12633			26287	25904	120	220	43
石首市	7187	6547	1	640	13666	13333	153	113	67
监利县	31677	25334	180	6343	51333	50670	64	335	264
洪湖市	57500	57500	8085		47668	46918	230	220	300
宜昌市	**13171**	**9933**	**3047**	**3238**	**4945**	**4854**	**28**	**38**	**25**
宜昌市直	120	120							
夷陵区	1200	700		500	200	200			
宜都市	1003	200		803	107	100			7
枝江市	4692	4500	2000	192	1013	1013			
当阳市	5501	4141	1025	1360	3200	3145	1	37	17
远安县	591	231	15	360	300	296	2	1	1
兴山县	11	11							
秭归县	15	10		5					
长阳县	25	20	7	5	125	100	25		
五峰县	13			13					
襄阳市	**28858**	**17368**	**3933**	**11490**	**11064**	**10141**	**39**	**332**	**552**
襄阳市直									
襄阳市辖区	3047	2392	1270	655	510	488	6	5	11
老河口市	3960	2980	980	980	2330	1990	10	10	320
襄州区	7020	4449	1552	2571	1189	1071	13	55	50
枣阳市	6350	2420	20	3930	1698	1668	10		20
宜城市	3824	1643	30	2181	2072	1660		262	150
南漳县	2155	1025	60	1130	1470	1470			
谷城县	2481	2438		43	1760	1759			1
保康县	21	21	21		35	35			
鄂州市	**15034**	**12731**	**325**	**2303**	**5505**	**5318**	**102**	**82**	**3**
鄂城区	5198	3821	70	1377	1730	1730			
华容区	4933	4800	141	133	290	236	36	15	3
梁子湖区	4903	4110	114	793	3485	3352	66	67	
荆门市	**51058**	**33500**	**5794**	**17558**	**55461**	**51592**	**49**	**2867**	**953**

续表

单位	池塘养殖面积				稻田综合养殖面积				
	小计	其中：精养鱼池		普通池塘	小计	其中：稻田养虾	稻田养鳅	稻田养鳖	其它品种养殖面积
		小计	其中：尾水治理面积						
	公顷	公顷	公顷	公顷	公顷	公顷	公顷	公顷	公顷
荆门市直									
荆门市辖区									
沙洋县	13988	8340	77	5648	22484	22053	27	72	332
钟祥市	13203	10003	220	3200	13474	11120	6	2138	210
京山县	12100	7800	217	4300	11316	10386	16	590	324
沙洋农场	967	553		414	200	200			
东宝区	4400	4400	4400		3933	3900			33
掇刀区	3347	830	830	2517	2707	2660		40	7
漳河新区	2373	1067		1306	1080	1073			7
屈家岭管理区	680	507	50	173	267	200		27	40
孝感市	**63080**	**41445**	**3623**	**21635**	**30020**	**29262**	**628**	**113**	**17**
孝南区	10495	5006	1370	5489	686	686			
孝昌县	5038	3600	1620	1438	2105	1992	98	15	
大悟县	5687	1250		4437	1252	752	500		
安陆市	5633	2445	67	3188	1618	1547	29	32	10
云梦县	6801	4130	566	2671	1053	1053			
应城市	7422	4545		2877	4330	4256	1	66	7
汉川市	21833	20447		1386	18916	18916			
孝感市辖区	171	22		149	60	60			
黄冈市	**54533**	**31333**	**2795**	**23200**	**52948**	**51531**	**794**	**193**	**430**
黄州区	2896	2523	910	373	3598	3393	205		
团风县	4841	3422	80	1419	2693	2646	10	16	21
红安县	5940	3427	130	2513	1440	1280	142		18
麻城市	5950	1600	430	4350	1250	1000	50	100	100
罗田县	1452	136		1316	581	566	7		8
英山县	1758	210	10	1548	170	160		10	
浠水县	8370	3544	130	4826	8205	8165	2		38
蕲春县	8088	5828	83	2260	8365	8320			45
武穴市	7433	4133		3300	9178	9133	45		
黄梅县	6405	5110	862	1295	14000	13400	333	67	200
龙感湖区	1400	1400	160		3468	3468			
咸宁市	**28268**	**23102**	**313**	**5166**	**27294**	**26737**	**163**	**164**	**230**
咸宁市直									
咸安区	5860	4860	20	1000	6880	6670	30	30	150
嘉鱼县	6867	6800		67	3620	3620			
赤壁市	7055	6655	40	400	12667	12600	33	34	
通城县	2236	1130	120	1106	1300	1220	20	20	40
崇阳县	4134	2907	133	1227	2027	1827	80	80	40
通山县	2116	750		1366	800	800			
恩施州	**756**	**249**		**507**	**492**				**492**
恩施州直									
恩施市	185	74		111					
建始县	33	13		20					
巴东县	8			8					
利川市	361	136		225	492				492
宣恩县	25	16		9					
咸丰县	14	6		8					
来凤县	118			118					
鹤峰县	12	4		8					
随州市	**24130**	**9295**	**3120**	**14835**	**6096**	**6011**	**20**	**56**	**9**
曾都区	4530	1955	20	2575	376	366		1	9
随县	12100	4000		8100	2307	2267	20	20	
广水市	7500	3340	3100	4160	3413	3378		35	
仙桃市	**34281**	**34281**	**400**		**14807**	**14540**		**120**	**147**
天门市	**12469**	**9862**		**2607**	**16668**	**16226**	**442**		
潜江市	**9190**	**8028**	**2604**	**1162**	**39501**	**39501**			
神农架	**17**	**14**		**3**					

养殖产量、面积（按水面分类）（二）

单位	池塘养殖产量			稻田综合养殖产量				
	小计	其中：精养鱼池	普通池塘	小计	其中：小龙虾	泥鳅	鳖	其它品种养殖面积
	吨	吨	吨	吨	吨	吨	吨	吨
湖北省	**3580937**	**3082907**	**498030**	**820461**	**788930**	**9509**	**6183**	**15839**
省直属								
武汉市	**388719**	**313696**	**75023**	**16760**	**15938**		**2**	**820**
武汉市直	83141	70413	12728	691	691			
新洲区	93834	90648	3186	5278	4458			820
江夏区	66225	52980	13245	6462	6460		2	
蔡甸区	53455	42219	11236	4188	4188			
黄陂区	92064	57436	34628	141	141			
黄石市	**154324**	**145658**	**8666**	**13253**	**12916**	**55**	**66**	**216**
黄石市直	2525	2505	20	32	32			
大冶市	56953	49963	6990	4997	4707	37	37	216
阳新县	94846	93190	1656	8224	8177	18	29	
十堰市	**12204**	**4925**	**7279**	**998**	**658**		**290**	**50**
十堰市直	6		6					
十堰市辖区	907	296	611					
丹江口市	6225	3345	2880	553	365		188	
郧县	1615	465	1150					
郧西	507	152	355					
竹山县	1260	410	850	250	100		100	50
竹溪县	560	100	460	32	30		2	
房县	1124	157	967	163	163			
荆州市	**762489**	**729172**	**33317**	**341852**	**329825**	**3806**	**1754**	**6467**
荆州区	91534	91534		15170	15090		45	35
沙市区	28259	26424	1835	14086	13906			180
江陵县	15831	15048	783	13127	12664	300	28	135
松滋市	21646	17902	3744	10495	10395			100
公安县	80193	80193		44207	43172	193	427	415
石首市	77093	72063	5030	33781	33528	105	107	41
监利县	167132	145207	21925	101526	101010	108	47	361
洪湖市	280801	280801		109460	100060	3100	1100	5200
宜昌市	**143464**	**131097**	**12367**	**8433**	**8183**	**8**	**107**	**135**
宜昌市直	110	110						
夷陵区	3350	2600	750	200	200			
宜都市	3400	1800	1600	346	306			40
枝江市	69002	67500	1502	2499	2499			
当阳市	64477	56387	8090	4920	4719	2	106	93
远安县	1719	1601	118	393	389	1	1	2
兴山县	4	4						
秭归县	20	15	5					
长阳县	1371	1080	291	75	70	5		
五峰县	11		11					
襄阳市	**130578**	**89080**	**41498**	**16588**	**14451**	**74**	**345**	**1718**
襄阳市直								
襄阳市辖区	17422	14326	3096	1214	1106	18	5	85
老河口市	23100	18900	4200	3088	2480			608
襄州区	29021	21199	7822	3301	2352	41	78	830
枣阳市	22246	9680	12566	2420	2380	15		25
宜城市	23409	12111	11298	3494	3072		262	160
南漳县	6426	4050	2376	724	724			
谷城县	8954	8814	140	2316	2306			10
保康县				31	31			
鄂州市	**250691**	**230662**	**20029**	**8478**	**8308**	**121**	**39**	**10**
鄂城区	87501	82627	4874	2755	2755			
华容区	86476	80352	6124	303	274	17	2	10
梁子湖区	76714	67683	9031	5420	5279	104	37	
荆门市	**406613**	**306690**	**99923**	**87426**	**82403**	**237**	**2922**	**1864**

续表

单位	池塘养殖产量			稻田综合养殖产量				
	小计	其中：精养鱼池	普通池塘	小计	其中：小龙虾	泥鳅	鳖	其它品种养殖面积
	吨	吨	吨	吨	吨	吨	吨	吨
荆门市直								
荆门市辖区								
沙洋县	177040	147230	29810	42118	41529	153	49	387
钟祥市	124720	77910	46810	20953	18721	52	1800	380
京山县	60800	53300	7500	13700	12000	32	1015	653
沙洋农场	4523	2510	2013	645	645			
东宝区	14600	9485	5115	5442	5100			342
掇刀区	15385	9418	5967	2539	2424		43	72
漳河新区	7627	5102	2525	1700	1690			10
屈家岭管理区	1918	1735	183	329	294		15	20
孝感市	**359633**	**292686**	**66947**	**49458**	**47545**	**1802**	**69**	**42**
孝南区	66607	47665	18942	2781	2781			
孝昌县	15022	15022		3590	2894	686	10	
大悟县	22800	9600	13200	2560	1550	1010		
安陆市	21177	13158	8019	3395	3261	104	11	19
云梦县	48226	35673	12553	1738	1738			
应城市	42802	28569	14233	6457	6384	2	48	23
汉川市	142999	142999		28896	28896			
孝感市辖区				41	41			
黄冈市	**336005**	**254006**	**81999**	**92149**	**86586**	**1969**	**142**	**3452**
黄州区	30643	28016	2627	1700	850	850		
团风县	40653	31082	9571	3576	3502	34	10	30
红安县	10620	7440	3180	2700	2100	450		150
麻城市	20600	5600	15000	2270	1700	320	100	150
罗田县	3125	1369	1756	529	420	53		56
英山县	5312	1181	4131	236	236			
浠水县	54708	38420	16288	10305	9810	20		475
蕲春县	69735	54633	15102	9100	9025			75
武穴市	33553	27143	6410	17086	17026	42	2	16
黄梅县	53665	45731	7934	39000	36270	200	30	2500
龙感湖区	13391	13391		5647	5647			
咸宁市	**185607**	**167793**	**17814**	**34022**	**32457**	**805**	**247**	**513**
咸宁市直								
咸安区	45700	40380	5320	9310	9010	40	60	200
嘉鱼县	57000	55000	2000	4800	4800			
赤壁市	53513	49913	3600	15886	15201	630	55	
通城县	8850	6190	2660	2250	1940	35	32	243
崇阳县	10194	8560	1634	1756	1506	100	100	50
通山县	10350	7750	2600	20				20
恩施州	**2168**	**1012**	**1156**	**142**				**142**
恩施州直								
恩施市	568	381	187					
建始县	96	66	30					
巴东县	13		13					
利川市	722	462	260	142				142
宣恩县	75	60	15					
咸丰县	46	21	25					
来凤县	612		612					
鹤峰县	36	22	14					
随州市	**61858**	**38695**	**23163**	**6448**	**6283**	**55**	**80**	**30**
曾都区	9169	7051	2118	443	413			30
随县	29474	16513	12961	1260	1160	55	45	
广水市	23215	15131	8084	4745	4710		35	
仙桃市	**264679**	**264679**		**15739**	**15406**		**120**	**213**
天门市	**91600**	**86492**	**5108**	**24831**	**24339**	**492**		
潜江市	**30233**	**26499**	**3734**	**103884**	**103632**	**85**		**167**
神农架	**72**	**65**	**7**					

养殖产量、面积(按水面分类)(三)

单位	养殖面积中：							
	网箱面积(池塘)	网箱产量(池塘)	工厂化面积			工厂化面积		
				其中：流道养殖	循环水养殖		其中：流道养殖	循环水养殖
	千立方米	吨	千立方米	千立方米	千立方米	吨	吨	吨
湖北省	**574738**	**36845**	**7561**	**5756**	**1245**	**7028**	**3449**	**2167**
省直属								
武汉市	**810**	**2951**	**85**	**7**	**78**	**511**	**342**	**169**
武汉市直		15	74		74	110		110
新洲区	510	1731	6	3	3	156	125	31
江夏区	300	1205						
蔡甸区			4	4		217	217	
黄陂区			1		1	28		28
黄石市			**1**		**1**	**12**		**12**
黄石市直								
大冶市			1		1	12		12
阳新县								
十堰市			**140**			**524**		
十堰市直								
十堰市辖区								
丹江口市								
郧县								
郧西								
竹山县								
竹溪县								
房县			140			524		
荆州市	**566685**	**13274**	**6752**	**5705**	**1025**	**395**	**306**	**69**
荆州区			46	4	20	24	1	3
沙市区			1	1		20	20	
江陵县	553	2857						
松滋市								
公安县	3122	10050	1000		1000	24		24
石首市			5		5	42		42
监利县			5700	5700		285	285	
洪湖市	563010	367						
宜昌市			**242**	**26**		**2163**	**1551**	**612**
宜昌市直								
夷陵区								
宜都市			216			612		612
枝江市			6	6		750	750	
当阳市			20	20		801	801	
远安县								
兴山县								
秭归县								
长阳县								
五峰县								
襄阳市			**74**	**5**		**850**	**850**	
襄阳市直								
襄阳市辖区								
老河口市			1	1		10	10	
襄州区								
枣阳市								
宜城市								
南漳县			4	4		238	238	
谷城县			69			602	602	
保康县								
鄂州市	**100**	**150**						
鄂城区	100	150						
华容区								
梁子湖区								
荆门市	**385**	**2350**	**98**	**5**	**93**	**1080**	**260**	**820**

续表

单位	网箱面积(池塘)	网箱产量(池塘)	养殖面积中：工厂化面积	其中：流道养殖	循环水养殖	工厂化面积	其中：流道养殖	循环水养殖
	千立方米	吨	千立方米	千立方米	千立方米	吨	吨	吨
荆门市直								
荆门市辖区								
沙洋县	363	2195	4		4	220		220
钟祥市	2	29	1	1		20	20	
京山县	20	126	89		89	600		600
沙洋农场								
东宝区								
掇刀区			4	4		240	240	
漳河新区								
屈家岭管理区								
孝感市	**1043**	**2723**	**5**		**4**	**385**		**385**
孝南区								
孝昌县			3		3	360		360
大悟县								
安陆市	9	94						
云梦县			2		1	25		25
应城市								
汉川市	1034	2629						
孝感市辖区								
黄冈市	**1183**	**4900**	**49**	**6**	**43**	**85**	**60**	**25**
黄州区	18	424						
团风县	3	36	3	3		30	30	
红安县						25	25	
麻城市								
罗田县								
英山县								
浠水县	4	15	46	3	43	30	5	25
蕲春县								
武穴市	178	481						
黄梅县	930	3810						
龙感湖区	50	134						
咸宁市	**689**	**3500**	**1**		**1**	**75**		**75**
咸宁市直								
咸安区	175	390						
嘉鱼县	460	2980						
赤壁市			1		1	75		75
通城县								
崇阳县	54	130						
通山县								
恩施州								
恩施州直								
恩施市								
建始县								
巴东县								
利川市								
宣恩县								
咸丰县								
来凤县								
鹤峰县								
随州市			**35**			**830**		
曾都区								
随县								
广水市			35			830		
仙桃市			**2**	**2**		**80**	**80**	
天门市	**959**	**3962**						
潜江市	**2884**	**3035**						
神农架			**77**			**38**		

水产苗种生产投放

单位	投放鱼种总量（吨）	鱼种产量（吨）	鱼苗生产数量（亿尾）		扣蟹（公斤）	稚龟（万只）	稚鳖（万只）	虾类育苗（亿尾）	贝类育苗（万粒）
			合计	其中:黄颡鱼					
湖北省	**952555**	**1038229**	**1192**	**43.75**	**2649297**	**1738**	**6030**	**1588.27**	**284**
武汉市	**92465**	**93594**	**97**	**8.75**	**1420**	**74**	**267**	**6.05**	
武汉市直	20651	22941	6	0.20	600	58	185	0.95	
新洲区	18520	18740	46	1.50				1.20	
江夏区	20400	19350	23	7.00	820	16	12	0.80	
蔡甸区	15131	14437	15				45		
黄陂区	17763	18126	7	0.05			25	3.10	
黄石市	**40161**	**35475**	**66**	**0.06**		**4**	**156**	**11.20**	
黄石市直	890	810	6	0.06					
大冶市	17380	14003	9			1	1	6.00	
阳新县	21891	20662	52			3	155	5.20	
十堰市	**3277**	**971**	**4**	**0.05**	**120**	**1**	**2**	**0.50**	
十堰市直									
十堰市辖区	284								
丹江口市	1260	360	1			1	2		
郧县	340	320	1		120			0.50	
郧西	260	10							
竹山县	420	165	1	0.05					
竹溪县	260	42	1						
房县	453	74							
荆州市	**238656**	**249959**	**236**	**8.80**	**2134633**	**414**	**2820**	**698.20**	**14**
荆州区	25022	30009	30					6.00	
沙市区	6720	2370	8	5.00		50	10		
江陵县	11270	7846	22			13	108	3.00	
松滋市	11000	12000	6		15000	30	300		
公安县	31100	30566	31	0.80	7112	26	767	188.00	14
石首市	34264	32175	17		20874	2	95	20.00	
监利县	38212	49289	36	3.00	463877	278	1279	97.20	
洪湖市	81068	85704	86		1627770	15	261	384.00	
宜昌市	**48024**	**33292**	**18**	**0.98**	**500**	**36**	**54**	**12.05**	
宜昌市直	30								
夷陵区	1220	890							
宜都市	1000	600	1						
枝江市	23812	21102	5	0.51				0.50	
当阳市	20990	9940	10	0.47	500	36	54	10.95	
远安县	495	560	1					0.60	
兴山县	4								
秭归县	11								
长阳县	460	200	1						
五峰县	2								
襄阳市	**35559**	**36554**	**29**	**3.59**	**5105**	**2**	**34**	**28.81**	
襄阳市辖区	2770	5490			5	1	1	2.10	
老河口市	5450	8680	2		4800			5.00	
襄州区	7722	4993	3	3.09			1	7.21	
枣阳市	9500	7200	7	0.50	300		1	5.00	
宜城市	5870	5005	4				30	5.00	
南漳县	1629	3210	7					2.50	
谷城县	2468	1527	6			1	1	2.00	
保康县	150	449							
鄂州市	**49111**	**29775**	**27**	**10.00**			**5**	**72.00**	
鄂城区	17150	12230	18	10.00					
华容区	18681	13970	7						
梁子湖区	13280	3575	3				5	72.00	
荆门市	**86303**	**116722**	**76**	**3.86**	**3950**	**1174**	**1531**	**30.63**	

续表

单位	投放鱼种总量(吨)	鱼种产量(吨)	鱼苗生产数量(亿尾) 合计	其中:黄颡鱼	扣蟹(公斤)	稚龟(万只)	稚鳖(万只)	虾类育苗(亿尾)	贝类育苗(万粒)
荆门市辖区									
沙洋县	47650	48950	25	0.70		84	43	9.00	
钟祥市		34681	19	2.30		200	102	5.20	
京山县	18498	21910	16	0.53	350	630	1302	7.00	
沙洋农场	1241	920							
东宝区	10311		2	0.33				5.43	
掇刀区	6200	6825	6			10	33		
漳河新区	2403	3011	9					4.00	
屈家岭管理区		425			3600	250	51		
孝感市	**95339**	**113904**	**76**	**0.50**	**431391**	**7**	**18**	**485.20**	
孝南区	17400	17610	16				5	0.70	
孝昌县	8860	6980	3	0.50				1.60	
大悟县	6225	4880	4			2	8	0.90	
安陆市	7205	7980	3						
云梦县	13140	12127	1			5	4		
应城市	9679	10069	13						
汉川市	32600	54147	37		431391		1	482.00	
孝感市辖区	230	111							
黄冈市	**89359**	**121763**	**309**	**4.11**	**13178**	**5**	**8**	**64.50**	**220**
黄州区	8560	10652	175	0.56	6260		1	2.00	
团风县	8405	5000	26						
红安县	6000	5515	10						
麻城市	6500	5300	3	0.45	2800			1.50	
罗田县	1425	145	3		118	5			
英山县	2300	2050	3						
浠水县	17500	23450	39	1.00	1000		1	30.00	
蕲春县	9327	32216	18	1.00				2.00	
武穴市	10830	13950	18				4	11.00	220
黄梅县	14650	19700	12	0.10	3000		2	18.00	
龙感湖区	3862	3785	2	1.00					
咸宁市	**46100**	**93535**	**49**	**0.04**	**52000**	**2**	**28**	**15.50**	
咸宁市直									
咸安区	7200	15950	9	0.01	32000	1	1	10.20	
嘉鱼县	12000		16					2.20	
赤壁市	17000	68985	16	0.03	20000	1	15	2.00	
通城县	3700	1700	1						
崇阳县	3900	4900	2				12	1.10	
通山县	2300	2000	4						
恩施州	**1410**	**405**							
恩施市	385	110							
建始县	129	30							
巴东县	7								
利川市	642	191							
宣恩县	22	9							
咸丰县	22	3							
来凤县	187	60							
鹤峰县	16	2							
随州市	**17869**	**14256**	**22**	**0.01**			**282**	**5.63**	
曾都区	2136	1806	3	0.01				4.00	
随县	8193	6618	1					0.21	
广水市	7540	5832	18				282	1.42	
仙桃市	**56083**	**56143**	**35**			**3**	**413**	**4.00**	
天门市	**28040**	**27597**	**42**			**15**	**360**	**21.00**	**50**
潜江市	**24799**	**14284**	**108**	**3.00**	**7000**	**1**	**52**	**133.00**	
神农架									

水产加工业（一）

单位	水产加工企业			水产冷库				部分水产品年加工量（吨）		
	总数（个）	加工能力（吨/年）	其中：规模以上的加工企业个数（个）	座数（座）	冻结能力（吨/日）	冷藏能力（吨/次）	制冰能力（吨/日）	克氏螯虾	鳊鲂	斑点叉尾鮰
湖北省	**235**	**1785574**	**112**	**353.00**	**72051**	**188052**	**5204**	**261020.00**	**11789**	**12353**
武汉市	**20**	**116863**	**9**	**19.00**	**288**	**24610**	**155**	**4450.00**	**100**	**4000**
武汉市直	3	10023	1	1.00	8	60				
新洲区	11	32540	4	2.00	100		35	1500.00		4000
江夏区	3	67000	3	4.00	120	24000	90	2450.00		
蔡甸区	2	1300		8.00		400	30	500.00		
黄陂区	1	6000	1	4.00	60	150			100	
黄石市	**24**	**36580**	**11**	**11.00**	**128**	**946**	**155**	**1005.00**	**4559**	**53**
黄石市直										
大冶市	16	28930	8	8.00	80	580	100	990.00	1310	37
阳新县	8	7650	3	3.00	48	366	55	15.00	3249	16
十堰市	**7**	**30200**	**4**	**14.00**	**350**	**25030**	**108**			**15**
十堰市直										
十堰市辖区										
丹江口市	6	30000	3	7.00	300	25000	100			
郧县										
郧西										
竹山县	1	200	1	7.00	50	30	8			15
竹溪县										
房县										
荆州市	**45**	**545050**	**32**	**126.00**	**43572**	**59865**	**2134**	**125730.00**	**1320**	**7260**
荆州区	1	50000		1.00	10000	10000	1	20000.00		
沙市区	1	10000	1	1.00	100	150		600.00		
江陵县	1	1800	1	2.00	90	300		60.00		
松滋市	2	5000	2	5.00	1000	1100	3	3000.00		
公安县	5	85100	3	4.00	26800	26800	16	16000.00	1300	
石首市	4	39500	3	3.00	670	790	26	7200.00		
监利县	8	111650	6	63.00	1415	5870	707	14060.00		260
洪湖市	23	242000	16	47.00	3497	14855	1381	64810.00	20	7000
宜昌市	**11**	**86500**	**6**	**12.00**	**500**	**4700**	**230**	**419.00**	**400**	**600**
宜昌市直										
夷陵区										
宜都市	3	12500	3	3.00	150	550	30			
枝江市	4	50000	3	4.00	250	1050	100	19.00		100
当阳市				2.00		1600				
远安县										
兴山县										
秭归县										
长阳县	4	24000		3.00	100	1500	100	400.00	400	500
五峰县										
襄阳市	**11**	**18821**	**1**	**7.00**	**132**	**155**	**31**	**22.00**		
襄阳市辖区	1	750								
老河口市	5	15200	1	3.00	50	50		22.00		
襄州区	2	991								
枣阳市	1	860		1.00	2	25	1			
宜城市	2	1020								
南漳县										
谷城县				3.00	80	80	30			
保康县										
鄂州市	**16**	**139376**	**9**	**18.00**	**1303**	**2113**	**320**		**3690**	
鄂城区	5	58860	4	7.00	673	1240			1800	
华容区										
梁子湖区	11	80516	5	11.00	630	873	320		1890	
荆门市	**12**	**138800**	**6**	**14.00**	**2950**	**4835**	**515**	**37655.00**		**25**

续表

单位	水产加工企业			水产冷库				部分水产品年加工量（吨）		
	总数（个）	加工能力（吨/年）	其中：规模以上的加工企业个数（个）	座数（座）	冻结能力（吨/日）	冷藏能力（吨/次）	制冰能力（吨/日）	克氏螯虾	鳊鲂	斑点叉尾鮰
荆门市辖区										
沙洋县	4	75600	3	6.00	2600	2650	100	35000.00		
钟祥市	4	30000	2	3.00	120	1200	215	2000.00		25
京山县	2	12200	1	3.00	150	900	120	655.00		
沙洋农场										
东宝区										
掇刀区										
漳河新区	2	21000		2.00	80	85	80			
屈家岭管理区										
孝感市	**28**	**39062**	**3**	**12.00**	**1490**	**3075**	**120**	**5100.00**		
孝南区	1	2200								
孝昌县	1	12	1							
大悟县										
安陆市	1	300	1	1.00	150	1000				
云梦县	15	30250		5.00	1250	1875				
应城市	2	4000		3.00	50	200		1550.00		
汉川市	8	2300	1	3.00	40		120	3550.00		
孝感市辖区										
黄冈市	**26**	**111950**	**7**	**34.00**	**6293**	**26593**	**368**	**7750.00**	**100**	
黄州区	4	1750		1.00	15	65	14			
团风县										
红安县	2	1200		5.00	25	50	9			
麻城市	5	3500	1	2.00	15	6		50.00		
罗田县										
英山县										
浠水县	6	40000	2	9.00	1000	10000	100			
蕲春县	2	7500		6.00	55	1150	87			
武穴市	1	10000	1	2.00	130	42	51	1200.00		
黄梅县	4	23000	1	7.00	5050	15200	7	6500.00	100	
龙感湖区	2	25000	2	2.00	3	80	100			
咸宁市	**8**	**25300**	**4**	**30.00**	**433**	**1700**	**203**	**2000.00**		
咸宁市直										
咸安区										
嘉鱼县	4	15000	1	20.00	300	300				
赤壁市	3	9800	2	5.00	33	1000	3	2000.00		
通城县										
崇阳县										
通山县	1	500	1	5.00	100	400	200			
恩施州										
恩施市										
建始县										
巴东县										
利川市										
宣恩县										
咸丰县										
来凤县										
鹤峰县										
随州市	**1**	**25000**	**1**	**1.00**	**45**	**6000**	**37**	**16830.00**	**1220**	
曾都区										
随县										
广水市	1	25000	1	1.00	45	6000	37	16830.00	1220	
仙桃市	**11**	**36748**	**5**	**18.00**	**12262**	**13420**	**628**	**6040.00**		
天门市	**3**	**30800**	**2**	**3.00**	**32**	**1510**	**154**	**8700.00**	**400**	**400**
潜江市	**12**	**404524**	**12**	**34.00**	**2273**	**13500**	**46**	**45319.00**		
神农架										

水产加工业（二）

单位	水产加工品（吨）						
	总量	（一）水产品冷冻			（二）鱼糜制品及干腌制品		
		小计	#冷冻品	#冷冻加工品	小计	#鱼糜制品	#干腌制品
湖北省	**1316684**	**737339**	**303012**	**434327**	**488289**	**234684**	**253605**
武汉市	**63735**	**11101**	**300**	**10801**	**51031**	**46040**	**4991**
武汉市直	10020				10020	10000	20
新洲区	24430	6200		6200	18230	15620	2610
江夏区	27620	4301		4301	22716	20360	2356
蔡甸区	800						
黄陂区	865	600	300	300	65	60	5
黄石市	**29150**	**1316**	**806**	**510**	**27716**	**13014**	**14702**
黄石市直							
大冶市	18371	1316	806	510	16942	4132	12810
阳新县	10779				10774	8882	1892
十堰市	**14550**	**13300**	**8630**	**4670**	**1250**	**150**	**1100**
十堰市直							
十堰市辖区							
丹江口市	14350	13100	8500	4600	1250	150	1100
郧县							
郧西							
竹山县	200	200	130	70			
竹溪县							
房县							
荆州市	**416950**	**141274**	**108365**	**32909**	**273356**	**112917**	**160439**
荆州区	18500	3000	2900	100	15500	15000	500
沙市区	21600	3600		3600	18000	15000	3000
江陵县	183	3		3			
松滋市	3800	3000	3000		800	800	
公安县	47170	18650	12100	6550	28520	25600	2920
石首市	7560	4950		4950	1270		1270
监利县	69904	54901	43305	11596	15003	6442	8561
洪湖市	248233	53170	47060	6110	194263	50075	144188
宜昌市	**40556**	**23750**	**7000**	**16750**	**16781**	**2700**	**14081**
宜昌市直	200				200		200
夷陵区	650				650		650
宜都市	5389	1000		1000	4364		4364
枝江市	22750	16750	7000	9750	6000	2700	3300
当阳市	3500				3500		3500
远安县							
兴山县	9				9		9
秭归县	53				53		53
长阳县	8000	6000		6000	2000		2000
五峰县	5				5		5
襄阳市	**8684**	**7944**	**7880**	**64**	**740**	**78**	**662**
襄阳市辖区	648	460	460		188	52	136
老河口市	5410	5240	5240		170	16	154
襄州区	757	619	619		138	10	128
枣阳市	730	730	730				
宜城市	650	650	635	15			
南漳县	292	82	73	9	210		210
谷城县	197	163	123	40	34		34
保康县							
鄂州市	**54217**	**13813**	**3410**	**10403**	**29972**	**8027**	**21945**
鄂城区	27296	5000		5000	15716	3783	11933
华容区							
梁子湖区	26921	8813	3410	5403	14256	4244	10012
荆门市	**129776**	**74642**	**4118**	**70524**	**31109**	**20617**	**10492**

续表1

单位	水产加工品(吨)						
	总量	(一)水产品冷冻			(二)鱼糜制品及干腌制品		
		小计	#冷冻品	#冷冻加工品	小计	#鱼糜制品	#干腌制品
荆门市辖区							
沙洋县	77080	42500		42500	11080	6140	4940
钟祥市	33970	19195	1540	17655	14250	11890	2360
京山县	15855	12500	2300	10200	3355	1685	1670
沙洋农场	260				260	100	160
东宝区							
掇刀区							
漳河新区	2416	447	278	169	1969	722	1247
屈家岭管理区	195				195	80	115
孝感市	**14349**	**9948**	**6750**	**3198**	**4401**	**260**	**4141**
孝南区	40				40	40	
孝昌县	11				11		11
大悟县							
安陆市	300				300		300
云梦县	3718	268		268	3450		3450
应城市	1000	1000		1000			
汉川市	9280	8680	6750	1930	600	220	380
孝感市辖区							
黄冈市	**80438**	**20395**	**7292**	**13103**	**35030**	**19523**	**15507**
黄州区	2284	66		66	2218	1368	850
团风县	3482				3482	1475	2007
红安县	1371	1032	756	276	339	215	124
麻城市	4660	550	430	120	4110	4000	110
罗田县	1035				1035	245	790
英山县	1024				1024	168	856
浠水县	9143	1050	900	150	8090	4200	3890
蕲春县	11539	5557	3536	2021	5982	3532	2450
武穴市	6090	3840	320	3520	2250	720	1530
黄梅县	14810	8300	1350	6950	6500	3600	2900
龙感湖区	25000						
咸宁市	**11151**	**6948**	**4400**	**2548**	**3683**	**1358**	**2325**
咸宁市直							
咸安区							
嘉鱼县							
赤壁市	8614	6448	4055	2393	2166	1301	865
通城县	500				500		500
崇阳县	460				460		460
通山县	1577	500	345	155	557	57	500
恩施州							
恩施市							
建始县							
巴东县							
利川市							
宣恩县							
咸丰县							
来凤县							
鹤峰县							
随州市	**6157**	**4305**		**4305**	**1852**		**1852**
曾都区							
随县							
广水市	6157	4305		4305	1852		1852
仙桃市	**30597**	**3029**	**266**	**2763**	**568**		**568**
天门市	**11850**	**11050**	**2270**	**8780**	**800**		**800**
潜江市	**404524**	**394524**	**141525**	**252999**	**10000**	**10000**	
神农架							

续表2

单位	水产加工品（吨）					用于加工的水产品总量（吨）
	（三）罐制品	（四）水产饲料（鱼粉）	（五）鱼油制品	（六）其它水产品加工		
				小计	#助剂和添加剂	
湖北省	**13437**	**76835**		**784**	**603**	**1934728**
武汉市	**1000**			**603**	**603**	**127429**
武汉市直						51023
新洲区						44517
江夏区				603	603	30269
蔡甸区	800					
黄陂区	200					1620
黄石市	**117**			**1**		**54830**
黄石市直						
大冶市	113					35610
阳新县	4			1		19220
十堰市						**15000**
十堰市直						
十堰市辖区						
丹江口市						15000
郧县						
郧西						
竹山县						
竹溪县						
房县						
荆州市	**1340**	**800**		**180**		**701431**
荆州区						46000
沙市区						50000
江陵县				180		270
松滋市						5200
公安县						59800
石首市	1340					46307
监利县						154067
洪湖市		800				339787
宜昌市	**25**					**93179**
宜昌市直						600
夷陵区						1860
宜都市	25					
枝江市						61000
当阳市						9500
远安县						
兴山县						33
秭归县						180
长阳县						20000
五峰县						6
襄阳市						**13398**
襄阳市辖区						283
老河口市						9100
襄州区						1455
枣阳市						1200
宜城市						940
南漳县						420
谷城县						
保康县						
鄂州市	**10432**					**110727**
鄂城区	6580					50358
华容区						
梁子湖区	3852					60369
荆门市		**24025**				**174810**

续表3

单位	水产加工品（吨）					用于加工的水产品总量（吨）
	（三）罐制品	（四）水产饲料（鱼粉）	（五）鱼油制品	（六）其它水产品加工		
				小计	#助剂和添加剂	
荆门市辖区						
沙洋县		23500				93540
钟祥市		525				51500
京山县						28700
沙洋农场						620
东宝区						
掇刀区						
漳河新区						
屈家岭管理区						450
孝感市						**28827**
孝南区						55
孝昌县						
大悟县						
安陆市						900
云梦县						4312
应城市						5000
汉川市						18560
孝感市辖区						
黄冈市	**3**	**25010**				**112298**
黄州区						7120
团风县						
红安县						2340
麻城市						11500
罗田县						3100
英山县						2365
浠水县						17375
蕲春县						16618
武穴市						21380
黄梅县		10				30500
龙感湖区		25000				
咸宁市	**520**					**15550**
咸宁市直						
咸安区						
嘉鱼县						
赤壁市						13100
通城县						
崇阳县						
通山县	520					2450
恩施州						
恩施市						
建始县						
巴东县						
利川市						
宣恩县						
咸丰县						
来凤县						
鹤峰县						
随州市						**24910**
曾都区						
随县						
广水市						24910
仙桃市		**27000**				**38515**
天门市						**20300**
潜江市						**403524**
神农架						

渔业人口与从业人员

单位	渔业乡（个）	渔业村（个）	渔业户（户）	渔业人口（人）		渔业从业人员（人）		
				小计	其中：传统渔民	合计	其中：专业从业人员	
							小计	捕捞
湖北省	**71**	**980**	**470965**	**1553175**	**612879**	**1165494**	**773270**	**47590**
武汉市	**1**	**90**	**42200**	**138773**	**65725**	**99235**	**66539**	**5455**
武汉市直	1	23	4877	12326	9042	8881	8251	106
新洲区		44	11619	36365	13863	28822	18770	1092
江夏区		6	7185	23108	17331	20082	13842	1862
蔡甸区		17	6321	21112	8643	20552	10267	603
黄陂区			12198	45862	16846	20898	15409	1792
黄石市	**1**	**15**	**9275**	**37358**	**7706**	**36351**	**14997**	**1440**
黄石市直			169	433		681	165	
大冶市	1	4	4000	15000	1850	9760	4340	780
阳新县		11	5106	21925	5856	25910	10492	660
十堰市		**1**	**5400**	**21873**	**7188**	**16088**	**6517**	**2833**
十堰市直			20	60		43	10	
十堰市辖区								
丹江口市		1	1168	4672	1632	4732	3032	1136
郧县			2380	10170	2680	3588	1618	1038
郧西			268	1059	326	826	713	240
竹山县			462	2610	1150	3733	568	189
竹溪县			501	1202		1202	312	150
房县			601	2100	1400	1964	264	80
荆州市	**14**	**333**	**101567**	**303878**	**156853**	**237840**	**190837**	**8413**
荆州区		8	4324	16167	1570	16135	12173	612
沙市区			5097	9967	5043	8306	6056	26
江陵县		1	4281	16145	3019	8599	6720	725
松滋市		16	5586	16105	4900	14899	10665	820
公安县		32	8066	23350	9145	28893	23350	974
石首市			2987	7456	6876	3564	2900	426
监利县	3	135	35275	127445	57464	80738	57293	3121
洪湖市	11	141	35951	87243	68836	76706	71680	1709
宜昌市		**6**	**21089**	**60318**	**7385**	**56364**	**33752**	**3771**
宜昌市直			90	192	40	192	192	80
夷陵区			4910	9885	1135	6725	1925	725
宜都市			240	1500	605	2000	1000	
枝江市		4	8685	31847	1375	20614	13914	
当阳市		2	6570	15608	4030	21331	12652	1346
远安县						3312	2380	520
兴山县			53	106	100	106	106	100
秭归县			530	1160	100	1060	1060	1000
长阳县						984	503	
五峰县			11	20		40	20	
襄阳市	**4**	**22**	**43714**	**115946**	**48679**	**56542**	**33564**	**4236**
襄阳市辖区		1	5830	11780	9170	9154	5808	1510
老河口市	1	5	14460	24400	12650	5977	3617	127
襄州区			4765	24310	19970	5915	2843	1412
枣阳市		1	8200	25000	4530	14160	8860	180
宜城市	1	4	5723	16573	120	7489	3381	241
南漳县	2	10	3200	9500	1500	9508	6558	8
谷城县		1	1536	4328	734	4328	2490	754
保康县				55	5	11	7	4
鄂州市	**5**	**54**	**13640**	**52493**	**20281**	**47035**	**33359**	**1859**
鄂城区	2	5	4705	14175	7851	11376	8770	1668
华容区	2	43	3606	17002	1772	10791	8602	191
梁子湖区	1	6	5329	21316	10658	24868	15987	
荆门市	**9**	**153**	**36577**	**102392**	**29965**	**80458**	**53354**	**2546**

续表1

单位	渔业乡（个）	渔业村（个）	渔业户（户）	渔业人口（人）		渔业从业人员（人）		
				小计	其中：传统渔民	合计	其中：专业从业人员	
							小计	捕捞
荆门市辖区								
沙洋县	6	42	7014	27370	8626	18540	15040	820
钟祥市		78	10400	33890	10890	29760	18875	
京山县	3	29	7696	20499	8420	18607	11299	910
沙洋农场			1298	3712		2921	2501	
东宝区			5613	8531	418	3094	1182	262
掇刀区			1625	4788		2808	2265	296
漳河新区		4	2544	2622	1611	4051	1637	258
屈家岭管理区			387	980		677	555	
孝感市	**1**	**41**	**35836**	**133073**	**79902**	**114898**	**75496**	**5131**
孝南区			6502	20523	13910	9565	8843	
孝昌县			3155	12520	9880	10932	10282	160
大悟县			3250	11900	3005	10606	5786	56
安陆市		1	5480	21438	11097	21438	11783	806
云梦县			2720	8416	3671	9774	7143	
应城市			5433	18562	7552	14823	10374	953
汉川市	1	40	8826	37864	30246	36475	20869	3135
孝感市辖区			470	1850	541	1285	416	21
黄冈市	**11**	**117**	**49981**	**175433**	**66947**	**152830**	**87420**	**3628**
黄州区	1	7	4500	14830	13100	16070	13470	160
团风县		5	4454	12730	6051	6741	5241	18
红安县	1	1	4317	13000	1526	14642	9992	162
麻城市		3	5150	14500	3365	14860	10500	200
罗田县			982	1985	318	925	322	
英山县	1	12	1890	3780	400	6932	1033	96
浠水县	1	23	7665	25020	11955	24850	11235	1440
蕲春县	1	25	5338	22042	6368	20180	9470	496
武穴市		2	5060	25260	3780	16379	8999	840
黄梅县			9987	40580	18670	29545	15935	195
龙感湖区	6	39	638	1706	1414	1706	1223	21
咸宁市	**19**	**87**	**23158**	**101249**	**29349**	**59498**	**29212**	**3739**
咸宁市直								
咸安区	8	26	2900	10700	4100	6450	3730	50
嘉鱼县	1	8	8421	33749	4579	15989	7059	1300
赤壁市	5	17	4300	21000	13060	18470	7700	320
通城县			2357	7000	2950	4576	3710	100
崇阳县		4	3750	15000	960	7343	1813	469
通山县	5	32	1430	13800	3700	6670	5200	1500
恩施州			**801**	**2233**		**2683**	**1349**	**389**
恩施市			128	353		438	160	28
建始县			20	78		209	56	16
巴东县			136	351		438	284	270
利川市			260	682		820	436	10
宣恩县			82	242		238	123	20
咸丰县			36	102		165	55	16
来凤县			116	345		308	204	22
鹤峰县			23	80		67	31	7
随州市			**20802**	**73471**	**7740**	**29370**	**13881**	**1507**
曾都区			830	1270	978	1162	1102	135
随县			15546	56229	3421	18908	10379	657
广水市			4426	15972	3341	9300	2400	715
仙桃市			**38182**	**134107**	**46601**	**103798**	**83889**	**2104**
天门市			**12932**	**49112**	**15177**	**36060**	**21663**	**380**
潜江市	**6**	**60**	**15742**	**51259**	**23381**	**36444**	**27441**	**159**
神农架		**1**	**69**	**207**				

续表2

单位	渔业从业人员（人）						
	其中：专业从业人员		专业从业人员中：女性	兼业从业人员		临时从业人员	
	养殖	其它		小计	其中：女性	小计	其中：女性
湖北省	**683482**	**42198**	**194865**	**278777**	**66349**	**113447**	**28284**
武汉市	**54962**	**6122**	**18992**	**25266**	**5776**	**7430**	**1405**
武汉市直	7982	163	3175	621	172	9	4
新洲区	17187	491	4226	8292	1969	1760	164
江夏区	11360	620	1814	4255	869	1985	675
蔡甸区	9664		1084	7642	872	2643	
黄陂区	8769	4848	8693	4456	1894	1033	562
黄石市	**12889**	**668**	**3444**	**17798**	**2134**	**3556**	**1192**
黄石市直	107	58	23	272	52	244	185
大冶市	3260	300	900	4200	600	1220	280
阳新县	9522	310	2521	13326	1482	2092	727
十堰市	**3025**	**659**	**1484**	**7191**	**1684**	**2380**	**930**
十堰市直	10			18	9	15	7
十堰市辖区							
丹江口市	1430	466	642	1400	500	300	200
郧县	580		510	1560	300	410	65
郧西	387	86	20	88	31	25	9
竹山县	272	107	258	1605	427	1560	635
竹溪县	162		32	860	87	30	2
房县	184		22	1660	330	40	12
荆州市	**176878**	**5546**	**54303**	**33122**	**10542**	**13881**	**4906**
荆州区	11561		1659	3092	496	870	117
沙市区	5568	462	630	980	545	1270	535
江陵县	5900	95	1701	1394	794	485	199
松滋市	9560	285	1757	3574	680	660	138
公安县	21308	1068	5153	3389	1210	2154	936
石首市	2120	354	276	421	43	243	30
监利县	52062	2110	23178	16341	5611	7104	2721
洪湖市	68799	1172	19949	3931	1163	1095	230
宜昌市	**28687**	**1294**	**11480**	**14727**	**4958**	**7885**	**2065**
宜昌市直	112		12				
夷陵区	1045	155	420	2255	705	2545	625
宜都市	900	100	200	500	100	500	100
枝江市	13412	502	5869	4000	1500	2700	820
当阳市	11060	246	4414	6968	2005	1711	401
远安县	1636	224	413	830	640	102	95
兴山县	6		10				
秭归县	60		100				
长阳县	436	67	42	154	6	327	24
五峰县	20			20	2		
襄阳市	**24998**	**4330**	**5241**	**13922**	**3645**	**9056**	**1906**
襄阳市辖区	3362	936	409	1820	785	1526	589
老河口市	3280	210	230	1680	320	680	84
襄州区	673	758	1675	1860	635	1212	445
枣阳市	8500	180	900	3300	300	2000	250
宜城市	3120	20	1127	2658	895	1450	483
南漳县	4350	2200		2300	700	650	
谷城县	1710	26	900	302	10	1536	55
保康县	3			2		2	
鄂州市	**30675**	**825**	**10313**	**7719**	**2981**	**5957**	**2529**
鄂城区	6571	531	2056	1866	732	740	388
华容区	8117	294	1862	524	118	1665	365
梁子湖区	15987		6395	5329	2131	3552	1776
荆门市	**48534**	**2274**	**16170**	**22393**	**6854**	**4711**	**1364**

续表3

单位	渔业从业人员（人）						
	其中：专业从业人员		专业从业人员中：女性	兼业从业人员		临时从业人员	
	养殖	其它		小计	其中：女性	小计	其中：女性
荆门市辖区							
沙洋县	13030	1190	7362	2150	944	1350	469
钟祥市	18875		4550	8998	2368	1887	611
京山县	10079	310	2741	6787	2901	521	192
沙洋农场	2501			420	68		
东宝区	824	96	416	1400	176	512	31
掇刀区	1647	322	616	364	47	179	26
漳河新区	1059	320	339	2158	322	256	32
屈家岭管理区	519	36	146	116	28	6	3
孝感市	**63492**	**6873**	**12221**	**26392**	**3821**	**13010**	**2108**
孝南区	8481	362	1675	251	34	471	64
孝昌县	10122		210	330	70	320	42
大悟县	5170	560	1210	4220	1220	600	130
安陆市	8027	2950	3551	7685	210	1970	724
云梦县	7143		3049	1824	312	807	41
应城市	7951	1470	502	3602	562	847	232
汉川市	16228	1506	1987	8061	1358	7545	785
孝感市辖区	370	25	37	419	55	450	90
黄冈市	**76204**	**7588**	**13011**	**38793**	**8464**	**26617**	**5016**
黄州区	12810	500	1080	2000	100	600	80
团风县	4973	250	890	1310	150	190	12
红安县	9300	530	1150	3350	800	1300	370
麻城市	10000	300	300	3360	80	1000	80
罗田县	322		4	481	13	122	11
英山县	727	210	217	2767	402	3132	521
浠水县	9265	530	1820	7905	4575	5710	1230
蕲春县	8335	639	2428	4557	1130	6153	1256
武穴市	7980	179	1620	5420	350	1960	310
黄梅县	11290	4450	3100	7210	625	6400	1120
龙感湖区	1202		402	433	239	50	26
咸宁市	**24778**	**695**	**6008**	**26615**	**2381**	**3671**	**493**
咸宁市直							
咸安区	3650	30	1120	1890	550	830	220
嘉鱼县	5609	150		8930			
赤壁市	7380		3360	8930	1210	1840	143
通城县	3510	100	420	400	100	466	80
崇阳县	1329	15	8	5165	221	365	15
通山县	3300	400	1100	1300	300	170	35
恩施州	**960**		**84**	**827**	**96**	**507**	**62**
恩施市	132		16	170	20	108	12
建始县	40		12	78	13	75	10
巴东县	14		2	108	4	46	
利川市	426		25	202	31	182	26
宣恩县	103		8	95	10	20	3
咸丰县	39		7	72	4	38	4
来凤县	182		12	80	10	24	7
鹤峰县	24		2	22	4	14	
随州市	**11799**	**575**	**2472**	**11224**	**3091**	**4265**	**1208**
曾都区	920	47	135	30	12	30	4
随县	9194	528	2077	4874	1253	3655	1024
广水市	1685		260	6320	1826	580	180
仙桃市	**79094**	**2691**	**20532**	**12879**	**3306**	**7030**	**2317**
天门市	**19711**	**1572**	**8096**	**11779**	**2433**	**2618**	**456**
潜江市	**26796**	**486**	**11014**	**8130**	**4183**	**873**	**327**
神农架							

渔业船舶拥有量

单位	机动渔船合计			机动渔船按船长分		
				24米以上		
	艘	总吨	千瓦	艘	总吨	千瓦
湖北省	**19746**	**42561**	**180464**	**5**	**363**	**1736**
武汉市	**956**	**1570**	**12943**	**3**	**236**	**1473**
武汉市直	181	457	3602	2	152	1153
新洲区	261	365	2329			
江夏区	126	231	1932	1	84	320
蔡甸区	139	163	2701			
黄陂区	249	354	2379			
黄石市	**603**	**821**	**5493**			
黄石市直	24	72	424			
大冶市	45	76	410			
阳新县	534	673	4659			
十堰市	**2846**	**15446**	**38851**			
十堰市直						
十堰市辖区						
丹江口市	1770	8890	23562			
郧县	852	6200	12561			
郧西	109	126	1378			
竹山县	75	120	1033			
竹溪县						
房县	40	110	317			
荆州市	**6225**	**8617**	**32438**			
荆州区	273	306	1557			
沙市区	15	18	117			
江陵县	69	139	365			
松滋市	139	242	884			
公安县	487	1106	3449			
石首市	434	434	2277			
监利县	767	970	3638			
洪湖市	4041	5402	20151			
宜昌市	**1052**	**2650**	**7675**			
宜昌市直	50	269	1028			
夷陵区	316	381	1939			
宜都市	3	64	382			
枝江市	51	102	302			
当阳市	78	170	469			
远安县	2	3	28			
兴山县	50	121	401			
秭归县	502	1540	3126			
长阳县						
五峰县						
襄阳市	**2237**	**4952**	**37371**	**1**	**46**	**38**
襄阳市辖区	467	950	9395			
老河口市	430	766	8237			
襄州区	200	715	3690			
枣阳市	197	660	2401	1	46	38
宜城市	248	393	3696			
南漳县	181	226	1177			
谷城县	490	1210	8677			
保康县	24	32	98			
鄂州市	**286**	**1114**	**2811**			
鄂城区	184	704	1815			
华容区	91	386	929			
梁子湖区	11	24	67			
荆门市	**144**	**183**	**1584**			

续表1

单位	机动渔船合计			机动渔船按船长分		
				24米以上		
	艘	总吨	千瓦	艘	总吨	千瓦
荆门市直	111	151	1354			
荆门市辖区						
沙洋县						
钟祥市						
京山县						
沙洋农场						
东宝区	13	11	73			
掇刀区	9	10	63			
漳河新区	11	11	94			
屈家岭管理区						
孝感市	**477**	**766**	**2718**			
孝南区	3	3	101			
孝昌县	55	83	247			
大悟县	98	276	679			
安陆市	143	114	822			
云梦县	37	48	52			
应城市	89	180	356			
汉川市						
孝感市辖区	52	62	461			
黄冈市	**1154**	**2034**	**10904**	**1**	**81**	**225**
黄冈市直	107	467	2716	1	81	225
黄州区	134	305	1540			
团风县	114	213	965			
红安县	6	12	149			
麻城市	39	52	355			
罗田县	17	21	100			
英山县	23	23	153			
浠水县	213	240	1339			
蕲春县	272	294	1550			
武穴市	149	187	1393			
黄梅县	80	220	644			
龙感湖区						
咸宁市	**2199**	**1682**	**13994**			
咸宁市直						
咸安区	2	12	171			
嘉鱼县	198	305	3048			
赤壁市	327	397	1525			
通城县	172	349	862			
崇阳县	510		1922			
通山县	990	619	6466			
恩施州	**210**	**591**	**3190**			
恩施市	3	21	339			
建始县	1	7	103			
巴东县	198	513	1960			
利川市	2	11	213			
宣恩县	2	11	133			
咸丰县	1	7	103			
来凤县	3	21	339			
鹤峰县						
随州市	**501**	**817**	**4166**			
曾都区	34	51	325			
随县	262	541	2412			
广水市	205	225	1429			
仙桃市	**453**	**907**	**4064**			
天门市	**254**	**262**	**1544**			
潜江市	**149**	**149**	**718**			
神农架						

续表2

单位	机动渔船按船长分						非机动渔船合计	
	12－24米			12米以下			艘	总吨
	艘	总吨	千瓦	艘	总吨	千瓦		
湖北省	**1646**	**11713**	**29514**	**18095**	**30485**	**149214**	**20777**	**17847**
武汉市	**6**	**29**	**337**	**947**	**1305**	**11133**	**75**	**189**
武汉市直	1	9	180	178	296	2269	75	189
新洲区				261	365	2329		
江夏区	1	8	105	124	139	1507		
蔡甸区	4	12	52	135	151	2649		
黄陂区				249	354	2379		
黄石市	**24**	**54**	**465**	**579**	**767**	**5028**	**300**	**300**
黄石市直				24	72	424		
大冶市	1	9	103	44	67	307	300	300
阳新县	23	45	362	511	628	4297		
十堰市	**1252**	**9296**	**18940**	**1594**	**6150**	**19911**	**686**	**265**
十堰市直								
十堰市辖区								
丹江口市	860	5160	12642	910	3730	10920	636	190
郧县	392	4136	6298	460	2064	6263		
郧西				109	126	1378		
竹山县				75	120	1033		
竹溪县								
房县				40	110	317	50	75
荆州市	**6**	**71**	**515**	**6219**	**8546**	**31923**	**11418**	**10843**
荆州区	2	16	208	271	290	1349		
沙市区	2	3	32	13	15	85		
江陵县				69	139	365		
松滋市	1	2	15	138	240	869	8	8
公安县				487	1106	3449		
石首市				434	434	2277	5	5
监利县	1	50	260	766	920	3378	11405	10830
洪湖市				4041	5402	20151		
宜昌市	**116**	**499**	**2086**	**936**	**2151**	**5589**	**66**	**50**
宜昌市直	5	175	737	45	94	291		
夷陵区	11	23	105	305	358	1834		
宜都市	1	50	235	2	14	147	50	30
枝江市				51	102	302		
当阳市	1	8	15	77	162	454		
远安县				2	3	28		
兴山县				50	121	401		
秭归县	98	243	994	404	1297	2132	16	20
长阳县								
五峰县								
襄阳市	**57**	**509**	**1182**	**2179**	**4397**	**36151**	**132**	**197**
襄阳市辖区				467	950	9395	40	91
老河口市				430	766	8237	62	31
襄州区				200	715	3690	30	75
枣阳市	24	263	587	172	351	1776		
宜城市				248	393	3696		
南漳县				181	226	1177		
谷城县	33	246	595	457	964	8082		
保康县				24	32	98		
鄂州市	**45**	**415**	**976**	**241**	**699**	**1835**		
鄂城区	29	290	688	155	414	1127		
华容区	15	118	272	76	268	657		
梁子湖区	1	7	16	10	17	51		
荆门市	**2**	**14**	**208**	**142**	**169**	**1376**	**196**	**202**

续表3

单位	机动渔船按船长分						非机动渔船合计	
	12－24米			12米以下				
	艘	总吨	千瓦	艘	总吨	千瓦	艘	总吨
荆门市直	2	14	208	109	137	1146		
荆门市辖区								
沙洋县								
钟祥市								
京山县								
沙洋农场								
东宝区				13	11	73		
掇刀区				9	10	63		
漳河新区				11	11	94	196	202
屈家岭管理区								
孝感市	**4**	**90**	**52**	**473**	**676**	**2666**	**2607**	**2640**
孝南区				3	3	101	820	278
孝昌县				55	83	247	106	180
大悟县	4	90	52	94	186	627	40	40
安陆市				143	114	822	476	962
云梦县				37	48	52		
应城市				89	180	356	1165	1180
汉川市								
孝感市辖区				52	62	461		
黄冈市	**39**	**319**	**1097**	**1114**	**1634**	**9582**	**218**	**225**
黄冈市直	7	166	262	99	220	2229	14	10
黄州区	3	66	457	131	239	1083	30	45
团风县	29	87	378	85	126	587	2	4
红安县				6	12	149	34	31
麻城市				39	52	355	11	12
罗田县				17	21	100	14	10
英山县				23	23	153		
浠水县				213	240	1339		
蕲春县				272	294	1550		
武穴市				149	187	1393	113	113
黄梅县				80	220	644		
龙感湖区								
咸宁市	**6**	**82**	**1865**	**2193**	**1600**	**12129**	**34**	**72**
咸宁市直								
咸安区				2	12	171		
嘉鱼县	1	54	1800	197	251	1248		
赤壁市	5	28	65	322	369	1460		
通城县				172	349	862	34	72
崇阳县				510		1922		
通山县				990	619	6466		
恩施州	**87**	**325**	**1601**	**123**	**266**	**1589**		
恩施市				3	21	339		
建始县				1	7	103		
巴东县	82	293	1049	116	220	911		
利川市	2	11	213					
宣恩县				2	11	133		
咸丰县				1	7	103		
来凤县	3	21	339					
鹤峰县								
随州市				**501**	**817**	**4166**	**1495**	**757**
曾都区				34	51	325	45	32
随县				262	541	2412		
广水市				205	225	1429	1450	725
仙桃市	**2**	**10**	**190**	**451**	**897**	**3874**	**3550**	**2107**
天门市				**254**	**262**	**1544**		
潜江市				**149**	**149**	**718**		
神农架								

渔业船舶拥有量（机动渔船中的生产渔船）

单位	机动渔船中：生产渔船					
	生产渔船合计			捕捞渔船小计		
	艘	总吨	千瓦	艘	总吨	千瓦
湖北省	**19471**	**42330**	**167494**	**10440**	**25764**	**96711**
武汉市	**932**	**1218**	**9231**	**658**	**881**	**4167**
武汉市直	171	248	1388	143	187	758
新洲区	259	348	2121	235	324	1812
江夏区	116	121	849	116	121	849
蔡甸区	138	155	2598	5	5	35
黄陂区	248	346	2275	159	244	713
黄石市	**593**	**773**	**4625**	**262**	**375**	**1363**
黄石市直	20	54	115			
大冶市	43	63	211			
阳新县	530	656	4299	262	375	1363
十堰市	**2816**	**15790**	**40713**	**1932**	**11732**	**28073**
十堰市直						
十堰市辖区						
丹江口市	1750	9392	25617	1071	6676	16117
郧县	845	6125	12307	692	4840	9947
郧西	108	122	1644	66	70	971
竹山县	73	41	828	63	36	721
竹溪县						
房县	40	110	317	40	110	317
荆州市	**6219**	**8584**	**31396**	**1787**	**2445**	**8781**
荆州区	270	340	1283	248	248	1091
沙市区	15	18	117	13	16	109
江陵县	69	139	365	68	136	354
松滋市	137	238	684	113	132	522
公安县	487	1106	3449	312	704	2078
石首市	434	434	2277	373	373	1874
监利县	766	907	3070	565	707	2188
洪湖市	4041	5402	20151	95	129	565
宜昌市	**991**	**2272**	**5914**	**991**	**2272**	**5914**
宜昌市直	46	105	282	46	105	282
夷陵区	316	381	1939	316	381	1939
宜都市						
枝江市						
当阳市	78	170	469	78	170	469
远安县	2	3	28	2	3	28
兴山县	49	113	296	49	113	296
秭归县	500	1500	2900	500	1500	2900
长阳县						
五峰县						
襄阳市	**2108**	**5324**	**36790**	**1173**	**2812**	**24579**
襄阳市辖区	415	858	8248	332	678	7240
老河口市	408	1395	9653	246	685	6872
襄州区	145	550	2840	63	245	1190
枣阳市	197	660	2401			
宜城市	248	393	3696	147	191	2313
南漳县	181	226	1177	8	10	68
谷城县	490	1210	8677	377	1003	6896
保康县	24	32	98			
鄂州市	**286**	**1114**	**2810**	**239**	**1018**	**2590**
鄂城区	184	704	1814	160	656	1702
华容区	91	386	930	75	345	846
梁子湖区	11	24	66	4	17	42
荆门市	**142**	**170**	**1376**	**34**	**35**	**246**

续表1

单位	机动渔船中：生产渔船					
	生产渔船合计			捕捞渔船小计		
	艘	总吨	千瓦	艘	总吨	千瓦
荆门市直	109	137	1146	7	8	60
荆门市辖区						
沙洋县						
钟祥市						
京山县						
沙洋农场						
东宝区	13	12	73	11	10	63
掇刀区	9	10	63	9	10	63
漳河新区	11	11	94	7	7	60
屈家岭管理区						
孝感市	**507**	**528**	**2024**	**71**		
孝南区						
孝昌县	55	83	247			
大悟县	98	276	629			
安陆市	143	114	822			
云梦县						
应城市	160			71		
汉川市						
孝感市辖区	51	55	326			
黄冈市	**1136**	**1858**	**9132**	**545**	**813**	**3612**
黄冈市直	98	314	1682			
黄州区	131	239	1083	80	143	703
团风县	114	302	987	50	110	336
红安县	5	5	44			
麻城市	37	39	334			
罗田县	17	21	100			
英山县	23	23	153			
浠水县	213	240	1339	150	152	890
蕲春县	270	284	1384	146	149	736
武穴市	148	171	1393	39	39	314
黄梅县	80	220	633	80	220	633
龙感湖区						
咸宁市	**2194**	**2114**	**11720**	**1795**	**1630**	**9848**
咸宁市直						
咸安区						
嘉鱼县	196	247	1048			
赤壁市	327	397	1525	213	236	983
通城县	171	341	759	123	306	632
崇阳县	510	510	1922	469	469	1767
通山县	990	619	6466	990	619	6466
恩施州	**195**	**463**	**1634**	**195**	**463**	**1634**
恩施市						
建始县						
巴东县	195	463	1634	195	463	1634
利川市						
宣恩县						
咸丰县						
来凤县						
鹤峰县						
随州市	**501**	**817**	**4165**	**96**	**180**	**828**
曾都区	34	51	324	26	42	241
随县	262	541	2412	70	138	587
广水市	205	225	1429			
仙桃市	**448**	**894**	**3702**	**448**	**894**	**3702**
天门市	**254**	**262**	**1544**	**84**	**84**	**739**
潜江市	**149**	**149**	**718**	**130**	**130**	**635**
神农架						

续表2

单位	机动渔船中：生产渔船								
	捕捞渔船小计						养殖渔船小计		
	45-440千瓦（61-599马力）			44千瓦（60马力）以下			艘	总吨	千瓦
	艘	总吨	千瓦	艘	总吨	千瓦			
湖北省	**17**	**99**	**3114**	**10423**	**25665**	**93597**	**9031**	**16566**	**70783**
武汉市				**658**	**881**	**4167**	**274**	**337**	**5064**
武汉市直				143	187	758	28	61	630
新洲区				235	324	1812	24	24	309
江夏区				116	121	849			
蔡甸区				5	5	35	133	150	2563
黄陂区				159	244	713	89	102	1562
黄石市				**262**	**375**	**1363**	**331**	**398**	**3262**
黄石市直							20	54	115
大冶市							43	63	211
阳新县				262	375	1363	268	281	2936
十堰市				**1932**	**11732**	**28073**	**884**	**4058**	**12640**
十堰市直									
十堰市辖区									
丹江口市				1071	6676	16117	679	2716	9500
郧县				692	4840	9947	153	1285	2360
郧西				66	70	971	42	52	673
竹山县				63	36	721	10	5	107
竹溪县									
房县				40	110	317			
荆州市				**1787**	**2445**	**8781**	**4432**	**6139**	**22615**
荆州区				248	248	1091	22	92	192
沙市区				13	16	109	2	2	8
江陵县				68	136	354	1	3	11
松滋市				113	132	522	24	106	162
公安县				312	704	2078	175	402	1371
石首市				373	373	1874	61	61	403
监利县				565	707	2188	201	200	882
洪湖市				95	129	565	3946	5273	19586
宜昌市	**2**	**3**	**28**	**989**	**2269**	**5886**			
宜昌市直				46	105	282			
夷陵区				316	381	1939			
宜都市									
枝江市									
当阳市				78	170	469			
远安县	2	3	28						
兴山县				49	113	296			
秭归县				500	1500	2900			
长阳县									
五峰县									
襄阳市	**14**	**78**	**3029**	**1159**	**2734**	**21550**	**935**	**2512**	**12211**
襄阳市辖区				332	678	7240	83	180	1008
老河口市	14	78	3029	232	607	3843	162	710	2781
襄州区				63	245	1190	82	305	1650
枣阳市							197	660	2401
宜城市				147	191	2313	101	202	1383
南漳县				8	10	68	173	216	1109
谷城县				377	1003	6896	113	207	1781
保康县							24	32	98
鄂州市	**1**	**18**	**57**	**238**	**1000**	**2533**	**47**	**96**	**220**
鄂城区	1	18	57	159	638	1645	24	48	112
华容区				75	345	846	16	41	84
梁子湖区				4	17	42	7	7	24
荆门市				**34**	**35**	**246**	**108**	**135**	**1130**

续表3

单位	机动渔船中：生产渔船								
	捕捞渔船小计						养殖渔船小计		
	45–440千瓦(61–599马力)			44千瓦（60马力）以下			艘	总吨	千瓦
	艘	总吨	千瓦	艘	总吨	千瓦			
荆门市直				7	8	60	102	129	1086
荆门市辖区									
沙洋县									
钟祥市									
京山县									
沙洋农场									
东宝区				11	10	63	2	2	10
掇刀区				9	10	63			
漳河新区				7	7	60	4	4	34
屈家岭管理区									
孝感市				**71**			**436**	**528**	**2024**
孝南区									
孝昌县							55	83	247
大悟县							98	276	629
安陆市							143	114	822
云梦县									
应城市				71			89		
汉川市									
孝感市辖区							51	55	326
黄冈市				**545**	**813**	**3612**	**591**	**1045**	**5520**
黄冈市直							98	314	1682
黄州区				80	143	703	51	96	380
团风县				50	110	336	64	192	651
红安县							5	5	44
麻城市							37	39	334
罗田县							17	21	100
英山县							23	23	153
浠水县				150	152	890	63	88	449
蕲春县				146	149	736	124	135	648
武穴市				39	39	314	109	132	1079
黄梅县				80	220	633			
龙感湖区									
咸宁市				**1795**	**1630**	**9848**	**399**	**484**	**1872**
咸宁市直									
咸安区									
嘉鱼县							196	247	1048
赤壁市				213	236	983	114	161	542
通城县				123	306	632	48	35	127
崇阳县				469	469	1767	41	41	155
通山县				990	619	6466			
恩施州				**195**	**463**	**1634**			
恩施市									
建始县									
巴东县				195	463	1634			
利川市									
宣恩县									
咸丰县									
来凤县									
鹤峰县									
随州市				**96**	**180**	**828**	**405**	**637**	**3337**
曾都区				26	42	241	8	9	83
随县				70	138	587	192	403	1825
广水市							205	225	1429
仙桃市				**448**	**894**	**3702**			
天门市				**84**	**84**	**739**	**170**	**178**	**805**
潜江市				**130**	**130**	**635**	**19**	**19**	**83**
神农架									

渔业船舶拥有量（机动渔船中的辅助渔船）

单位	机动渔船中：辅助渔船								
	艘	总吨	千瓦	其中：捕捞辅助船			其中：渔业执法船		
				艘	总吨	千瓦	艘	总吨	千瓦
湖北省	**464**	**3088**	**24997**	**198**	**465**	**1434**	**266**	**2623**	**23563**
武汉市	**24**	**352**	**3712**				**24**	**352**	**3712**
武汉市直	10	209	2214				10	209	2214
新洲区	2	17	208				2	17	208
江夏区	10	110	1083				10	110	1083
蔡甸区	1	8	103				1	8	103
黄陂区	1	8	104				1	8	104
黄石市	**10**	**48**	**868**				**10**	**48**	**868**
黄石市直	4	18	309				4	18	309
大冶市	2	13	199				2	13	199
阳新县	4	17	360				4	17	360
十堰市	**31**	**352**	**1901**				**31**	**352**	**1901**
十堰市直									
十堰市辖区									
丹江口市	20	248	1244				20	248	1244
郧县	7	75	254				7	75	254
郧西	1	4	94				1	4	94
竹山县	2	17	206				2	17	206
竹溪县	1	8	103				1	8	103
房县									
荆州市	**29**	**173**	**2485**	**17**	**34**	**113**	**12**	**139**	**2372**
荆州区	3	19	274				3	19	274
沙市区									
江陵县									
松滋市	2	4	200				2	4	200
公安县									
石首市	3	54	1330				3	54	1330
监利县	4	62	568				4	62	568
洪湖市	17	34	113	17	34	113			
宜昌市	**11**	**277**	**1470**				**11**	**277**	**1470**
宜昌市直	4	164	746				4	164	746
夷陵区									
宜都市	3	64	382				3	64	382
枝江市									
当阳市									
远安县	1	1	11				1	1	11
兴山县	1	8	105				1	8	105
秭归县	2	40	226				2	40	226
长阳县									
五峰县									
襄阳市	**126**	**260**	**1153**	**119**	**239**	**697**	**7**	**21**	**456**
襄阳市辖区	52	96	167	51	94	147	1	2	20
老河口市	22	59	472	18	45	318	4	14	154
襄州区	51	102	249	50	100	232	1	2	17
枣阳市									
宜城市									
南漳县	1	3	66				1	3	66
谷城县			199						199
保康县									
鄂州市	**5**	**86**	**892**				**5**	**86**	**892**
鄂城区	3	68	622				3	68	622
华容区	1	9	135				1	9	135
梁子湖区	1	9	135				1	9	135
荆门市	**6**	**56**	**603**				**6**	**56**	**603**

续表

单位	机动渔船中：辅助渔船								
	艘	总吨	千瓦	其中：捕捞辅助船			其中：渔业执法船		
				艘	总吨	千瓦	艘	总吨	千瓦
荆门市直	2	14	208				2	14	208
荆门市辖区									
沙洋县									
钟祥市	4	42	395				4	42	395
京山县									
沙洋农场									
东宝区									
掇刀区									
漳河新区									
屈家岭管理区									
孝感市	**21**	**444**	**1846**				**21**	**444**	**1846**
孝南区	3	3	101				3	3	101
孝昌县	1	5	12				1	5	12
大悟县	1	4	85				1	4	85
安陆市	4	16	330				4	16	330
云梦县	3	3	200				3	3	200
应城市	3	21	300				3	21	300
汉川市	5	385	683				5	385	683
孝感市辖区	1	7	135				1	7	135
黄冈市	**141**	**635**	**3618**	**50**	**110**	**336**	**91**	**525**	**3282**
黄冈市直	9	153	1034				9	153	1034
黄州区	3	66	457				3	66	457
团风县	114	302	987	50	110	336	64	192	651
红安县	1	7	105				1	7	105
麻城市	2	13	21				2	13	21
罗田县	3	21	299				3	21	299
英山县									
浠水县	2	11	169				2	11	169
蕲春县	2	10	166				2	10	166
武穴市	1	16	93				1	16	93
黄梅县	4	36	287				4	36	287
龙感湖区									
咸宁市	**29**	**210**	**3635**	**12**	**82**	**288**	**17**	**128**	**3347**
咸宁市直									
咸安区	2	12	171				2	12	171
嘉鱼县	2	58	2000		58		2		2000
赤壁市	4	42	360				4	42	360
通城县	1	8	103				1	8	103
崇阳县	3						3		
通山县	17	90	1001	12	24	288	5	66	713
恩施州	**15**	**128**	**1556**				**15**	**128**	**1556**
恩施市	3	21	339				3	21	339
建始县	1	7	103				1	7	103
巴东县	3	50	326				3	50	326
利川市	2	11	213				2	11	213
宣恩县	2	11	133				2	11	133
咸丰县	1	7	103				1	7	103
来凤县	3	21	339				3	21	339
鹤峰县									
随州市	**6**	**31**	**436**				**6**	**31**	**436**
曾都区	1	1	44				1	1	44
随县	2	17	208				2	17	208
广水市	3	13	184				3	13	184
仙桃市	**5**	**13**	**362**				**5**	**13**	**362**
天门市	**4**	**15**	**355**				**4**	**15**	**355**
潜江市	**1**	**8**	**105**				**1**	**8**	**105**
神农架									

渔业经济总产值（一）

单位：万元

单位	合计	一、渔业					二、渔业工业和建筑业	
		小计	淡水捕捞	淡水养殖	水产苗种	增殖渔业	小计	水产品加工
湖北省	**22019264**	**7308425**	**259105**	**6043685**	**737407**	**268228**	**5559807**	**4147448**
省直属								
武汉市	**2651577**	**1116721**	**45530**	**948462**	**85704**	**37025**	**191767**	**135005**
武汉市直	1437224	199561	4410	192625	2526		2742	315
新洲区	256191	194951	2586	159877	26243	6245	45280	22530
江夏区	418652	241525	18377	176859	24580	21709	125846	106268
蔡甸区	239622	194137	2756	161944	26735	2702	14339	3772
黄陂区	299888	286547	17401	257157	5620	6369	3560	2120
黄石市	**197378**	**63094**			**63094**		**71512**	**47942**
黄石市直	18589	1272			1272		5820	
大冶市	88680	29860			29860		40700	30982
阳新县	90109	31962			31962		24992	16960
十堰市	**213165**	**172753**	**47161**	**71710**	**16725**	**37157**	**11410**	**9735**
十堰市直	1420	180		120	60			
十堰市辖区	2065	1815	107	1708				
丹江口市	116181	96711	32562	28532	8100	27517	10200	9000
郧县	7045	6660	3390	2322	768	180		
郧西	2853	1913	392	768	25	728	350	
竹山县	23776	17740	3380	11783	140	2437	860	735
竹溪县	11347	6667		1670	132	4865		
房县	48478	41067	7330	24807	7500	1430		
荆州市	**6526875**	**122853**	**2193**	**118551**	**803**	**1306**	**2367536**	**1836030**
荆州区	323048						124556	50000
沙市区	111782						77100	35600
江陵县	78809	57717	2043	54625	493	556	1748	578
松滋市	124136	65136	150	63926	310	750	22000	22000
公安县	590653						331098	302157
石首市	142343						75104	69542
监利县	2100483						700309	465464
洪湖市	3055621						1035621	890689
宜昌市	**1161244**	**490746**	**24108**	**396211**	**40995**	**29432**	**275195**	**93112**
宜昌市直	45749	2028	600	860		568	121	
夷陵区	38093	18498	4445	12624	540	889	3715	
宜都市	93807	22407	708	18699	1200	1800	38000	35000
枝江市	502053	215502	0	193481	13021	9000	121369	36512
当阳市	384404	183459	6012	149392	21534	6521	79999	4500
远安县								
兴山县	1725	549	473	12		64	86	
秭归县	1803	613	245	83		285	185	
长阳县	93300	47600	11600	21000	4700	10300	31700	17100
五峰县	310	90	25	60		5	20	
襄阳市	**675990**	**506090**	**24242**	**359878**	**42743**	**79227**	**46921**	**12604**
襄阳市直								
襄阳市辖区	70111	44100	4020	32320	5390	2370	4769	1367
老河口市	128930	97790	1680	64200	7810	24100	11900	6600
襄州区	163920	132557	7330	99352	8968	16907	9249	1530
枣阳市	142186	119821	6032	77228	8268	28293	6182	1472
宜城市	94936	60486	2100	52231	3005	3150	4940	1340
南漳县	25158	17758	470	11383	4245	1660	2410	190
谷城县	44512	28558	1912	20029	4782	1835	7284	105
保康县	6237	5020	698	3135	275	912	187	
鄂州市	**986606**	**394879**	**17301**	**353996**	**16351**	**7231**	**253192**	**250402**
鄂城区	553773	160334	11364	144650		4320	168818	168818
华容区	119151	113756	5937	98047	6861	2911	2790	
梁子湖区	313682	120789		111299	9490		81584	81584
荆门市	**1681789**	**780029**	**4528**	**654397**	**113574**	**7530**	**437337**	**357638**

续表　　单位：万元

单位	合计	一、渔业					二、渔业工业和建筑业	
		小计	淡水捕捞	淡水养殖	水产苗种	增殖渔业	小计	水产品加工
荆门市直								
荆门市辖区								
沙洋县	840049	419519	1892	351142	63365	3120	251203	207380
钟祥市	604229	298017		250045	43870	4102	157171	136875
京山县								
沙洋农场	13102	7668	306	6212	1150		1580	1520
东宝区	186951	48599	2330	41858	4263	148	9461	4956
掇刀区								
漳河新区	17566						7456	6445
屈家岭管理区	19892	6226		5140	926	160	10466	462
孝感市	**1400560**	**1053536**	**21324**	**949556**	**70675**	**11981**	**52591**	**46693**
孝南区	225219	157044		141495	11626	3923	62	62
孝昌县	101058	49410	2350	34430	9980	2650	1028	98
大悟县	78500	77080	3850	63805	6225	3200	720	
安陆市	70015						1375	415
云梦县	145204	99308	128	89856	9272	52	9883	9883
应城市	325590	302625	8105	289010	3410	2100	2805	1805
汉川市	452688	365783	6886	328679	30162	56	36718	34430
孝感市辖区	2286	2286	5	2281				
黄冈市	**2789993**	**929682**	**41902**	**719701**	**130171**	**37908**	**928699**	**521281**
黄州区	272640	96990	4028	46390	40520	6052	92320	39084
团风县	102205	59082	620	53500	2714	2248	31551	30747
红安县	104568	23746	3411	14391	5482	462	40568	17992
麻城市	130970	58000	3500	38000	12000	4500	36470	16000
罗田县	11987	8713	34	6920	218	1541	958	
英山县	7272	5848	358	5130	350	10		
浠水县	443772	154816	20730	110160	18760	5166	148566	96450
蕲春县	451214	165854	3058	147364	5630	9802	140016	92753
武穴市	440271	127254	6163	96214	19260	5617	149617	118755
黄梅县	670030	171310		149000	19800	2510	246360	109500
龙感湖区	155064	58069		52632	5437		42273	
咸宁市	**725165**	**595650**	**16849**	**528631**	**47875**	**2295**	**28615**	**23300**
咸宁市直								
咸安区	115372	91672	756	85821	3700	1395	3000	
嘉鱼县	330000	254300	500	213000	40350	450	10200	10200
赤壁市	242415	220000	12993	205682	1325		14215	11900
通城县	37378	29678	2600	24128	2500	450	1200	1200
崇阳县								
通山县								
恩施州	**11706**	**3881**	**496**	**2929**	**456**			
恩施州直								
恩施市	4452	1165	27	1016	122			
建始县	776	192	17	133	42			
巴东县	742	301	286	15				
利川市	2885	1117	75	890	152			
宣恩县	757	290	18	227	45			
咸丰县	713	238	19	188	31			
来凤县	959	463	43	364	56			
鹤峰县	422	115	11	96	8			
随州市	**195910**	**132348**	**5828**	**111248**	**5938**	**9334**	**26935**	**26935**
曾都区	21662	19467		17192	2275			
随县	51094	50094	2544	39981	995	6574		
广水市	123154	62787	3284	54075	2668	2760	26935	26935
仙桃市	**135680**						**92095**	**57881**
天门市	**617060**	**447216**	**7643**	**384134**	**48027**	**7412**	**83625**	**40330**
潜江市	**2048175**	**498581**		**443988**	**54203**	**390**	**692377**	**688560**
神农架	**391**	**366**		**293**	**73**			

渔业经济总产值(二)

单位:万元

单位	二、渔业工业和建筑业						
	渔用机具制造	其中:渔船渔机修造	渔用绳网制造	渔用饲料	渔用药物	建筑	其它
湖北省	**15278**	**1782**	**12414**	**989855**	**23407**	**377553**	**6266**
省直属							
武汉市				**32401**	**5256**	**19105**	
武汉市直				2254	173		
新洲区				22750			
江夏区				5460	4020	10098	
蔡甸区				1937	1063	7567	
黄陂区						1440	
黄石市	**297**	**190**	**92**	**20993**	**660**	**1620**	
黄石市直				5650	170		
大冶市				9378	340		
阳新县	297	190	92	5965	150	1620	
十堰市	**400**	**280**	**120**	**800**		**350**	**125**
十堰市直							
十堰市辖区							
丹江口市	400	280	120	800			
郧县							
郧西						350	
竹山县							125
竹溪县							
房县							
荆州市	**1090**	**40**	**1030**	**421222**	**4696**	**100900**	**3598**
荆州区				40316	780	30300	3160
沙市区				41500			
江陵县						1170	
松滋市							
公安县	1030		1030	24865		3046	
石首市				5562			
监利县				188525		46320	
洪湖市	60	40		120454	3916	20064	438
宜昌市	**989**	**553**	**407**	**83209**	**4660**	**92217**	**1008**
宜昌市直	30		10	62	7	22	
夷陵区	55		55	1750	150	1760	
宜都市						3000	
枝江市	310	251	50	40712	4300	39535	
当阳市				37665		37834	
远安县							
兴山县	30		30	2	1	48	5
秭归县	164	102	62	10	1	10	
长阳县	400	200	200	3000	200	10000	1000
五峰县				8	1	8	3
襄阳市				**17275**	**1126**	**15361**	**555**
襄阳市直							
襄阳市辖区				1760	122	1520	
老河口市				2410	210	2680	
襄州区				4752	137	2490	340
枣阳市				2390	120	2200	
宜城市				1560	240	1800	
南漳县				810	165	1245	
谷城县				3470	109	3385	215
保康县				123	23	41	
鄂州市				**2790**			
鄂城区							
华容区				2790			
梁子湖区							
荆门市				**56533**	**2910**	**20256**	

续表 单位：万元

单位	二、渔业工业和建筑业						
	渔用机具制造	其中:渔船渔机修造	渔用绳网制造	渔用饲料	渔用药物	建筑	其它
荆门市直							
荆门市辖区							
沙洋县				32900		10923	
钟祥市				11102	1410	7784	
京山县							
沙洋农场						60	
东宝区				3759		746	
掇刀区							
漳河新区				568		443	
屈家岭管理区				8204	1500	300	
孝感市	**1730**		**730**	**950**	**20**	**2388**	**810**
孝南区							
孝昌县				250	20	660	
大悟县						220	500
安陆市						650	310
云梦县							
应城市	1000						
汉川市	730		730	700		858	
孝感市辖区							
黄冈市	**10**		**10**	**301839**	**1260**	**104139**	**170**
黄州区				51044		2192	
团风县	10		10	574		220	
红安县				10546		12030	
麻城市				18000		2300	170
罗田县						958	
英山县							
浠水县				27756		24360	
蕲春县				37957		9306	
武穴市				30862			
黄梅县				87100	1260	48500	
龙感湖区				38000		4273	
咸宁市	**15**	**15**		**2300**		**3000**	
咸宁市直							
咸安区						3000	
嘉鱼县							
赤壁市	15	15		2300			
通城县							
崇阳县							
通山县							
恩施州							
恩施州直							
恩施市							
建始县							
巴东县							
利川市							
宣恩县							
咸丰县							
来凤县							
鹤峰县							
随州市							
曾都区							
随县							
广水市							
仙桃市	**9215**	**704**	**8493**	**15984**	**1162**	**7853**	
天门市	**1532**		**1532**	**33049**		**8714**	
潜江市				**510**	**1657**	**1650**	
神农架							

渔业经济总产值（三）

单位：万元

单位	三、渔业流通和服务业				
	小计	水产流通	水产（仓储）运输	休闲渔业	其它
湖北省	**9151032**	**7136111**	**510304**	**1268213**	**236404**
省直属					
武汉市	**1343089**	**1292053**	**8380**	**42656**	
武汉市直	1234921	1230182	1260	3479	
新洲区	15960	5545		10415	
江夏区	51281	36830	6810	7641	
蔡甸区	31146	17911		13235	
黄陂区	9781	1585	310	7886	
黄石市	**62772**	**31321**	**5896**	**25555**	
黄石市直	11497	8150	1600	1747	
大冶市	18120	5047	1063	12010	
阳新县	33155	18124	3233	11798	
十堰市	**29002**	**11981**	**5466**	**11545**	**10**
十堰市直	1240			1240	
十堰市辖区	250			250	
丹江口市	9270	1000	300	7970	
郧县	385	185	130	60	10
郧西	590	330		260	
竹山县	5176	4986		190	
竹溪县	4680	3200	630	850	
房县	7411	2280	4406	725	
荆州市	**4036486**	**3247682**	**121338**	**666878**	**588**
荆州区	198492	125139	11792	61561	
沙市区	34682	17580		17102	
江陵县	19344	16771	1040	1533	
松滋市	37000	16450		20550	
公安县	259555	218854	5444	35257	
石首市	67239	11687	814	54738	
监利县	1400174	1142079	84844	173251	
洪湖市	2020000	1699122	17404	302886	588
宜昌市	**395303**	**297549**	**65806**	**31548**	**400**
宜昌市直	43600	36000	3000	4600	
夷陵区	15880	7430	1970	6480	
宜都市	33400	30000	2000	1200	200
枝江市	165182	121061	31521	12600	
当阳市	120946	92337	23569	5040	
远安县					
兴山县	1090	380	360	350	
秭归县	1005	261	336	408	
长阳县	14000	10000	3000	800	200
五峰县	200	80	50	70	
襄阳市	**122979**	**84829**	**8218**	**29433**	**499**
襄阳市直					
襄阳市辖区	21242	15330	1230	4660	22
老河口市	19240	12400	680	6110	50
襄州区	22114	15205	373	6380	156
枣阳市	16183	12526	567	2900	190
宜城市	29510	25400	1560	2500	50
南漳县	4990	1050	225	3700	15
谷城县	8670	2636	3573	2445	16
保康县	1030	282	10	738	
鄂州市	**338535**	**146722**	**104961**	**86852**	
鄂城区	224621	79033	88912	56676	
华容区	2605	382	633	1590	
梁子湖区	111309	67307	15416	28586	
荆门市	**464423**	**398074**	**6900**	**59449**	

续表

单位	三、渔业流通和服务业				
	小计	水产流通	水产（仓储）运输	休闲渔业	其它
荆门市直					
荆门市辖区					
沙洋县	169327	146456	10	22861	
钟祥市	149041	130255	800	17986	
京山县					
沙洋农场	3854	3602		252	
东宝区	128891	114694	6090	8107	
掇刀区					
漳河新区	10110			10110	
屈家岭管理区	3200	3067		133	
孝感市	**294433**	**247989**	**7271**	**36835**	**2338**
孝南区	68113	66561		1350	202
孝昌县	50620	42920		7700	
大悟县	700			580	120
安陆市	68640	56954	2310	9376	
云梦县	36013	31182		4831	
应城市	20160	12000	360	7800	
汉川市	50187	38372	4601	5198	2016
孝感市辖区					
黄冈市	**931612**	**685815**	**39103**	**190282**	**16412**
黄州区	83330	34750	5279	30520	12781
团风县	11572	5181	274	6019	98
红安县	40254	8752	1799	29703	
麻城市	36500	23000	350	13000	150
罗田县	2316	430		1886	
英山县	1424	233	35	1146	10
浠水县	140390	116180	3650	19780	780
蕲春县	145344	116382	5627	22642	693
武穴市	163400	123320	5110	34280	690
黄梅县	252360	208350	12790	30010	1210
龙感湖区	54722	49237	4189	1296	
咸宁市	**100900**	**42687**	**25525**	**29535**	**3153**
咸宁市直					
咸安区	20700	13500		4200	3000
嘉鱼县	65500	27000	25000	13500	
赤壁市	8200	2187	525	5335	153
通城县	6500			6500	
崇阳县					
通山县					
恩施州	**7825**	**5022**		**2803**	
恩施州直					
恩施市	3287	1806		1481	
建始县	584	363		221	
巴东县	441	318		123	
利川市	1768	1435		333	
宣恩县	467	320		147	
咸丰县	475	280		195	
来凤县	496	291		205	
鹤峰县	307	209		98	
随州市	**36627**	**23160**	**3992**	**9475**	
曾都区	2195			2195	
随县	1000			1000	
广水市	33432	23160	3992	6280	
仙桃市	**43585**	**26651**	**9167**	**6914**	**853**
天门市	**86219**	**71471**	**3058**	**11453**	**237**
潜江市	**857217**	**523105**	**95223**	**26975**	**211914**
神农架	**25**			**25**	

渔业灾情（一）

单位	一、水产品损失					
	数量损失（吨）	价值损失（万元）	#台风、洪涝		#病害	
			数量	价值	数量	价值
湖北省	**54719**	**63878**	**6635**	**8065**	**18538**	**13751**
省直属						
武汉市	**1164**	**1020**	**1130**	**904**		
武汉市直	1134	960	1130	904		
新洲区						
江夏区						
蔡甸区						
黄陂区	30	60				
黄石市	**2660**	**7651**			**16**	**100**
黄石市直	28	31				
大冶市	750	1800				
阳新县	1882	5820			16	100
十堰市	**160**	**336**	**150**	**290**	**5**	**26**
十堰市直						
十堰市辖区						
丹江口市	3	15				
郧县	30	50	30	50		
郧西	27	71	20	40	5	26
竹山县						
竹溪县	100	200	100	200		
房县						
荆州市	**2948**	**5410**	**403**	**1204**	**1203**	**2354**
荆州区	601	1609	126	762	62	339
沙市区	237	380			237	380
江陵县	451	753	50	96	41	87
松滋市	510	610			90	110
公安县	383	514	88	107	230	310
石首市	367	367	12	12	348	348
监利县	127	227	127	227		
洪湖市	272	950			195	780
宜昌市	**657**	**2829**	**18**	**1714**	**278**	**799**
宜昌市直						
夷陵区	150	40			50	10
宜都市	100	200			100	200
枝江市		2030		1700		280
当阳市	407	317	18	14	128	102
远安县		42				7
兴山县						
秭归县						
长阳县		200				200
五峰县						
襄阳市	**12105**	**5176**	**1577**	**80**	**8858**	**2264**
襄阳市直						
襄阳市辖区	264	297	37	29	18	82
老河口市	455	344			35	64
襄州区	265	348	37	36		6
枣阳市	9500	2600	1500		8000	1800
宜城市	310	250			10	10
南漳县	503	965	3	15	80	90
谷城县	808	372			715	212
保康县						
鄂州市	**3687**				**381**	
鄂城区	1462				381	
华容区	2225					
梁子湖区						
荆门市	**2143**	**2011**			**1408**	**1330**

续表1

单位	一、水产品损失					
	数量损失（吨）	价值损失（万元）	#台风、洪涝		#病害	
			数量	价值	数量	价值
荆门市直						
荆门市辖区						
沙洋县	1590	1471			955	890
钟祥市	40	40			40	40
京山县	440	440			400	400
沙洋农场						
东宝区						
掇刀区						
漳河新区	13				13	
屈家岭管理区	60	60				
孝感市	**8014**	**9224**			**3289**	**1844**
孝南区	242	266			242	266
孝昌县	4535	7150			110	70
大悟县	920	500			620	200
安陆市						
云梦县						
应城市						
汉川市	2317	1308			2317	1308
孝感市辖区						
黄冈市	**15583**	**19291**	**3232**	**3598**	**2462**	**3629**
黄州区	441	241	441	241		
团风县	50	30	20	15		
红安县	1125	1112				
麻城市	2820	2215			200	200
罗田县	267	50				
英山县	35	325				
浠水县	1190	1030	50	50	690	590
蕲春县	336	658	91	136	62	102
武穴市	3519	4210	2630	3156	710	817
黄梅县	5800	9420			800	1920
龙感湖区						
咸宁市	**1200**	**1850**				
咸宁市直						
咸安区	50	50				
嘉鱼县						
赤壁市						
通城县	650	1200				
崇阳县	500	600				
通山县						
恩施州						
恩施州直						
恩施市						
建始县						
巴东县						
利川市						
宣恩县						
咸丰县						
来凤县						
鹤峰县						
随州市	**3050**	**5950**				
曾都区	1050	1550				
随县	2000	4400				
广水市						
仙桃市						
天门市	**78**	**234**			**15**	**45**
潜江市	**1270**	**2896**	**125**	**275**	**623**	**1360**
神农架						

续表2

单位	一、水产品损失						二、人员损失（人）		
	#干旱		#污染		#其它		失踪	死亡	重伤
	数量	价值	数量	价值	数量	价值			
湖北省	**28587**	**40446**	**283**	**442**	**676**	**1174**			
省直属									
武汉市	**30**	**60**		**56**	**4**				
武汉市直				56	4				
新洲区									
江夏区									
蔡甸区									
黄陂区	30	60							
黄石市	**2613**	**7357**	**13**	**88**	**18**	**106**			
黄石市直	28	31							
大冶市	750	1800							
阳新县	1835	5526	13	88	18	106			
十堰市	**2**	**5**			**3**	**15**			
十堰市直									
十堰市辖区									
丹江口市					3	15			
郧县									
郧西	2	5							
竹山县									
竹溪县									
房县									
荆州市	**1285**	**1765**	**2**	**2**	**55**	**85**			
荆州区	413	508							
沙市区									
江陵县	360	570							
松滋市	420	500							
公安县	65	97							
石首市	5	5	2	2					
监利县									
洪湖市	22	85			55	85			
宜昌市	**361**	**305**				**11**			
宜昌市直									
夷陵区	100	30							
宜都市									
枝江市		50							
当阳市	261	201							
远安县		24				11			
兴山县									
秭归县									
长阳县									
五峰县									
襄阳市	**1241**	**2317**	**3**		**426**	**515**			
襄阳市直									
襄阳市辖区	200	186	3		6				
老河口市					420	280			
襄州区	228	281				25			
枣阳市		800							
宜城市	300	240							
南漳县	420	650				210			
谷城县	93	160							
保康县									
鄂州市	**3306**								
鄂城区	1081								
华容区	2225								
梁子湖区									

续表3

单位	一、水产品损失						二、人员损失(人)		
	#干旱		#污染		#其它		失踪	死亡	重伤
	数量	价值	数量	价值	数量	价值			
荆门市	**695**	**641**			**40**	**40**			
荆门市直									
荆门市辖区									
沙洋县	635	581							
钟祥市									
京山县					40	40			
沙洋农场									
东宝区									
掇刀区									
漳河新区									
屈家岭管理区	60	60							
孝感市	**4725**	**7380**							
孝南区									
孝昌县	4425	7080							
大悟县	300	300							
安陆市									
云梦县									
应城市									
汉川市									
孝感市辖区									
黄冈市	**9671**	**11526**	**138**	**186**	**80**	**352**			
黄州区									
团风县	30	15							
红安县	1100	1100			25	12			
麻城市	2600	2000			20	15			
罗田县	267	50							
英山县					35	325			
浠水县	450	390							
蕲春县	183	420							
武穴市	41	51	138	186					
黄梅县	5000	7500							
龙感湖区									
咸宁市	**1150**	**1800**			**50**	**50**			
咸宁市直									
咸安区					50	50			
嘉鱼县									
赤壁市									
通城县	650	1200							
崇阳县	500	600							
通山县									
恩施州									
恩施州直									
恩施市									
建始县									
巴东县									
利川市									
宣恩县									
咸丰县									
来凤县									
鹤峰县									
随州市	**3050**	**5950**							
曾都区	1050	1550							
随县	2000	4400							
广水市									
仙桃市									
天门市	**63**	**189**							
潜江市	**395**	**1151**	**127**	**110**					
神农架									

渔业灾情（二）

单位	三、损毁渔业设施（一）									
	损失数量	经济损失（万元）	池塘		网箱（池塘）		围栏		沉船	
			公顷	价值	个	价值	千米	价值	艘	价值
湖北省		**6264**	**3313**	**2942**	**12000**	**375**	**1**	**5**	**10**	
省直属										
武汉市										
武汉市直										
新洲区										
江夏区										
蔡甸区										
黄陂区										
黄石市										
黄石市直										
大冶市										
阳新县										
十堰市		**105**	**20**			**100**				
十堰市直										
十堰市辖区										
丹江口市										
郧县		100	20			100				
郧西		5								
竹山县										
竹溪县										
房县										
荆州市		**463**	**7**	**50**						
荆州区		50	7	50						
沙市区										
江陵县										
松滋市		200								
公安县										
石首市										
监利县		213								
洪湖市										
宜昌市		**274**	**183**	**173**						
宜昌市直										
夷陵区										
宜都市										
枝江市		247	181	165						
当阳市		27	2	8						
远安县										
兴山县										
秭归县										
长阳县										
五峰县										
襄阳市		**1420**	**530**	**1319**					**10**	
襄阳市直										
襄阳市辖区		31	10	31						
老河口市										
襄州区		898	300	898					10	
枣阳市										
宜城市										
南漳县		390	220	390						
谷城县		101								
保康县										
鄂州市		**1850**		**540**						
鄂城区										
华容区		1850		540						
梁子湖区										

续表1

单位	三、损毁渔业设施(一)									
	损失数量	经济损失(万元)	池塘		网箱(池塘)		围栏		沉船	
			公顷	价值	个	价值	千米	价值	艘	价值
荆门市		**147**	**182**	**147**						
荆门市直										
荆门市辖区										
沙洋县		147	182	147						
钟祥市										
京山县										
沙洋农场										
东宝区										
掇刀区										
漳河新区										
屈家岭管理区										
孝感市			**52**							
孝南区										
孝昌县			52							
大悟县										
安陆市										
云梦县										
应城市										
汉川市										
孝感市辖区										
黄冈市		**1711**	**2307**	**694**			**1**	**5**		
黄州区										
团风县										
红安县										
麻城市										
罗田县										
英山县		325	536	325						
浠水县		35	10	30						
蕲春县		112	51	65						
武穴市		1239	1710	274			1	5		
黄梅县										
龙感湖区										
咸宁市										
咸宁市直										
咸安区										
嘉鱼县										
赤壁市										
通城县										
崇阳县										
通山县										
恩施州										
恩施州直										
恩施市										
建始县										
巴东县										
利川市										
宣恩县										
咸丰县										
来凤县										
鹤峰县										
随州市										
曾都区										
随县										
广水市										
仙桃市										
天门市										
潜江市		**294**	**32**	**19**	**12000**	**275**				
神农架										

续表2

单位	三、损毁渔业设施(二)									
	堤坝		船损		泵站		涵闸		码头	
	米	价值	艘	价值	座	价值	座	价值	米	价值
湖北省	**2**	**1**	**18985**	**1500**	**89**	**854**	**13**	**7**		
省直属										
武汉市										
武汉市直										
新洲区										
江夏区										
蔡甸区										
黄陂区										
黄石市										
黄石市直										
大冶市										
阳新县										
十堰市			**20**	**5**						
十堰市直										
十堰市辖区										
丹江口市										
郧县										
郧西			20	5						
竹山县										
竹溪县										
房县										
荆州市										
荆州区										
沙市区										
江陵县										
松滋市										
公安县										
石首市										
监利县										
洪湖市										
宜昌市										
宜昌市直										
夷陵区										
宜都市										
枝江市										
当阳市										
远安县										
兴山县										
秭归县										
长阳县										
五峰县										
襄阳市			**1063**	**95**	**3**	**1**	**3**	**2**		
襄阳市直										
襄阳市辖区										
老河口市										
襄州区										
枣阳市										
宜城市										
南漳县										
谷城县			1063	95	3	1	3	2		
保康县										
鄂州市			**1150**	**460**	**80**	**850**				
鄂城区										
华容区			1150	460	80	850				
梁子湖区										

续表3

单位	三、损毁渔业设施(二)									
	堤坝		船损		泵站		涵闸		码头	
	米	价值	艘	价值	座	价值	座	价值	米	价值
荆门市										
荆门市直										
荆门市辖区										
沙洋县										
钟祥市										
京山县										
沙洋农场										
东宝区										
掇刀区										
漳河新区										
屈家岭管理区										
孝感市										
孝南区										
孝昌县										
大悟县										
安陆市										
云梦县										
应城市										
汉川市										
孝感市辖区										
黄冈市	**2**	**1**	**16752**	**940**	**6**	**3**	**10**	**5**		
黄州区										
团风县										
红安县										
麻城市										
罗田县										
英山县										
浠水县										
蕲春县			252	32						
武穴市	2	1	16500	908	6	3	10	5		
黄梅县										
龙感湖区										
咸宁市										
咸宁市直										
咸安区										
嘉鱼县										
赤壁市										
通城县										
崇阳县										
通山县										
恩施州										
恩施州直										
恩施市										
建始县										
巴东县										
利川市										
宣恩县										
咸丰县										
来凤县										
鹤峰县										
随州市										
曾都区										
随县										
广水市										
仙桃市										
天门市										
潜江市										
神农架										

渔业灾情（三）

单位	三、损毁渔业设施（二）								
	护岸		防波堤		工厂化养殖		苗种繁育场		其他
	米	价值	米	价值	座	价值	个	价值	价值
湖北省	**15116**	**122**	**580**	**6**		**1**	**3**	**10**	**441**
省直属									
武汉市									
武汉市直									
新洲区									
江夏区									
蔡甸区									
黄陂区									
黄石市									
黄石市直									
大冶市									
阳新县									
十堰市									
十堰市直									
十堰市辖区									
丹江口市									
郧县									
郧西									
竹山县									
竹溪县									
房县									
荆州市									**413**
荆州区									
沙市区									
江陵县									
松滋市									200
公安县									
石首市									
监利县									213
洪湖市									
宜昌市	**14300**	**99**				**1**		**1**	
宜昌市直									
夷陵区									
宜都市									
枝江市	13100	80				1		1	
当阳市	1200	19							
远安县									
兴山县									
秭归县									
长阳县									
五峰县									
襄阳市									**3**
襄阳市直									
襄阳市辖区									
老河口市									
襄州区									
枣阳市									
宜城市									
南漳县									
谷城县									3
保康县									
鄂州市									
鄂城区									
华容区									
梁子湖区									

续表1

单位	三、损毁渔业设施(二)								
	护岸		防波堤		工厂化养殖		苗种繁育场		其他
	米	价值	米	价值	座	价值	个	价值	价值
荆门市									
荆门市直									
荆门市辖区									
沙洋县									
钟祥市									
京山县									
沙洋农场									
东宝区									
掇刀区									
漳河新区									
屈家岭管理区									
孝感市									
孝南区									
孝昌县									
大悟县									
安陆市									
云梦县									
应城市									
汉川市									
孝感市辖区									
黄冈市	**816**	**23**	**580**	**6**			**3**	**9**	**25**
黄州区									
团风县									
红安县									
麻城市									
罗田县									
英山县									
浠水县							1	5	
蕲春县	406	15							
武穴市	410	8	580	6			2	4	25
黄梅县									
龙感湖区									
咸宁市									
咸宁市直									
咸安区									
嘉鱼县									
赤壁市									
通城县									
崇阳县									
通山县									
恩施州									
恩施州直									
恩施市									
建始县									
巴东县									
利川市									
宣恩县									
咸丰县									
来凤县									
鹤峰县									
随州市									
曾都区									
随县									
广水市									
仙桃市									
天门市									
潜江市									
神农架									

续表2

单位	四、受灾养殖面积（公顷）						五、直接经济损失合计（万元）
	小计	台风、洪涝	病害	干旱	污染	其它	
湖北省	**59807**	**7981**	**19107**	**31512**	**774**	**433**	**70142**
省直属							
武汉市	**486**		**486**				**1020**
武汉市直	86		86				960
新洲区							
江夏区							
蔡甸区							
黄陂区	400		400				60
黄石市	**13355**			**13271**	**66**	**18**	**7651**
黄石市直	9			9			31
大冶市	2000			2000			1800
阳新县	11346			11262	66	18	5820
十堰市	**234**	**232**	**1**	**1**			**441**
十堰市直							
十堰市辖区							
丹江口市							15
郧县	20	20					150
郧西	202	200	1	1			76
竹山县							
竹溪县	12	12					200
房县							
荆州市	**3591**	**961**	**1158**	**1371**	**1**	**100**	**5873**
荆州区	379	276	28	75			1659
沙市区	200		200				380
江陵县	838	46	103	689			753
松滋市	410		60	350			810
公安县	294	77	112	105			514
石首市	341	8	330	2	1		367
监利县	554	554					440
洪湖市	575		325	150		100	950
宜昌市	**3384**	**2019**	**1104**	**253**		**8**	**3103**
宜昌市直							
夷陵区	100			100			40
宜都市	150		150				200
枝江市	2881	2001	800	80			2277
当阳市	201	18	131	52			344
远安县	35		6	21		8	42
兴山县							
秭归县							
长阳县	17		17				200
五峰县							
襄阳市	**1611**	**30**	**468**	**1107**	**1**	**5**	**6596**
襄阳市直							
襄阳市辖区	107		48	58	1		328
老河口市							344
襄州区							1246
枣阳市							2600
宜城市	800		100	700			250
南漳县	220	30	70	120			1355
谷城县	484		250	229		5	473
保康县							
鄂州市	**767**			**271**	**496**		**1850**
鄂城区	585			89	496		
华容区	182			182			1850
梁子湖区							

续表3

单位	四、受灾养殖面积（公顷）						五、直接经济损失合计（万元）
	小计	台风、洪涝	病害	干旱	污染	其它	
荆门市	**4034**		**2995**	**739**		**300**	**2158**
荆门市直							
荆门市辖区							
沙洋县	3089		2390	699			1618
钟祥市	.4		4				40
京山县	900		600			300	440
沙洋农场							
东宝区							
掇刀区							
漳河新区	1		1				
屈家岭管理区	40			40			60
孝感市	**11353**		**8613**	**2740**			**9224**
孝南区	1018		1018				266
孝昌县	2780		220	2560			7150
大悟县	580		400	180			500
安陆市							
云梦县							
应城市							
汉川市	6975		6975				1308
孝感市辖区							
黄冈市	**16521**	**4406**	**3226**	**8809**	**78**	**2**	**21002**
黄州区	106	106					241
团风县	20	10		10			30
红安县	1802			1800		2	1112
麻城市	3500			3500			2215
罗田县	378			378			50
英山县							650
浠水县	2105	45	1210	850			1065
蕲春县	207	45	36	126			770
武穴市	5803	4200	1480	45	78		5449
黄梅县	2600		500	2100			9420
龙感湖区							
咸宁市	**125**			**125**			**1850**
咸宁市直							
咸安区							50
嘉鱼县							
赤壁市							
通城县							1200
崇阳县	125			125			600
通山县							
恩施州							
恩施州直							
恩施市							
建始县							
巴东县							
利川市							
宣恩县							
咸丰县							
来凤县							
鹤峰县							
随州市	**1087**			**1087**			**5950**
曾都区	867			867			1550
随县	220			220			4400
广水市							
仙桃市							
天门市	**85**		**29**	**56**			**234**
潜江市	**3174**	**333**	**1027**	**1682**	**132**		**3190**
神农架							

渔业产业扶贫情况

单位	资金帮扶总额（万元）	其中：财政资金	技术帮扶：培训场次（场）	技术帮扶：培训人数（人）	帮扶贫困户（户）
湖北省	**15868.26**	**11414.43**	**1521**	**96421**	**36890**
省直属					
武汉市	**733.91**	**522.91**	**45**	**2258**	**249**
武汉市直	23.33	23.33	6	151	20
新洲区	376	165	10	850	65
江夏区	120	120	5	280	32
蔡甸区	160.16	160.16	21	847	115
黄陂区	54.42	54.42	3	130	17
黄石市	763	748	34	2219	879
黄石市直	10	10	5	469	23
大冶市	15		7	500	300
阳新县	738	738	22	1250	556
十堰市	**260.1**	**50**	**21**	**755**	**473**
十堰市直	50	50	6	200	120
十堰市辖区					
丹江口市	5.1		6	220	44
郧县			1	60	60
郧西	5		2	15	7
竹山县			4	160	150
竹溪县	200		2	100	92
房县					
荆州市	**2305.99**	**2000.86**	**338**	**24169**	**5723**
荆州区			41	2678	27
沙市区	100	87	25	3280	295
江陵县	78.33	78.33	12	1055	197
松滋市	661	661	40	3700	85
公安县	206	206	68	1330	570
石首市			43	3874	1520
监利县	347.76	347.76	53	4126	1686
洪湖市	912.9	620.77	56	4126	1343
宜昌市	**268.69**	**268.69**	**140**	**6367**	**2070**
宜昌市直					
夷陵区					
宜都市	6	6			10
枝江市	180	180	26	1000	600
当阳市	68.69	68.69	102	4850	1287
远安县	4	4	6	245	23
兴山县					
秭归县					
长阳县	10	10	5	250	140
五峰县			1	22	10
襄阳市	**667**	**667**	**39**	**2026**	**318**
襄阳市直					
襄阳市辖区	20	20	9	700	80
老河口市	600	600	5	240	90
襄州区			5	36	
枣阳市	2	2	3	30	5
宜城市			2	200	0
南漳县	25	25	6	420	35
谷城县			6	250	98
保康县	20	20	3	150	10
鄂州市	**164.35**	**164.35**	**56**	**2732**	**894**
鄂城区	83.21	83.21	36	1005	139
华容区	81.14	81.14	11	860	210
梁子湖区			9	867	545
荆门市	**552.93**	**509.93**	**106**	**7294**	**4699**

续表

单位	资金帮扶总额（万元）	其中：财政资金	技术帮扶 培训场次（场）	培训人数（人）	帮扶贫困户（户）
荆门市直	10	10	19	2100	1260
荆门市辖区					
沙洋县	337.93	337.93	25	1260	2433
钟祥市			12	1000	52
京山县			30	1350	460
沙洋农场					
东宝区	10	10	2	84	102
掇刀区	50	50	6	500	165
漳河新区	85	85	8	600	100
屈家岭管理区	60	17	4	400	127
孝感市	**2907.4**	**2665.7**	**206**	**9281**	**7369**
孝南区			5	620	100
孝昌县	269	269	14	600	228
大悟县	1599.3	1599.3	40	1512	6109
安陆市	120.1	120.1	85	1899	503
云梦县	291	291	10	342	32
应城市			33	3378	158
汉川市	628	386.3	15	890	232
孝感市辖区			4	40	7
黄冈市	**4103**	**1121**	**170**	**16092**	**4366**
黄州区	276	276	4	160	20
团风县			62	4340	550
红安县	295	295	10	1500	322
麻城市	50	50	13	2000	1200
罗田县	100	100	2	60	450
英山县	50	50	3	432	144
浠水县	780	200	10	600	456
蕲春县	1250		42	4650	592
武穴市	100	100	12	650	500
黄梅县	1200	50	9	1500	120
龙感湖区	2		3	200	12
咸宁市	**721.48**	**721.48**	**64**	**3230**	**1715**
咸宁市直					
咸安区			2	90	2
嘉鱼县			17	630	55
赤壁市	85.08	85.08	21	1050	1178
通城县	250	250	7	480	260
崇阳县	256.4	256.4	15	860	170
通山县	130	130	2	120	50
恩施州					
恩施州直					
恩施市					
建始县					
巴东县					
利川市					
宣恩县					
咸丰县					
来凤县					
鹤峰县					
随州市	**326.6**	**326.6**	**54**	**5500**	**1538**
曾都区	166.6	166.6	26	1500	1150
随县			5	1000	120
广水市	160	160	23	3000	268
仙桃市	**481.22**	**481.22**	**33**	**1735**	**2024**
天门市	**632**	**216**	**65**	**3900**	**696**
潜江市	**980.59**	**950.69**	**150**	**8863**	**3877**
神农架					

增殖渔业产量及面积

产量：吨、面积：公顷

单位	产量				面积			
	合计	湖泊	水库	其他	合计	湖泊	水库	其他
湖北省	**208222**	**98201**	**104824**	**5197**	**321632**	**139503**	**169485**	**12644**
省直属								
武汉市	**22620**	**21180**	**1440**		**47005**	**42471**	**4534**	
武汉市直								
新洲区	2256	1854	402		6164	5028	1136	
江夏区	13718	13718			21324	21324		
蔡甸区	3378	3378			8652	8652		
黄陂区	3268	2230	1038		10865	7467	3398	
黄石市	**23424**	**19343**	**4081**		**19975**	**17602**	**2373**	
黄石市直	940	818	122		1280	1190	90	
大冶市	16320	12580	3740		8533	7050	1483	
阳新县	6164	5945	219		10162	9362	800	
十堰市	**14609**		**14609**		**59212**		**59212**	
十堰市直								
十堰市辖区								
丹江口市	7892		7892		46666		46666	
郧县	85		85		1200		1200	
郧西	463		463		1080		1080	
竹山县	4035		4035		5110		5110	
竹溪县	1630		1630		3730		3730	
房县	504		504		1426		1426	
荆州市	**11081**	**9513**	**418**	**1150**	**25831**	**22028**	**2994**	**809**
荆州区	355	187	168		3940	2116	1824	
沙市区	20	20			46	46		
江陵县	573	573			411	411		
松滋市	750	375	200	175	3243	1602	860	781
公安县	1050	950	50	50	3636	3306	310	20
石首市	3050	3050			9067	9067		
监利县	4358	4358			5480	5480		
洪湖市	925			925	8			8
宜昌市	**9369**	**800**	**8531**	**38**	**16428**	**1840**	**14384**	**204**
宜昌市直	72		72		40		40	
夷陵区	250		250		200		200	
宜都市	900	100	800		180	40	140	
枝江市	2750	700	2012	38	2999	1800	1066	133
当阳市	3508		3508		3517		3517	
远安县					271		271	
兴山县	17		17		10		10	
秭归县	72		72		40		40	
长阳县	1800		1800		9138		9067	71
五峰县					33		33	
襄阳市	**38737**		**38737**		**22488**		**22488**	
襄阳市直								
襄阳市辖区	990		990		1264		1264	
老河口市	9600		9600		3600		3600	
襄州区	7944		7944		3095		3095	
枣阳市	14960		14960		7648		7648	
宜城市	3147		3147		2776		2776	
南漳县	780		780		1559		1559	
谷城县	867		867		1653		1653	
保康县	449		449		893		893	
鄂州市	**20011**	**19373**	**584**	**54**	**18233**	**9653**	**466**	**8114**
鄂城区	5117	4494	571	52	4311	4020	253	38
华容区	11706	11704		2	3357	3281		76
梁子湖区	3188	3175	13		10565	2352	213	8000

续表　　产量：吨、面积：公顷

单位	产量				面积			
	合计	湖泊	水库	其他	合计	湖泊	水库	其他
荆门市	**12278**	**3954**	**8324**		**32659**	**8359**	**24300**	
荆门市直								
荆门市辖区								
沙洋县	3120	2600	520		9000	6678	2322	
钟祥市	4265	1340	2925		8235	1568	6667	
京山县	550		550		3266		3266	
沙洋农场	14	14			113	113		
东宝区	1557		1557		6336		6336	
掇刀区	549		549		829		829	
漳河新区	2171		2171		4533		4533	
屈家岭管理区	52		52		347		347	
孝感市	**10244**	**3621**	**4894**	**1729**	**13139**	**4937**	**7168**	**1034**
孝南区	2443	1036	1407		1834	1251	583	
孝昌县	350		350		1229		1229	
大悟县	1200		1200		2000		2000	
安陆市	1107		1107		1240		1240	
云梦县	30		30		133		133	
应城市	1500	500	800	200	5317	2839	1983	495
汉川市	3614	2085		1529	1386	847		539
孝感市辖区								
黄冈市	**23770**	**12766**	**9473**	**1531**	**22873**	**10759**	**11271**	**843**
黄州区	4035	2460	166	1409	2413	1651	94	668
团风县	2677	987	1690		566	298	268	
红安县	277		257	20	1058		1058	
麻城市	2700		2660	40	3600		3500	100
罗田县	1050		1050		1467		1467	
英山县								
浠水县	4566	3428	1138		3531	2406	1125	
蕲春县	4551	3256	1295		4893	3066	1827	
武穴市	2442	1448	932	62	3212	1938	1199	75
黄梅县	1472	1187	285		2133	1400	733	
龙感湖区								
咸宁市	**5336**	**2440**	**2226**	**670**	**29022**	**17527**	**9855**	**1640**
咸宁市直								
咸安区	930	900	10	20	6574	4431	1260	883
嘉鱼县	900	400		500	4227	3516	130	581
赤壁市	2276	1090	1186		14413	7580	6833	
通城县	700		550	150	1498		1322	176
崇阳县	480		480		310		310	
通山县	50	50			2000	2000		
恩施州								
恩施州直								
恩施市								
建始县								
巴东县								
利川市								
宣恩县								
咸丰县								
来凤县								
鹤峰县								
随州市	**11169**		**11169**		**10100**		**10100**	
曾都区	1406		1406		1594		1594	
随县	7143		7143		6667		6667	
广水市	2620		2620		1839		1839	
仙桃市								
天门市	**1900**	**1562**	**338**		**2591**	**2251**	**340**	
潜江市	**3674**	**3649**		**25**	**2076**	**2076**		
神农架								

增殖渔业产量（按品种分）

单位：吨

单位	合计	一、鱼类						
		小计	青鱼	草鱼	鲢鱼	鳙鱼	鲌鱼	其他
湖北省	**208222**	**203521**	**12884**	**37487**	**65550**	**59614**	**10851**	**17135**
省直属								
武汉市	**22620**	**22620**	**1756**	**5312**	**6115**	**6201**	**2579**	**657**
武汉市直								
新洲区	2256	2256	219	415	746	550	154	172
江夏区	13718	13718	1325	3256	2750	4023	2011	353
蔡甸区	3378	3378	212	607	1557	683	187	132
黄陂区	3268	3268		1034	1062	945	227	
黄石市	**23424**	**21510**	**1381**	**5254**	**7982**	**4694**	**549**	**1650**
黄石市直	940	940	22	114	627	177		
大冶市	16320	16320	993	4945	6360	3352	510	160
阳新县	6164	4250	366	195	995	1165	39	1490
十堰市	**14609**	**14483**	**780**	**2031**	**4445**	**3858**	**2272**	**1097**
十堰市直								
十堰市辖区								
丹江口市	7892	7892		1015	2682	1940	1576	679
郧县	85	85	2	15	45	20	2	1
郧西	463	463		75	188	140	25	35
竹山县	4035	3985	765	796	812	823	669	120
竹溪县	1630	1630	13	90	615	650		262
房县	504	428		40	103	285		
荆州市	**11081**	**10862**	**1284**	**2195**	**2839**	**2886**	**885**	**773**
荆州区	355	355	40	31	163	81	40	
沙市区	20	20	1	7	8	3		1
江陵县	573	573	40	220	209	104		
松滋市	750	750	60	225	230	75	60	100
公安县	1050	983	90	170	430	225	48	20
石首市	3050	2976	593	598	421	724	598	42
监利县	4358	4280	460	744	1263	1632	139	42
洪湖市	925	925		200	115	42		568
宜昌市	**9369**	**9369**	**856**	**1920**	**3202**	**1855**	**262**	**1274**
宜昌市直	72	72		11	38	23		
夷陵区	250	250	10	30	120	75	15	
宜都市	900	900	20	150	550	180		
枝江市	2750	2750	421	981	612	398	105	233
当阳市	3508	3508	90	522	1657	959	142	138
远安县								
兴山县	17	17	5	5	4			3
秭归县	72	72	10	21	21	20		
长阳县	1800	1800	300	200	200	200		900
五峰县								
襄阳市	**38737**	**38737**	**1955**	**7911**	**12679**	**11440**	**346**	**4406**
襄阳市直								
襄阳市辖区	990	990	66	120	370	391	10	33
老河口市	9600	9600	1230	1480	2110	1920	180	2680
襄州区	7944	7944	174	2041	2541	2991	24	173
枣阳市	14960	14960	48	3400	5755	4387	70	1300
宜城市	3147	3147	148	653	1258	988	33	67
南漳县	780	780	28	97	352	275	22	6
谷城县	867	867	249	96	106	268	6	142
保康县	449	449	12	24	187	220	1	5
鄂州市	**20011**	**19618**	**1543**	**3622**	**6058**	**6027**	**915**	**1453**
鄂城区	5117	5114	324	1293	1372	1402	113	610
华容区	11706	11316	1219	2329	3626	2497	802	843
梁子湖区	3188	3188			1060	2128		

续表1　　　　　　　　　　　　　　　　　　　　　　　　　　　　单位：吨

单位	合计	一、鱼类						
		小计	青鱼	草鱼	鲢鱼	鳙鱼	鲌鱼	其他
荆门市	**12278**	**12258**	**1062**	**1688**	**4433**	**2818**	**1464**	**793**
荆门市直								
荆门市辖区								
沙洋县	3120	3120	177	291	1560	530	250	312
钟祥市	4265	4265	400	356	887	1542	880	200
京山县	550	530	44	90	245	98	32	21
沙洋农场	14	14		1	7	5		1
东宝区	1557	1557	112	237	793	213	44	158
掇刀区	549	549	89	131	158	169		2
漳河新区	2171	2171	238	580	755	243	257	98
屈家岭管理区	52	52	2	2	28	18	1	1
孝感市	**10244**	**9379**	**437**	**2647**	**2270**	**2247**	**188**	**1590**
孝南区	2443	2443	7	265	341	1218	26	586
孝昌县	350	350	10	15	215	105	5	
大悟县	1200	1200	25	230	500	340	10	95
安陆市	1107	1107	60	171	384	290	146	56
云梦县	30	30	1	5	14	4		6
应城市	1500	1500	230	890	240	138	1	1
汉川市	3614	2749	104	1071	576	152		846
孝感市辖区								
黄冈市	**23770**	**23301**	**1118**	**2890**	**7249**	**9419**	**607**	**2018**
黄州区	4035	4035	578	1135	750	872		700
团风县	2677	2677	134	538	1335	400		270
红安县	277	261	16	26	155	52	5	7
麻城市	2700	2660	20	122	1043	1390	5	80
罗田县	1050	1050		22	735	249	44	
英山县								
浠水县	4566	4505	80	185	1590	1650	310	690
蕲春县	4551	4551	46	112	973	3219	63	138
武穴市	2442	2395	174	653	348	1092	120	8
黄梅县	1472	1167	70	97	320	495	60	125
龙感湖区								
咸宁市	**5336**	**4911**	**253**	**735**	**1435**	**1354**	**299**	**835**
咸宁市直								
咸安区	930	930		298	227	238		167
嘉鱼县	900	875	50	125	200	300	50	150
赤壁市	2276	1876	145	237	335	392	249	518
通城县	700	700			400	300		
崇阳县	480	480	43	60	258	119		
通山县	50	50	15	15	15	5		
恩施州								
恩施州直								
恩施市								
建始县								
巴东县								
利川市								
宣恩县								
咸丰县								
来凤县								
鹤峰县								
随州市	**11169**	**11167**	**86**	**193**	**5301**	**5386**	**145**	**56**
曾都区	1406	1404	72	113	700	420	71	28
随县	7143	7143			4271	2872		
广水市	2620	2620	14	80	330	2094	74	28
仙桃市								
天门市	**1900**	**1632**	**79**	**588**	**259**	**276**	**133**	**297**
潜江市	**3674**	**3674**	**294**	**501**	**1283**	**1153**	**207**	**236**
神农架								

续表2

单位：吨

单位	二、贝类				三、其他
	小计	河蚌	螺	蚬	
湖北省	**1206**	**766**	**363**	**77**	**3495**
省直属					
武汉市					
武汉市直					
新洲区					
江夏区					
蔡甸区					
黄陂区					
黄石市	**189**	**21**	**112**	**56**	**1725**
黄石市直					
大冶市					
阳新县	189	21	112	56	1725
十堰市	**12**	**6**	**3**	**3**	**114**
十堰市直					
十堰市辖区					
丹江口市					
郧县					
郧西					
竹山县					50
竹溪县					
房县	12	6	3	3	64
荆州市	**60**	**27**	**32**	**1**	**159**
荆州区					
沙市区					
江陵县					
松滋市					
公安县	48	20	28		19
石首市	4	3	1		70
监利县	8	4	3	1	70
洪湖市					
宜昌市					
宜昌市直					
夷陵区					
宜都市					
枝江市					
当阳市					
远安县					
兴山县					
秭归县					
长阳县					
五峰县					
襄阳市					
襄阳市直					
襄阳市辖区					
老河口市					
襄州区					
枣阳市					
宜城市					
南漳县					
谷城县					
保康县					
鄂州市	**14**	**1**	**13**		**379**
鄂城区	3		3		
华容区	11	1	10		379
梁子湖区					

续表3 单位：吨

单位	二、贝类				三、其他
	小计	河蚌	螺	蚬	
荆门市					**20**
荆门市直					
荆门市辖区					
沙洋县					
钟祥市					
京山县					20
沙洋农场					
东宝区					
掇刀区					
漳河新区					
屈家岭管理区					
孝感市	**592**	**530**	**55**	**7**	**273**
孝南区					
孝昌县					
大悟县					
安陆市					
云梦县					
应城市					
汉川市	592	530	55	7	273
孝感市辖区					
黄冈市	**107**	**61**	**36**	**10**	**362**
黄州区					
团风县					
红安县					16
麻城市					40
罗田县					
英山县					
浠水县					61
蕲春县					
武穴市	7	1	6		40
黄梅县	100	60	30	10	205
龙感湖区					
咸宁市	**47**	**17**	**30**		**378**
咸宁市直					
咸安区					
嘉鱼县					25
赤壁市	47	17	30		353
通城县					
崇阳县					
通山县					
恩施州					
恩施州直					
恩施市					
建始县					
巴东县					
利川市					
宣恩县					
咸丰县					
来凤县					
鹤峰县					
随州市					**2**
曾都区					2
随县					
广水市					
仙桃市					
天门市	**185**	**103**	**82**		**83**
潜江市					
神农架					

《湖北农村统计年鉴-2020》

1.农村基本情况

2.农业产值

3.种植业

4.林业及土特产

5.畜牧业

6.渔业

7.农业机械化 ☑

8.农村主要能源及物资消耗

9.农业技术推广及应用

10.水利建设

11.农垦及监狱系统农场

农机服务组织人员及投入产出情况

单位	一、农机服务组织及农机户 （一）农机服务组织		其中：1.拥有农机原值50万元（含50万元）以上的		2.农机专业合作社	其中：拥有农机原值100万元（含100万元）以上的	
	年末机构数（个）	年末人数（人）	年末机构数（个）	年末人数（人）	年末机构数（个）	年末机构数（个）	年末人数（人）
湖北省	8058	139238	2214	45327	2925	1124	47689
武汉市	2477	9091	74	707	155	61	779
黄石市	99	1833	27	706	64	22	144
十堰市	167	4106	55	1030	99	12	660
宜昌市	483	10112	151	4163	154	22	1019
襄阳市	636	24763	299	5191	414	273	16978
鄂州市	86	1157	19	251	62	7	192
荆门市	611	10209	237	4032	486	103	2126
孝感市	593	7432	240	2326	161	99	3388
荆州市	731	22620	150	5795	411	166	9258
黄冈市	397	14701	217	8096	324	96	4201
咸宁市	186	2570	90	1230	87	45	1135
随州市	107	1763	36	664	71	15	589
恩施自治州	271	5163	65	1476	62	5	181
仙桃市	38	1340	38	1340	38	6	71
潜江市	445	3619	323	1642	101	101	2588
天门市	692	18720	185	6670	197	91	4380
神农架林区	39	39	8	8	39		
省直							

续表1

单位	（二）农机户		其中：拥有农机原值20万元（含20万元）以上的		其中：农机作业服务专业户		二、农机维修厂及维修点	
	年末机构数（个）	年末人数（人）	年末机构数（个）	年末人数（人）	年末机构数（个）	年末人数（人）	年末机构数（个）	年末人数（人）
湖北省	1715745	2234504	16331	40805	161610	337720	5149	15858
武汉市	59353	79857	405	918	13810	16804	284	1128
黄石市	1779	6896	258	659	1425	6119	79	198
十堰市	41152	81271	511	2358	23912	53407	562	2100
宜昌市	220152	246780	1221	2348	12597	21369	175	596
襄阳市	280448	415443	4528	12075	30310	43887	1086	2597
鄂州市	7123	13276	169	655	7033	12625	97	305
荆门市	276405	308579	1121	2099	6748	8959	622	1468
孝感市	86126	111168	1609	4270	7777	11561	479	1198
荆州市	359795	419898	1822	2946	7590	70253	278	936
黄冈市	153544	241980	1545	3552	18484	27937	432	1583
咸宁市	54947	72871	436	1588	3747	5563	169	641
随州市	41687	47340	740	1412	3780	4235	202	1559
恩施自治州	82054	107200	815	2757	6380	10817	309	665
仙桃市	40050	48525	163	380	10300	15270	50	132
潜江市	4125	5360	389	776	712	854	55	179
天门市	6860	27910	471	1880	6860	27910	190	493
神农架林区	145	150	128	132	145	150	80	80
省直								

续表2

单位	三、乡村农机从业人员	其中：持有拖拉机驾驶证人员	持有联合收割机驾驶证人员	同时持有拖拉机、联合收割机驾驶证人员	农机维修人员	其中：持有职业资格证书人员
	年末人数（人）	年末人数（人）	年末人数（人）	年末人数（人）	年末人数（人）	年末人数（人）
湖北省	2294376	500888	100954	35533	30547	5049
武汉市	67733	20198	1977	881	2005	204
黄石市	12037	4309	1415	824	499	90
十堰市	81138	8210	183	110	3025	283
宜昌市	190795	40688	2611	627	603	105
襄阳市	459495	154308	17680	4755	3631	265
鄂州市	13895	5841	570	493	1577	30
荆门市	258452	59691	13811	6125	1714	309
孝感市	99223	39564	6653	2819	1905	415
荆州市	351926	80176	29043	3329	2146	387
黄冈市	183862	24455	3448	1067	5347	1656
咸宁市	80423	5949	2454	633	2242	148
随州市	143375	9868	4179	776	1937	101
恩施自治州	147074	8963	527	1431	1927	480
仙桃市	67845	22515	2465	1800	156	6
潜江市	6726	2901	1224	213	1348	85
天门市	130372	13247	12714	9650	485	485
神农架林区	5	5				
省直						

续表3

单位	四、农机化投入 (一)财政资金	1.科研	2.推广	3.安全监理	4.试验鉴定
	万元	万元	万元	万元	万元
湖北省	37514	250	8521	3499	60
武汉市	520		348	172	
黄石市	428	3	355	66	1
十堰市	1564	20	250	153	10
宜昌市	2143	5	573	387	
襄阳市	17327	65	296	551	21
鄂州市	195	8	56	25	1
荆门市	405		96	143	
孝感市	993		323	340	
荆州市	2530	10	360	323	
黄冈市	4336	35	481	365	2
咸宁市	812		407	229	
随州市	867	22	501	334	10
恩施自治州	550	3	58	77	
仙桃市	103	68	35		
潜江市	590		288	301	
天门市	2305		2280	10	15
神农架林区	40	10	10	20	
省直	1800		1800		

续表4

单位	（二）基本建设	（三）农业机械购置	五、农机服务收入	其中：农机作业服务收入
	万元	万元	万元	万元
湖北省	18123	284462	2586052	1962090
武汉市	115	6933	182529	159287
黄石市	161	1512	24013	18613
十堰市	966	11320	147048	63298
宜昌市	404	36149	164643	133606
襄阳市	9756	64842	469237	326876
鄂州市	149	681	5190	3950
荆门市	1571	34490	195840	152226
孝感市	333	21883	189171	164551
荆州市	895	36786	386277	268264
黄冈市	2000	18708	287123	232434
咸宁市	180	9270	76463	57031
随州市	420	11391	45720	45475
恩施自治州	302	6529	134515	93676
仙桃市		7320	115630	107531
潜江市		5060	34500	32775
天门市	850	11237	127850	102253
神农架林区	20	345	300	240
省直				

农业机械拥有量

单位	一、农业机械总动力(千瓦)	(一)柴油发动机动力(千瓦)	(二)汽油发动机动力(千瓦)	(三)电动机动力(千瓦)	(四)其它机械动力(千瓦)
	数量	数量	数量	数量	数量
湖北省	45157318	31368291	1723401	11938177	127447
武汉市	2377200	1399752	76981	873151	27315
黄石市	1228445	594903	30913	600570	2058
十堰市	1805510	839041	40564	914186	11718
宜昌市	3105483	1845594	208812	1033262	17813
襄阳市	6808373	5887056	86502	833933	881
鄂州市	570389	274808	15290	280018	271
荆门市	4942748	4349705	95795	478379	18868
孝感市	2724909	1867964	117293	739650	
荆州市	6480448	5073529	182405	1224513	
黄冈市	3762868	2213752	260385	1286559	2170
咸宁市	1901151	1064936	70709	753658	11847
随州市	2233255	1814152	90556	328547	
恩施自治州	2437257	985396	238759	1185931	27170
仙桃市	1461755	857146	66640	530636	7333
潜江市	1500078	1010386	51476	438216	
天门市	1700433	1278365	75744	346324	
神农架林区	117009	11798	14571	90639	
省直					

续表1

单位	二、拖拉机及配套机械（一）拖拉机		1.小型（22.1千瓦及以下）		2. 中型（22.1–73.5千瓦）	
	数量(台)	数量(千瓦)	数量(台)	数量(千瓦)	数量(台)	数量(千瓦)
湖北省	1321605	16942299	1149387	9034050	163371	7150084
武汉市	31590	566029	22461	206458	8689	322474
黄石市	9088	271611	4227	50410	4819	217445
十堰市	14425	200569	12374	131182	2002	65665
宜昌市	92409	1083066	82806	719284	9424	348032
襄阳市	376337	4115960	333429	2240580	41425	1750680
鄂州市	4357	92481	2960	36885	1383	54567
荆门市	291054	3126762	271515	2189231	18173	820119
孝感市	59153	1123178	44419	438784	14491	665087
荆州市	137356	2309952	109387	870355	24848	1161537
黄冈市	38337	663174	29880	322354	8096	312531
咸宁市	19985	389716	14730	147076	5129	232393
随州市	133420	1197558	124536	807176	8744	379528
恩施自治州	8045	128856	6882	98951	1162	29830
仙桃市	23134	415092	18271	143822	4386	231417
潜江市	41955	620619	37518	330909	4215	271754
天门市	40753	633287	33787	296260	6383	286961
神农架林区	207	4382	205	4327	2	55
省直						

续表2

单位	其中58.8千瓦及以上		3.大型及以上（73.5千瓦及以上）		（二）拖拉机配套农具（部）	其中：与58.8千瓦及以上拖拉机配套（部）
	数量(台)	数量(千瓦)	数量(台)	数量(千瓦)	数量	数量
湖北省	30692	1930241	8847	721643	2614992	183370
武汉市	1310	82575	440	37096	59935	2580
黄石市	529	33750	42	3756	26854	2427
十堰市	438	28464	49	3722	40216	1124
宜昌市	1553	94489	179	15749	269222	5435
襄阳市	4824	302151	1483	124698	830495	37521
鄂州市	285	17353	14	1029	13236	3585
荆门市	2977	185304	1366	117410	462632	7060
孝感市	1752	107681	243	19307	90630	14523
荆州市	7350	450221	3121	241537	264516	66422
黄冈市	1919	120371	361	28288	81991	6396
咸宁市	882	54842	126	10246	33568	6537
随州市	1715	105773	140	10853	298282	8383
恩施自治州	4	256	1	74	7917	289
仙桃市	1254	77858	477	39853	15260	8085
潜江市	2533	177310	222	17956	62495	9323
天门市	1367	91836	583	50066	57583	3680
神农架林区					160	
省直						

续表3

单位	三、种植业机械 (一)耕整地机械 1.耕整机		2.微耕机		3.机引犁	4.旋耕机
	数量(台(套))	数量(千瓦)	数量(台(套))	数量(千瓦)	数量	数量
湖北省	208072	1096020	330903	1747411	842558	741977
武汉市	16626	104136	17563	104808	9726	21506
黄石市	3881	39346	2122	12286	4473	5818
十堰市	1251	7198	39384	222384	1288	7317
宜昌市	2853	19823	93279	476798	71640	85221
襄阳市	361	4005	17134	89431	299354	160767
鄂州市	2332	17058	2016	11708	1784	4520
荆门市	963	2887	1533	3119	180582	132776
孝感市	14544	84937	5816	32968	20483	50878
荆州市	82583	334536	10904	55329	85536	106775
黄冈市	24769	160122	73220	390448	12240	40702
咸宁市	17548	95032	17516	80208	7731	17452
随州市	18523	90876	2128	11493	112430	42807
恩施自治州	13683	72236	44434	232632	1527	7707
仙桃市	2410	18430	1620	7640	4405	9170
潜江市	3451	22151	395	6679	16374	25229
天门市	1942	11781	899	5714	12985	23332
神农架林区	352	11461	940	3760		
省直						

续表4

单位	5.深松机	6.机引耙	7.铺膜机	8.联合整地机	(二)种植施肥机械 1.播种机械 (1)免耕播种机	(2)精量播种机
	数量	数量	数量	数量	数量	数量
湖北省	2555	575574	4899	8912	11847	47917
武汉市	139	3661	283		424	457
黄石市	41	2901	5		218	149
十堰市	307	1481	876	16	80	754
宜昌市	52	42562	1655	257	240	2212
襄阳市	811	207562	1145	17	3658	23939
鄂州市	20	672	2	0	164	120
荆门市	243	126703	18	22	1831	5395
孝感市	23	6010	37		911	1285
荆州市	84	43620	16	136	1556	1512
黄冈市	372	8102	11	1839	1603	3134
咸宁市	14	2926	42	10	98	488
随州市	131	114847	3	16	333	4168
恩施自治州	22	780	117	4	36	28
仙桃市	32	920		6568	11	1178
潜江市	22	8831	159	22	320	242
天门市	242	3996	530	5	364	2856
神农架林区						
省直						

续表5

单位	（3）整地施肥播种机	（4）水稻直播机	2.栽植机械 （1）水稻插秧机		其中：乘坐式	
	数量	数量	数量(台)	数量(千瓦)	数量(台)	数量(千瓦)
湖北省	11998	7058	82140	273051	4163	40634
武汉市	1644	70	1987	9984	241	1947
黄石市	4	530	1336	3009	36	580
十堰市	41	18	416	1331	12	159
宜昌市	1621	39	1472	4831	102	1031
襄阳市	3821	1227	11359	35932	319	3302
鄂州市	10	62	792	1905	26	135
荆门市	1018	143	28568	87576	277	3575
孝感市	206	204	5333	16914	334	3132
荆州市	1392	1765	10842	36463	1309	11599
黄冈市	446	1241	7185	25115	421	3511
咸宁市	149	287	1608	7073	173	1460
随州市	84	59	5406	15400	207	2247
恩施自治州	9	10	530	1651	3	25
仙桃市	11	1120	1028	3460	64	570
潜江市	289	2	833	6000	420	5092
天门市	1253	281	3441	16401	215	2264
神农架林区			4		4	
省直						

续表6

单位	(2)秧苗移栽机(台)	(三)排灌机械 1.水泵(台)	2.节水灌溉类机械(台(套))	(四)田间管理机械 1.中耕机械 其中:田园管理机		2.机动植保机械	
	数量	数量	数量	数量(台)	数量(千瓦)	数量(台)	数量(千瓦)
湖北省	430	1169091	128826	22432	75152	751313	950888
武汉市	32	39914	21416	610	5907	33888	45151
黄石市		28316	6694	52	360	27580	16173
十堰市	3	50507	9099	8235	12701	11555	13369
宜昌市	55	140428	10964	2233	9367	100788	114420
襄阳市	155	59071	9527	1323	5430	27656	41003
鄂州市		15520	1433	4	26	10926	11343
荆门市	138	67661	717	961	1952	38822	70352
孝感市		165214	16465	577	3178	30816	37896
荆州市	43	125368	1520	2200	6161	137888	168628
黄冈市		88789	13071	794	5219	100355	109181
咸宁市	4	74986	5893	114	569	20943	31999
随州市		50617	11304	32	161	13110	16945
恩施自治州		107562	18597	4434	19569	113117	112160
仙桃市		115330		200	600	30000	43200
潜江市		16181	699	16	68	25925	63607
天门市		23485	1286	647	3882	26944	54457
神农架林区		142	141			1000	1000
省直							

续表7

单位	其中：自走式		3.修剪机械 （1）茶树修剪机	（2）果树修剪机	
	数量(台)	数量(千瓦)	数量(台)	数量(台)	数量(千瓦)
湖北省	4132	67846	105403	95880	165457
武汉市	726	10907	580	353	422
黄石市	3	66	103	852	2572
十堰市	219	598	3587	2912	6176
宜昌市	236	1294	48141	6869	7239
襄阳市	424	4136	1743	8184	26406
鄂州市	2	11	182	22	33
荆门市	142	2364	34	120	318
孝感市	17	325	784	39	350
荆州市	179	8950	42	23	46
黄冈市	775	20403	5556	14948	21125
咸宁市	91	1861	1518	2870	4297
随州市	45	373	258	639	2062
恩施自治州			41875	56909	87277
仙桃市				20	50
潜江市	1178	13039			
天门市	95	3515		120	280
神农架林区			1000	1000	6800
省直					

续表8

单位	（五）收获机械 1.谷物联合收割机		（1）稻麦联合收割机		（2）玉米联合收割机	
	数量(台)	数量(千瓦)	数量(台)	数量(千瓦)	数量(台)	数量(千瓦)
湖北省	106069	5474844	103620	5344253	2449	130591
武汉市	1988	104984	1876	98468	112	6516
黄石市	1567	88086	1538	86382	29	1704
十堰市	487	16491	476	15963	11	528
宜昌市	3585	162159	3395	155126	190	7033
襄阳市	26110	1319535	24812	1253362	1298	66173
鄂州市	280	16042	280	16042		
荆门市	16832	955210	16678	945140	154	10070
孝感市	7931	351164	7823	346365	108	4799
荆州市	20573	1089145	20314	1074565	259	14580
黄冈市	6195	291437	6168	289528	27	1909
咸宁市	4400	207616	4319	202536	81	5079
随州市	5752	248570	5716	246395	36	2175
恩施自治州	478	11578	472	11293	6	285
仙桃市	2432	123737	2371	118937	61	4800
潜江市	2137	141363	2072	137463	65	3900
天门市	5322	347720	5310	346682	12	1038
神农架林区						
省直						

续表9

单位	其中：自走式（台）	2.大豆收获机		3.油菜籽收获机		4.马铃薯收获机	
	数量	数量(台)	数量(千瓦)	数量(台)	数量(千瓦)	数量(台)	数量(千瓦)
湖北省	2097	67	3783	6523	341110	1306	7094
武汉市	102	2	338	153	7911	7	109
黄石市	3			357	16615	28	1335
十堰市	10					12	79
宜昌市	118	4		253	12766	30	718
襄阳市	1158			640	29663	1005	616
鄂州市				20	936		
荆门市	98	11	774	309	16907	15	339
孝感市	100			526	22577	21	236
荆州市	256	22	1320	2087	111353	2	
黄冈市	7	8	458	315	15576	12	550
咸宁市	73	3	135	201	10479	7	378
随州市	36			99	4418	141	1713
恩施自治州	4					8	76
仙桃市	61	5	215	100	4699		
潜江市	65			849	55240	2	150
天门市	6	12	543	614	31968	15	750
神农架林区						1	44
省直							

续表10

单位	5.花生收获机		6.甜菜收获机		7.甘蔗收获机	
	数量(台)	数量(千瓦)	数量(台)	数量(千瓦)	数量(台)	数量(千瓦)
湖北省	3770	25393				
武汉市	20	134				
黄石市	12	331				
十堰市						
宜昌市	8	164				
襄阳市	2171	5795				
鄂州市	5	300				
荆门市	92	3425				
孝感市	102	2302				
荆州市						
黄冈市	774	2815				
咸宁市	1	18				
随州市	360	3123				
恩施自治州						
仙桃市	1	66				
潜江市						
天门市	224	6917				
神农架林区						
省直						

续表11

单位	8.棉花收获机		9.蔬菜收获机械		10.采茶机	
	数量(台)	数量(千瓦)	数量(台)	数量(千瓦)	数量(台)	数量(千瓦)
湖北省	1	194	21	441	63229	61373
武汉市			1	2	193	270
黄石市			12	36	16	48
十堰市					554	2169
宜昌市					19380	15113
襄阳市					536	1172
鄂州市					46	111
荆门市	1	194	2	132	23	18
孝感市					52	91
荆州市						
黄冈市					6690	11967
咸宁市			6	270	1676	4456
随州市					397	436
恩施自治州					33666	25518
仙桃市						
潜江市						
天门市						
神农架林区						
省直						

续表12

单位	11.青饲料收获机		12.牧草收获机		13.秸秆粉碎还田机	14.打（压）捆机	
	数量(台)	数量(千瓦)	数量(台)	数量(千瓦)	数量(台)	数量(台)	数量(千瓦)
湖北省	9586	29020	1337	7314	33307	2978	52724
武汉市	105	637			1413	95	917
黄石市	4430	8570	756	6048	252	123	2862
十堰市	16	801	8	104	129	98	866
宜昌市	167	4197	89	223	1206	114	521
襄阳市	100	3916	57	220	12020	927	9219
鄂州市	670	703	325	358	135		
荆门市	2	72			7101	469	18013
孝感市	6	164			1031	272	130
荆州市	4	230			3051	288	5563
黄冈市	2343	5261	100	240	1245	284	6772
咸宁市	1685	2249			699	40	2209
随州市	22	325			4260	53	1463
恩施自治州	12	28			15	30	59
仙桃市					49	17	269
潜江市	2	103			48	68	2488
天门市	22	1760	2	120	653	100	1370
神农架林区							
省直							

续表13

单位	（六）收获后处理机械 1.机动脱粒机		2.干燥机械		（1）谷物烘干机	
	数量(台)	数量(千瓦)	数量(台)	数量(千瓦)	数量(台)	数量(千瓦)
湖北省	448235	944488	7841	160219	6913	145148
武汉市	14695	57030	145	1347	145	1347
黄石市	9906	41869	211	9470	179	7791
十堰市	79655	153707	354	4645	147	2917
宜昌市	106043	140905	138	5408	122	5067
襄阳市	35680	82364	1657	30296	1407	21228
鄂州市	7581	16792	56	890	56	890
荆门市	134	681	635	17538	625	17338
孝感市	1322	2648	589	8161	554	7503
荆州市	2098	6117	1353	28396	1353	28396
黄冈市	47118	146440	750	16408	744	16339
咸宁市	15271	35999	317	13005	301	12829
随州市	8039	23116	549	4657	205	3657
恩施自治州	117990	231058	236	1747	226	1616
仙桃市	5	40.0000	260	12006	260	12006
潜江市	2568	5239	199	2003	199	2003
天门市	30	130	372	4176	370	4156
神农架林区	100	350	20	60	20	60
省直						

续表 14

单位	其中：30吨以上		（2）果蔬烘干机		3.种子加工机械	
	数量(台)	数量(千瓦)	数量(台)	数量(千瓦)	数量(台)	数量(千瓦)
湖北省	2338	57491	426	2257	827	5527
武汉市	49	611			8	93
黄石市			32	377	16	132
十堰市	7	92	100	565	56	431
宜昌市	82	4563	16	341	16	
襄阳市	437	7013	242	530	309	1453
鄂州市	51	790			8	30
荆门市	244	9555	10	200	160	1764
孝感市	68	1387	2		2	4
荆州市	691	14027			28	265
黄冈市	211	6323	4	28	21	138
咸宁市	114	5512	16	176	51	623
随州市	70	634			11	110
恩施自治州	2	6	2	19	96	293
仙桃市	39	3900				
潜江市	199	2003			41	170
天门市	74	1072	2	20	4	20
神农架林区						
省直						

续表15

单位	4.保鲜储藏设备		（七）设施农业设备 温室	日光温室	塑料大棚
	数量(台（套）)	数量(千瓦)	数量（平方米）	数量（平方米）	数量（平方米）
湖北省	17844	163223	857854207	16168395	799717780
武汉市	28	300	105563374	6121767	96376110
黄石市	2	12	37148748	98666	21217064
十堰市	1173	8407	63054416	263684	62759352
宜昌市	241	3188	45090163	1711100	33558632
襄阳市	297	53214	47168055	32907	46834703
鄂州市	58	2450	13325200		13311700
荆门市	153	4084	41371806	792290	40134832
孝感市	73	300	216305880	835500	206468480
荆州市	56	578	68519441		68264081
黄冈市	75	849	65182120	4800	64837806
咸宁市	10392	6779	28662555	257000	28102179
随州市	41	1658	32784034	5694200	25833204
恩施自治州	4920	36896	8119740	1000	7001170
仙桃市	50	1500	15051053		14961053
潜江市	35	31456	14673900		14653900
天门市	150	11250	55518320	355480	55090780
神农架林区	100	300	315400		312732
省直					

续表16

单位	四、农产品初加工机械 (一)农产品初加工动力机械		其中：柴油机		电动机	
	数量(台)	数量(千瓦)	数量(台)	数量(千瓦)	数量(台)	数量(千瓦)
湖北省	1034453	4842667	141838	1081477	885511	3705889
武汉市	26467	288982	4675	65696	21792	223286
黄石市	10693	100583	1698	13245	8995	87338
十堰市	87703	420523	19656	137337	60891	263941
宜昌市	174432	603556	13824	102021	160397	501003
襄阳市	89035	480963	8544	66575	80088	400235
鄂州市	9060	138415	2344	24464	6617	113894
荆门市	11211	114937	635	8360	10795	108426
孝感市	25141	180037	3628	34352	21437	145010
荆州市	48405	399221	25354	202421	22080	195635
黄冈市	87732	568089	13593	121985	67021	435326
咸宁市	29538	235307	2780	27344	25584	207963
随州市	19992	158977	4388	26981	15604	131996
恩施自治州	354333	660458	28695	111599	335638	538770
仙桃市	6940	87069	150	1370	6675	85239
潜江市	16818	196363	6412	78440	10406	117923
天门市	13313	143095	5370	58564	7943	84531
神农架林区	23640	66084	92	717	23548	65366
省直						

续表17

单位	(二)农产品初加工作业机械(台(套))	1.粮食初加工机械(台(套))	2.油料初加工机械(台(套))	3.棉花初加工机械(台(套))	4.果蔬初加工机械(台(套))	5.茶叶加工机械(台(套))
	数量	数量	数量	数量	数量	数量
湖北省	978448	732441	51175	15235	13768	109118
武汉市	15416	7553	1602	675	173	1354
黄石市	8608	5459	1432	257	374	120
十堰市	112273	62871	4870	104	1734	9033
宜昌市	191979	163026	3833	652	1583	19004
襄阳市	80732	57055	11886	3087	1095	7396
鄂州市	4954	2141	366	225	38	62
荆门市	9588	6908	1922	509	130	119
孝感市	19541	9145	3629	1241	902	4590
荆州市	29850	17848	3459	2093	94	87
黄冈市	78615	58966	5194	2393	397	8512
咸宁市	29435	24116	1807	411	858	2243
随州市	18774	8893	4921	1954	2312	694
恩施自治州	351213	287551	3256	49	3562	55845
仙桃市	6206	5315	530	335		
潜江市	6799	4462	1848	489		
天门市	8815	6132	520	761	16	9
神农架林区	5650	5000	100		500	50
省直						

续表18

单位	五、畜牧机械		(一)饲料(草)加工机械设备		其中:1.铡草机(台)	2.饲料(草)粉碎机(台)
	数量(台)	数量(千瓦)	数量(台)	数量(千瓦)	数量(台)	数量(千瓦)
湖北省	503650	1193791	360826	866307	51287	163097
武汉市	19813	59659	4073	31412	828	1194
黄石市	5653	33596	1318	10929		35
十堰市	57812	122542	43045	90884	12470	12374
宜昌市	27348	94001	24988	90839	1308	11320
襄阳市	12822	69522	10579	53522	1901	4125
鄂州市	2003	20377	1076	10770	362	715
荆门市	6964	52314	3245	34511	233	3012
孝感市	15807	54945	5302	31035	1045	4107
荆州市	13705	68280	5059	50879	1644	1150
黄冈市	72793	183050	36874	113127	1748	4487
咸宁市	18210	55418	8036	36343	4598	2944
随州市	5875	19153	4014	14880	156	3858
恩施自治州	237240	319972	210970	275840	24644	112586
仙桃市	1981	9579	504	5705	15	489
潜江市	2386	13014	776	5769	12	57
天门市	3238	18364	967	9858	323	644
神农架林区						
省直						

续表19

单位	（二）饲养机械		其中：畜禽粪污处理机械（台（套））	（三）畜产品采集加工机械设备		其中：1.挤奶机	
	数量(台)	数量(千瓦)	数量	数量(台)	数量(千瓦)	数量(台)	数量(千瓦)
湖北省	116694	257985	15868	4342	11877	262	1239
武汉市	14739	22471	2801	174	1635	9	38
黄石市	4335	21478					
十堰市	9066	20880	380	3052	4021		
宜昌市	2122	1859	122	40	185	31	158
襄阳市	1635	8065	303	190	1900		
鄂州市	896	5825	494	10	20		
荆门市	3719	17123	942				
孝感市	7543	12861	308	457	1597		
荆州市	8263	17130	1340				
黄冈市	35617	67054	4409	217	1239	191	1020
咸宁市	9993	19052	500	31	23	31	23
随州市	1861	4273	861				
恩施自治州	11582	21434	13	153	1228		
仙桃市	1442	2726	1442	18	28		
潜江市	1610	7245	1288				
天门市	2271	8506	665				
神农架林区							
省直							

续表20

单位	2.剪羊毛机		六、水产机械		(一)水产养殖机械	
	数量(台)	数量(千瓦)	数量(台)	数量(千瓦)	数量(台)	数量(千瓦)
湖北省	18	32	484222	936347	470181	877586
武汉市			54300	87973	54198	87165
黄石市			26141	64322	26141	64322
十堰市			1847	11702	1140	2988
宜昌市	9	27	18023	45648	17995	44967
襄阳市			5476	9173	5476	9173
鄂州市			20471	43936	20471	43926
荆门市			43843	78538	43843	78538
孝感市			25501	49193	25309	48127
荆州市			132447	159321	122087	146922
黄冈市	3	1	56457	111190	55705	109852
咸宁市			21920	64365	20237	40818
随州市			7948	15448	7741	14002
恩施自治州			17223	25741	17213	25729
仙桃市	6	3	38185	142670	38185	133931
潜江市			7325	18662	7325	18662
天门市			7115	8460	7115	8460
神农架林区						
省直						

续表21

单位	其中：1.增氧机		2.投饲机		（二）水产捕捞机械	
	数量(台)	数量(千瓦)	数量(台)	数量(千瓦)	数量(台)	数量(千瓦)
湖北省	287040	652411	179131	209484	1861	16592
武汉市	32288	71817	21910	13780	12	108
黄石市	18012	51814	8228	12702		
十堰市	956	2541	121	422	121	612
宜昌市	11704	34476	6291	10483	18	681
襄阳市	3768	7116	1694	2037		
鄂州市	10273	32168	9956	11558		
荆门市	25567	59011	18088	17452		
孝感市	16412	38698	8232	7021	28	530
荆州市	67817	137068	54270	8613		
黄冈市	35361	79214	17963	23359	31	1085
咸宁市	13968	32239	5791	7628	1639	13547
随州市	5288	9713	2453	4289	2	17
恩施自治州	17103	25497	107	229	10	12
仙桃市	22135	55046	15975	78775		
潜江市	4281	14096	3044	4566		
天门市	2107	1892	5008	6568		
神农架林区						
省直						

续表22

单位	七、农田基本建设机械		八、农用航空器（架）	（一）有人驾驶农用飞机（架）	（二）植保无人机（架）
	数量(台)	数量(千瓦)	数量	数量	数量
湖北省	31244	1426489	2782	11	2734
武汉市	2202	112344	89		89
黄石市	2728	116315	36		36
十堰市	2175	128652	10	1	9
宜昌市	954	57668	92		92
襄阳市	1971	66810	304		304
鄂州市	773	50519	17		17
荆门市	2069	124573	740	8	732
孝感市	1971	74823	112		112
荆州市	5719	224447	681		681
黄冈市	3314	150416	204		204
咸宁市	2992	122989	75		75
随州市	2030	58103	52		52
恩施自治州	930	45292	17		20
仙桃市	155	7905	131		91
潜江市	796	67660	100		100
天门市	465	17970	122	2	120
神农架林区					
省直					

农机作业情况

单位	一、农机作业总体情况 （一）机耕面积(公顷)	（二）机播面积(公顷)	（三）机电灌溉面积(公顷)	（四）机械植保面积(公顷)	（五）机收面积(公顷)	二、主要农作物生产机械化作业情况 （一）小麦 1.小麦机耕面积(公顷)
湖北省	5983543	3099302	3246160	5071484	4539196	1044962
武汉市	258016	126224	245160	290733	204330	9291
黄石市	113859	75282	86689	104289	92612	6923
十堰市	279178	69378	89890	240483	124103	57642
宜昌市	424842	127680	189596	414643	195109	36565
襄阳市	938545	696775	232751	616407	848403	370786
鄂州市	57327	29980	68900	69201	44127	5600
荆门市	557848	357116	288108	426307	477654	117896
孝感市	416509	201154	343064	346419	349229	71005
荆州市	880080	466897	805682	1019654	817045	167783
黄冈市	684936	358310	267696	523996	492460	55151
咸宁市	281449	104745	95559	177667	202047	5574
随州市	219364	123895	64949	178335	176972	34266
恩施自治州	338126	24334	42623	207626	74323	982
仙桃市	173104	107266	89300	104400	139442	24053
潜江市	125843	69705	128000	134000	104695	27179
天门市	229518	160060	206893	215584	196146	53926
神农架林区	5000	500	1300	1740	500	340
省直						

续表1

单位	2.小麦机播面积(公顷)	3.小麦机收面积(公顷)	(二)水稻 1.水稻机耕面积(公顷)	2.水稻机械种植面积(公顷)	其中：水稻机直播面积(公顷)	水稻机插面积(公顷)	水稻机浅栽面积(公顷)
湖北省	727080	1009720	2274667	1317077	220843	1049656	2326
武汉市	6976	9042	100480	54700	15894	38806	
黄石市	5807	6355	60126	40421	19300	21114	
十堰市	16531	38897	29396	10045	680	8992	313
宜昌市	19766	33467	77250	42605	4058	36583	2010
襄阳市	297714	369888	210468	124464	11320	113138	3
鄂州市	3867	5533	28207	18067	12160	5907	
荆门市	82201	117257	243522	188484	11468	177016	
孝感市	41436	71017	241331	118387	16024	90536	
荆州市	94505	162036	446680	272614	27029	245496	
黄冈市	37226	51817	339810	172423	58479	104051	
咸宁市	2693	5276	133891	58195	15631	23711	
随州市	23608	33892	127615	91948	807	87808	
恩施自治州		85	39273	7032		6997	
仙桃市	20517	24053	65726	38785	27453	11332	
潜江市	24159	27179	58227	31752		31752	
天门市	50074	53926	72468	46956	540	46416	
神农架林区			200	200			
省直							

续表2

单位	3.水稻机收面积(公顷)	(三)玉米 1.玉米机耕面积(公顷)	2.玉米机播面积(公顷)	3.玉米机收面积(公顷)	(四)大豆 1.大豆机耕面积(公顷)	2.大豆机播面积(公顷)	3.大豆机收面积(公顷)
湖北省	2242926	676370	317028	324364	166739	63998	70155
武汉市	100060	16648	9735	11152	8235	5088	4304
黄石市	57411	7860	5254	3801	433	113	217
十堰市	26645	73598	20591	22531	17047	2022	4050
宜昌市	73738	116132	31955	34461	8860	3237	3151
襄阳市	215287	201146	174232	170238	5309	2211	2083
鄂州市	28213	1800	760	533	1800	153	80
荆门市	246286	47971	17937	16438	29809	10352	8380
孝感市	234474	8575	4205	6704	4494	1724	125
荆州市	448531	28120	17178	20313	18923	1851	5446
黄冈市	327019	16317	9288	11220	11946	3979	4694
咸宁市	133505	18190	4587	6399	4465	271	238
随州市	132518	11760	3632	1339	1237		
恩施自治州	22819	109137	3612	5152	12629		
仙桃市	65726	13293	10849	9570	9613	7844	5421
潜江市	58227	2000	1260	1521	8873	5346	9600
天门市	72468	2992	1954	2992	23067	19807	22367
神农架林区		830					
省直							

续表3

单位	（五）油菜	2.油菜机播面积(公顷)	3.油菜机收面积(公顷)	（六）马铃薯	2.马铃薯机播面积(公顷)	3.马铃薯机收面积(公顷)
	1.油菜机耕面积(公顷)			1.马铃薯机耕面积(公顷)		
湖北省	876965	426673	559765	185877	17646	24344
武汉市	30150	17137	21050	2196		233
黄石市	28075	20872	21675	1496	220	564
十堰市	42517	8794	12088	14689	1805	3817
宜昌市	73233	20822	33568	38743	2876	4425
襄阳市	35000	13556	23840	14042	3597	3995
鄂州市	12000	7133	9767	653		
荆门市	97568	54647	88111	2127	203	282
孝感市	57000	27692	31894	2929	947	762
荆州市	170451	79400	137088	433	31	20
黄冈市	119023	85633	71664	17784	1755	1032
咸宁市	70787	35189	44013	6161	67	77
随州市	20861	2249	3727	3777	2149	2108
恩施自治州	28419	130	75	73678	2116	5183
仙桃市	48500	28900	34039	1153		
潜江市	13380	7187	8167	736		
天门市	30000	17333	19000	1880	1580	1547
神农架林区				3400	300	300
省直						

续表4

单位	（七）花生 1.花生机耕面积(公顷)	2.花生机播面积(公顷)	3.花生机收面积(公顷)	（八）棉花 1.棉花机耕面积(公顷)	2.棉花机播面积(公顷)	3.棉花机收面积(公顷)
湖北省	190916	77864	54281	138672	2861	863
武汉市	11933	987	600	7264	20	
黄石市	2805	858	831	2041	303	
十堰市	15367	2876	3562			
宜昌市	9813	2389	220	7401	574	71
襄阳市	46772	37580	34072	11893	1220	782
鄂州市	2267			5000		
荆门市	13812	2105	890	5143	267	10
孝感市	21325	6764	4253	9851		
荆州市	1242	13	80	40840	305	
黄冈市	39061	19803	5205	22334		
咸宁市	5272			3668	172	
随州市	9333	236	467	4751		
恩施自治州	4994					
仙桃市	1000			8300		
潜江市	1055			1720		
天门市	4867	4253	4100	8467		
神农架林区						
省直						

续表5

单位	（九）水果					
	1.水果机械中耕面积(公顷)	2.水果机械施肥面积(公顷)	3.水果机械植保面积(公顷)	4.水果机械修剪面积(公顷)	5.水果机械采收产量(吨)	6.水果机械田间转运产量(吨)
湖北省	187708	187690	332542	89067	148184	3477749
武汉市	3903	2675	3910	805	87	32040
黄石市	850	2701	2011	930	900	500
十堰市	13999	11242	24231	11865	245	167879
宜昌市	49172	73769	121402	17675	29250	2027135
襄阳市	49338	8473	54330	10370	15710	348132
鄂州市	1280	1060	1360	940		12620
荆门市	4254	7295	13412	2260	5600	152424
孝感市	12081	15488	12547	12215	120	51144
荆州市	11864	6398	39768			311785
黄冈市	9190	3059	11305	5540	3119	104898
咸宁市	12279	9541	12907	1665	145	15293
随州市	9203	14099	14427	13008	68692	158386
恩施自治州	7744	30848	17708	11621	9797	55963
仙桃市	390		1140			25030
潜江市	1860	800	1860			
天门市	301	243	225	172	14520	14520
神农架林区						
省直						

续表6

单位	（十）茶叶 1.茶叶机械中耕面积(公顷)	2.茶叶机械施肥面积(公顷)	3.茶叶机械植保面积(公顷)	4.茶叶机械修剪面积(公顷)	5.茶叶机械采收产量(吨)	6.茶叶机械田间转运产量(吨)
湖北省	140291	79969	211713	181921	194770	119018
武汉市	2263	1925	2412	701	150	
黄石市	1000	1560	680	330	604	
十堰市	28645	16028	34376	30347	5484	8100
宜昌市	13019	26288	31569	27921	37474	20067
襄阳市	12039	7949	19973	18647	8000	8000
鄂州市	59	43	56	61	80	
荆门市	296	320	798	95		1
孝感市	11858	4597	15749	5663	4132	5731
荆州市						
黄冈市	19467	1796	20200	15712	30928	1941
咸宁市	19622	15308	20667	25816	44631	42999
随州市	2275	3785	4229	4389	2091	2002
恩施自治州	29735	360	60992	52239	61197	30165
仙桃市						
潜江市						
天门市	13	10	12			12
神农架林区						
省直						

续表7

单位	三、单项农机作业情况 (一)机械深耕面积(公顷)	其中:机械深松面积(公顷)	(二)机械免耕播种面积(公顷)	(三)精量播种面积(公顷)	(四)机械深施化肥面积(公顷)	(五)机械铺膜面积(公顷)	(六)农田机械节水灌溉面积(公顷)
湖北省	506213	106813	131528	613332	252998	34117	514649
武汉市	9936	2369	6310	11154	7665	4770	52391
黄石市	4531		11241	13675	4542	680	1265
十堰市	4090	800	1586	6830	7652	6590	45512
宜昌市	8327	2733	1249	28295	10536	5738	25078
襄阳市	169711	27811	22650	145247	56200	2955	85733
鄂州市			1032	11267	9649		42279
荆门市	10230	9457	30638	83031	24298	2660	53935
孝感市	72986	1853	13427	40046	75768	1674	32155
荆州市	82060	9063	15697	29609	15396		30921
黄冈市	27879	11686	22026	81754	37889	2532	53184
咸宁市	3360	1400	182	35278	447	702	33664
随州市	7804	1820	684	2089	1199	2038	9125
恩施自治州	29666	18221	420	495	300	2315	7547
仙桃市	5666	5666		71900			
潜江市	1333	1333	366				
天门市	68434	12400	4020	52661	1456	1463	41860
神农架林区	200	200					
省直							

续表8

单位	（七）机械播种牧草面积(公顷)	（八）机械化秸秆还田面积(公顷)	（九）秸秆捡拾打捆面积(公顷)	（十）农用航空器作业面积(公顷)	其中：植保无人机作业面积(公顷)	（十一）机械化青贮秸秆数量(吨)
湖北省	18267	2538368	376465	694426	652976	1947079
武汉市		115644	38944	29845	29845	196320
黄石市	300	80532	900	9700	8600	312300
十堰市	185	26059	13850	2347	2347	78089
宜昌市		128014	7540	12371	12371	64886
襄阳市	220	592089	82148	69937	69937	734375
鄂州市		7820		2123	2123	4268
荆门市	11500	413914	78974	153762	113762	175802
孝感市	200	133092	16840	50781	50781	8271
荆州市		317191	79227	123590	123590	37081
黄冈市	5284	227753	15471	60283	60023	71922
咸宁市	445	139515	12517	24678	24678	2510
随州市		43338	4275	2177	2177	1728
恩施自治州		297		10250	10159	241645
仙桃市		142000	680	10230	10230	
潜江市	133	81046	8000	100000	100000	16000
天门市		90064	17100	32352	32352	582
神农架林区						1300
省直						

续表9

单位	四、农机社会化服务作业面积 (一)农机专业合作社作业服务面积(公顷)	(二)农机跨区作业面积(公顷)	1.跨区机耕面积(公顷)	2.跨区机播面积(公顷)	3.跨区机收面积(公顷)	其中:跨区机收小麦(公顷)
湖北省	2023045	1072659	267479	54926	665225	214858
武汉市	87055	53382	14670	1020	37577	7476
黄石市	103141	73335	18050	6015	34820	3550
十堰市	34330	19412	7558	975	10879	3295
宜昌市	117527	61198	17282	480	24230	2787
襄阳市	352675	137783	20980	12460	104343	63542
鄂州市	27602	10923	2943	1644	6316	1578
荆门市	208870	93723	7758	5620	75778	32325
孝感市	164083	74323	14360	6016	45183	14948
荆州市	227625	261887	80541	4944	170191	44242
黄冈市	364141	75613	24765	6193	44635	9712
咸宁市	45461	12670	1400	1370	7409	1711
随州市	46876	101307	18726	2378	72203	19736
恩施自治州	30582	20525	13102		6918	67
仙桃市	52550	40580	18000	190	7100	2200
潜江市	66667	10501	3000	1334	6167	2000
天门市	91859	25497	4345	4287	11476	5689
神农架林区	2000					
省直						

续表10

单位	跨区机收水稻(公顷)	跨区机收玉米(公顷)	(三)生产托管作业面积(公顷)	五、农产品初加工机械化作业情况 (一)机械脱出农产品数量(吨)	其中:1.机械脱出粮食数量(吨)	2.机械脱出油料数量(吨)
湖北省	409071	13090	258709	38268455	24672201	1837801
武汉市	27692	1109	55362	3364327	1024438	44639
黄石市	29200	2040	32333	350487	271127	55360
十堰市	6569	915	3815	1503939	582410	93413
宜昌市	18873		43460	3665962	1284706	132523
襄阳市	28321	2180	27580	6764941	5302528	214737
鄂州市	3711		60	1299878	271083	42843
荆门市	41523	1930	14150	2684623	2379129	117168
孝感市	30135		5457	3776039	2281505	136466
荆州市	120084	1652	9412	3658004	3201822	371317
黄冈市	29051	627	19477	3704400	2897505	325873
咸宁市	5698		9068	1705371	871500	50468
随州市	50947	1520	29594	1364053	1326567	7240
恩施自治州	3580	100	5600	1900704	828915	80697
仙桃市	4400	350		994398	764000	90000
潜江市	3500	667	3340	625815	591800	34015
天门市	5787			865515	753165	41043
神农架林区				40000	40000	
省直						

续表11

单位	（二）机械清选农产品数量(吨)	其中：1.机械清选蔬菜数量(吨)	2.机械清选水果数量(吨)	3.机械清选棉花数量(吨)	（三）机械保质农产品数量(吨)	其中：1.机械保质粮食数量(吨)
湖北省	33392292	17053972	4894913	109685	30497801	10958199
武汉市	2903286	2779448	58137		2956609	1325510
黄石市	290398	32852	2000		313547	56875
十堰市	701431	491536	171470	15	476586	326712
宜昌市	3113803	1363074	1481291	1631	3585882	479039
襄阳市	5450662	1450457	609359	54300	3034122	1409707
鄂州市	1378470	708270	668400		1436870	271000
荆门市	374025	353286	17970	2769	1685047	1336961
孝感市	3568673	2878995	92490	2600	3986439	1275864
荆州市	6339100	2960775	583368	24243	5337151	1753091
黄冈市	1999431	587376	82778	24127	1292947	675655
咸宁市	1172789	57407	760		681798	275399
随州市	2094138	929016	970368		2343490	523733
恩施自治州	1839488	330482	120922		1108964	166132
仙桃市	841098	841098			1500000	445000
潜江市					419870	384670
天门市	1325500	1289900	35600		331979	251155
神农架林区					6500	1697
省直						

续表12

单位	2.机械保质油料数量(吨)	3.机械保质蔬菜数量(吨)	4.机械保质水果数量(吨)	5.机械保质棉花数量(吨)	6.机械保质茶叶数量(吨)	六、畜牧养殖机械化作业情况
						(一)机械收获饲草秸秆量(吨)
湖北省	1860819	3321484	1833522	130771	108931	13208978
武汉市	56696	628333	48103	5140	340	564523
黄石市	13600	10000	4500		1003	214700
十堰市	59460	42387	17673		956	752045
宜昌市	104649	933420	1260316	1631	40204	1808668
襄阳市	70643	397218	38670	455	9000	1996970
鄂州市	40643	6741	12006	3824	220	5104
荆门市	45246	290200	8840	3800		1096089
孝感市	76319	94563	34433	8447	6091	464493
荆州市	388798	597087	203818	96329	275	2233894
黄冈市	176965	15401	13658	7982	7132	1366399
咸宁市	22091	35995	620		4297	762525
随州市	6694	111339	106750	3163	2379	241512
恩施自治州	88992	133801	84135		37014	156295
仙桃市	148998					990020
潜江市	10200	25000				32600
天门市	80825					523140
神农架林区					20	
省直						

续表13

单位	其中：机械收获牧草数量(吨)	（二）机械化饲草料加工数量(吨)	（三）机械饲喂的畜禽数量（折算为羊单位）(个)	（四）机械清粪的畜禽数量（折算为羊单位）(个)	（五）机械环控的畜禽数量（折算为羊单位）(个)	（六）机械挤奶的家畜数量（折算为羊单位）(个)
湖北省	1736359	13181317	44891336	37869940	36155837	112368
武汉市		469965	2500549	2994859	2109646	60486
黄石市	400	415410	101060	83060	1386330	
十堰市	3755	723034	1758170	2782747	1251257	
宜昌市	180	3363629	6722286	2692208	3179103	15619
襄阳市	73029	1525851	6257650	6177094	3241614	4550
鄂州市	2916	21536	340154	340154	1498600	
荆门市		1425840	2463947	2399026	2272551	
孝感市	25621	1057935	1401247	1831403	1022515	1336
荆州市	1128787	116569	5550227	7689017	8288937	
黄冈市	131290	873913	2905140	2792117	3143443	27150
咸宁市	293910	747922	2690373	1588882	3357650	3167
随州市	28541	163923	8654980	4627175	2418886	60
恩施自治州	25610	1124038	264839	71249	19984	
仙桃市	5000	750600	462350	490000	1500000	
潜江市	16000	16000	697500	617500	800000	
天门市	1320	385151	970864	693449	665321	
神农架林区						
省直						

续表14

单位	（七）机械剪毛的畜禽数量（折算为羊单位）(个)	（八）机械捡蛋的蛋禽数量（折算为羊单位）(个)	七、水产养殖机械化作业情况 （一）地塘养殖 1.机械投饲池塘养殖产量(吨)	2.机械水质调控池塘养殖产量(吨)	3.机械起捕池塘养殖产量(吨)	4.机械清淤池塘养殖产量(吨)
湖北省	2210	2148095	1642890	1440321	372276	997546
武汉市		202454	250456	179597	182687	243655
黄石市		46340	93375	30832	11320	43493
十堰市		20746	1079	1895	24	1146
宜昌市	620	25743	30822	50183	12030	544
襄阳市		381622	35345	36130	7766	7590
鄂州市		69051	207244	207244	1770	207500
荆门市		150745	90675	67743	94326	52989
孝感市	90	611462	111764	82029	1700	7728
荆州市			137059	91557	90	38744
黄冈市	1200	116749	185131	212051	13169	38034
咸宁市		8625	74450	47061	3051	11630
随州市		475108	12591	10967	5099	7048
恩施自治州		7250	23			165
仙桃市	300	6200	294000	294000		294000
潜江市			38900	38900		13000
天门市		26000	79977	90132	39244	30281
神农架林区						
省直						

续表15

单位	（二）网箱养殖			（三）工厂化养殖		（四）筏式吊笼及底播养殖	
	1.机械投饲网箱养殖产量(吨)	2.机械清洗网箱养殖产量(吨)	3.机械起捕网箱养殖产量(吨)	1.机械投饲工厂化养殖产量(吨)	2.机械起捕工厂化养殖产量(吨)	1.机械投苗养殖产量(吨)	2.机械采收养殖产量(吨)
湖北省	34657	4097	5408	1976	1315	1111	2295
武汉市	343	343	100	604	604		
黄石市						900	1350
十堰市	10		80	49	17		
宜昌市				157			
襄阳市	863	272	989	716	594	211	945
鄂州市							
荆门市	4146	3250	4120	450	100		
孝感市	840						
荆州市							
黄冈市	2325	232	119				
咸宁市	130						
随州市							
恩施自治州							
仙桃市	26000						
潜江市							
天门市							
神农架林区							
省直							

续表16

单位	八、设施农业（种植）机械化作业情况 （一）耕整地机械化面积(公顷)	（二）种植机械化面积(公顷)	（三）采运机械化面积(公顷)	（四）灌溉施肥机械化面积(公顷)	（五）环境调控机械化面积(公顷)	农机作业情况补充资料 1.保护性耕作面积(公顷)	2.免耕播种面积(公顷)
湖北省	80454	14314	5737	46779	12863	530351	166868
武汉市	20750	2232	769	7147	3141	490	6312
黄石市	3399	618	300	2326	1008	13370	20348
十堰市	12049	3646	1070	3127	373	814	1586
宜昌市	4298	2035	1321	3537	37	7637	1442
襄阳市	5044	1014	378	8316	133	42950	24831
鄂州市	516	253		233	186	1798	1457
荆门市	3280	673	348	2178	901	2939	31388
孝感市	11137	1242	472	3614	1320	18009	15806
荆州市	2656	373	346	4242	1191	120361	15900
黄冈市	5611	895	142	5314	1691	23840	27510
咸宁市	3415	449	337	2068	1056		208
随州市	3116	188	100	493	115	105813	704
恩施自治州	468	220	30	508	356	6750	7356
仙桃市	1000	85	80	910	750	174862	
潜江市	3000			2100		10000	8000
天门市	667	393	44	666	605	713	4020
神农架林区	50					5	
省直							

续表17

单位	其中：小麦免耕播种面积(公顷)	水稻免耕播种面积(公顷)	玉米免耕播种面积(公顷)	3.农田基本建设作业量(立方米)	4.实际脱出农产品总量(吨)	5.实际清选农产品总量(吨)
湖北省	55911	10975	24511	166375131	71181608	67670249
武汉市	935	195		416935	7994646	7748148
黄石市	2873	600	2405	4690988	366060	367261
十堰市	325		440	46776346	3168484	2303392
宜昌市	1094		348	30009639	9127780	8755766
襄阳市	2584	716	13875	21082780	9899026	10203961
鄂州市	706	350	391	307911	1686200	1686200
荆门市	15930	1702	2638	5433600	6080324	3201303
孝感市	11881	3853	65	19845300	4626310	5067367
荆州市	7394	865	441	1705778	5888162	7917167
黄冈市	11585	1081	2220	17545540	7132016	5714227
咸宁市	22		160	4116238	5293392	5262467
随州市	362	163	179	2645355	2691846	2428446
恩施自治州	20	1150	1290	2918721	4101057	4084645
仙桃市				130000	1500000	841098
潜江市	200	300	60	8750000	625815	625815
天门市					920490	1462986
神农架林区					80000	
省直						

续表18

单位	6.实际保质农产品总量(吨)	7.收获的饲草秸秆总量(吨)	8.饲草料加工总量(吨)	9.畜禽总数(折算为羊单位)(个)	10.环控畜禽总数(折算为羊单位)(个)	11.产奶家畜数量(折算为羊单位)(个)
湖北省	68755074	55270122	35565134	183550448	105595512	382582
武汉市	7116730	1505499	833427	6594336	4566226	68831
黄石市	1297261	983548	522660	3624096	2365300	
十堰市	2089086	2319129	1917082	6956428	3166758	2000
宜昌市	8749460	8741302	6684396	19247305	9978793	19960
襄阳市	9429400	5967753	5407225	37277878	18145516	11742
鄂州市	1686198	725073	405251	5027710	1675920	989
荆门市	6020503	5430330	4277128	1604620	8416881	
孝感市	5138534	5352713	2515934	18405507	11193243	14690
荆州市	7003219	3551043	1883208	14312342	10285205	130145
黄冈市	4785328	5669064	3140935	23225536	11917177	130544
咸宁市	5175927	2467440	1720285	12817014	5911576	3178
随州市	2788525	1943130	1010810	11798610	8057060	60
恩施自治州	4026434	7110479	3628693	16971566	5783153	228
仙桃市	1500000	1970000	700600	1900000	1500000	
潜江市	419870	32600	16000	1550000	800000	
天门市	1509127	1501019	901501	2237500	1832704	215
神农架林区	19471					
省直						

续表19

单位	12.产毛畜禽数量（折算为羊单位）(个)	13.蛋禽数量（折算为羊单位）(个)	14.池塘养殖总产量(吨)	15.网箱养殖总产量(吨)	16.工厂化养殖总产量(吨)	17.筏式吊笼及底播养殖总产量(吨)
湖北省	74408	11471277	4099687	119653	5129	6211
武汉市	290	799634	437694	473	677	
黄石市		104680	145220			5155
十堰市		295292	4589	455	53	
宜昌市	1500	370204	142123		510	
襄阳市	30993	1548261	154265	1689	1092	1056
鄂州市	519	87793	245411			
荆门市	192	1216418	378457	7321	720	
孝感市	3764	1043198	309605	6950		
荆州市		963409	942570	47937	77	
黄冈市	17038	2587698	444716	4979		
咸宁市		193212	190827	2638	2000	
随州市		668982	87376			
恩施自治州		276281	2310			
仙桃市	2000	680000	294000	35000		
潜江市		150000	205100	7955		
天门市	18112	486215	115424	4256		
神农架林区						
省直						

《湖北农村统计年鉴-2020》

1.农村基本情况

2.农业产值

3.种植业

4.林业及土特产

5.畜牧业

6.渔业

7.农业机械化

8.农村主要能源及物资消耗 ☑

9.农业技术推广及应用

10.水利建设

11.农垦及监狱系统农场

农村主要能源及物资消耗

地区	农村用电量（万千瓦小时）	农用柴油使用量（吨）	农药使用量（吨）	农用塑料薄膜使用量（吨）
湖北省	**1785529**	**635448**	**97024**	**58800**
武汉市	**144889**	**20575**	**3351**	**5683**
武汉市辖区	6446	1670	322	1325
汉南区	2999	1809	210	297
蔡甸区	18110	1820	489	642
江夏区	13932	3322	630	646
黄陂区	63554	5695	650	1624
新洲区	39848	6259	1050	1149
黄石市	**115100**	**22424**	**2881**	**1570**
黄石市辖区	584	247	18	52
阳新县	35774	11046	2383	934
大冶市	78742	11131	480	584
十堰市	**74856**	**26913**	**2041**	**3744**
茅箭区	3354	5	10	27
张湾区	1641	163	48	115
郧阳区	10460	2035	483	676
郧西县	12612	3322	101	628
竹山县	10056	5806	206	445
竹溪县	4807	2735	111	651
房县	17308	7017	74	794
丹江口市	14618	5830	1008	408
宜昌市	**115727**	**42256**	**6721**	**5289**
宜昌市辖区	10455	688	333	104
夷陵区	19757	8778	984	434
远安县	5991	2699	310	430
兴山县	6530	834	179	335
秭归县	7368	1294	597	399
长阳自治县	12549	1347	379	551
五峰自治县	8178	243	57	362
宜都市	12784	4660	759	374
当阳市	16749	13343	1449	1488
枝江市	15366	8370	1674	812
襄阳市	**173974**	**125923**	**13845**	**6711**
高新区	3053	368	52	8
襄城区	7316	6501	728	529
樊城区	13883	3210	135	255
襄州区	31740	29337	3420	1017
南漳县	17145	13108	620	284
谷城县	24399	7738	1316	769
保康县	6945	3237	260	409
老河口市	12574	9503	656	328
枣阳市	41387	34100	4344	1430
宜城市	15532	18821	2314	1682
鄂州市	**59606**	**3352**	**405**	**380**
梁子湖区	6670	664	101	50
华容区	7517	1207	126	65
鄂城区	45419	1481	178	265
荆门市	**127673**	**77750**	**7232**	**5266**
东宝区	8509	5221	286	404
掇刀区	3027	5114	271	187
沙洋县	28092	13668	1672	1220
钟祥市	62567	38874	3329	2188
京山市	25478	14873	1674	1267
孝感市	**169317**	**32747**	**6649**	**4727**

续表

地区	农村用电量（万千瓦小时）	农用柴油使用量（吨）	农药使用量（吨）	农用塑料薄膜使用量（吨）
孝感市辖区	2763	423	3	
孝南区	22071	3577	777	835
孝昌县	10798	4748	502	589
大悟县	14982	4214	189	1372
云梦县	11591	681	625	238
应城市	60724	9506	322	198
安陆市	6833	5924	952	87
汉川市	39555	3674	3279	1407
荆州市	**272241**	**63778**	**23283**	**2302**
荆州开发区	3469	93	52	11
沙市区	10920	569	1169	76
荆州区	24535	3972	1351	253
公安县	44762	12578	4838	328
监利县	63058	21132	5907	642
江陵县	20153	7873	2376	149
石首市	31065	4130	2485	220
洪湖市	43119	8553	3168	320
松滋市	31160	4878	1937	303
黄冈市	**216164**	**68102**	**11960**	**8573**
龙感湖农场	2141	39	46	9
黄州区	8961	1542	270	412
团风县	15213	3001	1047	241
红安县	14560	4457	849	3924
罗田县	14133	2802	606	154
英山县	10616	4873	217	496
浠水县	29776	13267	1723	1297
蕲春县	31773	9328	1480	386
黄梅县	32625	14693	2187	153
麻城市	31551	9408	2002	1356
武穴市	24815	4692	1533	145
咸宁市	**50054**	**50427**	**1584**	**1439**
咸安区	3999	10122	353	479
嘉鱼县	12041	8352	346	325
通城县	7854	6705	24	71
崇阳县	8130	7610	156	177
通山县	8497	6348	73	195
赤壁市	9533	11290	632	192
随州市	**53627**	**48985**	**5327**	**5656**
曾都区	10507	12019	2287	1237
随县	26522	31368	2603	3335
广水市	16598	5598	437	1084
恩施自治州	**64304**	**5941**	**1154**	**2743**
恩施市	15624	389	141	479
利川市	9389	605	334	527
建始县	11435	1290	94	333
巴东县	5068	1634	163	463
宣恩县	8426	510	100	399
咸丰县	5001	983	160	235
来凤县	4023	312	140	121
鹤峰县	5338	218	22	186
仙桃市	**62560**	**16546**	**3781**	**3081**
潜江市	**49448**	**8455**	**2237**	**1055**
天门市	**34114**	**20618**	**4572**	**562**
神农架林区	**1875**	**656**	**1**	**20**

农用化肥施用

单位：吨

地区	农用化肥施用量(按折纯法计算)	氮肥	磷肥	钾肥	复合肥
湖北省	**2738904**	**1046700**	**428695**	**267109**	**996400**
武汉市	**110784**	**39298**	**16343**	**12970**	**42173**
武汉市辖区	11097	2629	1290	1204	5974
汉南区	2857	561	220	299	1777
蔡甸区	11791	3278	1597	1306	5610
江夏区	17233	4253	2276	1806	8898
黄陂区	33005	12560	4559	4737	11149
新洲区	34801	16017	6401	3618	8765
黄石市	**46878**	**21329**	**8232**	**5087**	**12230**
黄石市辖区	380	126	67	28	159
阳新县	24175	11604	4593	1934	6044
大冶市	22323	9599	3572	3125	6027
十堰市	**92255**	**43336**	**15225**	**7262**	**26432**
茅箭区	436	125	39	40	232
张湾区	2326	634	292	255	1145
郧阳区	25343	11298	4274	2498	7273
郧西县	10860	5027	1261	1217	3355
竹山县	8850	5863	765	870	1352
竹溪县	31625	14522	6756	1708	8639
房县	7533	3556	832	501	2644
丹江口市	5282	2311	1006	173	1792
宜昌市	**301124**	**104177**	**48732**	**27017**	**121198**
宜昌市辖区	7644	2738	1289	1104	2513
夷陵区	50662	24269	5504	2790	18099
远安县	7526	2827	1226	212	3261
兴山县	7883	1464	1276	902	4241
秭归县	30998	9447	5634	3567	12350
长阳自治县	17805	6792	1635	274	9104
五峰自治县	23571	8637	4968	2306	7660
宜都市	15630	5831	1161	1787	6851
当阳市	74992	25917	15466	7576	26033
枝江市	64413	16255	10573	6499	31086
襄阳市	**356000**	**130070**	**39295**	**17345**	**169290**
高新区	4298	1872	1089	216	1121
襄城区	25458	9673	4582	1527	9676
樊城区	11966	3750	956	590	6670
襄州区	98638	42948	15761	5990	33939
南漳县	32080	14841	3232	2008	11999
谷城县	29155	12832	3048	2984	10291
保康县	7681	2030	872	776	4003
老河口市	33836	11738	2016	537	19545
枣阳市	81649	16324	115	170	65040
宜城市	31239	14062	7624	2547	7006
鄂州市	**69648**	**18943**	**12085**	**10311**	**28309**
梁子湖区	19002	4962	3452	2555	8033
华容区	22171	5439	4060	3626	9046
鄂城区	28475	8542	4573	4130	11230
荆门市	**284056**	**85427**	**53207**	**27259**	**118163**
东宝区	10678	4324	2366	996	2992
掇刀区	9784	4294	3469	787	1234
沙洋县	110640	30820	18765	10873	50182
钟祥市	88293	28219	21156	7397	31521
京山市	64661	17770	7451	7206	32234
孝感市	**180877**	**84272**	**26539**	**15677**	**54389**

续表　　单位：吨

地区	农用化肥施用量(按折纯法计算)	氮肥	磷肥	钾肥	复合肥
孝感市辖区	494	164	43	24	263
孝南区	26604	11231	3308	2478	9587
孝昌县	20967	7888	2703	3188	7188
大悟县	15580	9614	1205	405	4356
云梦县	13502	4775	1343	1446	5938
应城市	25820	7426	4253	2243	11898
安陆市	37440	22041	7628	2518	5253
汉川市	40470	21133	6056	3375	9906
荆州市	**305037**	**129662**	**53473**	**38518**	**83384**
荆州开发区	802	256	155	111	280
沙市区	11586	2747	2079	2185	4575
荆州区	22990	8458	3001	2715	8816
公安县	55915	23874	10067	7320	14654
监利县	76762	34401	16012	10153	16196
江陵县	29922	14729	5625	3137	6431
石首市	25238	9144	4491	3366	8237
洪湖市	43020	20203	7994	4920	9903
松滋市	38802	15850	4049	4611	14292
黄冈市	**310930**	**125801**	**42834**	**28891**	**113404**
龙感湖农场	2553	538	279	293	1443
黄州区	15379	5670	3402	1721	4586
团风县	20226	7408	3439	2148	7231
红安县	45419	20580	9021	4361	11457
罗田县	16472	7156	1379	1863	6074
英山县	5732	2196	645	463	2428
浠水县	46951	22204	2660	2972	19115
蕲春县	40038	19317	5808	2790	12123
黄梅县	43603	19473	6995	2846	14289
麻城市	30474	7220	2319	2966	17969
武穴市	44083	14039	6887	6468	16689
咸宁市	**110728**	**38987**	**20211**	**13384**	**38146**
咸安区	26632	8841	4940	2990	9861
嘉鱼县	28669	9349	5581	3823	9916
通城县	19138	7524	2512	2480	6622
崇阳县	14321	5073	3152	1927	4169
通山县	8001	1959	869	619	4554
赤壁市	13967	6241	3157	1545	3024
随州市	**151726**	**61549**	**30200**	**15365**	**44612**
曾都区	28092	11231	5340	3084	8437
随县	84633	33763	16866	8502	25502
广水市	39001	16555	7994	3779	10673
恩施自治州	**241438**	**100746**	**38246**	**24984**	**77462**
恩施市	36196	14636	4788	3508	13264
利川市	45679	21555	7153	3894	13077
建始县	27941	13841	5572	1943	6585
巴东县	39384	15902	4781	2809	15892
宣恩县	24953	7635	4187	3390	9741
咸丰县	35101	15873	5660	4943	8625
来凤县	9185	3820	1269	1430	2666
鹤峰县	22999	7484	4836	3067	7612
仙桃市	**52834**	**23049**	**7650**	**4685**	**17450**
潜江市	**50166**	**13976**	**8049**	**8071**	**20070**
天门市	**70606**	**24811**	**7778**	**10095**	**27922**
神农架林区	**3817**	**1267**	**596**	**188**	**1766**

《湖北农村统计年鉴-2020》

1.农村基本情况

2.农业产值

3.种植业

4.林业及土特产

5.畜牧业

6.渔业

7.农业机械化

8.农村主要能源及物资消耗

9.农业技术推广及应用 ☑

10.水利建设

11.农垦及监狱系统农场

主要农作物病虫害发生面积

单位：万亩次

地区	水稻	小麦	玉米	大豆	马铃薯	棉花	油菜	柑橘	蔬菜
湖北	10138.76	2714.44	2053.42	225.13	389.10	785.80	1748.88	1534.50	2433.17
武汉	349.30	42.29	39.98	7.47	6.18	82.37	69.13		132.42
黄石	185.45	8.28	19.71	0.30	0.70	0.30	58.20	22.11	28.80
十堰	172.87	134.01	204.00	29.80	36.32		119.70	155.56	164.30
宜昌	544.88	71.99	340.20		50.90		172.99	1190.83	332.60
襄阳	816.24	900.38	638.21	0.70	16.51	68.90	66.95	10.52	153.95
鄂州	101.00	15.40	3.31		1.10	6.35	32.50		9.97
荆门	1287.90	438.50	141.88	44.10	1.70	36.47	178.58	59.20	498.53
孝感	906.05	226.30	25.35	9.06	11.25	12.56	108.10	0.50	140.15
荆州	2068.86	322.68	115.80	38.73		186.59	301.80	7.30	91.64
黄冈	1576.20	94.96	41.50	13.51	29.55	234.14	243.02	10.45	330.01
咸宁	641.22	13.72	57.71	6.79	5.74	5.27	120.59	20.34	212.53
随州	257.85	98.93	13.85	0.17	3.35	7.55	7.50		34.12
恩施州	237.16	2.00	359.43	19.70	219.40		87.70	57.10	212.80
仙桃	162.50	84.70	16.41	16.50		71.70	66.60	0.59	41.15
潜江	602.00	73.20	1.84		0.80	36.60	20.02		41.10
天门	228.00	185.00	7.30	38.00		37.00	95.00		
神农架林区	1.28	2.10	26.94	0.30	5.60		0.50		9.10

主要农作物病虫害防治面积

单位：万亩次

地区	水稻	小麦	玉米	大豆	马铃薯	棉花	油菜	柑橘	蔬菜
湖北	15579.82	4308.85	2246.78	287.87	426.46	1274.61	2074.74	2622.88	3482.45
武汉	449.76	44.43	50.49	8.14	6.42	110.61	63.36		190.83
黄石	186.20	9.60	20.76	0.24	0.66	0.25	49.58	22.10	26.90
十堰	176.10	144.35	142.78	15.25	20.70		94.51	278.27	189.10
宜昌	831.36	118.11	375.74		66.30		244.08	2076.00	805.70
襄阳	1153.30	1574.59	806.39	1.10	27.04	104.10	65.64	13.10	206.39
鄂州	106.00	12.90	5.21		1.40	6.35	28.50		10.20
荆门	2190.60	586.40	190.19	74.30	5.00	83.97	210.20	80.50	561.65
孝感	1338.53	287.10	32.65	9.96	16.06	20.15	135.55	2.20	234.62
荆州	3798.31	635.74	155.93	55.14		336.34	460.15	18.50	158.30
黄冈	2174.16	142.26	51.39	18.56	26.72	357.65	257.85	16.50	313.77
咸宁	734.48	21.17	78.63	6.87	8.66	13.12	145.32	20.75	222.26
随州	449.30	147.00	23.30	0.51	11.30	15.97	19.50		53.85
恩施州	420.37	2.00	251.09	14.40	229.60		56.00	94.17	292.05
仙桃	260.10	106.00	16.53	23.10		77.00	74.00	0.79	56.03
潜江	834.50	165.00	2.89		1.40	62.10	40.00		151.30
天门	475.00	310.00	17.47	60.00		87.00	130.00		
神农架林区	1.75	2.20	25.34	0.30	5.20		0.50		9.50

主要农作物病虫害挽回损失

单位：吨

地区	水稻	小麦	玉米	大豆	马铃薯	棉花	油菜	柑橘	蔬菜
湖北	1676598	463314	387238	16864	213318	39884	205143	807979	5562055
武汉	86956	5661	6445	957	347	1538	7736		84181
黄石	30486	1690	6148	6	132	10	5432	5596	7390
十堰	10917	7046	13188	1082	2977		2520	25997	40970
宜昌	92229	20941	95829		19708		24696	661379	1787157
襄阳	183021	179496	104310	0.4	5037	3620	10153	2663	208170
鄂州	2887	1870	1656		86	290	8550		5348
荆门	224811	75490	29520	2726	700	1955	18550	19120	280115
孝感	92982	32871	9446	1908	6007	1722	11149	456	86799
荆州	348028	52985	9224	1420		10841	53796	4083	16157
黄冈	215543	26434	11622	1307	4353	10785	25808	5211	135520
咸宁	81429	1657	28069	443	1925	235	8845	4510	2538078
随州	142278	27018	8319	26	8119	694	5182		4965
恩施州	75673	231	54992	2251	163680		8437	78249	236866
仙桃	73158	11127	4305	1822		7688	5691	715	128016
潜江	5934	17315	405		28	83	4807		1574
天门	10228	1444	2606	2915		423	3778		
神农架林区	39	39	1156	3	220		13		748

主要农作物病虫害实际损失

单位：吨

地区	水稻	小麦	玉米	大豆	马铃薯	棉花	油菜	柑橘	蔬菜
湖北	283626	83781	59179	3342	29546	8187	43768	62752	580738
武汉	8074	956	874	170	53	313	1048		14137
黄石	1658	236	515	1	8	2	414	584	1010
十堰	2742	3838	6104	636	1528		1099	9558	15796
宜昌	7848	1271	6114		1604		3033	30475	30464
襄阳	30960	27695	20464		884	592	1665	499	25951
鄂州	267	635	337		26	40	1805		365
荆门	23258	10826	2340	234	75	151	2013	2631	52853
孝感	16888	7370	2368	376	1281	357	3364	38	19274
荆州	82857	12781	1216	330		2461	11947	622	2564
黄冈	48562	1827	1183	334	1023	2890	8314	936	19887
咸宁	15237	597	3154	100	648	146	2173	1395	328585
随州	24022	6464	1531	4	1382	160	783		795
恩施州	9704	73	11011	366	21009		2412	15905	45796
仙桃	8195	2320	478	455		954	1423	109	22591
潜江	1591	6641	127		17	34	1148		599
天门	1762	248	1319	335		88	1127		
神农架林区	2	3	46	0.3	9		1		71

农民专业合作社建设情况

	农民合作社																	
	户数情况									出资总额								
	12月期末户数	2018年末户数	比上年末±%	2019年1–12月新登记户数	2018年1–12月新登记户数	比上年同期±%	12月新登记户数	上年12月新登记户数	比上年同期±%	12月期末出资总额(万元)	2018年末出资总额(万元)	比上年末±%	2019年1–12月新登记出资总额(万元)	2018年1–12月新登记出资总额(万元)	比上年同期±%	12月新登记出资总额(万元)	上年12月新登记出资总额(万元)	比上年同期±%
合 计	100410	96555	3.99	8552	14646	–41.61	632	1280	–50.63	31841941	23965368	32.87	1926453	3622620	–46.82	130668	312764	–58.22
武 汉	4771	4690	1.73	358	427	–16.16	47	35	34.29	956504	904125	5.79	82644	105423	–21.61	8292	13630	–39.17
黄 石	3524	3718	–5.22	278	564	–50.71	29	34	–14.71	963158	936422	2.86	69196	154380	–55.18	5226	6650	–21.41
十 堰	8202	7471	9.78	838	1465	–42.80	49	205	–76.10	1372174	1294906	5.97	92261	192882	–52.17	5689	24719	–76.98
宜 昌	8781	8615	1.93	880	973	–9.56	59	74	–20.27	1575138	1535109	2.61	120904	179819	–32.76	7224	14884	–51.47
襄 阳	8376	8279	1.17	628	953	–34.10	46	64	–28.13	2294288	2332651	–1.64	243513	200671	21.35	8217	20223	–59.37
鄂 州	1809	1752	3.25	109	201	–45.77	6	15	–60.00	4153317	410601	911.52	22412	48360	–53.65	1530	2958	–48.28
荆 门	7028	7008	0.29	444	651	–31.80	15	70	–78.57	2087272	2078938	0.40	103995	174382	–40.36	3695	20674	–82.13
孝 感	6603	6066	8.85	654	1008	–35.12	84	155	–45.81	5141942	1620788	217.25	145455	406060	–64.18	12295	34473	–64.33
荆 州	10217	9727	5.04	845	2610	–67.62	50	168	–70.24	2994357	2922829	2.45	223181	822957	–72.88	12532	63132	–80.15
黄 冈	11171	10617	5.22	949	1284	–26.09	38	70	–45.71	3278482	3256696	0.67	217951	296712	–26.54	16439	11845	38.78
咸 宁	6143	5759	6.67	569	1085	–47.56	73	63	15.87	1780647	1691743	5.26	154986	328295	–52.79	16011	21135	–24.24
随 州	4582	4206	8.94	379	549	–30.97	26	72	–63.89	1116884	1035088	7.90	81796	135272	–39.53	5014	13410	–62.61
恩 施	12791	12524	2.13	1080	2041	–47.08	60	123	–51.22	2125152	1936792	9.73	177170	309692	–42.79	9203	21987	–58.14
仙 桃	1849	1736	6.51	169	241	–29.88	5	33	–84.85	636853	596542	6.76	53336	99766	–46.54	1420	12600	–88.73
潜 江	1297	1224	5.96	117	176	–33.52	2	27	–92.59	448181	429072	4.45	26350	49603	–46.88	500	7986	–93.74
天 门	2999	2825	6.16	231	408	–43.38	40	69	–42.03	895955	853202	5.01	109988	112397	–2.14	17212	18610	–7.51
林 区	346	338	2.37	26	10	160.00	3	3	0.00	27493	129866	–78.83	1339	5952	–77.50	169	3849	–95.60

农村可再生能源及秸秆综合利用情况

地区	清洁能源入户年末累计数（户）	秸秆综合利用率（%）
湖北省	**4707330**	**91.73**
武汉市	**177412**	**94.20**
武汉市辖区	6483	
汉南区	11633	95.56
蔡甸区	23993	94.41
江夏区	35495	93.84
黄陂区	62715	94.83
新洲区	37093	93.62
黄石市	**94672**	**91.63**
黄石市辖区		
阳新县	43253	91.45
大冶市	51419	91.84
十堰市	**421236**	**91.40**
茅箭区	6806	
张湾区	9694	
郧阳区	77427	94.74
郧西县	78030	95.17
竹山县	64496	86.41
竹溪县	62397	90.78
房县	64970	90.17
丹江口市	57416	93.55
宜昌市	**612928**	**95.23**
宜昌市辖区		
夷陵区	122034	95.05
远安县	34988	95.30
兴山县	38776	95.16
秭归县	70809	95.10
长阳县	69423	95.33
五峰县	47795	95.20
宜都市	69322	95.50
当阳市	70254	95.14
枝江市	89527	95.05
襄阳市	**364353**	**91.97**
襄阳市辖区		
襄城区	13301	84.66
樊城区	15001	92.50
襄州区	49534	91.49
南漳县	53982	90.03
谷城县	46264	91.53
保康县	54967	92.12
老河口市	39154	81.36
枣阳市	54650	93.47
宜城市	37500	92.14
鄂州市	**36121**	**90.51**
荆门市	**238649**	**95.04**
东宝区	37434	94.14
掇刀区	11597	95.00
京山县	60578	95.11
沙洋县	48050	95.20
钟祥市	80990	95.02
孝感市	**275139**	**80.98**

续表

地区	清洁能源入户年末累计数(户)	秸秆综合利用率(%)
孝感市辖区		
孝南区	31979	72.48
孝昌县	35033	67.40
大悟县	75711	90.26
云梦县	20045	90.91
应城市	32249	68.18
安陆市	38314	83.82
汉川市	41808	91.00
荆州市	**453137**	**92.70**
荆州市辖区		
沙市区	9632	96.33
荆州区	13637	90.70
公安县	100991	87.43
监利县	61648	95.01
江陵县	46165	96.58
石首市	35748	91.00
洪湖市	57501	92.10
松滋市	127815	96.27
黄冈市	**602719**	**94.00**
黄冈市辖区		
黄州区	24548	94.09
团风县	42006	94.65
红安县	52760	95.88
罗田县	55750	93.79
英山县	51633	96.01
浠水县	91566	95.14
蕲春县	74197	92.18
黄梅县	88517	95.36
麻城市	79377	93.28
武穴市	42365	95.80
咸宁市	**242213**	**90.41**
咸安区	37280	90.01
嘉鱼县	30050	89.60
通城县	35449	89.00
崇阳县	44990	89.03
通山县	51917	92.00
赤壁市	42527	93.50
随州市	**126712**	**90.77**
曾都区	36602	90.49
随县	52533	91.14
广水市	37577	90.23
恩施州	**784645**	**90.62**
恩施市	176510	94.12
利川市	95246	89.21
建始县	110095	86.65
巴东县	111828	92.81
宣恩县	79267	92.47
咸丰县	90297	91.14
来凤县	64571	85.44
鹤峰县	56831	90.64
仙桃市	**91292**	**89.94**
潜江市	**66610**	**90.22**
天门市	**107969**	**94.77**
神农架林区	**11523**	**80.17**

农村土地规模经营及流转情况

单位：亩

地区	1.家庭承包经营的耕地面积	2.家庭承包耕地流转面积	3.适度规模经营的面积
湖北省	62158925	24007555	13287612
武汉市	3004136	1252841	1183810
黄石市	1318134	602593	350634
十堰市	2421148	786147	582444
宜昌市	4908279	1089907	530169
襄阳市	7930776	2957400	1467031
鄂州市	558609	383302	50112
荆门市	4749118	2928225	1519028
孝感市	5124681	1571795	775687
荆州市	8948546	5486240	2886167
黄冈市	6100462	2068758	1265044
咸宁市	2496381	990887	656299
随州市	2454996	1048524	428347
恩施州	6958202	906859	520277
仙桃市	1776368	525477	301680
潜江市	1270468	397434	283526
天门市	2063364	1010142	485308
神农架林区	75256	1024	2049

三品一标统计

单位：个

地区	无公害农产品	绿色食品	有机食品	农产品地理标志
湖北省	**2529**	**1830**	**167**	**154**
武汉市	**378**	**412**	**21**	**12**
武汉市辖区	5	24		1
东西湖区	56	70	1	1
汉南区	4	31		
蔡甸区	132	50		2
江夏区	5	112	20	4
黄陂区	78	43		3
新洲区	98	82		1
黄石市	**62**	**51**		
黄石市辖区		2		
阳新县	26	23		
大冶市	36	26		
十堰市	**74**	**54**	**13**	**20**
茅箭区	11			1
张湾区	11			2
郧阳区	19	14		3
郧西县	3	1	4	4
竹山县	12	18	5	2
竹溪县		9	2	
房县	15	6		5
丹江口市	3	5	2	2
宜昌市	**266**	**197**	**2**	**35**
宜昌市辖区	2	16		
夷陵区	59	53	2	2
远安县	2	4		4
兴山县	3	2		6
秭归县	18	15		4
长阳县	23	48		2
五峰县	25	8		1
宜都市	63	27		2
当阳市	11	10		4
枝江市	60	14		5
襄阳市	**168**	**62**	**2**	**7**
襄阳市辖区				
襄城区	26	2		1
樊城区	17	5		
襄州区	17	12		
南漳县	37	15		3
谷城县	7		2	1
保康县		2		
老河口市				
枣阳市	50	21		2
宜城市	14	5		
鄂州市	**54**	**7**		**1**
荆门市	**351**	**106**	**19**	**18**
东宝区	21	27		2
掇刀区	10	6		1
京山市	136	27	2	2
沙洋县	77	9	4	2
钟祥市	31	23	10	11
漳河新区	20	7	3	
屈家岭管理区	56	7		
孝感市	**133**	**288**		**7**

续表 单位：个

地区	无公害农产品	绿色食品	有机食品	农产品地理标志
孝感市辖区				
孝南区	19	81		
孝昌县	28	2		
大悟县	19	8		
云梦县	19	44		2
应城市	11	97		
安陆市	26	17		1
汉川市	11	39		1
荆州市	**233**	**127**	**5**	**14**
荆州市辖区				
沙市区	2	5		
荆州区	48	10		2
公安县	23	12		
监利县	22	47		3
江陵县	28	11		
石首市	47	8		
洪湖市	4	17		4
松滋市	59	17	5	5
黄冈市	**254**	**99**	**7**	**13**
黄冈市辖区				
黄州区	46	1		
团风县	39	9		
红安县	36	7		1
罗田县	12	12		1
英山县	7	12		1
浠水县	16	10	1	2
蕲春县	23	5		3
黄梅县	33	11	1	
麻城市	33	8	5	2
武穴市	9	17		3
龙感湖管区		7		
咸宁市	**335**	**83**	**4**	**8**
咸安区	65	7		2
嘉鱼县	142	47		
通城县	8	8		1
崇阳县	21	1		1
通山县	70	8		4
赤壁市	29	12	4	
随州市	**85**	**78**	**6**	**4**
曾都区	20	32	2	
随县	35	15	4	1
广水市	30	31		1
恩施州	**29**	**199**	**84**	**10**
恩施市	4	40	35	1
利川市	11	49	11	
建始县	2	9	2	4
巴东县	3	15		
宣恩县	6	16	22	1
咸丰县	2	22	6	1
来凤县	1	26		
鹤峰县		22	8	2
仙桃市	**49**	**11**		
潜江市	**42**	**27**		**2**
天门市	**12**	**23**	**2**	**2**
神农架林区	**4**	**6**	**2**	**1**

《湖北农村统计年鉴-2020》

水库数量

单位：座

地区	合计	大型	中型	小型
湖北省	**6935**	**77**	**286**	**6572**
武汉市	**265**	**4**	**6**	**255**
蔡甸区	10			10
江夏区	94			94
黄陂区	106	3	5	98
新洲区	42	1	1	40
经济技术开发区	1			1
东湖新技术开发区	12			12
黄石市	**288**	**2**	**6**	**280**
西塞山区	2			2
下陆区	3			3
铁山区	2			2
阳新县	171	2	3	166
大冶市	110		3	107
十堰市	**548**	**9**	**21**	**518**
茅箭区	10		2	8
张湾区	17	1		16
郧县	84		4	80
郧西县	109	1	2	106
竹山县	77	3	3	71
竹溪县	50	2	5	43
房县	95	1	3	91
丹江口市	106	1	2	103
宜昌市	**455**	**7**	**31**	**417**
西陵区	3	1		2
伍家岗区	6			6
点军区	15		1	14
猇亭区	6			6
夷陵区	70	2	4	64
远安县	54		2	52
兴山县	16	1	1	14
秭归县	19		2	17
长阳土家族自治县	14	1	1	12
五峰土家族自治县	10		3	7
宜都市	47	1	5	41

续表1 单位：座

地区	合计	大型	中型	小型
当阳市	127	1	7	119
枝江市	68		5	63
襄阳市	**1219**	**14**	**60**	**1145**
襄城区	55	1	2	52
樊城区	29		4	25
襄阳区	305	2	7	296
南漳县	139	4	1	134
谷城县	87	1	7	79
保康县	20	1	2	17
老河口市	58	2	7	49
枣阳市	396	2	20	374
宜城市	130	1	10	119
鄂州市	**36**		1	**35**
梁子湖区	17			17
鄂城区	19		1	18
荆门市	**755**	**8**	**31**	**716**
东宝区	104	1	4	99
掇刀区	56		4	52
京山县	227	4	7	216
沙洋县	82		7	75
钟祥市	254	3	9	242
屈家岭管理区	32			32
孝感市	**454**	**1**	**18**	**435**
孝南区	32		1	31
孝昌县	36	1	3	32
大悟县	134	0	8	126
云梦县	7			7
应城市	99		2	97
安陆市	146		4	142
荆州市	**114**	**2**	**6**	**106**
荆州区	30	1	2	27
公安县	6		1	5
石首市	18			18
松滋市	60	1	3	56
黄冈市	**1237**	**12**	**38**	**1187**

续表2　　单位：座

地区	合计	大型	中型	小型
黄州区	2			2
团风县	84	1	6	77
红安县	183	2	4	177
罗田县	174	1	7	166
英山县	83	1	2	80
浠水县	68	1	2	65
蕲春县	180	2	4	174
黄梅县	37	1	2	34
麻城市	325	3	7	315
武穴市	101		4	97
咸宁市	**555**	**4**	**19**	**532**
咸安区	104	1	1	102
嘉鱼县	18	1	1	16
通城县	97		6	91
崇阳县	109	1	4	104
通山县	94		4	90
赤壁市	133	1	3	129
随州市	**704**	**8**	**22**	**674**
曾都区	112	1	5	106
随县	390	5	12	373
广水市	202	2	5	195
恩施自治州	**269**	**5**	**26**	**238**
恩施市	44	1	5	38
利川市	53		5	48
建始县	32		3	29
巴东县	17	1		16
宣恩县	21	1	3	17
咸丰县	25	1	2	22
来凤县	55		4	51
鹤峰县	22	1	4	17
潜江市	**1**	**1**		
天门市	**32**			**32**
神农架林区	**3**		**1**	**2**

泵站工程数量

单位：处

地区	合计	按规模分			按功能位置分		
		大型	中型	小型	河湖取（排）水	水库取（排）水	其他
湖北省	**48110**	**50**	**320**	**47740**	**24032**	**3923**	**20155**
武汉市	**6422**	**13**	**47**	**6362**	**1336**	**23**	**5063**
市辖区	1	1					1
江岸区	13		1	12			13
江汉区	10		1	9			10
硚口区	6			6	6		
汉阳区	12		1	11	4		8
武昌区	22			22	3		19
青山区	50	1	6	43	11		39
洪山区	11		1	10	4		7
东西湖区	316	4	7	305	226		90
汉南区	132		3	129	50		82
蔡甸区	1419	1	6	1412	181		1238
江夏区	978	1	4	973	144	23	811
黄陂区	1622	1	5	1616	268		1354
新洲区	1671	1	8	1662	375		1296
经济技术开发区	47	2	3	42	18		29
东湖新技术开发区	102		1	101	37		65
化学工业区	9	1		8	9		
东湖生态旅游风景区	1			1			1
黄石市	**1432**	**2**	**13**	**1417**	**1360**	**72**	
黄石港区	12		4	8	12		
西塞山区	47		2	45	47		
阳新县	655	1	6	648	655		
大冶市	718	1	1	716	646	72	
十堰市	**279**		**1**	**278**	**88**	**29**	**162**
茅箭区	3		1	2		3	
张湾区							
郧县	52			52	46	6	
郧西县	34			34	3	1	30
竹山县	2			2	2		
竹溪县	40			40	5	1	34
房县	37			37	5		32
丹江口市	111			111	27	18	66
宜昌市	**1098**	**1**	**14**	**1083**	**928**	**92**	**78**
西陵区	13			13	6		7
伍家岗区	2			2	2		
点军区	37			37	37		
猇亭区	3		1	2	3		
夷陵区	69			69	66	3	

续表1 单位：处

地区	合计	按规模分			按功能位置分		
		大型	中型	小型	河湖取（排）水	水库取（排）水	其他
远安县	119			119	119		
兴山县	9			9	9		
秭归县	18			18	18		
长阳土家族自治县	9			9	9		
五峰土家族自治县	1			1	1		
宜都市	136		1	135	36	29	71
当阳市	405		4	401	390	15	
枝江市	277	1	8	268	232	45	
襄阳市	**3284**		**22**	**3262**	**2710**	**562**	**12**
襄城区	278		3	275	260	8	10
樊城区	123		1	122	100	21	2
襄阳区	311		3	308	255	56	
南漳县	452			452	316	136	
谷城县	71			71	49	22	
保康县	140			140	137	3	
老河口市	199		3	196	141	58	
枣阳市	1342		10	1332	1142	200	
宜城市	368		2	366	310	58	
鄂州市	**1805**	**3**	**9**	**1793**	**1805**		
梁子湖区	264		1	263	264		
华容区	823		2	821	823		
鄂城区	718	3	6	709	718		
荆门市	**4576**		**22**	**4554**	**1217**	**2107**	**1252**
东宝区	737		1	736	581	141	15
掇刀区	388			388		380	8
京山县	173			173	84	23	66
沙洋县	1414		10	1404	248	3	1163
钟祥市	1749		11	1738	192	1557	
屈家岭管理区	115			115	112	3	
孝感市	**3708**	**9**	**34**	**3665**	**3388**	**63**	**257**
孝南区	468	2	7	459	430	14	24
孝昌县	147		1	146	107	26	14
大悟县	239			239	230	2	7
云梦县	365	1	5	359	353	2	10
应城市	937	1	4	932	850	19	68
安陆市	434		7	427	373		61
汉川市	1118	5	10	1103	1045		73
荆州市	**14164**	**11**	**93**	**14060**	**4839**	**61**	**9264**
沙市区	599		7	592	35		564
荆州区	1213	1	10	1202	194	20	999

续表2 单位：处

地区	合计	按规模分			按功能位置分		
		大型	中型	小型	河湖取（排）水	水库取（排）水	其他
公安县	5178	3	10	5165	405	5	4768
监利县	742	3	18	721	166		576
江陵县	1191		8	1183	1191		
石首市	2497		6	2491	2496		1
洪湖市	840	4	26	810	246		594
松滋市	1904		8	1896	106	36	1762
黄冈市	**4936**	**3**	**21**	**4912**	**670**	**391**	**3875**
黄州区	583		3	580	4		579
团风县	845		1	844	72	30	743
红安县	300		1	299	108	1	191
罗田县	76			76	16		60
英山县	91			91			91
浠水县	579		4	575	161		418
蕲春县	664	1	4	659	111	26	527
黄梅县	1287	2	5	1280	1	332	954
麻城市	239		1	238	28	2	209
武穴市	272		2	270	169		103
咸宁市	**2705**	**2**	**13**	**2690**	**2259**	**259**	**187**
咸安区	247		2	245	61		186
嘉鱼县	968	2	5	961	954	13	1
通城县	353			353	325	28	
崇阳县	421			421	419	2	
通山县	89			89	30	59	
赤壁市	627		6	621	470	157	
随州市	**251**		**2**	**249**	**25**	**226**	
曾都区	42			42		42	
随县	85			85	25	60	
广水市	124		2	122		124	
恩施土家族苗族自治州	58			58	52	6	
恩施市	**8**			**8**	**8**		
利川市	6			6	5	1	
建始县	2			2	2		
巴东县	7			7	7		
宣恩县	3			3	3		
咸丰县	11			11	11		
来凤县	18			18	13	5	
鹤峰县	3			3	3		10
仙桃市	**1022**	**4**	**10**	**1008**	**1018**		**4**
潜江市	**379**	**2**	**8**	**369**	**378**		**1**
天门市			**11**		**1959**	**32**	
神农架林区							

水闸工程数量

单位：座

地区	合计	按规模分			按功能位置分		
		大型	中型	小型	河湖引水闸	水库引水闸	其他
湖北省	**21742**	**22**	**166**	**21554**	**11725**	**1946**	**8071**
武汉市	**1570**	**2**	**22**	**1546**	**194**	**13**	**1363**
江岸区	5			5	5		
江汉区	1			1			1
硚口区	2			2	2		
汉阳区	7			7	7		
武昌区	1			1	1		
青山区	3			3	3		
洪山区	6		1	5			6
东西湖区	312		4	308	1		311
汉南区	178			178	26		152
蔡甸区	135		3	132			135
江夏区	142		2	140	2		140
黄陂区	304			304	13	8	283
新洲区	426	1	9	416	116	5	305
经济技术开发区	41	1	3	37	13		28
东湖新技术开发区	4			4	2		2
化学工业区	3			3	3		
黄石市	**433**	**3**	**8**	**422**	**301**	**128**	**4**
黄石港区	4			4			4
西塞山区	13			13	13		
铁山区	3		1	2	3		
阳新县	199	3	3	193	199		
大冶市	214		4	210	86	128	
宜昌市	**1045**	**1**	**17**	**1027**	**845**	**77**	**123**
点军区	13			13		13	
猇亭区	3			3	3		
夷陵区	42			42		17	25
远安县	53		12	41	41	2	10
兴山县	2			2	2		
宜都市	102			102	9	5	88
当阳市	332	1	3	328	312	20	
枝江市	498		2	496	478	20	
襄阳市	**900**		**2**	**898**	**363**	**526**	**11**

续表1 单位：座

地区	合计	按规模分			按功能位置分		
		大型	中型	小型	河湖引水闸	水库引水闸	其他
襄城区	71			71	50	21	
樊城区	20			20	12	8	
襄阳区	79			79	45	34	
南漳县	269			269	11	258	
谷城县	33			33	18	15	
保康县	8			8	8		
老河口市	34		1	33	11	12	11
枣阳市	90			90	35	55	
宜城市	296		1	295	173	123	
鄂州市	**219**	**1**	**3**	**215**	**218**		**1**
梁子湖区	55		1	54	54		1
华容区	52			52	52		
鄂城区	112	1	2	109	112		
荆门市	**799**		**14**	**785**	**202**	**520**	**77**
东宝区	50		1	49	13	10	27
掇刀区	25		2	23	4	17	4
京山县	131		3	128	61	45	25
沙洋县	290		2	288	74	195	21
钟祥市	237		6	231	10	227	
屈家岭管理区	66			66	40	26	
孝感市	**1630**	**3**	**19**	**1608**	**1435**	**177**	**18**
孝南区	169		9	160	169		
孝昌县	108			108	2	106	
大悟县	67			67		67	
云梦县	238		1	237	219	1	18
应城市	202	1	1	200	199	3	
安陆市	144	1		143	144		
汉川市	702	1	8	693	702		
荆州市	**8186**	**3**	**23**	**8160**	**4566**	**61**	**3559**
沙市区	289			289	38		251
荆州区	447	1		446	9	3	435
公安县	2126	2	4	2120	2118	5	3
监利县	2029		6	2023	204		1825
江陵县	965			965	965		

续表2 单位：座

地区	合计	按规模分			按功能位置分		
		大型	中型	小型	河湖引水闸	水库引水闸	其他
石首市	713		1	712	713		
洪湖市	1146		12	1134	425		721
松滋市	471			471	94	53	324
黄冈市	**2674**	**2**	**15**	**2657**	**311**	**361**	**2002**
黄州区	143			143	1		142
团风县	358			358	37	86	235
红安县	60			60		11	49
罗田县	110		1	109		2	108
英山县	5			5	3		2
浠水县	169	2		167	55		114
蕲春县	731		6	725	84	34	613
黄梅县	680		5	675	1	201	478
麻城市	138			138	55	27	56
武穴市	280		3	277	75		205
咸宁市	**1198**	**3**	**20**	**1175**	**254**	**36**	**908**
咸安区	130	1	5	124	130		
嘉鱼县	317		2	315	66	7	244
通城县	415		5	410	5	16	394
崇阳县	75	1	2	72	26	6	43
通山县	50	1	6	43	25		25
赤壁市	211			211	2	7	202
随州市	**273**	**2**	**2**	**269**	**259**	**13**	**1**
曾都区	49	2	1	46	43	6	
随县	131		1	130	130		1
广水市	93			130	86	7	
恩施自治州	**4**	**1**		**3**	**3**	**1**	
恩施市	1			1	1		
建始县	1			1	1		
巴东县	1	1			1		
来凤县	1			1		1	
省直管	**2811**	**1**	**21**	**2789**	**2774**	**33**	**4**
仙桃市	**1680**	**1**	**15**	**1664**	**1679**		**1**
潜江市	**336**		**3**	**333**	**333**		**3**
天门市	**795**		**3**	**792**	**762**	**33**	

灌溉面积

单位：万亩

地区	按土地用途分				
	合计	耕地灌溉面积	林地灌溉面积	园地灌溉面积	牧草地灌溉面积
湖北省	**4743.15**	**4453.5**	**179.4**	**100.5**	**9.8**
武汉市	**271.0**	**252.3**	**12.1**	**6.6**	
汉阳区	1.3	1.3			
洪山区	0.8	0.8	0.1		
东西湖区	14.5	9.0	4.8	0.7	
汉南区	7.7	7.1	0.6	0.0	
蔡甸区	42.5	40.2	2.3		
江夏区	44.7	43.8	0.5	0.4	
黄陂区	86.0	79.2	3.2	3.6	
新洲区	57.2	56.0	0.6	0.5	
东湖新技术开发区	13.6	12.3		1.3	
化学工业区	2.1	2.1			
东湖生态旅游风景区	0.6	0.6			
黄石市	**110.3**	**109.7**	**0.5**	**0.1**	
西塞山区	1.5	1.4	0.1		
下陆区	0.1	0.1			
铁山区	0.2	0.1			
阳新县	53.7	53.6	0.1	0.1	
大冶市	54.9	54.5	0.3		
十堰市	**91.6**	**90.5**	**0.8**	**0.3**	
茅箭区	0.7	0.7			
张湾区	2.4	2.1	0.3		
郧县	23.2	23.2			
郧西县	9.0	8.9			
竹山县	15.5	15.2	0.2	0.1	
竹溪县	10.2	10.0		0.1	
房县	14.7	14.5	0.3		
丹江口市	16.0	16.0			
宜昌市	**297.5**	**246.8**	**27.5**	**23.2**	
点军区	4.4	4.4			
猇亭区	1.0	0.6	0.4		
夷陵区	34.5	28.4	6.1		
远安县	20.3	19.9	0.4		
兴山县	25.6	19.9	3.7	2.1	
秭归县	20.1	14.1		6.0	
长阳土家族自治县	19.4	15.2	4.2		
五峰土家族自治县	12.2	12.1		0.1	
宜都市	23.5	16.0	5.2	2.3	

续表1　　单位：万亩

地区	按土地用途分				
	合计	耕地灌溉面积	林地灌溉面积	园地灌溉面积	牧草地灌溉面积
当阳市	58.7	51.2	7.5		
枝江市	77.8	65.0		12.8	
襄阳市	**488.6**	**469.4**	**8.4**	**10.8**	
襄城区	17.2	17.2			
樊城区	30.0	27.0	3.0		
襄阳区	126.3	119.5	3.4	3.4	
南漳县	43.7	42.9	0.3	0.5	
谷城县	35.5	32.3	1.2	2.0	
保康县	9.5	9.5			
老河口市	42.7	42.3	0.1	0.2	
枣阳市	125.3	121.2		4.0	
宜城市	58.3	57.4	0.3	0.7	
鄂州市	**98.9**	**81.8**	**16.3**	**0.8**	
梁子湖区	27.9	17.1	10.6	0.2	
华容区	34.5	33.9	0.5	0.2	
鄂城区	36.6	30.8	5.2	0.5	
荆门市	**391.4**	**364.5**	**13.1**	**8.2**	**5.5**
东宝区	25.1	19.2	3.3	2.6	
掇刀区	22.5	19.5	1.5	1.5	
京山县	93.6	91.8	0.8	1.0	
沙洋县	121.8	119.1	1.6	1.1	
钟祥市	121.4	108.0	5.9	2.0	5.5
屈家岭管理区	7.0	7.0			
孝感市	**538.4**	**537.3**	**0.5**	**0.4**	**0.2**
孝南区	54.9	54.9			
孝昌县	65.0	65.0			
大悟县	46.9	46.9			
云梦县	58.9	57.8	0.5	0.4	0.2
应城市	85.9	85.9			
安陆市	82.5	82.5			
汉川市	144.3	144.3			
荆州市	**889.6**	**860.0**	**17.2**	**12.5**	
沙市区	27.1	27.1			
荆州区	57.9	57.9			
公安县	135.4	135.4			
监利县	209.3	206.4	2.9		
江陵县	119.6	112.3	2.5	4.8	
石首市	79.2	78.2	0.5	0.5	

续表2

单位：万亩

地区	按土地用途分				
	合计	耕地灌溉面积	林地灌溉面积	园地灌溉面积	牧草地灌溉面积
洪湖市	153.9	152.7	1.2		
松滋市	107.3	89.9	10.1	7.2	
黄冈市	**539.6**	**483.1**	**44.6**	**11.9**	
黄州区	13.5	11.9	1.6		
团风县	32.5	26.7	2.9	3.0	
红安县	42.8	41.7	1.1		
罗田县	35.7	35.4	0.3		
英山县	21.0	18.6	1.6	0.8	
浠水县	76.2	67.4	5.9	2.9	
蕲春县	61.2	61.2			
黄梅县	93.0	86.9	4.4	1.6	
麻城市	96.0	75.7	19.3	1.1	
武穴市	67.8	57.6	7.7	2.5	
咸宁市	**199.5**	**189.9**	**5.4**	**4.3**	
咸安区	39.1	35.2	3.9		
嘉鱼县	39.7	38.2	1.2	0.3	
通城县	27.7	26.8	0.3	0.6	
崇阳县	31.9	28.6		3.4	
通山县	15.5	15.5			
赤壁市	45.5	45.5			
随州市	**186.0**	**166.1**	**17.6**	**2.2**	**0.1**
曾都区	30.6	26.7	3.9		
随县	109.6	94.0	13.7	1.9	0.1
广水市	45.8	45.5		0.3	
恩施自治州	**178.0**	**158.6**	**9.2**	**6.5**	**3.8**
恩施市	21.8	21.8			
利川市	38.3	35.4	2.9		
建始县	17.6	16.3	1.3		
巴东县	10.8	10.8			
宣恩县	22.1	22.0			
咸丰县	29.9	17.2	5.0	4.0	3.8
来凤县	20.1	18.9		1.2	
鹤峰县	17.4	16.2		1.2	
仙桃市	**185.6**	**170.3**	**5.1**	**10.2**	
潜江市	**111.6**	**109.9**		**1.7**	
天门市	**164.5**	**162.3**	**1.1**	**0.9**	**0.1**
神农架林区	**1.1**	**1.1**			

水土流失治理（本年达到）

单位：千公顷

地区	水土流失综合治理面积		年度新增水土流失综合治理面积			
	合计	其中：小流域综合治理面积	合计	按措施分		
				梯田	坝地	水土保持林
湖北省	**6270.38**	**1945.92**	**148.15**	**6.30**		**31.51**
武汉市	**183.29**	**99.02**	**2.32**			**0.60**
江岸区	0.01	0.01				
江汉区	0.02					
硚口区	0.06					
汉阳区	0.42					
武昌区	1.72					
洪山区	4.51		0.11			0.01
东西湖区	1.07	1.00				
汉南区	3.81					
蔡甸区	11.86		0.28			
江夏区	46.79	3.52	0.72			0.42
黄陂区	57.76	54.98	1.01			0.17
新洲区	40.00	39.51	0.20			
经济技术开发区	0.12					
东湖新技术开发区	0.14					
东湖生态旅游风景区	15.00					
黄石市	**181.41**	**31.50**	**3.85**			**2.88**
黄石港区	0.20		0.04			0.04
西塞山区	9.14		0.07			0.07
下陆区	2.31		0.06			0.01
铁山区	1.97		0.27			0.02
阳新县	124.65	31.50	1.58			1.58
大冶市	43.14		1.83			1.16
十堰市	**1039.91**	**407.51**	**24.52**	**0.39**		**2.42**
茅箭区	19.13	6.35	0.19			
张湾区	26.87		0.26			
郧县	95.51	1.90	4.39	0.20		0.16
郧西县	134.58	24.64	4.24	0.01		0.20
竹山县	195.12	180.86	3.21	0.02		0.11
竹溪县	143.60	1.17	3.58	0.01		0.55
房县	274.60	59.17	4.99	0.02		0.23
丹江口市	150.51	133.42	3.67	0.14		1.16
宜昌市	**1159.59**	**487.19**	**21.58**	**0.28**		**0.89**
西陵区	5.12					
伍家岗区	0.33					
点军区	28.80		0.19	0.16		0.03
猇亭区	2.24		0.13			
夷陵区	333.53	243.42	4.75			0.26
远安县	174.24	11.06	1.91	0.03		0.02

续表1 单位：千公顷

地区	水土流失综合治理面积		年度新增水土流失综合治理面积			
	合计	其中：小流域综合治理面积	合计	按措施分		
				梯田	坝地	水土保持林
兴山县	114.46	1.57	2.09	0.03		0.20
秭归县	191.93	169.35	1.63	0.01		0.14
长阳土家族自治县	153.61	7.59	3.50	0.02		
五峰土家族自治县	66.57	12.00	4.00	0.02		0.02
宜都市	14.97	9.23	1.57	0.01		0.09
当阳市	34.40	32.97	1.64			0.11
枝江市	39.39		0.17			0.02
襄阳市	**670.36**	**379.08**	**10.36**	**0.04**		**2.27**
襄城区	4.46		0.22			0.04
樊城区	4.39	4.23	0.07			0.05
襄阳区	20.43	14.60	0.32			0.08
南漳县	134.06	84.37	3.39	0.01		1.01
谷城县	218.58	132.20	0.61			0.10
保康县	141.06	51.64	1.64	0.03		0.27
老河口市	8.11	6.61	1.50			0.50
枣阳市	93.99	85.43	1.28			0.20
宜城市	45.28		1.33			0.02
鄂州市	**19.33**		**0.64**			**0.59**
梁子湖区	8.52		0.23			0.23
华容区	2.21		0.23			0.23
鄂城区	8.60		0.18			0.13
荆门市	**87.43**	**2.38**	**9.86**	**0.04**		**2.15**
东宝区	13.87		2.57	0.03		0.49
掇刀区	3.91	2.25	0.29			0.23
京山县	31.71		2.00			0.51
沙洋县	6.51		0.71			0.25
钟祥市	29.99	0.13	3.80	0.01		0.37
屈家岭管理区	1.44		0.49			0.30
孝感市	**208.87**		**4.60**	**0.33**		**2.14**
孝南区	1.41		0.07			0.07
孝昌县	45.28		1.82			0.13
大悟县	115.45		2.10	0.33		1.46
云梦县	0.30					
应城市	10.63		0.05			0.03
安陆市	32.55		0.42			0.31
汉川市	3.25		0.14			0.14
荆州市	**147.17**	**46.97**	**6.39**			**3.89**
沙市区	6.67		0.01			0.01
荆州区	3.41	3.21	0.05			0.05
公安县	27.74	27.54	0.20			0.20

续表2

单位：千公顷

地区	水土流失综合治理面积		年度新增水土流失综合治理面积			
	合计	其中：小流域综合治理面积	合计	按措施分		
				梯田	坝地	水土保持林
监利县	25.73		0.05			
江陵县	18.16		3.33			2.93
石首市	2.82	0.28	0.09			0.09
洪湖市	26.45	9.45	0.73			
松滋市	36.19	6.49	1.93			0.61
黄冈市	**487.25**	**102.11**	**23.02**	**2.73**		**6.89**
黄州区	1.75	1.75	0.05			
团风县	42.42	24.14	1.89	0.12		
红安县	40.24	23.55	1.42	0.74		
罗田县	53.99	8.55	1.72			0.81
英山县	57.57	8.23	4.31	1.13		1.53
浠水县	52.42		0.94			0.85
蕲春县	124.56	10.20	5.32	0.71		2.10
黄梅县	20.69		0.48	0.03		0.01
麻城市	66.97	9.61	5.35			0.56
武穴市	26.64	16.08	1.54			1.03
咸宁市	**315.75**	**45.70**	**8.64**	**0.40**		**2.66**
咸安区	35.77	33.24	2.28			0.62
嘉鱼县	21.43		0.23			0.22
通城县	34.80		0.98	0.40		
崇阳县	75.10	8.87	0.79			0.73
通山县	91.99	3.59	3.59			0.34
赤壁市	56.66		0.77			0.75
随州市	**446.21**	**38.95**	**10.42**	**1.77**		**1.03**
曾都区	50.39	7.86	1.38	0.50		
随县	191.85	9.84	4.95	1.25		
广水市	203.97	21.25	4.09	0.02		1.03
恩施自治州	**1165.52**	**297.62**	**18.00**	**0.26**		**2.74**
恩施市	200.27	9.94	4.74	0.02		0.51
利川市	239.85	5.52	2.65	0.07		2.04
建始县	83.13		1.50	0.01		0.14
巴东县	173.16	144.62	2.38	0.16		0.01
宣恩县	116.67	103.58	1.33			
咸丰县	133.54		1.59			
来凤县	68.81	22.58	2.43			
鹤峰县	150.09	11.38	1.38			0.04
仙桃市	**6.79**		**1.04**			
潜江市	**11.08**					
天门市	**5.54**	**5.04**	**0.05**			**0.03**
神农架林区	**134.88**	**2.85**	**2.86**	**0.06**		**0.33**

续表3

单位：千公顷

地区	年度新增水土流失综合治理面积				新增小流域综合治理面积
	按措施分				
	经济林	种草	封禁治理	其他措施	
湖北省	**14.48**	**2.03**	**79.63**	**14.20**	**43.23**
武汉市	**0.53**	**0.48**	**0.40**	**0.31**	**0.01**
江岸区					
江汉区					
硚口区					
汉阳区					
武昌区					
洪山区		0.01	0.05	0.04	
东西湖区					
汉南区					
蔡甸区	0.02			0.26	
江夏区	0.09	0.09	0.12		
黄陂区	0.23	0.38	0.23		0.01
新洲区	0.19			0.01	
经济技术开发区					
东湖新技术开发区					
东湖生态旅游风景区					
黄石市	**0.01**		**0.57**	**0.39**	**1.02**
黄石港区					
西塞山区					
下陆区	0.01		0.02	0.02	
铁山区				0.25	
阳新县					1.02
大冶市			0.55	0.12	
十堰市	**0.98**	**0.53**	**18.68**	**1.53**	**4.18**
茅箭区	0.05	0.02	0.13		
张湾区	0.26				
郧县	0.20	0.01	3.63	0.17	1.90
郧西县	0.03	0.04	3.85	0.10	0.38
竹山县	0.04		3.05		1.90
竹溪县	0.20		2.57	0.25	
房县	0.12	0.46	4.06	0.12	
丹江口市	0.09		1.39	0.90	
宜昌市	**0.66**	**0.09**	**18.41**	**1.24**	**11.26**
西陵区					
伍家岗区					
点军区					
猇亭区			0.13		
夷陵区			4.48		2.83
远安县			1.86		1.50

续表4　　单位：千公顷

地区	年度新增水土流失综合治理面积				新增小流域综合治理面积
	按措施分				
	经济林	种草	封禁治理	其他措施	
兴山县		0.07	1.79		
秭归县	0.23		0.16	1.09	
长阳土家族自治县	0.42		3.06		4.60
五峰土家族自治县	0.01	0.02	3.93		1.17
宜都市			1.47		
当阳市			1.53		1.16
枝江市				0.15	
襄阳市	**3.29**	**0.11**	**4.49**	**0.16**	**2.10**
襄城区		0.04		0.14	
樊城区		0.01		0.01	
襄阳区	0.24				0.75
南漳县	0.42	0.04	1.91		1.35
谷城县	0.09		0.41	0.01	
保康县	0.46		0.88		
老河口市	1.00				
枣阳市	1.06	0.02			
宜城市	0.02		1.29		
鄂州市	**0.05**				
梁子湖区					
华容区					
鄂城区	0.05				
荆门市	**1.15**	**0.10**	**3.80**	**2.62**	
东宝区	0.28	0.01	0.69	1.07	
掇刀区	0.06				
京山县	0.08		0.83	0.58	
沙洋县	0.19	0.04	0.23		
钟祥市	0.35	0.05	2.05	0.97	
屈家岭管理区	0.19				
孝感市	**0.23**	**0.02**	**1.80**	**0.08**	
孝南区					
孝昌县	0.12		1.49	0.08	
大悟县			0.31		
云梦县					
应城市		0.02			
安陆市	0.11				
汉川市					
荆州市	**0.40**	**0.05**	**1.32**	**0.73**	**1.36**
沙市区					
荆州区					
公安县					

续表5　　　　　　　　　　　　　　　　　　　　　　　　单位：千公顷

地区	年度新增水土流失综合治理面积				新增小流域综合治理面积
	按措施分				
	经济林	种草	封禁治理	其他措施	
监利县		0.05			
江陵县	0.40				
石首市					
洪湖市				0.73	
松滋市			1.32		1.36
黄冈市	**3.14**	**0.13**	**10.13**		**9.93**
黄州区	0.05				
团风县	0.20	0.01	1.56		1.30
红安县	0.31		0.37		
罗田县			0.91		
英山县	0.01		1.64		4.76
浠水县	0.09				
蕲春县			2.51		
黄梅县	0.23	0.12	0.09		
麻城市	2.21		2.58		2.85
武穴市	0.04		0.47		1.02
咸宁市	**0.01**	**0.45**	**4.98**	**0.14**	**5.26**
咸安区	0.01		1.65		1.67
嘉鱼县		0.01			
通城县		0.44		0.14	
崇阳县			0.06		
通山县			3.25		3.59
赤壁市			0.02		
随州市	**1.24**		**4.36**	**2.02**	**5.45**
曾都区	0.88				
随县			2.13	1.57	1.36
广水市	0.36		2.23	0.45	4.09
恩施自治州	**2.76**	**0.05**	**8.25**	**3.94**	**2.66**
恩施市	0.20	0.01	3.10	0.90	2.66
利川市			0.34	0.20	
建始县			0.74	0.61	
巴东县		0.04	2.00	0.17	
宣恩县	0.04		1.29		
咸丰县	0.09		0.56	0.94	
来凤县	2.43				
鹤峰县			0.22	1.12	
仙桃市				**1.04**	
潜江市					
天门市		**0.02**			
神农架林区	**0.03**		**2.44**		

《湖北农村统计年鉴-2020》

1.农村基本情况

2.农业产值

3.种植业

4.林业及土特产

5.畜牧业

6.渔业

7.农业机械化

8.农村主要能源及物资消耗

9.农业技术推广及应用

10.水利建设

11.农垦及监狱系统农场 ☑

农垦基本情况

指标名称	代码	计量单位	年末实有数量
一、农场组织情况	–	–	–
1.农场个数	1	个	65
二、小城镇情况	–	–	–
1.小城镇个数	2	个	52
2.小城镇人口	3	人	424048
3.小城镇占地面积	4	万平方米	9757
三、农垦人口情况	–	–	–
1.农垦年末总人口	8	人	1508598
#农场人口	9	人	1336995
少数民族人口	10	人	7834
2.农垦年内平均人口	11	人	1497997
四、收入及住房情况	–	–	–
1.居民人均可支配收入	12	元	24750
2.年末实有住房面积	13	万平方米	5673

农垦土地利用和耕地面积

指标名称	代码	计量单位	数量
一、土地总面积	1	公顷	367226
1.耕地面积	2	公顷	141977
#水田	3	公顷	58837
#高标准农田面积	4	公顷	80178
2.牧草地面积	5	公顷	482
3.林地面积	6	公顷	44927
4.水面面积	8	公顷	72017
#可养殖水面	9	公顷	57663
5.茶果桑园	10	公顷	9153
6.可垦荒地面积	11	公顷	3947
7.宜林地面积	12	公顷	4139
8.居民点及工矿用地面积	14	公顷	50916
9.其他面积	15	公顷	39668
二、农业产业园区情况	–	–	–
1.农业产业园区个数	16	个	2
2.农业产业园区占地面积	17	公顷	2283
三、耕地变动情况	–	–	–
1.年初实有耕地面积	18	公顷	139768
2.当年增加的耕地面积	19	公顷	2842
3.当年减少的耕地面积	20	公顷	633
#国家基建占地	21	公顷	63

农垦农作物播种面积和产量

指标名称	代码	播种面积（公顷）	总产量（吨）
农作物播种情况合计	1	242641	3040230
一、粮食作物	2	144089	926832
夏收作物	3	49530	201743
（一）谷物合计	4	129976	868477
1.稻谷	5	57809	522658
早稻	6	1171	7565
2.小麦	7	47875	195345
春小麦	8		
3.玉米	9	24261	150320
4.谷子	10		
5.高粱	11	31	154
6.其他谷物	12		
（二）豆类合计	13	11412	31462
1.大豆	14	10846	30222
2.杂豆	15	83	233
（三）薯类	16	1435	21401
二、油料合计	17	23457	73283
花生	18	5625	31405
油菜籽	19	15333	36839
芝麻	20	2449	4919
胡麻子	21		
向日葵	22		
三、棉花	23	6458	8208
长绒棉	24		
四、麻类合计	25	36	30
黄红麻	26		
苎麻	27	36	30
大麻（线麻）	28		
亚麻	29		
五、糖料合计	30	43	4053
甘蔗	31	43	4053
甜菜	32		
六、烟叶合计	33	26	30
烤烟叶	34	26	30
七、药材类合计	35	741	1986
八、蔬菜、瓜类	36	58513	2025808
蔬菜	37	49292	1717449
瓜类	38	9221	308359
九、其他作物	39	9278	
啤酒花	40		
青饲料	41	6006	

农垦畜牧业生产情况

指标名称	计量单位	数量
一、肉类总产量	吨	128702
1.当年出栏肉猪	万头	116.03
猪肉产量	吨	92823
2.当年出售和自宰的肉用牛	万头	2.18
牛肉产量	吨	4352
3.当年出售和自宰的肉用羊	万只	6.27
羊肉产量	吨	1253
4.兔肉产量	吨	2117
5.禽肉产量	吨	28157
二、牛奶产量	吨	30633
三、山羊毛产量	吨	
四、绵羊毛产量	吨	
细羊毛	吨	
半细羊毛	吨	
五、羊绒产量	吨	
六、蜂蜜产量	吨	762
七、禽蛋产量	吨	58332
八、蚕茧产量	吨	
桑蚕茧	吨	

农垦渔业生产情况

指标名称	计量单位	代码	合　计	1. 海 水	2. 淡 水
一、水产品总产量	吨	1	490890		490890
#养殖产量	吨	2	490890		490890
1.鱼类	吨	3	360501		360501
2.虾蟹类	吨	4	117978		117978
# 对虾	吨	5			
3.贝类	吨	6			
4.藻类	吨	7			
5.其他	吨	8	9149		9149
二 、养殖面积	公顷	9	57663		57663
#对虾	公顷	10			

监狱系统农场基本情况

项目	单位	合计	沙洋办事处	襄北公司	江北公司	襄南公司
职工人数	人	36183	20564	5390	5415	4814
农场科技人员	人	464		127	241	96
#农业	人	334		52	229	53
耕地面积	公顷	24646	12745	4800	3770	3331
#水田	公顷	12594	8907	127	3371	189
果园面积	公顷	53		13		40
茶园面积	公顷	18	18			
固定资产投资	万元	11071.11	5517	2831	2026	697
#生产性	万元	5921.29	3404	1507	648	362
在固定资产投资中						
拨款	万元	3447.95	1328	1235	569	316
贷款	万元					
自筹	万元	6709.16	3275	1596	1457	381
其他	万元	913	913			
农业机械总动力	千瓦	60673	31589	15344	9820	3920
农业用电量	万千瓦时	2420	1668	273	459	20
农用动力机械	台	393		168	79	146
#电动机	台	598	322	128	76	72
柴油机	台	114		40		74
农用排灌机械	台	305	144	85	76	
农用加工机械	台	264	178	83	3	
大中型拖拉机	台	413	130	144	67	72
小型拖拉机	台	93	8	3	8	74
农用水泵	台	257	127	54	76	
谷物烘干机	台	34	30	1	3	
机引农具	台	1647	509	481	312	345
联合收割机	台	101	38	51	12	
机动脱粒机	台	2		2		
农用运输车	辆					
机耕面积	公顷	26390	12007	8992	3230	2161
机播面积	公顷	23394	10836	8992	2873	693
机收面积	公顷	30311	14495	8992	6459	365
有效灌溉面积	公顷	19745	13036	2061	3729	919
机电排灌面积	公顷	17307	11111	1548	3729	919
旱涝保收面积	公顷	13984	7480	1856	3729	919
水库	个	22	4	11	1	6
化肥施用折纯量	吨	19527	14118	1255	3259	895
农药施用量	吨	425	277	51	95	2

注：2003年起所有监狱农场均更名为公司，2012年黄湖公司没有农业生产活动。

监狱系统农场农业总产值、增加值

单位：万元

项目	合计	沙洋办事处	襄北公司	江北公司	襄南公司
按当年价格计算					
农林牧渔业总产值	81880.8	47952.0	10193.0	19719.8	4016.0
1、农业	62631.2	37002.0	9569.0	12074.2	3986
2、林业	563.8	156.0		407.8	
3、牧业	6405.0	4476.0	383.0	1546.0	
4、渔业	9599.8	5265.0		4334.8	
5、农林牧渔服务业	2680.0	1053.0	240.0	1357.0	30
按当年价格计算					
农林牧渔业增加值	39134.7	22732.0	6094.0	8491.0	1817.7
1、农业	31038.1	18788.0	5886.0	4570.4	1793.7
2、林业	221.2	74.0		147.2	
3、牧业	2094.0	1187.0	88.0	819.0	
4、渔业	4477.4	2093.0		2384.4	
5、农林牧渔服务业增加值	1304.0	590.0	120.0	570.0	24

注：2003年起所有监狱农场均更名为公司，2012年黄湖公司没有农业生产活动。

监狱系统农场生产情况

项目	单位	合计	沙洋办事处	襄北公司	江北公司	襄南公司
全年农作物总播面	公顷	39979	21407	9282	6777	2513
全年粮食作物总播面	公顷	32899	17712	8402	6465	320
全年粮食总产量	吨	200105	125834	27641	44710	1920
#夏粮播面	公顷	14575	7259	4310	2873	133
夏粮产量	吨	65152	38285	13747	12320	800
秋粮播面	公顷	18318	10453	4092	3586	187
秋粮产量	吨	134953	87549	13894	32390	1120
棉花播面	公顷	1213				1213
棉花产量	吨	1037				1037
油料播面	公顷	2744	1314	821	236	373
油料产量	吨	8679	4491	2505	408	1275
#油菜籽播面	公顷	1005	270	166	236	333
油菜籽产量	吨	2049	441	75	408	1125
茶叶产量	吨	1	1			
水果产量	吨					
水产品产量	吨	8086	5322		2764	
大牲畜年末存栏	头					
#耕牛	头					
羊年末存栏	只					
家禽年末存栏	万只	0.5		0.5		
生猪年末存栏	头	155		155		
肥猪出栏	头	40520	30769	1848	7903	
家禽出栏	万只	1.6		1.6		
肉类产量	吨	3058	2362	182	514	
禽蛋产量	吨	10		10		
造林面积	公顷	479			240	239
#当年造林面积	公顷	133			133	

注：2003年起所有监狱农场均更名为公司，2012年黄湖公司没有农业生产活动。

中国统计出版社有限公司最新图书简目

(仅供参考,以实际出版为准)

统计资料

中国统计年鉴　中国统计摘要　中国第三产业统计年鉴
中国第三次全国农业普查综合资料　国际统计年鉴　金砖国家联合统计手册
中国-东盟国家统计手册　中国农村统计年鉴　中国县域统计年鉴
中国农产品价格调查年鉴　中国城市统计年鉴　中国价格统计年鉴
中国贸易外经统计年鉴　中国零售和餐饮连锁企业统计年鉴　中国商品交易市场统计年鉴
大中型批发零售和住宿餐饮企业统计年鉴　中国住户调查年鉴　中国工业统计年鉴
中国环境统计年鉴　中国能源统计年鉴　中国建筑业统计年鉴
中国房地产统计年鉴　投资领域统计年鉴　中国对外直接投资统计公报
中国人口和就业统计年鉴　中国劳动统计年鉴　中国社会统计年鉴
中国科技统计年鉴　中国高技术产业统计年鉴　全国企业创新调查年鉴
中国文化及相关产业统计年鉴　2018年时间利用调查资料　中国妇女儿童状况统计资料
中国基本单位统计年鉴　中国教育统计年鉴　中国教育经费统计年鉴
中国民族统计年鉴　中国残疾人事业统计年鉴　长江经济带发展统计年鉴

省级综合统计年鉴系列

北京 天津 河北 山西 内蒙古 辽宁 吉林 黑龙江 上海 江苏 浙江 安徽 福建 江西 山东 河南 湖北 湖南 广东 广西 海南 重庆 四川 贵州 云南 西藏 陕西 甘肃 青海 宁夏 新疆 新疆生产建设兵团

市(县)级综合统计年鉴系列

滨海新区 石家庄 唐山 邯郸 保定 沧州 邢台 廊坊 承德 衡水 秦皇岛 张家口 太原 大同 阳泉 长治 晋城 朔州 晋中 运城 忻州 临汾 吕梁 呼和浩特 鄂尔多斯 包头 沈阳 大连 长春 延吉 四平 白山 通化 哈尔滨 齐齐哈尔 黑龙江垦区 上海浦东新区 南京 无锡 徐州 常州 苏州 南通 连云港 淮安 盐城 扬州 镇江 泰州 宿迁 江阴 丹阳 海门 张家港 杭州 宁波 温州 嘉兴 湖州 绍兴 金华 衢州 舟山 台州 丽水 合肥 安庆 福州 厦门 宁德 漳州 龙岩 莆田 泉州 三明 南平 南昌 九江 上饶 新余 抚州 赣州 景德镇 济南 青岛 枣庄 潍坊 聊城 郑州 洛阳 平顶山 三门峡 南阳 商丘 信阳 济源 汝州 武汉 十堰 荆州 宜昌 荆门 咸宁 黄冈 长沙 鹰潭 广州 深圳 惠州 东莞 汕尾 湛江 肇庆 南宁 柳州 桂林 贵港 梧州 来宾 河池 防城港 海口 三亚 儋州 成都 内江 贵阳 黔南 毕节 昆明 文山 德宏 西安 延安 安康 铜川 汉中 商洛 银川 兰州 庆阳 乌鲁木齐 昌吉 阿勒泰 兵团一师、二师、三师、四师、六师、七师、八师、十师、十三师、十四师

调查年鉴系列

天津 内蒙古 上海 河南 湖北 湖南 广东 广西 重庆 四川 云南 甘肃 宁夏 南宁 贵港 昆明

统计方法应用/实用手册

Python数据分析基础（第二版）　非参数统计（第五版）　现代金融投资统计分析（第四版）
国民经济核算初级教程（第二版）　国民经济核算教程（第五版）　概率统计基础
全国统计专业技术资格考试系列考试用书: 统计业务知识（第四版修订版）　统计业务知识学习指导与习题
全国统计专业技术资格考试系列考试用书: 统计相关知识（第四版）　统计相关知识学习指导与习题

统计通俗读物/统计科普图书

领导干部统计知识问答　统计公文写作及会议办理实用手册　大数据在统计工作中的应用案例汇编
中国国民经济核算知识问答（修订版）　地区生产总值核算国际比较研究　新中国统计制度方法的发展与改革

重点图书

中国农业统计资料1949-2019　第四次全国经济普查地图集　中国经济普查年鉴2018
新编英汉汉英统计大词典　中国国民经济核算体系2016　国民经济行业分类注释
挑大学选专业2020—考研择校指南　挑大学选专业2020—高考志愿填报指南　中华医学统计百科全书

发行部电话: （010）63376907　63376908　63376909　同椙行书店电话: （010）68783171　68783172
地址: 北京市丰台区西三环南路甲6号　邮政编码: 100073　网址: http://www.zgtjcbs.com